KB047044

삶의
지문

생명의 근원에
이르는 구도자의
인 생 산 책

삶의 지문

생명의 근원에
이르는 구도자의
인 생 산 책

최민자 지음

도서 모시는사람들

서문

오늘이 소중하고 아름다운 것은, '오늘'은 이 세상을 떠난 사람들이 그토록 갈망하던 '내일'이고, 모든 사람들이 추억하게 될 젊음의 '어제' 이기 때문이다. 오늘도 길을 걸으며 나는 '그 길'에 대해 명상한다. 수많은 성자들이 마침내 존재계와 하나가 되어, 영원한 무無의 향기가 되어 사라져간 그 길, '참나'로 가는 그 길에 대해 명상한다. 무수한 갈래의 길 끝에는 오직 안으로 들어가는 길 하나가 있을 뿐. 그 하나에 이르기 위하여 인류는 무수한 국가의 명멸과 문명의 부침浮沈과 전쟁과 평화라는 대조적 체험을 통해 의식意識의 담금질을 해온 것이다.

무심한 시간의 강물 위로 바람이 일고, 나도 그 강물이 되어 바다로 바다로 흘러갔다. 겨울이 가고, 봄이 가고, 여름이 가고, 또 가을이 왔다. 우주의 가을이 온 것이다. 이 책은 우주 가을로의 초입初入에서 우리는 누구이며 우리의 역사적 소명은 무엇인가에 대해 생각해보기 위한 것이다. 다만 이해를 돕기 위한 하나의 방편으로서 내 삶의 궤적을 따라 도출하는 형식으로 써보았다.

이 세상에 지문이 같은 사람은 단 한 사람도 없듯이, 이들이 만드는 삶의 지문 또한 다양할 수밖에 없다. 다양한 삶의 지문에서 묻어나오는 사상의 궤적을 따라가노라면, 우리는 그러한 사상들이 인생의 강을 건너기 위한 나룻배임을—하지만 언덕에 오르기 위해서는 버려야 할 나룻배임을—금새 알아차리게 된다. 그리 되면 손가락에 의지하여 손가락을 여윈 달을 보는 것과도 같이, 언설에 의지하여 언어가 끊어진 법을 볼 수 있게 되는 것이다. 다이토(Daito 大燈) 대선사의 저 명징하고도 지극히 아름다운 선시에는 이렇게 암시되어 있다.

> 우리는 수천 겁(劫) 이전에 헤어졌지만,
> 우리는 잠시도 떨어져 본 적이 없소.
> 우리는 종일토록 얼굴을 맞대고 있지만,
> 우리는 만나 본 적이 없소.
> We were parted many Thousands of Kalpas ago,
> Yet we have not been separated even for a moment.
> We are facing each other all day long,
> Yet we have never met.

내게 처음으로 정신세계를 열어 보여주시고 왕진인께로 인도해 주신 여해如海 스승, 상선약수上善若水의 의미를 일깨워 주신 왕진인王眞人, 역사의식을 일깨워주신 무호無號 스승—이 세 분 스승과의 인연에 감사드린다. 이 책에서 왕진인王眞人과 관련된 일부 지명에 대해서는, 본래의 집필 의도 밖이라고 생각되어 실명實名 표기를 하지 않았음을 양지해 주기 바란다.

이 책은 1997년에 『길(道)을 찾아서』가 출간된 이후 독자들의 지속적인 호응과 요청이 있어, 그 후 10여 년 간의 내 삶의 궤적을 추가하여 재구성한 것이다. 끝으로 이 책이 출판되기까지 성심을 다한 '도서출판 모시는 사람들'의 박길수 대표와 편집진 여러분에게도 감사드린다.

이 책을 천지부모天地父母님과, 21세기 정신문명시대를 준비하는 모든 분들께 바친다.

2008년 10월
성신관 연구실에서
최민자

삶의 지문

차례

프롤로그

삶이라는 꿈, 꿈이라는 삶

생의 모든 현상은 꿈같고, 환상 같고, 물거품 같고,

그림자 같고, 이슬 같고, 번갯불 같으니,

그대는 마땅히 그와 같이 관(觀)하여야 하리라.

一切有爲法 如夢幻泡影 如露亦如電 應作如是觀

— 『금강경(金剛經)』

알고 싶었다. 진지眞知에 이르고 싶었다. 설령 죽음의 계곡을 건너야 한다 할지라도. 그렇게 해서 무형상의 형상이 드러날 수 있다면. 가없는 희열의 강이 될 수 있다면.

그 해 가을은 불쑥 그렇게 다가왔다.

삶의 통과의례

사흘째 양산 통도사通度寺* 극락암極樂庵을 오르고 있었다. 경봉鏡峰 스님을 친견하고자 이미 두 차례 극락암에 올랐으나 허용이 되지 않아서였다. 산 정상으로 이어지는 호젓한 길을 따라 걸으며 50년 이상 수행해 온

13

노老수행자의 모습은 어떤 것일까 하고 생각해 보았다. 아마도 무명無明의 습기가 가신 모습이리라. 일체의 미망에서 벗어나 저 인도의 대논사大論師 아슈바고샤(Ashvaghosha 馬鳴)가 그의 『대승기신론大乘起信論』에서 설파한 '진여眞如', 즉 모든 생명의 근원이요 모든 형태의 본질인 실재의 공성空性을 깨우친 모습이리라.

노자老子는 『도덕경道德經』 16장에서 진지眞知란 전적으로 실재의 직관적 체험임을 밝히고 있다.

> 허(虛)의 극치에 이르고 고요함을 독실하게 지킬 수 있다면, 만물이 생장(生長)하여 변화하는 이 모습이 실은 그 근원으로 돌아가는 작용임을 알게 된다. 무릇 만물은 끊임없이 생겨나지만 각기 그 근본으로 되돌아간다. 이렇게 근본으로 돌아감을 '고요해진다(靜)'고 하며 고요해짐을 '본연으로 돌아간다(復命)'고 하고 본연으로 돌아감을 '영원(常)'이라고 하며 영원을 아는 것을 '진지(明)'라고 한다.

실재의 본성이 텅 비어 있다고 하는 사실은 이미 알버트 아인슈타인Albert Einstein의 상대성이론과 양자론에서도 밝혀진 바 있다. 그것의 실체는

---

* 경상남도 양산 영취산(靈鷲山)에 있는 이 사찰은 신라 진덕여왕 2년(서기 648년) 자장법사(慈藏法師)가 창건한 절이다. 이곳 영취산은 원래 석가모니가 전생(前生)에 설법하며 중생을 교화하던 곳으로 알려져 있다. 불교설화에 의하면, 자장법사는 석가모니의 진신(眞身)을 이곳에서 친견하고 절을 세워 통도사라고 했는데 석가모니의 진신이 사라진 곳에 일주문(一柱門)을 세워 불이문(不二門)이라고 명명했다고 한다. 이는 오직 계(戒)로써 하나인 마음(一心)을 찾고자 함이요, 이 하나인 마음에서 만물만상이 생멸하는 것이니 일심의 문이라는 뜻이다.

'불합리의 합리'라는 역설로 표현될 수 있을 것이다. 그것은 아슈바고샤의 말처럼 "존재하는 것도 아니요 존재하지 않는 것도 아니며, 존재와 비존재가 동시에 존재하는 것도 아니요 존재와 비존재가 동시에 존재하지 않는 것도 아니다." 그야말로 언어가 끊어진 경계 그것이다.

그래서 노자는 "참 아는 자는 말하지 않고, 말하는 자는 참 알고 있지 않다(知者不言 言者不知)"(『도덕경』81장)고 했다. 장주莊周 또한 "뜻을 전하기 위하여 말을 하지만 뜻이 통한 다음에는 말을 잊는다(言者所以在意 得意而忘言)"(『莊子』26장)고 했다.

실로 모든 지식은 인식의 차원을 넘어 삶의 실천으로 연결될 때 비로소 그 가치가 드러난다. 그러나 논리와 추론에 의한 지식은 직접적인 체험에 의해서 강화되지 않는 한 진정으로 우리 몸에 흡수되었다고 말할 수 없으며, 따라서 그것의 가치성 또한 발현될 수 없다. 역사상 그토록 많은 구도자들이 실재를 직접 체험하고자 목숨을 버린 것은 바로 이 때문이다.

이틀은 연이어 청명하더니 사흘째 극락암에 오르던 그날은 안개가 자욱하게 산허리를 감싸고 있어 깊어가는 가을날의 고즈넉함을 더해 주었다. 첫날에 비하여 사흘째 되는 날에는 오히려 마음이 담담해졌다. 고승을 뵙기 위해서 치르는 하나의 통과의례로 여겨졌기 때문이다.

통과의례! 그랬다. 차를 타려고 해도 차비를 내야 하고, 관공서에 들어가려고 해도 신분증을 제시해야 하고, 고궁에 들어가려고 해도 입장료를 내야 하고, 대학에 진학하려고 해도 입학시험을 치러야 하고, 외국에 나가려고 해도 비자를 받고 세관을 거쳐야 한다. 모두 통과의례이다.

어디 그뿐인가. 맹자孟子는 "하늘이 어떤 사람에게 큰 임무를 맡기고자 할 때 반드시 먼저 심지心志를 괴롭히고 그 육체를 고생시키고 그의 하는 일을 어지럽게 한다"고 하지 않았던가. 이 또한 통과의례이다.

참으로 우리의 삶에서 통과의례를 치르지 않는 경우가 어디 있던가. 사람이 태어나면 출생신고를 하고, 죽으면 사망신고를 한다. 생과 사의 통과의례이다. 출생신고를 함으로써 그 사람은 명실공히 그 나라 국민으로서의 권리 및 의무 관계를 맺게 되어 사회적 인간으로 살아갈 수가 있고, 사망신고를 함으로써 그 사람은 비로소 모든 권리 및 의무 관계에서 놓여나서 육계의 명부에서 완전히 지워지게 되는 것이다.

사춘기의 방황도 어른이 되기 위한 통과의례이다. 하물며 스스로의 진체眞體를 회복함에서랴! 전생轉生이라는 통과의례가 기다리고 있다. 이 전생은 완전한 자아실현을 위하여 '나'와 '너'가 '우리'라는 용광로 속에서 보편의식으로 용해되어 가는 하나의 통과의례이다. 말하자면 진지에 이르는 일종의 교육 과정인 것이다. 한 단락의 생이 끝나면 더 나은 다음 생을 위하여 육의 옷을 벗고 평가하는 시간을 가지게 되는 것이다. 마치 연극이 끝나면 더 나은 다음 연극을 위하여 품평회를 갖는 것처럼.

인생은 일장춘몽이라고 했던가. 그러나 찰나적 순간이라 할지라도 그것은 고립된 순간 그 자체가 아니다. 그것은 모두가 영원의 세포이다. 영원은 순간이라는 세포로 이루어져 있는 것이다. 단 하나의 세포라고 할지라도 생명체를 죽이기도 하고 살리기도 한다. 순간의 생이 소중한 것은 바로 이 때문이며, 매일매일의 일상생활 또한 마찬가지다. 삶은 그 자체가 하나의 과정이며—비록 그 속에 크고 작은 많은 목표를 담고 있다고 할지라도—그 과정에 혼신을 다할 때 비로소 그 궁극적인 자아실현의 목표는 달성될 수 있다.

어찌 경봉 스님을 뵙는 일이 다를 수 있을까. 대면하기까지의 이러한 과정 또한 교육이 아니겠는가. 어떤 사람은 삼천배를 올리고서야 겨우 고승을 뵐 수 있었다고 한다. 비록 사흘째 몇 시간씩 시외버스를 타고 와서 버스 정류장에서부터 두 시간 가량 걸어 극락암에 오르긴 하지만 어찌 불평할 수 있을까.

스스로 깨우치도록 하는 것. 이것은 바로 공자의 교육관이기도 하다. 쉽게 얻은 것은 쉽게 잊혀지게 마련……. 인간이 생로병사의 고통을 치르는 것도 이 때문이리라.

아직도 극락암이 있는 산 정상까지는 한 시간 가량을 더 걸어야 했다. 그날은 극락암에 오르내리는 스님들의 행보조차 끊어진 채 간간이 스산한 바람이 불어와 풀잎을 흔들고, 갈대를 흔들고, 그리고 내 마음을 흔들어 놓았다.

'어떻게 살 것인가?' 해묵은 질문이 다시 고개를 들었다. 대학 졸업이 얼마 남아 있지 않았던 터인지라 그 질문은 매우 현실감 있게 다가왔다. 그러나 나는 알지 못했다. 그것에 대한 답을 할 수 있기 위해서는 20여 년의 세월이 소요되어야 함을. 그때 나는 정녕 알지 못했다.

암자와 수녀원

그 질문의 근원은 아마도 대학시절, 또 하나의 통과의례를 치러야 했던 암자와 수녀원에서 찾아야 할 것이다. 당시 유신정권에 항거하는 대학가의 데모는 날이 갈수록 심해져서 한번 휴교령이 내려지면 방학까지 이어지기 일쑤였다. 아예 책을 꾸려 산으로 들어가는 학생들도 있었다.

그날도 사흘째 암자를 오르고 있었다. 암자에 머물러도 좋다는 허락을 주지스님으로부터 받아내기 위해서였다. 여승들만 머무는 작은 암자인데다가, 조금 떨어진 곳에 별채가 있어서 조용히 책을 보기에는 안성맞춤이었다. 더구나 그 암자의 젊은 스님은 방학 때면 내가 머무르곤 하던 수녀원으로 친구인 젊은 수녀를 만나러 가끔씩 들렀던 터라 안면이 있었다.

젊은 스님의 호의적인 태도와는 달리 노老주지스님은 두 차례나 거절하는 냉정한 모습을 보였다. 여학생이 혼자 별채에 있게 되면 무서울 것이라는 것과 음식이 입에 맞지 않을 것이라는 이유에서였다. 그 두 가지 이유라면 이미 각오가 되어 있었기 때문에 문제가 될 것 같지 않았다. 일단 다시 한번 주지스님을 설득해 봐야겠다고 생각하고 암자에 올랐다.

사흘째 되던 그날은 날씨가 조금 흐려 있었다. 암자를 따라 올라가는데 저만치 앞에 무거운 배낭을 맨 남자가 걸어가고 있었다. 뒤에서 보기에도 꽤 나이 들어 보이는 그 사람은 구부정한 자세로 힘겹게 발걸음을 옮기고 있었다. 아마도 산너머 마을에 가는 것이라고 생각되었다. 바로 전날 암자를 오를 때에도 그 길을 따라 가는 일행들이 있어 물었더니 산너머 마을에 간다고 했었다. 마을에서 암자까지 한 시간 정도 걸리는데, 산너머 마을에 가자면 거의 두 시간 이상 걸리는 거리였다.

얼마를 걸었을까. 이런저런 생각을 하며 걸어가는데 갑자기 앞에 가던 사람이 맥없이 쓰러졌다. 달려가보았으나 거의 의식을 잃은 상태였다. 그날 따라 산 속은 오가는 행인들의 발길조차 끊어진 채 깊게 가라앉아 있었다. 순간 나는 깊이 생각할 틈도 없이 암자 쪽으로 필사적으로 달렸다. 혼자 힘으로는 어떻게 할 수 없다는 생각이 들었기 때문이다. 마침 암자가 그리 멀지 않은 곳에 있어서, 얼마 후 스님 세 분과 함께 그곳으로 다시 허겁지겁 달려갔다.

스님들이 큰 소리로 외쳤다.

"여보세요……!"

아무런 대답이 없었다. 스님들이 가까이 다가가 그 사람을 일으켜 바로 눕히면서 계속 불렀다.

"여보세요! …… 여보세요! …… 여보세요! ……"

아무런 반응이 없었다. 한 스님이 그 사람의 두 눈을 뒤집어보고는 말했다.

"…… 죽었어."

무거운 배낭을 매고 한치 앞도 모르고 가는 것이 우리 인생이라고 생각하니 참으로 덧없게 느껴졌다. 스님들과 함께 마을로 내려가 신고한 후 다시 암자로 돌아왔을 때 그곳의 분위기는 숙연했다. 마치 죽은 이의 명복을 빌기라도 하는 듯이…….

한참 후에 내가 자리에서 일어서자 주지스님은 무겁게 입을 열었다.

"한번 있어 보려무나."

그렇게 해서 암자에서의 생활은 시작되었다.

암자에는 전깃불이 들어오지 않아서 밤이면 촛불을 켰다. 마침 법당에서 켜다 남은 양초가 몇 상자 있어서 따로 구입할 필요는 없었다. 암자

별채에 들어서니 이미 군불을 지펴놓은지라 훈훈했다. 방은 깨끗했고 책상도 하나 있었다. 책상 앞에는 삼베로 된 커튼이 드리워져 있었는데, 걷으니 바로 숲이 드러났다. 일곱 개의 촛불을 켜고 책상 앞에서 결의를 다지는 동안 이름 모를 짐승들은 밤새도록 울부짖었다.

아침이 되어 식사하러 갔다. 식사시간에는 '묵언'이라고 하여 아무도 말을 하지 않았다. 반찬은 김치와 토란국이 전부였다. 김치를 입에 넣는 순간 끼치는 심한 농약 냄새 때문에 하마터면 도로 뱉어낼 뻔했다. 음식이 입에 맞지 않을 것이라고 하던 주지스님의 음성이 들리는 듯했다. 간신히 삼키고는 토란국만 계속 먹었다. 앞을 보나 옆을 보나 모두 아무에게도 시선을 주지 않은 채 자기 내면을 응시하며 무표정한 얼굴로 그 농약 냄새 나는 김치를 용케도 먹어 내고 있었다.

저녁에도 김치와 토란국이 전부였다. 열흘이 가도 스무날이 가도 그 식단은 바뀌지 않았다. 혹시나 하는 마음으로 김치를 집어 보아도 농약 냄새는 여전했다. 하는 수 없이 토란국만 먹게 되었는데 나중에는 토란국만 보아도 구역질이 날 지경이었다. 나는 매일 김치와 토란국을 화두처럼 대하며 점차 미각을 잃어 갔다.

자정이면 촛불을 끄고 잠자리에 들었고, 새벽 두 시면 일어나 촛불을 켰다. 스님들도 새벽 세 시 가까이 되면 '쿵' 하는 소리와 함께 본채 뒷문을 열어젖혔다가 닫고는 인경을 치고 염불을 외었다. 이러한 무언의 새벽 대화가 한 달 가량 계속되었을까. 어느 날 뒷문 열어젖히는 소리가 들리지 않았다. 그 다음 날도, 그 다음 날도 마찬가지였다. 고요한 산속을 울리는 북소리와 같은 문소리가 기다려졌다.

'웬 일일까!' 궁금했다. 어느 날 나는 싱긋이 웃으며 주지스님에게 그 연유를 물었다.

"스님, 요즈음은 왜 북을 치지 않으시지요?"

주지스님 또한 싱긋이 웃으며 입을 열었다.

"북을 치는 계절이 따로 있지……."

그러자 옆에 계시던 스님이 웃으시면서 말을 이었다.

"처음에는 학생이 혼자 촛불을 켜고 있는 것이 염려되어 매일 확인하기 위해서 그렇게 했는데, 한 달이 지나도록 단 하루도 촛불 켜지는 시간이 어김없으니 더 이상 그럴 필요가 없겠다고 생각했지. 이제는 오히려 학생이 우리를 확인하는 셈이 되었구면."

산속에서는 시간이 느껴지지 않았다. 아침인가 하면 어느새 저녁이었다. 책을 보고 명상하고 산책하는 것이 매일의 일과였다. 저녁이면 몇 번이고 문단속을 하고, 밤이면 짐승들의 울음소리를 들으며 창호지 문짝 위에 촛불이 그려놓은 커다란 내 그림자를 감상했다.

그러던 어느 날 밤이었다. 그날 밤도 자정이 되어 촛불을 끄고 자리에 누웠다. 막 잠이 들려는 순간 맨끝 욕실에서 열쇠 돌리는 소리가 들렸다. 가만히 귀를 기울이니 어느새 욕실로 들어오고 있었다. 얼른 문을 열고 밖으로 나가야 한다는 생각은 들었지만 캄캄한 데다가 막 잠이 들려는 순간이어서 어느 쪽이 문인지도 모를 지경이었다. 더구나 방문은 열쇠를 한참 돌려야 열 수 있는 문이었고, 그 문 밖에 쪽마루를 거쳐 있는 현관문 또한 마찬가지였다. 여느때와 마찬가지로 그날 저녁에도 몇 번이고 문이 잠긴 것을 확인했음은 물론이다.

욕실 바로 옆방은 곡식창고였고, 그 곡식창고와 내 방은 미닫이문으로 연결되어 있어서 뛰쳐 나가기에는 시간적으로 불가능하다는 생각이 들었다. 이런 생각을 하는 동안 그 그림자는 벌써 옆방 곡식창고로 이동하고 있었다. 이동하는 모습이 눈에 다 보였다. 이젠 어떻게 할 수 없다는 생각이 들었다. 나는 이불을 뒤집어쓰고 가만히 숨을 죽였다.

드디어 미닫이문이 저절로 열리면서 희끄무레한 물체가 내 방으로 들어오고 있었다. 형체가 명확하지 않은 기운덩어리 같았다. 이불을 뒤집어쓰고 있는 내 주위를 '윙' 하는 소리를 내며 원을 그리기 시작했다. 그 원이 점점 작아져 내 이불에 막 닿으려는 순간 나는 소름이 끼쳐 "악!" 하고 고함을 지르면서 문을 열어 젖히듯이 이불을 벗어 젖혔다.

순간 나는 문 밖에 서 있었다. 겨울 공산空山에는 하염없이 눈이 내리고 있었다. 알 수 없었다. 어떻게 내가 이불을 박참과 동시에 문 밖으로 나오게 되었는지를. 더구나 방문과 현관문이 모두 잠긴 상태에서. 정말 알 수 없었다. 현관문과 방문은 모두 열려 있었다. 방안을 들여다보았다. 굴 속처럼 캄캄했고 아무것도 보이지 않았다. 들어가고 싶지가 않았다. 내리는 눈을 시름없이 바라보며 한동안 멍하니 서 있었다.

잠시 후 정신을 수습하고 다시 방으로 들어가 촛불을 켰다. 새벽 한 시가 좀 넘어 있었다. 라디오를 켰다. 볼륨을 최대한 높였다. 괜스레 삼베 커튼이 마음에 걸렸다. 그날 새벽은 왜 그리도 더디게 가는지. 새벽 세 시 인경 소리가 나기까지의 그 시간은 몇 년처럼 길게 느껴졌다.

다시 저녁이 되었다. 저녁 일곱 시가 되자 스님들은 모두 공부방으로 모였다. 그날 저녁에는 나도 그곳으로 갔다. 주지스님이 팔만대장경을 강독하고 있었다. 스님들이 앉은 양 옆으로 즐비하게 늘어서 있는 촛불은 사원의 엄숙함을 더해 주었다. 모두 마치고 나니 거의 밤 열 시가 다 되어 있었다. 마치고 나오면서 나는 평소에 할머니처럼 다정하게 대해 주시던 노 스님에게 다가가 작은 목소리로 말했다.

"스님, 오늘 저녁에는 저하고 같이 주무세요."

"그러지."

노스님은 이유도 묻지 않은 채 흔쾌히 응낙하고는 방으로 들어가 베개를 가지고 나왔다. 내 방으로 들어가자마자 노스님은 코를 골며 곯아떨어졌다. 오히려 코 고는 소리가 위안이 되었다. 잠은 오지 않고 정신은 더 맑아졌다. 거의 뜬 눈으로 밤을 새웠다. 그 다음 날부터는 무서움도 차츰 가시고 혼자서 잠을 자도 아무렇지 않게 되었다.

그리고 한 달이 지났다. 그날은 젊은 스님이 산에 나무를 하러 가는 날이었다. 나무하러 가는 날이면 나는 따라가서 스님이 도끼로 죽은 나무를 찍을 때 튕겨나오는 조각들을 줍곤 했다. 그날은 마땅한 땔감이 보이지 않아서 우리는 산속으로 깊이깊이 들어갔다.

나무를 다 하고 돌아오는 길은 석양으로 붉게 타오르고 있었다. 타오르는 석양을 바라보고 있노라면 알 수 없는 열덩어리가 솟구쳐올라서 나는 이렇게 혼자 중얼거리곤 했다.

세월은 그렇게 흘러가더이다.
긴 수풀 마른 잎 사이로
어쩌다 스치는 바람의 탄식을 애달파하며

세월은 그렇게 흘러가더이다.

오직 침묵한 자만이 자유로울 수 있는
황혼이 지는 겨울날의 들녘에서
말없는 열정과 밀어를 토하며
세월은 또 그렇게 흘러가더이다.

스러질 듯 창백한 가슴속에선 끝내 풀지 못한 열덩어리가
고립을 벗하여
슬픔으로 영글더이다.

헌데 나는 암체,
암체라 하더이다.
스스로는 사랑의 빛을 발할 수 없는 나는
나는 암체에 불과하더이다.

하여,
그 광막한 밤의 대지를
길잡이도 없이 외로이 떠나야 했더이다.

　계절은 바뀌어서 그때 나는 수녀원 이층 서재에서 책을 보고 있었다.
창 너머로 가랑비가 내리고 우러나도록 맑은 초여름의 정취가 그곳 장미

정원에서 물씬 풍겨왔다. 책갈피마다 묻어나오는 가슴 저미는 성자들의 삶 앞에서 나는 흐느껴 울고 있었다. 그러나 그것도 잠시, 어느새 나는 졸고 있었다. 아무리 애를 써도 잠을 쫓아버릴 수가 없었다. 잠시 후 나는 일층 내방으로 돌아와 침대에 누웠다.

얼마나 지났을까. 나는 다시 이층 서재에 있었다. 인기척도 없이 서재 문이 열리더니 테레사 수녀가 내게로 다가오고 있었다. 형상은 테레사 수녀인 듯하나 왠지 아니라는 생각이 들면서 신령스럽기까지 했다. 내 머리를 쓰다듬으며 그녀는 속삭이듯이 말했다.

"아가, 그렇게 열심이니 모두 이루어지리라."

'이루어지다니, 무엇이 이루어진다는 말인가!' 알 수 없었다. 매일 밤 자정이면 향을 피우고 명상에 들었지만 그것은 어떤 특별한 종교의식은 아니었다. 그녀는 어느새 서재 밖으로 나가고 있었다. 황급히 달려 나갔으나 이미 일층 계단으로 내려가고 있었다. 계단 난간을 잡고 나는 다급하게 외쳤다.

"수녀님, 무엇이 이루어집니까?"

아무런 대답이 없었다.

"수녀님!⋯⋯"

계단을 따라 내려가며 애타게 불렀으나 잠시 멈춰섰을 뿐, 층계참을 돌아 그냥 내려가고 있었다.

"수녀님!⋯⋯"

내 목소리는 간절한 기도가 되어 흘러나왔다. 순간 그녀는 가만히 내 쪽을 돌아다보았다. 그리고는 두 손을 합장했다.

"나무관세음보살."

너무도 생생하게 울려퍼지는 음성에 정신이 들었다. 참으로 비몽사몽
간에 일어난 일이었다. 테레사 수녀는 독일인으로 수녀원 원장이었으며
한국어를 거의 구사하지 못했다. 평소에 마주치는 일이 거의 없었고, 기
껏해야 통털어 두세 번 정도 만났을 뿐이었다. '나무관세음보살'이라고
한 테레사 수녀의 음성은 실로 경이롭게까지 느껴졌다. 마치 스님이 "오,
주여!"라고 하는 것처럼.

사상과 종교적 교의를 초월한 정신세계의 자유로운 내왕, 그 심오한
의미를 그때 나는 깨닫지 못했다. 정녕 어떠한 사상이나 종교적 교의로
도 정신세계는 구획지을 수 없음을 보여주었던 것이리라.

침묵의 언어성

어느새 극락암이 눈앞에 보였다. 서둘러 올라가 전날 뵈었던 시봉侍奉
스님을 찾았다. 그는 내가 두 번씩이나 경봉 스님을 뵙지 못하고 돌아간
것을 미안해하면서 말을 이었다.

"각지에서 큰스님을 뵙겠다고 오는 사람이 좀 많아야지요. 법을 구하
러 오는 사람은 극히 드물고 대부분 사주팔자를 보러 오니……. 큰스님
이 제일 싫어하는 것이지요."

그리고는 덧붙여 말했다.

"내가 가서 큰스님께 학생이 또 왔다고 여쭈어 올리지요."

잠시 후 그는 밝은 표정으로 돌아와 말했다.

"들어오라고 하십니다."

이어서 그는 절대로 사주를 봐 달라고 해서는 안 되며 큰스님은 10분 이상 손님을 접견하지 않는다는 사실을 몇 번이고 강조했다. '10분이라……' 나는 조금 긴장되었다. 10분 동안에 무슨 말을 할 수 있다는 말인가. 순간 내 머리는 많은 질문들을 압축하느라 복잡해졌다.

이윽고 경봉 스님이 계시는 방 안으로 들어섰다. 고승에 대한 예로 삼배를 올린 후 자리에 앉았다. 아무 말씀이 없으셨다. 정좌한 자세로 가만히 나를 바라보고 계셨다. 유심히 관상을 살피시는 것이 무슨 연유로 왔는지 내 말을 듣고자 하심은 분명 아닌 것 같았다.

침묵이 흐르고 그 침묵 속으로 많은 질문들이 낙화가 되어 흐르고 있었다. 나는 보았다. 침묵의 강을 타고 흐르는 덧없는 질문들의 잔해를……

얼마나 지났을까. 경봉 스님이 먼저 말문을 여셨다.

"태몽이 있었는가?"

'태몽이라……?'

뜻밖의 질문에 어리둥절해진 나는 이렇게 대답했다.

"잘 모르겠습니다."

당시로서는 그것에 관한 지식이 내게 없었다. 또 침묵이 흘렀다. 얼마 후 스님은 또 물으셨다.

"태어날 때 경사스런 일이 있었는가?"

'태어날 때 경사스런 일이라면……?'

점점 더 알 수 없었다.

"역시 잘 모르겠습니다."

스님은 거기에서 멈추지 않았다.

"생년월일이 언제인가?"

나는 즉시 대답했다.

스님은 지긋이 눈을 감으셨다. 무엇인가를 깊이 생각하시는 것 같았다. 침묵이 흐르고 또 흘렀다.

노자는 『도덕경』 11장에서 무無의 공용功用을 이렇게 표현하였다.

수레바퀴의 구조는 서른 개의 바퀴살이 한 개의 바퀴통에 모여 있는데, 그 바퀴통 빈 곳에서 바퀴가 회전함으로써 수레로서의 작용을 한다. 진흙을 이겨 그릇을 만드는 경우에도 그 빈 곳이 그릇으로서의 작용을 한다. 벽을 뚫고 창을 내어 방을 만드는 경우에도 그 빈 곳이 방으로서의 작용을 한다. 그러므로 유(有)가 어떤 작용을 하는 것은 무(無)가 작용하기 때문이라고 할 수 있다.

그때 나는 비로소 침묵의 언어성에 대해서, 없음의 있음에 대해서 희미하게나마 느끼기 시작했다. 침묵 그 자체가 말로는 표현할 수 없는 강렬한 언어일진대 어찌 단순히 말없음이라고 할 수 있을까.

이윽고 스님은 눈을 뜨시더니 내 손을 보자고 하셨다. 한참 동안 손바닥을 들여다보시면서 수상을 읽으시는 것 같았다. 그리고는 여전히 말이 없으셨다. 나도 침묵했다. 마치 선방에 들어간 사람처럼 미동도 않은 채. 얼마 후 스님은 비유적인 표현으로 내 앞날에 대해 몇 말씀을 해 주셨다. 그리고는 끝으로 몸을 잘 보존하라고 당부하셨다.

그날 이후 '태몽이 있었는가?'라는 경봉 스님의 첫 말씀은 내 가슴에 비수처럼 꽂혀 평생 나를 놓아 주지 않았다. 그 말씀이 그토록 단순명쾌한 암호문인 줄을 내가 알게 된 것은 20여 년의 세월이 지난 뒤였다. 그날 스님은 내게 태몽에 대해 평생 잊지 않도록 강하게 각인을 시킨 셈이었다. 경봉 스님의 말씀은 때가 되면 현실이 되어 나타날 것이다. 천기인봉天機印封이라!

방문을 나서니 밖은 캄캄했다. 게다가 비까지 내리고 있었다. 산 정상에서 마을까지 내려갈 일이 꿈만 같았다. 바로 그때 시봉 스님이 웃음 띤 얼굴로 다가와서는 말했다.

"아직 큰스님이 이렇게 오랫동안 손님을 접견하신 적은 없으십니다. 거의 두 시간이 다 되었지요. 그런데 이렇게 어두운 데다가 비까지 내리니……."

그는 내가 마을까지 내려갈 일을 걱정하며 스님 한 분과 동행하는 것이 어떻겠냐고 했다. 좀 무서운 생각이 들긴 했지만 나는 정중하게 사양하고 혼자 암자를 떠났다.

암자를 벗어나면서 나는 달리기 시작했다. 비가 내리는 칠흑같이 어두운 밤인지라 길이 보이지 않았다. 한참 달리다 길이 아닌 곳으로 들어서 몇 번 구르기도 했다. 온 몸은 땀과 비로 젖어 내리고 있었다. 무슨 악몽을 꾸는 것 같았다. 통도사 입구에 이르러 불빛이 보이자 비로소 안도의 한숨이 나왔다. 마치 세존世尊께서 계시던 사위성舍衛城의 기원정사祇園精舍*인 양 아련한 불빛 사이로 세존의 향기로운 법어法語가 들려오는 듯했다. 『잡아함경雜阿含經』에는 세존의 이러한 설법이 전해온다.

어느 도시에 네 아내를 거느린 사람이 있었다. 첫째 아내는 이 세상 무엇과
도 바꿀 수 없는 가장 사랑하는 아내였다. 둘째 아내는 남과 싸우기까지 하
며 무척이나 애를 써서 얻은 아내로서, 항상 옆에 두고 다정하게 이야기도
했지만 첫째만큼은 사랑하지 않았다. 셋째 아내는 때때로 만나서 서로 위
로해 주기도 하고 농담도 주고받았지만, 함께 있으면 이내 서로 싫증이 나
고 떨어져 있으면 또 그리워하게 되는 그런 사이였다. 넷째 아내는 온갖 궂
은 일과 힘든 일을 도맡아하는 하녀나 다름없는 아내로서, 남편의 마음속
에 그녀의 존재는 거의 없는 것이나 마찬가지였다.

　　어느 날 남편은 먼 외국에 갈 일이 생겼다. 그는 가장 사랑하는 첫째 아
내를 불러서 물었다.

　　"이번에 먼 외국에 가게 되었소. 누구보다도 사랑하는 당신이니 나와 함
께 가 주겠지?"

　　그러자 그녀는 냉정하게 대답했다.

　　"아무리 저를 사랑해 주셔도 당신과 함께 외국에 갈 수는 없어요."

　　남편은 첫째 아내의 무정함을 꾸짖고, 둘째 아내를 불러서 물었다.

　　"갖은 고생 끝에 얻은 당신이니 당신은 함께 가주겠지?"

　　그러자 그녀는 대답했다.

　　"가장 사랑하시는 첫째도 함께 가지 않는데 제가 왜 가요?"

　　남편은 둘째 아내의 무정함을 꾸짖고, 셋째 아내를 불러서 물었다. 그러
자 그녀는 대답했다.

＊ 옛날 인도 마갈타국(摩竭陀國)의 사위성 남쪽에 있던 절로서, 왕사성(王舍城)의 죽림정사(竹林精舍)와 함께
　 2대정사(二大精舍)로 불리며 또한 석가모니가 후반생을 보낸 곳이기도 하다.

"당신의 은혜를 입었으니 성 밖까지는 전송해드리겠어요. 하지만 먼 외국까지 함께 갈 수는 없어요."

이번에는 넷째 아내를 불러서 물었다. 그러자 그녀는 이렇게 대답하는 것이었다.

"괴롭거나 즐겁거나, 죽거나 살거나 당신의 곁을 떠나지 않겠어요. 당신이 가시는 곳은 어디든지, 아무리 먼 곳이라도 함께 가겠어요."

남편은 마침내 가장 천대하던 넷째 아내를 데리고 그 도시를 떠났다.

여기에서 어느 도시란 삶의 세계요, 먼 외국이란 죽음의 세계다. 그 도시에 사는 네 여인의 남편이란 인간의 영혼이다. 그 첫째 아내는 인간의 육신, 둘째 아내는 인간의 재산, 셋째 아내는 부모형제나 처자 또는 친지, 넷째 아내는 인간의 마음이다.

나는 다시 달리기 시작했다. 시외버스 막차를 놓쳐서는 안 되기 때문이었다. 시외버스 정류장에 이르렀을 때 막차가 손님들을 다 태우고 시동이 걸린 채 대기하고 있었다. 내가 오르자마자 차는 즉시 출발했다.

제1부
연꽃잎은 물에 젖지 않는다

나무로 만든 부처는 불을 건너지 못하고

금으로 만든 부처는 용광로를 건너지 못하고

흙으로 만든 부처는 물을 건너지 못한다.

오직 마음의 부처만이 건너지 못하는 곳이 없나니

木佛不渡火　金佛不渡爐　土佛不渡水　心佛無處不渡

— 『금강경오가해(金剛經五家解)』

길을 찾는 당신에게 드리는 지혜

제1장

마음의 밭을 일구며

젊은이들아, 청동으로 입힌 무쇠 살갗이
온통 장미 내음에 달디 달가운 혈색으로
범람하는 젊은이들아, 남김 없는 좌절도 힘주어 껴안는
그러나 너희들 불볕의 자갈밭에 괴로워하는
돌처럼 때론 말도 없이 주저앉아 버리는 젊은이들아
그대들의 눈빛을 읽으면 읽을수록
삶의 절실한 탄원에 나는 숨이 막힌다
오— 누가 나에게 불을 끄는 불을 불러다오
오— 불.
— 희랍의 파미스

언젠가 땡볕에서 밭을 개간하는 사람을 본 적이 있다. 까맣게 탄 얼굴
은 온통 땀과 흙으로 뒤범벅이었고, 흙으로 덧칠된 상처투성이의 손발에
는 피가 흐르고 있었다. 그러나 미래에 대한 내면의 힘찬 꿈틀거림을 느
낄 수 있었다.

사람마다 뜨겁지만 힘들었던 시절이 있고, 힘들었지만 알 수 없는 기
쁨이 자신을 사로잡았던 때가 있을 것이다. 누가 나에게 그런 시절을 꼽

으로고 한다면 그것은 바로 유학 시절이 아니었나 싶다.

　미국과 영국에서의 유학시절은, 그 이전이 아직 밭의 형상조차 갖추지 못한 그저 하나의 산이요 모래밭이었다면, 잡초를 베어내고 자갈을 골라내는 개간의 시기였다고 할 수 있을 것이다. 그러한 시기를 통하여 나는 내가 아닌 너를, 우리를 만나는 은밀한 기쁨을 맛볼 수 있었다.

　물론 그 이전이라고 해서 은밀한 내면의 기쁨에 접근할 수 없었던 것은 아니다. 하지만 그때는 두꺼운 관념의 옷을 입고 있었기에 생생한 현실의 기쁨으로 느낄 수는 없었다. 유학 시절을 통하여 관념의 옷을 하나씩 벗어나가면서 그러한 내면의 기쁨에 더 다가갈 수 있지 않았나 싶다.

　유학 시절—사색할 시간조차 없던 그 시절에 공부는 곧 사색이요, 기도요, 기쁨이요, 내면으로의 길이었다. 무수한 밤을 지새우며 얼마나 사색하고 기도하고 기뻐하며 내면으로의 길을 응시했던가. 다양한 인종과 문화와 관습에 노출되면서 나는 시야를 넓히고 자신을 집중적으로 배양할 수 있었다.

　오늘도 도서관을 오르는 학생들, 아르바이트도 해 가며 열심히 살아가는 그 모습들을 보면, 이들에게는 힘들지만 편안한 사람이 알 수 없는 희망과 기쁨이 있다는 것을 나는 이해할 수 있다. 참으로 우리에게 소중한 것은 남들이 가지지 못한 것을 가지는 것이 아니라, 남들이 알지 못하는, 아니 알 수도 없는 내면의 기쁨, 바로 그것이 아닐까.

　당신은 어떠한 길을 걷고 있으며, 어떠한 것에서 은밀한 기쁨을 느끼는가. 텔레비전이나 신문을 보는 것에서? 하루 세 끼 식사하는 것에서? 잠자는 것에서? 취미활동하는 것에서? 사랑하는 사람과 만나는 것에서?

열심히 일하는 것에서?······내면의 기쁨은 어디에서 오는 것이라 생각하는가. 그리고 당신은 그러한 기쁨에 얼마나 접근해 있는가.

당신은 혹시 옛 친구의 이름을 잊어버리고 예전에 살던 마을의 이름을 잊어버리듯이, 자신을 잊어버리고 살고 있지는 않는가. 수첩 하나를 잃어버리면 며칠을 두고 찾으면서, 당신 자신을 잃어버리고도 잃어버렸다는 사실조차 까맣게 잊어버리고 있지는 않는가.

은밀한 내면의 기쁨은 우리의 영혼이 깨어 있어서 온갖 부정한 심상이 사라지게 될 때 느낄 수 있는 것이다. 내 영혼이 유리알처럼 맑고 투명했던 시절—그 유학시절은 지극히 몰입한 상태였기에 부정한 심상이 끼어들 틈이 없었다. 마치 벼랑 끝에 앉아 참선을 하는 수행자처럼 매일 밤을 지새우고도 지칠 줄 몰랐다.

내게 있어 유학은 교수가 되거나 어떤 보장된 사회적 지위에 오르기 위한 필요조건으로 생각되었던 것은 결코 아니다. 물론 미래에 대한 나름대로의 계획이 없었던 것은 아니지만, 우선 스스로 지식에 대한 심한 갈증을 느끼고 있었고 계속 공부하는 일 외에 달리 관심이 가거나 유익하다고 여길 수 있는 일도 없었다. 달리 선택의 여지가 없었던 것이다. 그런 까닭에 나는 공부하는 과정 그 자체에서 충족과 기쁨을 느꼈으며, 학위가 끝난 후의 일은 별개의 문제였다.

그렇다고 해서 내게 좌절의 시기가 없었다는 것은 아니다. 큰 좌절일수록 그것을 극복하고 난 다음의 기쁨은 배가되는 법이다. 세상 이치가 그러하듯이 기쁨과 슬픔, 충족과 결핍, 희망과 좌절 또한 동전의 양면과 같이 공존하는 것이어서, 온갖 부정한 심상이 커지게 되면 좌절과 결핍과 슬픔 속에서 떨고 있는 자아를 발견하게 되는 것이다.

무지에서 움터난 의심을 잡초를 베어내듯이 지혜의 칼로 베어내고 일념으로 정진하여 잠들어 있는 우리 영혼을 깨우는 것, 그것이 바로 마음의 밭을 가는 일이다.

마음의 밭을 가는 일은 시공의 제약을 받을 필요가 없었다. 열사의 땅에서, 초원에서, 빌딩 숲에서, 언제 어디에서나 가능했다.

애리조나 열사의 땅에서

미국에서 대학원 석사과정 첫 학기가 시작되었을 때 나는 미리 교수에게 양해를 구하고 강의 내용을 녹음했다. 저녁에 숙소로 돌아와서는 몇 번이고 돌려서 들었다. 한국에 있을 때에도 비교적 많은 책을 읽은 편이기는 했으나, 당시 매일 요구되는 엄청난 독서량과 과중한 페이퍼 부담은 가히 나를 집중 훈련시키기에 충분했다.

그날도 꼬박 밤을 새워 페이퍼를 마치고 새벽 다섯 시경 자리에 누웠다. 비몽사몽간에 한 장면이 눈앞에 나타났다. 박정희 대통령이 죽은 상태로 누워 있고 흰 천으로 덮여 있었다. 그 주위에는 남자들 몇 사람이 서 있었다. 순간 나는 박 대통령이 시해되었다는 생각이 들었다. 잠시 후 그 장면은 사라져 버렸다. 10·26 사태가 나기 약 한 달 전의 일이었다.

그 장면이 너무도 선명하여 나는 그저 꿈이라고 단정해 버릴 수가 없었다. 한국 정치를 연구하는 몇몇 교수들에게 박정희 정권의 전망에 대해서 물어보기도 했고, 한국에 연락해서 현지 상황을 점검해 보기도 했다. 그러나 한결같은 반응은 전혀 이상이 없다는 것이었다. 조금 꺼림칙하기는 했지만 그냥 잊기로 했다. 그러던 어느 날 오후, 긴급 뉴스가 흘러나왔다. 박 대통령이 시해되었다는 내용이었다.

조소앙 선생은 "사람은 성誠으로 깨달음을 얻으며 성은 신神에서 완성된다"고 했다. 그래서 옛부터 사람의 주요한 미덕으로 성실을 꼽았고, "사람이 성을 다하면 하늘도 감동한다(至誠感天)"는 말이 나오게 되었던 것이다. 무슨 일을 하든 정신을 고도로 집중하여 성을 다하면 자신 안에 있는 성문誠門이 열리면서 스스로의 신성神性과 마주치게 되는 것이리라.

한번은 또 이런 일이 있었다. 아프가니스탄 분쟁으로 미국과 소련의 대립이 격화되어 가던 어느 날, 나는 비몽사몽간에 한 장면을 보았다. 소련 잠수함이 막 육지로 상륙하려는 순간 지미 카터(James Earl Carter) 미국 대통령이 육지 끝에 서서 소련 잠수함을 향하여 "상륙해서는 안 된다"고 절규하고 있었고, 결국 소련 잠수함은 상륙하지 못하는 장면이었다.

다음날 학교에서는 학생들 간에 내기가 벌어졌다. 대부분의 학생들은 양국 간에 전쟁이 일어날 것이라고 보았고, 극소수의 학생들만이 그렇지 않을 것이라고 여겼다. 그때 나는 당연히 후자 그룹에 속했다. 결과는 우리의 승리였다.

대학 기숙사에 입실하던 첫날 미국인 룸메이트가 말했다.

"이번에 누가 룸메이트가 될지 몹시 걱정했어요. 이제 겨우 마리화나에서 벗어나 명상생활을 하고 있는데, 룸메이트를 잘못 만나 다시 옛날로 돌아가면 어쩌나 하고요. 그런데 참 신통하죠? 내가 다니는 요가 모임의 선생이 이번에는 전혀 걱정할 필요가 없다고 하지 않겠어요? 이번에

룸메이트가 될 사람은 적어도 15년 이상 명상을 한 사람일 거라고 하면
서요. 그렇다면 아주 어릴 적부터 명상을 했겠군요. 정말 그런가요?"

그녀와 나는 같이 생활하게 된 첫날부터 새벽이 되면 등을 맞대고 각
자 침대가 있는 쪽 벽을 보고 앉아 명상에 들어갔다. 명상이 끝나기 전에
는 서로 한마디도 하지 않았다. 룸메이트는 자주 향을 피워 방안은 항상
향내가 진동했다. 아주 가끔씩 옛날 친구가 숙사를 방문할 때면 룸메이
트는 밖으로 나가 벤치에서 마리화나를 피웠다. 하지만 나와 같이 있을
때는 한 번도 그런 일이 없었다. 그 친구의 권유로 요가 모임에 몇 번 나
가게 되었는데 동양사상과 문화에 대한 그곳 사람들의 지대한 관심을 읽
을 수 있었다.

애리조나의 기후는 짧은 겨울을 제외하고는 대부분 불볕더위였지만,
공기가 맑은 데다 건조해서 불쾌지수가 높지 않았다. 게다가 냉방시설이
아주 잘 되어 있어서 대부분의 학생들은 한여름에도 두꺼운 스웨터를 가
지고 다녔다. 캠퍼스 안에나 도시의 거리에나 오렌지나무가 가로수처럼
즐비하게 서 있었고, 바닥에는 온통 오렌지들이 뒹굴고 있었다. 그러다
가 바람이 불면 오렌지 향기는 바람에 날리고……. 남국의 향취를 느끼
게 하는 야자수의 꿈. 불볕더위 속을 걷다가 야자수 그늘 아래에서 휴식
을 취할 때의 그 기분이란…….

애리조나의 겨울은 정말 아름다웠다. 세도나를 거쳐 그랜드캐니언으
로 가는 길목에는 수 미터 높이의 아름드리 선인장들이 끝도 없이 늘어
서 있었다. 그 선인장 그루터기에는 새들이 구멍을 파서 살고 있고, 그
위로 붉게 타오르는 겨울 석양……. 그 석양을 뒤로 받으며 말을 타고 쇼

핑센터에 가는 아이들. 그것은 차라리 시간의 벽을 허물고 만난 한 폭의 그림이었다. 호숫가 풀밭을 맨발로 걸으며 싱그러운 풀내음을 맡으면서, 호수 위로 떠다니는 백조들의 평화스러운 모습에 젖어들기도 했다. 가끔씩 천지가 개벽하는 듯한 천둥 번개를 동반한 돌풍은 그 땅이 정열의 땅임을 확인시켜 주었다.

어느 날 정치철학 수업시간이었다. 교수는 들어오자마자 지난 번 제출한 페이퍼에 대해서 논평을 하기 시작했다. 그 페이퍼는 19세기 후반 영국 옥스퍼드 이상주의 학파의 거두인 토머스 힐 그린(T. H. Green)에 관한 페이퍼였다. 지도교수였던 그는 내 페이퍼를 들고 내가 생각해도 과분할 정도로 칭찬을 했다. 그 이전에도 그는 내가 제출한 정치철학 관련 페이퍼에 대해서 항상 호평을 했었다. 모두가 영국의 정치철학자에 관한 페이퍼였다. 그런데 그것이 영국으로 가게 되는 계기가 될 줄이야……. 사람의 일이란 참으로 알 수 없었다.

나는 주로 도서관 오층에 있는 캐럴(carrel)에서 공부했다. 그곳은 개인 룸으로서 대학원생이면 누구나 신청 자격이 있었으나 룸이 한정된 관계로 얻기가 여간 힘든 것이 아니었다. 개인 룸이라고 해 보아야 이층 책꽂이와 스탠드가 딸린 책상이 하나 있고 한 사람이 앉아서 공부할 수 있는 문이 달린 조그만 방이었지만 책을 몽땅 두고 다닐 수 있어서 편리했다.

석사학위 논문을 쓰기 시작하면서 나는 수업시간 외에는 캐럴에서 나오지 않았다. 글이 잘 쓰이는 날이면 캐럴에서 밤을 새우기도 했다. 중단하고 싶지 않아서이기도 했고, 집에서 하려면 많은 책들을 운반해야 하는 번거로움이 따르기 때문이기도 했다.

도서관은 밤 열두 시면 불을 끄고 문을 닫았으며, 그 누구도 도서관에서 밤을 새울 수는 없었다. 그로부터 30분 가량 지나면 다시 불이 켜지면서 청소하는 남자 한 사람이 들어와 청소를 하곤 했는데 캐럴 안쪽은 청소하지 않았다. 캐럴에서 밤을 새우는 날이라고 할지라도 나는 밤 열두 시가 되면 일단은 불을 끄고 휴식을 취했다. 청소하기 위해서 다시 불이 켜지면 나도 다시 불을 켰다. 얼마 후 청소하는 사람이 바로 내 캐럴 문 앞에서 청소하고 있었다. 처음 몇 번은 내 캐럴 문 앞에서 청소를 하고 있으면 좀 긴장되곤 했다. 그러나 그것도 익숙해지면서 거의 의식하지 않게 되자 무심결에 나는 캐럴 문을 열고 말했다.

　"여기도 좀 청소해주세요."

　순간 그는 나를 보더니 들고 있던 빗자루마저 떨어뜨리고 입을 벌린 채 아무 말도 하지 못하는 모습이 몹시 놀란 표정이었다. 자정이 넘은 시간에 긴 머리의 동양 여자가 예기치 않게 나타났으니 놀랄 법도 한 일이었다. '그래도 그렇지, 남자가 저렇게 무서움이 많아서야…….' 이런 생각을 하고 있는데 그는 떨어뜨린 빗자루도 놓아둔 채 도망치고 있었다. 순간 '아차' 하는 생각이 들었다. 하지만 별 도리가 없었다. 다시 캐럴 문을 닫고 책을 보았다.

　한참 후에 발자욱소리가 요란하게 나기 시작했다. 심상치 않다는 생각이 들었다. 이윽고 누군가 캐럴 문을 힘차게 열어젖혔다. 그대로 앉은 채 나는 여전히 책을 내려다보고 있었다. '노크도 없이 남의 방문을 열어젖혔으면 무슨 말이 있어야지' 라고 생각하면서 고개를 숙인 채 얼핏 곁눈으로 보니 아무래도 캠퍼스 경찰 같았다. '물론 나만의 생각이긴 하지만, 어쨌든 우리는 한 달째 친구가 아닌가. 내 캐럴 앞을 청소하며 지날 때마다 무언의 인사를 건넸거늘, 이제 와서 몰인정하게 일러바치다니…….' 이런 생각을 하며 고개를 돌리니 경찰이 몹시 화가 났는지 아무 말도 하지 않은 채 손가락으로 나오라는 신호를 했다. 그 옆에는 아까 그 청소부가 손가락으로 나를 가리키며 벌벌 떨고 있었다. 일어서서 나는 캐럴 밖으로 나갔다. 화가 머리끝까지 치민 경찰은 흥분된 어조로 이렇게 말했다.

"규율을 어겼으니 당장 퇴학이야!"

'퇴학이라니, 누구 마음대로…….' 나는 대꾸하지도 변명하지도 않았다. 그러한 내 모습에 더욱 화가 났던지, 계단을 내려가면서도 연신 두 주먹을 불끈 쥐는 것이 단단히 다짐을 하는 모양이었다. 도서관 일층에다 내려오자 다시 한번 굳은 맹세를 보여주고는 떠나버렸다.

새벽 두 시. 도서관 문을 나서니 폭풍우가 몰아치고 있었다. 폭풍우 속을 달렸다. 혼신의 힘을 다해 달렸다. 비오는 밤 극락암에서 달려 내려오던 것처럼. 캠퍼스 나무들이 휘청거리고 천지가 진동하는 듯한 대자연의 위력 앞에서 인간 존재의 미미함이 새삼 느껴졌다. '갖가지 규율과 사회적 관습에 짓눌려 파괴되어 버린 인간 본래의 자발성을 어떻게 회복할 수 있을 것인지…….' 이윽고 물에 빠진 모습으로 숙소에 도착했다.

다음날 아침이 되자 나는 전날 밤 경찰의 굳은 맹세가 떠오르면서 조금은 걱정이 되기 시작했다. 학장을 찾아갔다. 경위를 설명하고 도움을 요청했다. 그러자 그는 웃으면서 말했다.

"열심히 공부하는 것은 좋은 일이지. 동기가 순수하고 좋은데 너무 말이 심했군."

그는 즉시 캠퍼스 경찰본부로 전화를 했다. 잠시 후 그는 본부에서조차 이 사실을 모르고 있으니 걱정하지 말라고 했다. 내 생각도 그러했다. '캠퍼스에 폭력문제, 마약문제 등 심각한 문제가 얼마나 많은데, 보는 관점에 따라서는 전혀 문제가 되지 않는 것까지 신경을 쓸 수는 없겠지.' 그 문제는 일단은 그렇게 해서 끝났다.

그 이후로도 가끔씩 캐럴에서 밤을 새운 적이 있었는데 청소부가 문 앞에서 청소를 하고 있어도 문을 열고 청소해 달라고 하지 않았다. 논문이 막바지에 이르면서 계속 밤을 새우던 어느 날 새벽 세 시경, 캠퍼스 순찰을 돌던 경찰이 오층에서 새어 나오는 불빛을 발견하고 뛰어올라 왔다. 지난번 그 경찰은 아니었다. 내가 도서관 출입이 잦았던 관계로 도서관 관계자들과 좋은 유대를 가지고 있었기 때문에 더 이상은 문제가 되지 않았다. 그 다음부터는 아예 밤을 새우는 일이 공공연하게 묵인되었다. 내 캐럴 옆에 있던 자료실 직원은 퇴근 때면 자기를 대신해서 야근 좀 잘해달라는 농담까지 했다.

논문 제출도 끝나고 어느덧 논문 구술시험을 보게 되었다. 우선 왜 데이비드 흄(David Hume)에 대하여, 특히 왜 그의 정의체계正義體系에 대하여 관심을 가지게 되었는지에 대해서 말해 보라고 했다. 나는 우선 영국 경험론의 완성자인 흄에 대해서 관심을 가지게 된 것이 전적으로 그의 정신과 육체 간에 이루어진 완벽한 균형미에 매료되었기 때문이라고 대답했다. 그러자 교수가 의아한 얼굴로 그 균형미에 대해서 자세하게 이야기해보라고 했다.

그래서 나는 그가 정신적으로 비교적 비대한 사람이고 육체적으로도 그 비대한 정도가 정신적인 그것에 정확하게 대응함으로써 보기 드물게 완벽한 균형을 이루고 있다고 했다. 그러자 좌중은 일시에 분위기가 풀리면서 논문과는 직접적인 관계가 없는 질문도 주어졌다. 얼마 후 다시 논문에 관한 몇 가지 질문과 대답이 오간 후 구술시험은 끝이 났다. 일단 밖에 나가 있으라고 해서 나는 밖으로 나왔다.

그런데 웬일인지 30분이 지나고 40분이 지나도 안에서는 소식이 없었다. 문을 나올 때에는 분위기가 좋았던 터라서 잘 끝났다고 생각했는데, 막상 그러고 보니 걱정이 안 되는 것도 아니었다. '혹시 내가 농담을 해서 구술시험의 초점이 흐려졌다고 생각하는 것은 아닐까?' 별 생각이 다 들었다.

거의 한 시간이 다 되었을 때 문이 열리면서 심사위원 중 한 사람이 나와서 축하한다고 하며 악수를 건네고는 들어오라고 했다. 그제서야 나는 늦어진 이유를 알게 되었다. 그날 심사위원들이 합의한 내용 중에는 석사학위 논문을 통과시키는 것 외에 나를 박사과정에 입학시키고 장학금을 지급하는 것까지도 포함되어 있었다. 물론 석사과정에서도 계속 장학금을 받기는 했지만 박사과정을 시작도 하기 전에 미리 장학금을 제공하는 것은 실로 파격적인 대우라고 하지 않을 수 없었다. 어쨌든 고마운 일이라고 생각되었다.

졸업을 얼마 앞둔 어느 날 지도교수가 나를 불렀다. 연구실로 갔더니 영국에서 방문교수 한 사람이 우리 정치학과에 와 있으니 만나보라고 했다. 언젠가 지도교수와 면담할 때 박사과정은 영국에 가서 해보고 싶다는 이야기를 가볍게 한 적이 있었다. 그때 그는 정치철학은 영국이 본토이니 좋은 생각이라고 했다. 하지만 그 당시는 막연한 생각에 불과했고, 그 이후로도 그것을 구체화시킬 어떠한 작업도 이루어지지 않았다. 까마득하게 잊고 있었던 것이다. 그런데 석사과정을 마칠 즈음에 한 영국교수의 방문으로 그 문제가 다시 제기되었던 것이다.

나는 그 영국인 교수를 만났다. 그는 그가 소속해 있는 정치학과에 세계적 석학인 데이비드 맥렐런(David McLellan) 교수가 있다고 소개했다. 그에 대해서는 나도 이미 책을 통해서 어느 정도 알고 있었다. 지도교수를 비롯한 다른 교수들도 그의 학자적 자질에 대해 높이 평가하고 있었다. 나는 점차 영국으로 가야겠다는 생각을 굳히게 되었다.

그러던 어느 날 대학원에서 공문이 왔다. 장학금을 제공하겠다는 것과 그것의 수락 여부를 확인하는 내용이었다. 그것은 얼마 전 석사학위 논문을 통과시키면서 심사위원들이 결정한 사항을 공문화한 것이었다. 조금은 망설여졌다. 그러나 결국 그것을 포기하고 영국으로 가는 것으로 결론을 내렸다.

나는 입학 허가에 필요한 모든 서류들을 영국으로 보냈다. 사실상 석사학위 과정이 모두 끝나게 되면서 비자 만료일도 가까워졌다. 비자가 만료되면 미국을 떠나야 하기 때문에, 그 이전에 영국에서 입학 허가서가 와서 영국 입국 비자를 받아야 했다. 그러지 못하면 한국으로 돌아가는 수밖에 없었다. 매일 입학 허가서를 기다리는 초조함은 이루 말할 수 없었다. 비자 만료일을 일주일 정도 남겨놓고 입학허가서가 도착했다.

밤새 짐을 꾸려 새벽 다섯 시가 조금 넘은 시각에 미국인 여자 친구와 함께 공항으로 떠났다. 공항까지 반 정도 거리를 남겨두었을 때, 나는 타자기를 빠뜨리고 온 사실을 깨달았다. 모든 페이퍼나 서류는 타이핑을 해서 제출해야 했기 때문에 그것은 생활 필수품이었다. 떠나기 바로 전날까지도 사용하던 터라 깜빡 잊고 차에 싣지 않았던 것이다.

우리는 다시 차를 돌려 집으로 향했다. 타자기를 싣고 다시 공항에 왔을 때에는 시간이 너무 촉박하여 우리는 타자기를 비롯한 중요한 짐 몇 개만 들고 비행기 승강구로 미친 듯이 달려갔다. 그러나 막 도착한 순간 자동문은 스르르 닫히고 있었다. 비행기를 놓쳐버린 것이다. 놓친 비행기는 로스앤젤레스로 가는 비행기였다. 그로 인하여 나는 로스앤젤레스에서 영국으로 가는 노선 계획도 전면 재조정하지 않으면 안 되는 얼마간의 번거로움을 치러야 했다.

켄터베리 초원에서

영국에 도착했다.

애리조나의 작열하던 태양은 간 곳이 없고, 자욱한 안개 속에 런던은 깊게 가라앉아 있었다. 런던에서 한 시간 가량 기차를 타고 켄트 주의 주도州都인 켄터베리에 도착했다. 그곳은 세계적인 대성당이 있는 곳으로 유명하다. 켄터베리의 초대 대주교였던 성 아우구스티누스(St. Augustine) 이래 현재 104대에 이르고 있는 켄터베리 대주교는 전통적으로 영국 왕실의 대관식을 집전해 오고 있다. 14세기 영국의 시인 초서(Geoffrey Chaucer)의 유명한 설화문학 작품인 『켄터베리 이야기(The Canterbury Tales)』 또한 한 무리의 신자들이 순례지인 켄터베리로 가는 도중의 이야기를 엮은 것이다. 대성당 한쪽은 대학 졸업식장으로 이용되기도 했다. 타운 전체가 대학과 대성당—대학과 대성당은 비교적 가까운 거리에 있었다 — 을 중심으로 주로 녹지대로 형성되어 있어 정신적인 풍요로움과 정서적인 안온감을 더해주었다. 당시 타운 곳곳에 걸려 있는 찰스 왕세자와 다이애나 왕세자비의 대형 사진들에서 왕실 결혼에 대한 영국 국민들의 열렬한 관심을 읽을 수 있었다.

한번은 이런 일이 있었다. 어느 날 타운에 볼 일이 있어 친구들 몇 명과 차를 타고 가는데 길 양편으로 사람들이 끝도 없이 늘어서 있었다. 영문도 모른 채 우리는 그 환호하는 인파 속을 신나게 달렸다. 얼마 후 목적지에 내려서 물어 보니 찰스 왕세자와 다이애나 왕세자비가 그곳을 시찰하러 온다는 것이었다. 이윽고 차량 행렬이 보이기 시작했다. 도로가 그리 넓지 않아 아주 가까이에서 볼 수 있었다. 찰스 왕세자가 환호하는 인파를 향해서 여유 있게 손을 흔들고 있었고, 그 옆에는 청순하고 우아한 자태의 다이애나 왕세자비가 앉아 있었다. 그녀는 아직 대중 앞에 나서는 것이 어색한 모양인지 앞만 바라보고 있었다.

대학원생들의 숙사는 숲속 초원지대에 있었다. 캠퍼스를 따라 걸으면 15분 정도의 거리였다. 숙사로 가는 좁다란 숲길은 아침인지 저녁인지도 모를 자욱한 안개로 젖어 있었고, 길 양편으로는 희미한 수은등이 끝도 없이 늘어서 있는 것이 마치 꿈속의 길인 양 아련했다. 영원히 꺼질 것 같지 않던 애리조나의 그 정열적이고 원색적인 불의 모습도 이제는 안개꽃이 되어 꿈길 속으로 꿈길 속으로 하염없이 젖어 내리고 있었다.

숲길이 끝나는 곳에는 드넓은 초원지대가 펼쳐져 있었고, 그 위에는 이층집들이 몇 동으로 나뉘어 질서정연하게 자리하고 있었다. 그 이층집에는 대학원생들이 다섯 명씩 거주했는데, 독방이 다섯 개 있었고 주방과 샤워실은 공용이었다. 그곳에 거주하는 대학원생들 중에는 영국의 다른 지역에서 온 영국 학생들도 있었으나 대부분은 세계 각지에서 모여든 외국학생들이었다.

맥렐런 교수는 듣던 대로 영국 현지에서도 대단히 명망이 높았다. 옥스퍼드 대학 시절부터 이미 그의 학자적 자질은 높이 평가되었을 뿐만 아니라, 인격적으로도 매우 존경을 받고 있었다. 세계 각지로 초빙강연을 나가는 일이 많았고, 영국 각지에서는 물론 기타 유럽 지역이나 미국 및 남미 등지에서도 그의 지도를 받고자 찾아오는 학생들이 많았다. 그의 세미나 시간은 항시 벌겋게 달아오르는 벽난로처럼 몇 시간이 지나도 열기가 식을 줄 몰랐고, 그러면서도 한편으로는 다른 세계의 사람들이 알 수 없는 여유와 낭만이 있었다. 미국에서는 알 수도 느낄 수도 없었던 그런 깊은 학구적인 분위기에 나는 점차 매료되고 심취되기 시작했다.

당시 그의 지도를 받는 박사과정 학생들 중에는 칠레에서 온 사람이 한 사람 있었다. 그는 매사에 열성적이고 또한 대단히 학구적이었으며 세미나 시간에도 매우 활발하게 토론을 벌이는 사람들 중의 한 사람이었다. 어느 날 그가 맥렐런 교수의 주례로 결혼을 하게 되었는데, 상대 역시 같은 박사과정에 있는 영국 여학생이었다. 이들은 결혼하는 날 아침까지도 청바지 차림으로 도서관에서 책을 뒤지고 있었다. 이들의 모습에서 나는 깊은 감동을 받았다.

그 칠레 학생이 당시 우리 박사과정 학생들 사이에 화제가 되기 시작한 것은 그가 결혼을 한 직후였다. 그의 운명은 참으로 기구했다. 그는 칠레에서 반정부운동을 벌이다 투옥되어 사형선고를 받은 사람이었다. 사형 집행을 얼마 앞두고 그는 구사일생으로 탈옥에 성공하여 흘러흘러 영국까지 오게 된 사람이었다. 영국에 도착한 이후에도 그는 신분을 드러낼 수가 없었기 때문에 수년 동안 숨어 다니면서 신분 노출이 되지 않는 온갖 궂은일을 하면서 인간의 한계상황에 도전해 왔다. 그러던 그가 어떻게 해서 박사과정까지 들어오게 되었는지에 대해서는 자세하게 알려지지 않았다. 다만 그러한 이야기가 그가 결혼을 한 직후에 나오게 된 것은 아마도 그가 영국 사람과 결혼하여 법적으로 영국 국적을 취득하게 됨으로써 신변 안전이 보장되었기 때문이었는지도 모른다. 얼마 후 이들 부부는 모두 박사학위를 받았고 다른 대학에 강사로 나가게 되었다. 삶의 다양성이 새삼 느껴졌다.

학생들은 주말이면 몇 명이 한 조가 되어 도버Dover 해협을 건너 프랑스에 다녀오곤 했다. 특히 프랑스의 관문인 칼레Calais는 당일에 다녀올 수 있었기 때문에 머리도 식힐 겸 쇼핑하러 가는 학생들이 많았다. 돌아올 때면 으레 한 사람이 프랑스 와인 몇 병씩을 사오곤 했는데, 도버 해협을 사이에 두고 영국 현지에서는 같은 와인이 몇 배로 비쌌기 때문이다. 그렇게 해서 주말에는 와인 파티가 잦았다.

주말이면 프랑스에서도 도버 해협을 건너 켄터베리로 놀러오는 사람들이 많았다. 프랑스 초등학교 학생들도 단체로 그곳에 와서 유적지나 명소를 답사하곤 했다. 한번은 타운에서 어린 학생들이 지나가는 행인들에게 물어가며 열심히 뭔가를 적고 있었다. 가까이 들여다보니 유적지의 역사에 관한 것이었다. 이렇듯 켄터베리는 도버 해협을 사이에 둔 관계로 프랑스와의 문화 교류가 잦은 지역이기도 했다.

　미국에서와는 달리, 내가 영국에서 받은 느낌은 전통성과 보수성이 강하다는 점이다. 그것은 1215년 대헌장(Magna Carta)에서부터 시작하여 1628년 권리청원을 거쳐 1688년 명예혁명 이후 권리장전에 이르기까지, 영국 헌정사의 오랜 민주주의적 전통과 무관하지 않을 것이다. 이미 13세기 초 대헌장에 의하여 국민의 개인적 · 정치적 자유가 존John 왕의 승인을 얻은 이후, 점차 의회 세력의 신장과 함께 16세기 중반 엘리자베스 1세 시대(1558-1603)에는 군주와 의회 간의 대립으로 나타나게 되고, 17세기 스튜어트 왕조시대(1603-1714)에 이르러서는 그 대립이 표면화되었다.

　1625년에 즉위한 찰스 1세(Charles I)는 부왕이자 스튜어트 왕가의 개조인 제임스 1세(James I)의 절대군주제를 답습하여 과중한 과세와 강제 공채, 일반인에 대한 군법 적용 그리고 병사들을 민가에 강제 숙박시키는 것 등을 통해서 계속적인 전제정치를 감행했다. 1628년 대외 전쟁 비용이 궁해진 찰스 1세가 의회를 소집하자 마침내 강제 공채와 불법 투옥 문제를 둘러싸고 왕과 의회 간의 대립이 폭발하게 된다. 이에 하원의원이었던 에드워드 코크(Edward Coke) 등이 중심이 되어 왕에 대하여 청원이라는 형식으로 국민의 자유에 관한 권리를 선언하게 되니 이것이 바로 권리청원이다. 찰스 1세의 승인을 얻은 이 권리청원은 역사적으로는 주권이 왕에게서 의회로 옮겨오는 제일보가 되며 대헌장 및 권리장전과 하께 영국 헌법의 성경으로 불린다.

그러나 1629년 왕은 이 권리청원을 무시하고 과세를 하다가 의회의 비난을 받자 의회를 해산시키고 그들의 지도자를 투옥하고는 11년간이나 의회를 열지 않은 채 전제정치를 계속했다. 그러나 스코틀랜드와의 전쟁에 필요한 비용 조달 문제에 봉착하여 1640년에 의회를 다시 소집함으로써 대립은 더욱 격화된다. 1642년에는 드디어 무력에 의한 혁명 단계에 접어들게 되니, 이것이 바로 근대 정치사의 분수령을 이루는 영국의 시민혁명이다.

구체제를 타도하는 프랑스 혁명이 1789년에 일어난 점을 감안하면 훨씬 앞선 것이라고 하지 않을 수 없다. 보수적 신념을 가진 정치 이론가요 정치 실천가였던 에드먼드 버크(Edmund Burke)는 이러한 수세기에 걸친 헌정 발달 과정을 통해서 영국 헌법 속에 구현된 누적된 지혜에 찬탄을 금치 못했다.

프랑스의 몽테스키외(C. Montesquieu) 또한 영국의 정치적 자유와 언론의 자유에 감탄하여 그의 『법의 정신 De l'Esprit des Lois』에서는 영국의 헌법제도를 모델로 하여 입헌정치에서의 권력 분립과 견제 균형론을 전개했다. 특히 권력 분립에 관한 부분에서는 개인의 자유와 관련하여 정당한 법은 법과 자유를 양립시키는 것으로 보았다. 이러한 그의 이론은 권력분립론의 선구자로 알려진 영국의 존 로크(John Locke)의 영향을 받은 것이다.

영국의 역사와 전통은 곳곳에 남아 있는 성곽에서도 찾아볼 수 있었다. 수십만 평에 이르는 거대한 성곽들은 봉건적 계서제 아래에서 농노들의 생살여탈권을 손에 쥔 채 막대한 토지를 소유하고 사병들까지 거느린 영주들의 위세를 짐작하게 했다. 켄터베리 타운에도 시간의 이끼가

긴 유서 깊은 유적지들이 꽤 있었는데 대부분 원형 그대로 보존되고 있었다. 현대와 고대가 공존하는 안개 자욱한 거리, 그곳에서 내가 본 것은 바로 '역사로서의 현재'가 아니었나 싶다.

영국인들의 문화적 전통에 대한 자부심은 대학 캠퍼스에서도 찾아볼 수 있었다. 어느 날 같은 기숙사에 있는 미국 학생이 영국 학생과 이야기를 나누고 있었는데 지나가던 한 영국인이 이렇게 말했다.

"영어 발음이 엉망이군. 어디 그게 미개인들 발음이지⋯⋯."

미국 학생 본인도 이러한 사실을 아는 듯했다. 그는 영어 발음 교정을 받은 적도 몇 번 있다고 내게 말했다. 미국인이 영국에 와서 영어 발음 교정을 받는다는 사실이 재미있게 느껴졌다.

숲속 초원지대에 위치한 대학원생들 기숙사 이층에 있는 내 방은 계절 따라 바뀌는 켄터베리의 풍경을 감상하기에는 안성마춤이었다. 방에는 커다란 창이 하나 있었는데, 방문을 열고 들어설 때면 그 창은 마치 초원의 풍경을 담은 대형 액자처럼 느껴지기도 했다.

계절 따라 그 대형 액자의 그림도 바뀌었다. 그것은 액자 속에 죽어 있는 그림이 아니라 살아 움직이는 그림이었다. 꽃의 영광을 노래하는 초원의 봄, 무성한 녹음 아래 펼쳐지는 삼바 춤의 여름 향연, 짙은 안개 속으로 젖어드는 밀레의 만종, 눈밭의 고독과 자유, 그 속으로 하루에도 몇 번씩 와서 박히는 빨간 이층 버스.

계절 따라 바뀌는 대형 액자의 그림을 감상하며 매일 나는 많은 분량의 책을 읽었다. 헤겔(G. W. F. Hegel)의 『정신현상학 *Phänomenologie des Geistes*』을 읽다가 나는 그의 사상에 심취하게 되었고, 그가 제시한 주요 개념들에 대하여 시공의 벽을 넘어 그와 대화를 나누곤 했다. 생각이 떠오를 때마다 나는 낮이고 밤이고 타이핑을 했다. 침대에 누워 있다가도 생각이 나면 새벽 두시든 세시든 가릴 것 없이 타이핑을 했다. 그때에는 손으로 쓰지 않고 바로 타이핑을 하는 것이 습관화되어 있기 때문이기도 했고, 또 생각이 날 때 해 두지 않으면 잊어버릴 수 있기 때문이기도 했다. 이로 인하여 내 방 바로 아래 일층에 있는 학생의 항의를 받게 되었는데, 그는 내 방을 일컬어 "새벽이면 콩을 볶는 방"이라고 했다.

나는 특히 헤겔의 '절대정신'의 개념에 심취했다. 헤겔에 이르러 완성된 근대의 변증법은 이 세계를 끊임없는 생성과 발전, 운동과 변화의 과정으로 파악한다. 일체의 사물은 자기모순의 힘에 의하여 운동하고 발전하는 까닭에 사물이 발전하는 근본 원인은 사물의 내부에 있다고 하겠으며 발전이란 다름 아닌 잠재되어 있는 본질의 현실화 과정이요 이념의 실재화 과정이며 정신의 자기실현화 과정인 것이다.

이러한 과정을 추진시키는 원리로서 헤겔은 절대정신을 들고 있다. 이러한 절대정신의 변증법적 자기 발전은 그 이론적 출발점인 현상적 주체와 본질 간의 괴리를 메꾸려는 시도라고 볼 수 있다. 이와 같은 자기실현을 위한 부단한 교육과정은 절대정신이 궁극적으로 인간 존재 속에 실현될 때까지, 환언하면 신적 이념이 역사 발전을 통하여 실재화된 인류이 될 때까지 계속된다.

헤겔에게 있어 역사는 주인과 노예의 변증법의 역사다. 주인과 노예의 변증법은 아我와 비아非我의 대립되는 두 자의식에 관한 것으로서 이러한 변증법은 자아 속에서와 마찬가지로 역사 속에서도 면면히 나타난다. 헤겔은 이를 역사 과정의 참 동인動因이 되는 원리로 간주한다. 이러한 주인과 노예 간의 '삶과 죽음의 투쟁'은 헤겔 이성국가(The Hegelian Rational State)의 출현과 더불어 종식된다. 이 단계가 되면 만인은 자유롭고 보편적으로 상호 의존적이며, 상호적으로 서로를 인식하게 된다. 따라서 일체의 모순의 대립이 지양되어 자유의 이념이 천상의 왕국에서가 아닌 지상의 왕국에서 그 스스로를 '구체적 현실태'로 표현하는 즉자대자적 존재가 됨으로써 마침내 절대정신은 인간 존재 속에 실현되는 것이다. 이렇게 될 때 인간은 이 현실 세계가 정신의 산물이며 존재와 의식이 둘이 아니라는 사실을 깨닫게 되어 자유롭게 되며, 이로써 소외의 역사는 막을 내리게 되는 것이다. 따라서 헤겔에게 있어 인간소외란 인간의 자기의식의 소외이며, 이를 극복하고 자유를 쟁취하는 것이 바로 역사의 목적이다.

이렇게 볼 때 헤겔의 절대정신은, 비본래적인 자기에서 본래적인 자기에로의—인간의 자기환귀自己還歸의—자각과 노력 속에서 필연적 자기법칙성에 의하여 운동하는 포괄적이고도 근원적인 존재로서의 노자의 도道 개념과 유사하다는 것을 발견할 수 있다. 또한 헤겔의 계몽군주국의 개념은 바로 불교철학이 지향하는 시작도 끝도 없는 '영원', 이른바 영구적 균형의 개념에 닿아 있다.

처음에는 나는 그 이유를 알지 못했다. 어떻게 해서 헤겔의 사상체계가 동양사상과 근친성을 갖게 되었는지를. 나중에 알게 된 사실이지만 헤겔은 그 자신이 동양사상을 깊이 연구했고 강의까지 했다. 동양과 서양을 관통하는 정신적 대운하를 건설하는 것, 어쩌면 그것은 헤겔의 꿈이었는지도 모른다. 또한 그것은 정녕 나의 꿈이기도 하다.

헤겔과의 대화 형식으로 쓰인 그 글모음은 꽤 분량이 되어 나중에는 "시간의 저 너머에"라는 표제를 붙이기도 했다. 그 첫 장에서는 헤겔을 추모하여 이렇게 썼다.

이제는 절대가

절대로 절대적이지 않을 수 없다는

절대에의 확신의 증인,

절대의 당신.

이제는 사랑이

사랑으로 사랑하지 않을 수 없다는

사랑에의 확신의 증인,

사랑의 당신.

이제는 영원이

영원히 영원하지 않을 수 없다는

영원에의 확신의 증인,

영원의 당신.

물론 이러한 작업은 박사학위 논문과는 별개로 진행된 것이었다. 나는 이 글을 읽을 때마다 당시 내가 얼마나 그의 사상에 심취했었는지를 뒤돌아보게 된다. 맥렐런 교수는 내가 쓴 "시간의 저 너머에"라는 글을 읽고 진지하게 그것에 대한 코멘트까지 해주었다. 나중에 내가 박사학위 논문을 제출하자 정치학과의 한 교수는 박사학위 논문에 그 글을 첨부하는 것이 어떻겠느냐는 농담을 하기도 했다.

숙사 주변은 초원지대라서 산책하기에 좋았다. 그날은 평소와는 다른 길을 택해 걸었다. 한참을 걷노라니 과수원이 나오고, 그 과수원 너머로는 멀리 성당이 보였다. 과수원길이 끝나자 잡초들이 무성한 풀밭이 나타났다. 조금 걷노라니 어디선가 지독한 냄새가 나기 시작했다. 말로는 차마 형언할 수 없는 그 냄새……. 나는 냄새의 진원지를 찾아서 계속 걸었다. 저만치 앞에 성당이 보였다. 성당 바로 옆에 조그만 공동묘지가 있었다. 냄새의 진원지는 바로 거기였다.

나는 한동안 생각에 잠겼다. '인간의 육신이 썩어서 저토록 악취를 풍기는 것은 아마도 그 육신이 온갖 욕망과 좌절과 분노와 원망과 한으로 찌들어 있기 때문이 아닐까. 아, 우리 모두는 언제쯤이면 저 구화산九華山* 의 등신불처럼 천년이 지나도 은은한 향내가 나는 불멸의 진신眞身에 이를 수 있을까. 정신적 대통합은 이루어질 수 있을 것인가.'

돌아오는 길에는 어둠이 내리깔리고 있었다. 숙사에 도착하니 친구들 몇 명이 나를 기다리고 있었다. 마침 그날은 런던에서 장학금 지급 통지

---

* 중국 안휘성(安徽省)에 있는 산이다. 전하는 바에 의하면, 서기 719년 신라 왕자 김교각(金喬覺)은 전란과 속세를 피해 당나라로 들어가 안휘성 구화산에서 75년간 수행한 끝에 등신불이 되었다고 한다. 그의 생전과 사후가 불경에 기록된 지장보살(地藏菩薩)과 흡사해서 그의 제자와 신도들이 그를 지장보살의 현신(속칭 김지장[金地藏])으로 모시게 되었고, 그로부터 구화산은 지장보살의 도량으로 일컬어지게 되었다.

서가 날아온 터라 간단하게 축하 파티를 가지기로 했었다. 영국 전역에 있는 외국인 대학원생들을 대상으로 소수에게 지급되는 것이었다. 미국에서 장학금을 포기하고 온 나에게 조금이나마 위안이 되었다. 그날 우리는 밤이 이슥하도록 브라질 원두커피를 마시며 푸치니의 "토스카(Tosca)" 중에서 "별은 빛나건만"을 들었다. 그날따라 창밖에는 유달리 별이 많았다.

계절은 바뀌어 봄이 오는가 싶더니 어느새 여름이 되었다. 우러나도록 맑고 빛나는 초원의 여름은 책에 몰입한 학생들까지도 준동할 만큼 매혹적이었다. 어느 날 우리 동의 숙사 전체가 초원에서 파티를 갖기로 결의하고, 각 주방에 있는 테이블을 전부 숙사 바로 앞 초원으로 끌어냈다. 음식 준비는 한 사람이 한 가지씩 요리해 오는 것으로 간단하게 해결되었다. 초원에는 대형 오디오가 설치되었고, 테이블 위에는 야생화도 몇 송이씩 꽂아 놓았다.

이윽고 테이블이 채워지기 시작했다. 나는 그때 버섯과 치즈 등을 넣어 만든 계란말이를 준비해 갔다. 테이블은 그야말로 각국 음식의 전시장이었다. 이름도 알 수 없는 요리들이 몇 테이블 그득 놓이고 와인과 맥주 등의 음료수도 준비되었다. 중국 학생이 만든 닭죽 요리와 미국 학생이 만든 스파게티는 눈에 익은 음식이었다.

식사가 끝난 후 스페인 무곡이 흐르기 시작했다. 스페인 학생과 베네수엘라에서 온 학생이 나와 춤을 추기 시작하자 곧이어 너도 나도 춤을 추기 시작하여 좌중은 금방 무도장으로 화해 버렸다. 얼마 후 브라질 학생이 나와 삼바 춤을 추면서 무도회는 절정에 이르렀다.

저녁 무렵이 되자 지친 학생들 몇몇이 방으로 들어가기도 하여 무도장의 열기가 식는 듯하더니 한밤중이 되자 재충전한 학생들이 다시 나오면서 밤새도록 굉음과 함께 춤을 추었다. 교대로 재충전을 해가면서 계속된 무도회는 사흘밤 사흘낮으로 이어졌는데, 그 이후로도 이러한 무도회는 수시로 개최되었다. 나는 소음 때문에 더 이상 책을 읽을 수 없어 급기야는 숙소를 옮기게 되었다.

새로 옮긴 숙소는 장미꽃으로 둘러싸인 아담한 집으로 할머니 혼자 개를 한 마리 데리고 살고 있었다. 학교에서도 그다지 멀지 않은 곳으로, 조용해서 좋았고 새벽에 타자를 쳐도 전혀 문제 삼지 않았다. 그 할머니는 세탁하거나 요리하는 시간 외에는 항상 가벼운 읽을거리를 손에 들고 있었고, 밤이면 거실에서 개와 함께 텔레비전을 보곤 했다. 밤이 되면 개도 으레 텔레비전을 보기 위해서 거실에 마련된 별도의 소파에 올라가 앉았다.

거실 문을 닫고 텔레비전을 보다가 초저녁 무렵이 지날 때쯤이면 그 할머니는 아이를 나무라듯이 개를 나무라곤 했다. 한손으로는 코를 막고 다른 한손은 내저으면서. 개가 방귀를 뀐 것이다. 그러면 개는 미안한 표정으로 슬그머니 일어나 안뜰 쪽으로 나갔다가는, 할머니가 창문을 열고 환기를 다 시키고 나면 돌아와 제자리에 앉았다. 그 개는 하루도 방귀를 안 뀌는 적이 없어서 매일 야단을 맞았다.

그 집으로부터 자동차로 그리 멀지 않은 곳에 바다가 있었다. 가끔씩 그 바다는 갈라지면서 바닥이 드러나곤 했는데, 그때면 조개를 줍거나 구경하러 몰려드는 사람이 많았다. 그 할머니와 나도 개를 데리고 바다가 갈라지면서 나온 육지 위를 걷곤 했다.

박사학위 논문이 거의 끝나가던 어느 날 나는 뉴욕 유엔 본부 사무국에 자기소개서와 함께 사신을 보냈다. 이전부터 유엔에서 한번 일해 보고 싶다는 생각을 해 왔기 때문이다. 얼마 후 몇 장의 자료를 동봉한 회신이 왔다. 그리하여 나는 요구하는 각종 서류들과 추천서 세 부 — 주영 駐英대사의 추천서를 포함한— 를 준비하여 유엔 본부로 보냈다.

얼마 후 다시 회신이 왔다. 다행히 결과가 좋아 나는 다시 미국으로 건너가게 되었다.

뉴욕 빌딩 숲에서

새벽 두 시 삼십분. 뉴욕 케네디 공항에 도착했다. 승객들이 일제히 박수를 치며 환호했다. 비행기가 대륙을 횡단하는 도중 기체에서 계속 이상한 소리가 나면서 모두 긴장해 있던 탓이었다. 근처 공항 호텔에 들어가 잠시 눈을 붙였다가 아침 일찍 유엔 본부가 있는 다운타운으로 향했다. 천둥 번개가 치고 하늘이 쩍쩍 갈라지면서 비가 억수같이 쏟아져 내렸다. 거리에는 행인들의 모습이라곤 찾아볼 수 없었고 차량도 뜸했다.

유엔 본부로 들어가 도착신고를 하고는 밖으로 나와 유엔 본부에서 추천한 숙소들에 전화를 하기 시작했다. 열 군데 전화를 했으나 모두 방이 없었다. 사실은 영국에 있을 때 미리 연결을 했어야 했는데 그때는 바쁘기도 했고 또 방심했었다. 뉴욕에서 숙소를 구하는 것이 그렇게 힘들 줄 몰랐던 탓이었다. 짐이 호텔에 있어서 빨리 옮겨야 했다. 나는 마지막으로 나와 있는 열한 번째 숙소에 전화를 했다. 그러자 수화기에 흘러나오는 말은 이러했다.

"방금 방이 하나 나오기는 했지만 대기인 수가 너무 많아서……."

즉시 그곳으로 가겠으니 기다려달라는 말을 하고는 전화를 끊었다. 얼마 후 그곳에 도착했다. 유엔 본부에서 도보로 15분 정도 되는 거리였다. 그곳을 놓치면 도저히 방을 구할 수가 없을 것이라는 생각에 나는 간곡하게 사정을 이야기했다. 다행히 양해가 되어 그곳에 머물게 되었다.

그곳은 뉴욕 5번가에 위치한 여성전용 숙소였다. 오층 빌딩인데 모두 독방으로 되어 있었고, 각 층에 있는 텔레비전 라운지나 샤워실 및 다용도실은 공용이었다. 아침식사만 제공되었는데 식사시간이 되어 식당에 내려가면 그야말로 인종 전시장을 방불케 했다. 세계 각국어가 범람하고, 자주 마주치는 사람들끼리는 서로 인사를 주고받기도 했다.

그때 전문가 프로그램에 참여한 연구 인원은 모두 60명이었는데 각각 60개국으로부터 온 사람들이었다. 그곳 직원 중의 한 사람은 내가 묻지도 않았는데 말하기를, 한국의 경우 외교관도 신청서를 냈지만 최종적으로 내가 선발된 것은 한국, 미국, 영국이라는 폭넓은 학문적 배경 등이 유리한 점으로 작용했다고 했다. 도착이 좀 늦어 이미 프로그램이 시작되어 있었지만, 매일 그곳을 출입하면서 유엔이라는 국제기구에 개념적으로 가까이 접근할 수 있었다.

유엔 본부 및 산하 국제기구의 주요 인사들이나 각국의 정치 지도자들과 간담회 또는 세미나를 가지는 시간들도 있었고, 나아가 유엔 본부의 다양한 자료들을 접할 수도 있었다. 또한 로비에서는 각종 사진 전시회가 열리는 일이 많았다. 남미의 워싱턴이라 불리는 남미의 해방 지도자 시몬 볼리바르(Simon Bolivar)의 사진 전시회도 열렸다. 뉴욕공공도서관도 비교적 가까운 거리에 있어 유익하게 이용할 수 있었다.

이런 해프닝도 있었다. 어느 날 〈뉴욕타임스〉지에 난 미국 회사 사무직 구인광고를 보게 되었다. 파트타임 근무제 등 제시하는 조건이 괜찮기도 했고, 또 미국 사회에서의 내 경쟁력을 시험해 보고 싶다는 생각이 들어 도전해 보기로 했다. 그때는 컴퓨터 시대가 아니라 타자기 시대였기 때문에 타자의 속도와 정확성은 가장 기본적으로 요구되는 것이었다. 그동안 학위 과정에서 페이퍼와 논문을 직접 치면서 닦은 실력을 시험할 기회가 온 것이다. 입사 시험을 보러 갔더니 이미 열 명이 넘는 사람들이 와 있었는데 아시아계는 나 한 사람뿐이었다. 일차 시험은 타자 테스트였다. 응시자들이 일렬로 늘어서서 시험관이 종료 신호를 보낼 때까지 타자를 쳐서 속도와 정확성을 측정하는 것이었다. 1차 시험에서 두 사람이 선발되었는데 그 중에 나도 들었다. 다음 면접 단계를 거치면서 예기치 않게 내가 최종적으로 선발되었다. 수속을 밟기 위해 회사측에 여권을 제출했더니, 그린카드가 있어야 한다며 필요한 서류를 해 줄 터이니 이민국에 가서 받아오라고 했다. 그래서 이민국에 가서 알아 보니 일 년 정도의 시간이 소요된다고 했다. 결국 그 일은 그렇게 해서 어느 정도의 경쟁력만 확인한 채 해프닝으로 끝나고 말았다.

어느 날 숙소로 돌아갔을 때 평소 자주 마주치던 러시아 여자와 복도에서 마주치게 되었다. 그런데 그날은 인사를 건네도 받지 않고 그저 말없이 나를 노려보기만 하는 것이었다. 내가 섭섭하게 한 일이 있던가 하고 생각해 보았으나 달리 떠오르는 것이 없었다. 그도 그럴 것이 그녀와는 복도에서 마주치는 것이 고작이었기 때문이다. 전날까지만 해도 웃으면서 인사를 주고받았는데 이해할 수 없는 일이었다. 내가 어리둥절해하고 있는 사이에 그녀는 가 버리고 없었다. 그러나 그게 끝이 아니었다. 돌아서서 내 방 쪽으로 걸어가는데 누가 뒤에서 뛰어오는 소리가 났다. 돌아다보니 방금 마주친 그 러시아 여자가 칼을 들고 나를 향해서 뛰어오는 것이었다. 영문도 모른 채 나도 뛰어 얼른 방문을 열고 들어가 안으로 잠갔다. 그러자 그녀는 밖에서 내 방문을 쿵쿵 치며 뭐라고 소리치더니 이내 가버렸다. 나중에 알아보니 그 러시아 여자는 정신병자라고 했다. 어떻게 해서 그런 정신병자를 공공숙소에 있게 하느냐고 물었더니, 항상 그런 것이 아니기 때문에 그런 경미한 정도의 환자까지 수용할 정신병원은 없다는 것이었다.

하기야 어떻게 보면 사람을 해치는 것이 어찌 칼뿐일까. 칼이 아닌 꽃을 손에 들고도 더 큰 상처를 주는 경우가 우리 삶의 언저리에는 많이 있지 않겠는가라는 생각이 들었다. 차라리 그 러시아 여자의 칼처럼 눈에 보이는 칼은 피할 수나 있지만, 꽃으로 위장한 칼은 어떻게 피할 수 있겠는가. 눈에 보이는 칼에 맞은 상처는 치료만 잘 하면 쉽게 나을 수도 있겠지만, 보이지 않는 칼에 맞은 상처는 그 상처 또한 보이지 않는 것이어서 그 러시아 여자처럼 아물지 않는 상처를 운명처럼 부둥켜안고 스스로 고통스러워하고 있다는 사실조차 알지 못하는 것이리라.

그럴진대 꽃으로 위장한 칼은 칼이 아니고, 보이지 않는 상처는 상처가 아니라고 누가 말할 수 있을까. 우리 인생에서 과연 누가 가해자이고 누가 피해자라고 할 수 있겠는가. 혹시 당신은 보이지 않는 칼로 상대방을 위협한 적은 없는가. 아물지 않는 상처로 아파한 적은 없는가.

그것은 모두 부정한 심상이 그려낸 것이다. 마치 간밤에 꿈속에서 피가 철철 흐르는 상처로 아파하다가 꿈을 깼을 때 그 고통이 연기처럼 사라지듯이, 부정한 심상이 지워지면 만가지 잡상은 모두 사라진다. 사람과 사람의 만남이 어떤 의미에서든 상처가 되지 않기 위해서는 매일매일 우리는 부정한 심상을 지우는 연습을 하지 않으면 안 된다.

한번은 또 이런 일이 있었다. 어느 날 라운지에서 텔레비전을 보고 있는데 바로 옆방에 있는 아시아계 미국 여자가 들어와 내 옆에 앉더니, 주위를 살펴가며 나즈막한 목소리로 지금 FBI가 자기를 추적하고 있다고 속삭이는 것이었다. 그녀는 매일 아침 식사 때만 되면 커다랗게 짐을 꾸려 끙끙거리며 식당으로 가지고 내려오곤 했었다. 그리고 저녁이면 이사 가는 사람처럼 커다란 짐덩어리를 매고 나가서는 밤이 이슥해서야 돌아오곤 했다. 어느 날 저녁 나도 산책 삼아 그 뒤를 따라가 보았다. 삼십 분이 지나고 한 시간이 다 되어가도록 그녀는 잠시도 쉬지 않고 걸었다. 나는 얼마간 뒤쫓다가 그냥 돌아왔다. 알고 보니 그 여자도 정신병원에 수용되기에는 아직 경미한, 그래서 방치되어 있는 그런 부류에 속했다.

사실 처음에는 조용하고 서정적인 켄터베리와는 대조적인 뉴욕의 모습에, 내가 혹시 정신병동에 와 있는 것은 아닐까라는 생각이 들 정도였다. 밤마다 이 빌딩 저 빌딩에서 지르는 괴성이며 비명, 각종 사이렌 소리에 잠을 이룰 수가 없었다. 그러나 이내 우리의 삶 자체가 거대한 정신병동일지도 모른다는 생각이 들면서 차츰 적응하기 시작했다.

숙소에 들어간 지 한 달이 다 되어 가던 어느 날 내 우편함에 통지서가 한 통 와 있었다. 내용인즉 수일 안으로 방을 비우라는 것이었다. 영문을 알 수가 없어서 나와는 비교적 안면이 있는 그 숙사 식당의 여종업원에게 물어보았다. 그녀가 말하기를, 뉴욕의 주법州法에 의하면 공공숙소의 경우 한 사람이 같은 숙소에 한 달 이상 계속해서 거주할 수 없게 되어 있다는 것이었다. 그리고는 덧붙여 말하기를, 비록 그렇다고 할지라도 크게 걱정할 것은 없다고 했다. 대표적인 예로서 그녀는 그곳에 30여 년 동안 거주해 온 미국 여자의 경우를 들었다.

그 미국 여자는 당시 나이가 50대였는데, 20대 때부터 그곳에 거주해 왔다고 했다. 말하자면 인생의 주요 활동기간을 그곳에서 보낸 셈이었다. 그녀는 항상 잠옷 바람으로 숙소를 휘젓고 다니면서 온갖 일에 간섭하기를 좋아했다. 그래서 그 숙소에서는 이미 오래 전부터 그녀를 문제아로 낙인찍고 있었다. 하기야 30여 년을 한 곳에서 살았으니 자기 집처럼 생각할 만도 했다. 그 숙소측에서도 처음에는 단호했으나, 한편으로는 뉴욕 주법에 허점이 있기도 하고, 다른 한편으로는 세월이 자꾸 흐르다 보니 인간적인 동정심에서 여기까지 이르게 되어 지금은 속수무책이라는 것이었다.

이어 여종업원은 뉴욕 주법에서 규정하고 있는 한 달이라고 하는 것이 크게 의미가 없다고 했다. 한 달이 되면 일단 나갔다가 그 다음 날이라도 방이 있으면 다시 들어올 수가 있는데 무엇 때문에 그런 번거로움을 치를 것이며, 또 일단 나가게 되면 모든 숙소의 경우 대기인 수가 많아서 숙소를 놓치기가 십상이라는 것이었다. 한 달째 마지막 날과 시작하는 첫

날만 무사히 지나면 또 한 달간 거주권을 주장할 수 있다는 것이었다. 그러면서 그녀는 그러한 문제를 무료 상담해 주는 여자 변호사까지 한 사람 소개해 주었다.

다음날 아침이 되자 아래층에는 강제로 객실에 있는 짐을 끌어내는 숙소측과 객실 손님 간에 말다툼이 벌어지고 있었다. 아마 한 달이 된 모양이었다. 그렇게 강제로 짐을 끌어내지 않으면 하루만 피해 있다가 또 한 달간 거주권을 주장하기 때문인 것 같았다. 나도 며칠 남지 않았기 때문에 대책을 마련하기는 해야 했다.

이틀째 숙소를 알아보았지만 희망이 없었다. 달리 방법이 없어서 소개받은 여자 변호사를 찾아갔다. 내 상담을 받은 그녀는 내가 뉴욕에서 장기 거주할 사람이 아니기 때문에 몇 달 정도는 전혀 문제가 되지 않는다고 했다. 이어서 그녀는 직접 숙소 원장에게 전화를 할 테니 염려 말라고 하면서, 나더러 하루가 더 지나게 되면 또다시 한 달간 거주권이 생긴다는 사실을 분명히 해야 할 것이라고 했다.

숙소로 돌아온 나는 원장에게 편지를 썼다. 사정을 설명하고 양해를 구하는 내용으로, 편지 말미에는 변호사의 말대로 거주권이 있다는 사실을 알고 있다는 내용을 첨부했다. 새로운 한 달이 시작되는 날, 내가 거주권이 있다는 사실을 알고 있으리라고는 짐작하지 못했던 원장은 편지를 받고 몹시 화가 나 있었다. 그는 다시 내게 통지서를 보내기도 했으나 그 변호사의 전화도 받고 했던 터인지라 어쩔 수 없었는지 조금 누그러졌다. 숙박비는 매주 지불하기로 되어 있었는데, 새로 시작하는 달의 첫주 숙박비를 받으면서도 다른 숙소를 알아보고 있느냐고 물었다. 그렇다고 나는 대답했다. 다음 주, 그 다음 주도 똑 같은 질문을 하고 똑 같은 대답을 했다. 나중에는 웃으면서 농담처럼 물어보았고 나도 농담처럼 대답하곤 했다.

한번은 또 이런 일이 있었다. 한국에 들어갈 일이 생겨 비행기를 예약했는데, 그 비행기가 바로 소련 영공을 침입했다는 이유로 공중 폭파되었던 KAL 007기였다. 그 비행기로 귀국하는 것으로 이미 한국에 연락은 해 놓았지만 예감이 좋지 않아 타지 않았던 것이다. 당일 뉴스를 들었을 때의 그 당혹감이란……

한편, 유엔 본부 앞에서는 KAL기 사건의 진상규명을 촉구하는 시위가 연일 계속되었다. 그러던 어느 날 저녁 무렵 나는 산책을 하기 위해서 밖으로 나갔다. 뉴욕의 밤은 그 나름대로 정취가 있었다. 길 한쪽으로는 18세기 유럽풍으로 성장盛裝을 한 여인이 마부를 거느리고 마차를 타고 있었다. 조금 더 가니 많은 사람들로 둘러싸인 가운데 거리의 악단이 브람스의 교향곡을 연주하고 있었다. 그러한 풍경은 곳곳에서 볼 수 있었다.

얼마를 걸었을까. 무장한 경찰들이 곳곳에 눈에 띄면서 분위기가 살벌해지기 시작했다. 그들은 더 이상 나아가지 못하도록 나를 제지하면서 돌아가라고 했다. 그 이유를 물었더니 KAL기 사건으로 시위가 있었다는 것이다. 그곳은 바로 소련 공관 앞이었다. 시위 현장에는 종이조각들과 돌멩이들이 어지럽게 널려 있었고, 그 주위에는 경찰 병력이 그대로 진을 치고 있어서 여전히 긴장감이 감돌고 있었다. 숙소로 돌아와 뉴스를 보니 그 시위로 심하게 부상당한 사람들도 있었다. 그 이후 한동안은 숙소에서도 나를 보면 KAL기 사건에 대해서 물어오곤 했다.

귀국하는 날이 가까워졌다. 나와 거주권 문제로 시비를 벌이기도 했던 숙소 원장은 직접 와서 내가 짐을 꾸리는 것을 도와주었다. 숙소 원장과 그곳 친구들의 따뜻한 전송을 받으며 나는 귀국길에 올랐다. 그때 내 나이 만 28세였다.

제2장

동굴수업

천지는 가장 큰 아름다움을 가지고 있지만 말이 없다.
사계는 명백한 법을 가지고 있지만 따지지 않는다.
만물은 완전한 질서 원리를 가지고 있지만 말하지 않는다.

天地有大美而不言
四時有明法而不議
萬物有成理而不說
— 『장자』 「지북유(知北游)」편

귀국하자마자 곧 교수로 임용이 되었다. 20대에 교수가 된 것이다. 배우는 위치에서 가르치는 위치로의 변모가 처음에는 그다지 실감 있게 느껴지지 않았다. 그러나 점차 시간이 지나면서 나는 가르치는 위치에 있다는 사실을 의식하게 되었고, 맑은 영혼들 속에 투영된 내 학창시절의 모습을 발견하곤 했다. 그러나 10년이 지나면서 나는 다시 느끼기 시작했다. 나도 배우고 있다는 사실을, 그리하여 가르치고 배우는 것이 둘이 아니라는 사실을 깨닫게 되었다.

우리가 몸담고 있는 물질세계는 그 자체가 시간의 축에서 부단히 생멸하는 연속체로서 그 배후에 편재해 있는 정신적 원리에 조응하고 있다. 따라서 우리의 삶은 필연적으로 현실과 이상, 순간과 영원이라는 거대한 양대 축으로 이루어지게 되며, 그것은 존재와 당위의 형태로 나타난다. 인간이 죽음에 이를 정도의 질식을 계속하면서도 목숨을 부지할 수 있는 것은 바로 희망이 있기 때문일 것이다. 그리고 그 희망은 현실이라는 무대가 없이는 공연될 수 없는 오페라와도 같은 것이다. 모든 대립자 간의 관계가 그러하듯이 우리의 삶을 구축하고 있는 이 양대 축은 불가분적이고도 상호 의존적인 관계로서, '지금 여기'의 삶 속에서 변증법적인 통합이 이루어질 때 그것은 동시에 하나의 축이 되는 것이다.

이와 유사한 견해는 라이프니츠(G. W. Leibniz)의 물질관에서도 잘 나타난다. 그는 이 우주가 단자(單子 monad)라고 하는 근원적인 자기 충족적 실체들로 이루어져 있으며, 그 개개의 단자는 또한 전 우주를 품고 있는 것으로 보았다. 이러한 전체 우주와 개별 단자의 관계는 허공에 떠 있는 하나인 달과 천강千江에 비친 무수한 달그림자의 관계와도 같이 본체와 작용의 관계로서 결국 하나인 것이다. 밤이 다하면 물속에 있는 수천 개 '달'이 그 근원인 하나의 '달'에 의해 거두어지듯, 무지無知의 바람이 고요해지면 일체의 현상은 '하나'의 본질 속으로 흡수되기 마련인 것이다. 우주만물의 체성體性이 동일한 것은 만유가 참본성의 자기복제, 즉 프랙털fractal 구조인 까닭이다. 따라서 전체성과 분리된 개별적 체성이란 실재하는 것이 아니다.

자연은 신을 비추는 거울이라고 했던가. 자연이라는 거울 속에 비친

신의 모습은 이렇듯 모든 사물의 전일성全一性과 상호연관성을 깨달은 자의 모습이다. 그러나 논리와 추론에 기반한 서양의 과학적 지식은—A와 비非A를 확연히 구분 짓는 아리스토텔레스(Aristotle)의 이분법적 사유가 서양의 사상적 토대가 된 데서도 알 수 있듯이—이러한 대립자 간의 상생 조화적인 측면에 대한 근원적인 인식이 이루어지지 못했기 때문에 지식 본래의 실천적 기능을 수행하지 못한 채 자연의 가르침에 도전해 왔다. 그 결과 자연으로부터 이탈하여 물질문명의 왕국을 건설하기는 했지만, 고립된 개별아라는 관념을 극대화하여 실재로부터 분리됨으로써 정신 세계의 황폐화를 초래하게 된 것이다. 그리하여 과학적 지식에 기반한 물질문명은 그 본신本身인 정신과의 메워질 수 없는 간극으로 인하여 풍전등화와 같은 위기에 처하게 되었다.

이제 종교와 학문은 언어의 껍질을 벗고 거듭나야 한다. 이분법적인 사유체계를 초월하여 하나의 진리를 드러낼 수 있어야 한다. 정신세계가 비과학적이고 비학문적이라고 하는 것은, 편협한 자기 논리에 빠져 진리를 볼 수 있는 눈이 가려졌기 때문이다. 종교와 학문의 환골탈태換骨奪胎가 이루어지는 그것이 바로 정신개벽이다. 21세기 정신문명시대의 개막은 이렇게 해서 이루어질 수 있는 것이다.

일찍이 원효대사는 종파주의로 몸살을 앓던 당시 신라인들에게 무애無碍의 법문을 통하여 존재론적 통일사상을 나타내 보임으로써 무쟁無諍의 덕을 일깨워 주었다. 이러한 그의 화쟁사상을 펼쳐 보인 가장 대표적인 저서라고 할 수 있는 『십문화쟁론十門和諍論』 서문에서는 화쟁의 필요성을 다음과 같이 밝히고 있다.

여래가 세상에 계실 때에는 중생이 한결같이 원음(原音)에 의지했으나……이제는 부질없는 공론이 구름같이 치달아서, 나는 옳고 남은 그르며, 나의 학설은 옳고 남의 학설은 그르다고 주장하니 드디어 건너기 어려운 큰 강물이 되어 버렸다.……산을 버리고 골짜기로 돌아가는 것과 같고, 유(有)를 싫어하고 공(空)을 좋아함은 나무를 버리고 큰 숲으로 달려가는 것과 같다. 비유컨대 청(靑)과 남(藍)이 본체가 같고, 얼음과 물이 근원이 같으며, 거울이 모든 형상을 받아들이는 것과 같다. …… 이에 몇 마디 서(序)를 술하고서, 이름 지어 『십문화쟁론』이라고 한다.

부처 생존 시에는 큰 가르침에 힘입어 서로 다툼이 없었으나, 불멸佛滅 후 여러 가지 쓸데없는 이론들과 견해들이 범람하게 되면서 참된 진리가 가려짐에 따라서 원효는 화쟁의 필요성을 절감하고 종파주의의 전개에 대한 자신의 견해를 『십문화쟁론』 서문에 개진하게 된 것이다.

『십문화쟁론』은 백가의 이쟁을 화합하여 일승불교一乘佛教를 세우고자 논리적 근거를 제시한 글로서, 원효의 일승불교는 통일과 화해의 실천에 대한 그의 근본 입장을 분명히 드러내고 있다. 그는 소승불교가 물질주의, 형식주의, 율법주의에 빠진 것과 대승불교가 현실 세계 전체의 의미를 부정함으로써 관념론에 빠진 것 둘 다를 비판하고 우리가 취해야 할 보편적인 가치관을 불교의 용어를 빌어서 말하고 또한 몸소 실천했다.

특히 그는 화쟁론을 통해서, 교리적 배타성은 진리의 편린에 대한 자아 집착의 형태에 불과하며 그런 까닭에 결국 진리의 본체를 놓치게 한다는 사실을 보여주려고 했다. 중세 유럽이 기독교적 보편사회였던 것처럼 당시가 불교시대였던 점을 감안한다면, 원효가 경고하는 교리적 배타성은 단순히 불교 안에서의 종파주의의 전개에 대한 것뿐만 아니라 종교일반, 나아가서는 지식체계 전반에 대한 것으로 확장되어야 할 것이다.

원효의 사상에는 고금을 관통하고, 역사를 초월하며, 민족과 종교의 벽을 뛰어넘는 보편성이 있다. 그의 사상은 신라에만 국한된 것이 아니라 중국과 일본 그리고 멀리 천축에까지, 동아시아 전체에 통하는 보편사상이었다. 종교적으로도 비록 그 주제와 용어가 불교적이긴 하지만, 일체의 타의他義가 모두 불의佛義인 것으로 본 것이나 인간의 본질적인 문제를 다룬 점에서 능히 불교의 테두리를 넘어선 것이다. 또한 그의 사상은 시공을 초월하여 오늘의 우리에게 깊은 감동으로 와닿는 그 무엇이 있다. 그것은 아마도 고승이면서 거사였고, 위대한 사상가이면서 실천가였던 무애도인無碍道人으로서의 그의 실존적 체험이 그 속에 용해되어 흐르고 있기 때문일 것이다.

통일과 평등의 원리에 기초한 그의 화쟁사상은 한마디로 '이변비중離邊非中'의 사상이다. 이는 유有도 아니요 무無도 아니요, 그 양 변을 멀리 떠나면서도 중도에 집착하지 않음을 뜻한다. 모든 사물의 본성이 언어의 영역을 초월하는 까닭에, 상대적 개념들에 편착하여 그것을 절대화하는 오류를 범해서는 안 된다는 것이다. 원효가 개합開合의 논리를 이용하여 다양한 교리와 논쟁을 자유롭게 화쟁할 수 있었던 것도 바로 이 우주의 근본적 전일성에 대한 그의 확고한 신념 때문이리라. 이러한 개합의 논리 이면에는 일심의 근원으로 되돌아가서 요익중생饒益重生하려는 원효사상의 실천 원리가 담겨 있다.

열면 열이요 닫으면 하나이나, 연다고 해서 그 하나가 늘어나는 것이 아니고 닫는다고 해서 그 열이 줄어드는 것이 아니다. 마찬가지로 대자연의 문을 열면 무수한 사상事象이 있으나 닫으면 하나이다. 연다고 해서 그 하나가 늘어나는 것이 아니고, 닫는다고 해서 그 무수한 사상이 줄어드는 것이 아니지 않는가.

어디 그뿐이랴. 지구 뚜껑을 열면 65억이요 닫으면 하나이나, 연다고 해서 그 하나가 늘어나는 것이 아니고 닫는다고 해서 그 65억이 줄어드는 것이 아니지 않는가. 이러한 내 강의가 끝난 후, 어느새 학생들 사이에서는 "1 즉 65억, 65억 즉 1"이라는 말이 유행어가 되어 있었다.

언젠가 비가 시름시름 오는 날이었다. 거의 비가 내리지 않는 것 같기도 했고 동선도 짧아서 우산을 쓰지 않은 채 강의실로 향했다. 연구동 건물에서 나와 몇 발자욱을 걸어가는데 한 학생이 우산을 받쳐주었다. 그리고는 이렇게 말했다. "혹시 교수님 비 맞으실까봐 학생들이 저를 대표로 보냈어요." 사제지간의 정이 이런 것인가 하고 생각하니 잔잔한 감동이 일었다.

어느 날 종강 파티 시간이었다. 강의실에 들어갔더니 학생들이 동물인형이 든 풍선을 천정에 걸어 놓았다. 내가 작명을 해보라고 했더니 '대동이', '차라투스트라' 등의 이름이 나왔는데 대동이가 압도적이어서 결국 대동이라고 이름 지었다. 이 이름이 바로 대조화를 의미하는 공자의 대동사상에서 비롯되었음은 두말할 필요도 없다. 성은 대大씨요 이름은 동同이다. 나는 발해국 대조영大祚榮의 55대손 동이를 집으로 데리고 와서 지금도 잘 키우고 있다.

거거거중지 행행행리각

가고 가고 가는 가운데 알게 되고,

행하고 행하고 행하는 속에 깨닫게 된다.

去去去中知 行行行裡覺

여해如海 스승의 말씀이다. 무엇을 알게 되고 무엇을 깨닫게 된다는 말인가. 그것은 바로 도道이다. 만유의 본원으로서의 도이다.

이러한 만유의 본원으로서의 '도'가 만물을 생성하는 과정은 곧 음양의 원리가 변증법적인 커뮤니케이션을 통하여 발전하는 과정이다. "도道는 하나를 낳고, 하나는 둘을 낳고, 둘은 셋을 낳고, 셋은 만물을 낳는다. 만물은 음陰을 업고, 양陽을 안으며, 충기冲氣라는 화합력에 의하여 생성된다." 이렇게 해서 생성된 만물은 궁극에는 다시 무극無極에로 복귀하는데, 이는 경험세계의 사상들이 영원불변하지 않다는 것을 나타낸다.

말 없음이 자연이라. 태풍도 아침나절을 다 불지 못하고 소낙비도 하루를 다 내리지 못한다. 누가 이것을 하는가? 천지이다. 천지도 오히려 장구하지 못하거늘 하물며 인간이랴!(『도덕경』 23장)

만유는 무상한지라 불변함이 없고 오직 '도'만이 만유를 뛰어넘어 영원불변하다. 그러므로 이 도는 만유를 범주하며, 또한 만유가 의거해 있는 궁극적인 법칙으로서 대립전화적對立轉化的이고 순환운동적인 규율을 가지고 있다. 이는 곧 만물만상이 모두 변화하여 그 반대가 될 수 있다는 것을 의미한다. 근본으로 돌아감은 순환하여 서로 바뀐다는 뜻으로, 이러한 운동과 변화는 일체의 사상事象이 대립-의존 관계에 있기 때문에 일어나는 것이며 또한 대립물의 상호의존성은 조화의 미를 발현시킨다.

경험세계에서 한결같이 자기동일성을 지닌 사상事象이란 없다. 이런 까닭에 유有라고 하는 것도 절대적 유가 아니며, 무無라고 하는 것도 절대적 무가 아니다. 따라서 유무는 절대적 모순이 아니다. 마찬가지 논리로 난이難易, 장단, 고저, 전후도 절대적 모순이 아니다.

이는 곧 음양의 조화적 원리를 나타내는 것으로, 천지만물의 생성과 발전이 이로써 설명된다. 일체의 현상은 일정한 단계에 이르게 되면 다시 변화하는 법이니, "화 뒤에는 복이 따르고, 복 뒤에는 화가 도사리고 있다. 누가 그 종극을 알 것인가. 무엇이 꼭 정正이라고 말할 수 없다. 정正도 다시 기奇가 되고, 선善도 다시 요妖가 된다."

즉 궁즉통窮則通이다. 도는 끊임없이 순환하는 운동을 하는 까닭에 동일한 상태에 오래 머물지 않으며, 따라서 모든 대립적 갈등이나 투쟁 그 자체도 고정불변한 것이 아니다. 우리가 사는 상대적 세계에서의 명칭이나 개념은 상대적인 차별에 불과한 것이므로 영원불변한 명칭이나 개념은 아닌 것이다.

천지간의 모든 상황과 사물은 부단히 변하고 바뀐다. "그러므로 사물은 혹 손해가 되는 듯하면서도 이익이 되기도 하고, 이익이 되는 듯하면서도 손해가 되기도 한다." 이러한 종류의 논리는 모두 '반자도지동反者 道之動'에서 나온 것이다. 말하자면 근본으로 되돌아가는 것이 도의 움직 임인 것이다. 모든 것은 도에서 나와 도에로 복귀하므로, 도의 견지에서 보면 늘어난 것도 줄어 든 것도 없다. 만물만상은 무상하여 한결같을 수 없고, 오직 도만이 한결같아서 이러한 대립과 운동을 통일시킨다. 도는 천지만물의 근원으로서 무한한 생명력을 지닌다.

그러면 도는 어떻게 천지만물을 생성하는가. 노자에 의하면, 무위자 연無爲自然으로 그렇게 하는 것이다. 『도덕경』 25장에서는 "사람은 땅의 법칙을, 땅은 하늘의 법칙을, 하늘은 도의 법칙을, 도는 자연의 법칙을 본 받아야 한다"고 했다. 말하자면 '도'는 곧 자연의 '도'로서 천·지·인 의 모든 활동을 포괄한다. 그것은 "함이 없으면서도 하지 않음이 없는(無 爲而無不爲)" 자기 스스로의 순수 활동이다.

> 만약 어떤 사람이 도(道)에 관해서 묻고 다른 사람이 그것에 대답한다면 그 들 중 어느 누구도 도를 알지 못하는 것이다.(『장자』「지북유」편)

도란 언설로 말할 수 있는 것이 아니기 때문에, 가고 가는 중에 알게 되고 행하고 행하는 속에 깨닫게 되는 것이다. 우리의 마음이 순수하게 도에 계합契合될 때 천지만물이 의거해 있는 도의 실상을 관조할 수 있게 된다. 말하자면, 우리의 마음이 모든 의식적 작용을 그치고 무위자연으 로 돌아가 도와 하나가 되지 않고서는 도를 자각할 수 없으며, 존재의 실 상 또한 인식할 수 없는 것이다도의 체득 과정은 비아非我에 대한 자기 부정을 통하여 순수자아에로 복귀해 가는 존재와 의식의 합일화 과정, 즉 존재의 자기실현화 과정이다. 그것은 곧 자연에로의 복귀 과정이다. 이러한 도의 되돌아가는 움직임은 존재의 근원성을 드러내는 작용으로서, 자연과 완전히 일체가 되는 무위의 경계에서 도는 인간존재 속에 구현된다. 그리하여 참본성이 발현되면 지혜의 빛으로 이 티끌세상을 비추게 되는 것이다.

여해 스승

여해 스승 — 그는 대한제국 말기 당시 궁내부宮內部의 중책을 맡고 있었던 그의 부친이 열여덟 명의 자식을 잃은 끝에 얻은 무녀독남이었다. 그의 부친은 추호도 흐트러짐이 없는 온전한 유학자로서, 그의 강직한 성품은 고종 황제의 두터운 신임을 얻고 있었다. 그의 모친은 부친에게는 세 번째 정부인으로서 그의 부친 못지않게 경학에 밝은 것은 물론이고 선도의 호흡 수련을 하신 분이었다.

그러한 부모 슬하에서 그는 이미 다섯 살 때부터 한학을 배우기 시작하여 여섯 살 때에는 단학호흡법까지 익히게 되었고 칠팔 세에 이르러서는 유학의 전全경전들을 섭렵하게 되었다. 이러한 그의 천재적인 재능에는 당시 그를 가르쳤던 소론의 팔재사八才士로 이름이 높았던 정만조鄭萬朝 선생도 감탄을 금치 못했다고 한다.

원래부터 그의 집안은 선도 수련과 인연이 깊었다. 주위에는 독립문을 뛰어넘을 정도의 용력을 가진 사람이 있는가 하면, 당시 좌도방左道方* 수련가들의 태두泰斗라고 할 만한 인물도 있었다. 게다가 그의 집 사랑채에는 항상 그런 방면에 조예가 깊은 이인異人들의 출입이 잦아서 어려서부터 그는 그 세계에 쉽게 친숙해질 수 있었다. 그가 십칠팔 세가 되어서는 일본으로 건너가 당시 일본 정신계의 고수들과 사귀게 되는데, 이미 그 당시에 그의 정신수련은 이들로부터 상당한 경지에 이른 것으로 인정을 받았고 그곳에서 유도와 검도도 배워 각기 6단 정도가 되었다고 한다.

그의 모친에 이어 두 번째로 그를 단학 수련의 길로 인도하신 분이 바로 일송진인一松眞人이시다. 일송진인은 당시 팔순이 가까운 연치에 평소에는 여느 선비들처럼 지내셨지만, 실은 높은 도력을 지니신 분으로서 당시 우리나라 선가의 우도방右道方 방주方主 어른이셨다. 그는 금선탈각金仙脫殼**의 대도법인 시해법尸解法***에도 정통하여, 생사에 걸림이 없이 천지간에 유유자적했다.

이러한 일송진인과 그가 인연을 맺게 된 것은 그가 열세 살 되던 때였다. 경술庚戌의 국치國恥로 그의 부친이 낙향해 있을 때, 일송진인은 다른 과객들처럼 가끔씩 그의 부친 사랑채에 묵어가시곤 했다. 어느 날 그의 부친께서 볼 일이 있어 일주일 정도 집을 비우게 되었는데, 마침 그때 일송진인께서 들어오시면서 몸이 불편하니 사랑에 좀 머물다 가겠다고 했다. 그러자 그의 부친은 그에게 일송진인의 존호를 이야기하면서, 다녀

---

* 선도(仙道)의 두 계보 '좌도방과 우도방' 중의 하나이다. 우도방(右道方)이 심법(心法)으로 정진하는 것이라면, 좌도방은 기술(奇術)을 주로 하는 것으로서 비록 시작은 다를지라도 그 종극은 같다고 한다.

** 육(肉)의 허물을 벗고 원신(元神 primal spirit), 즉 본래 면목(面目)을 회복함으로써 이른바 "고요히 아침에 날아오른다(默朝飛界)'고 하는 등선(登仙)의 경지에 이르는 것을 말한다.

*** 매미가 허물을 벗듯이 육(肉)의 껍질에서 혼백만이 빠져나와 등선하는 선화(蟬化)의 한 방법이다. 여해 스승에 의하면 단전호흡이 2분 정도로 조식(調息)이 되면, 이 법에 입문할 수 있다고 한다.

올 동안 자신을 대신하여 약도 지어 드리고 병구완도 잘해야 한다고 단단히 이르는 것이었다.

부친의 분부를 따라서 그는 일송진인을 일단 사랑으로 모셨다. 그리고 나서 약을 지어 드리려는데, 갑자기 일송진인께서 고열이 올라 신음을 하시면서 전염병에 걸린 모양이니 가까이 오지 말라고 하시는 것이었다. 그러나 그는 전혀 괘념치 않고 약을 다려 드리고 밤을 새워가며 더욱 지극하게 간병을 했다. 며칠 밤을 새우며 병구완을 해도 차도가 없더니, 그의 부친이 돌아오시기 바로 전날에 일송진인의 병은 완전히 치유되었다. 그의 부친이 돌아오시자 일송진인은 언젠가 그 보답을 하겠다는 말을 남기고는 홀홀히 떠나셨다.

이러한 일송진인과의 첫 대면이 결코 우연이 아니라, 진인의 깊으신 뜻이 담겨 있는 것이었음을 알게 된 것은 나중의 일이었다. 그렇게 높은 도력을 지니신 분이 쉽사리 병을 얻을 리도 없었고, 어쩌면 그것은 그의 부친이 계시지 않는 동안 그의 품덕品德을 시험한 것일 수도 있었다.

그로부터 6년 후.

그의 나이 열아홉 살이 되던 해 일송진인께서 다시 그의 집에 들르셨다. 그의 부친에게 그때 일에 대한 보답을 하고자 한다고 하시면서 그를 산에 데리고 가서 공부를 좀 시키겠다고 하셨다. 이에 그의 부친이 동의하여, 그는 일송진인을 따라 구월산으로 가게 되었다.

황해도 문화文化 고을의 주산이요, 단군사당인 삼성사三聖祠가 있는 유서 깊은 구월산에서 단군 전래의 호흡 수련을 하는 것은 분명 뜻깊은 일이라고 할 수 있었다. 그곳에서 그는 일송 스승의 집중적인 지도를 받게 되는데, 이전에 이미 호흡 수련이 상당한 경지에 달해 있던 터라 놀랄 만큼의 진척이 이루어졌다. 그는 홀연히 과거 삼생三生을 깨닫게 되었고 불과 두 달 남짓 되는 기간 동안에 모든 관문을 통과하여 재계再階의 계제에 오르게 되었다.

그러나 모든 것은 인연 따라 오고가는 법.

일송 스승과의 인연이 다하여 그는 스승과 기약 없는 작별을 하고 하산했다. 그로부터 그의 도계 편력은 시작되었다. 그는 당시 최고의 계제에 속해 있었던 사람들과 친교를 맺게 되면서, 그들이 구사하는 축지縮地, 비월飛越, 장풍掌風, 둔갑遁甲, 은신隱身, 장신藏身, 분신分身 등의 초능력 도법을 직접 목격할 수 있었다. 그리고 그의 수련 생활은 계속 되었다. 그후 그는 수십 차례 선방에 들면서 호흡 수련에 정진했다.

…… 세월은 그렇게 흘러갔다.

그러는 사이 그는 중국으로 건너가 우리 민족의 미래사가 펼쳐질 백두산과 만주 일대를 돌아보고, 압록강 너머에 있는 미래의 우리 수도가 될 북계룡北鷄龍에도 가 보았다. 그리고는 산동성山東省으로 가서 자신의 전생을 확인하기도 했다. 그는 그곳에 있는 도관을 순력하며 도인 순례에 나서게 되고, 드디어는 대도인 왕진인과 만나게 된다.

그러나 그는 선도의 세계에 안주할 수만은 없었다. 비록 그 자신이 역사의 주역으로 태어나지는 않았다는 사실을 알고 있었을지라도. 비록 국권이 탈취당하여 암울했던 시절이기는 하나, 그는 머지않아 도래하게 될 황백 전환기에 필요한 일꾼들을 배양하기 위하여 많은 제자들에게 호흡 수련을 시키는 한편, 『천부경天符經』을 연구하고 『삼일신고三一神誥』를 찬

술하여 우리 민족 고유의 얼을 기리고 민족정신을 새로이 창도하는 데에 앞장서기도 했다.

또한 그는 독립군에 가담하기도 했고, 상해 임시정부에서 김구 주석을 도운 일도 있었다. 이러한 그의 동태가 일본 형사계에 감지되면서 급기야는 요시찰 인물로 꼽혀 수 차례 구속되고 모진 고문을 감수하기도 했다. 해방과 더불어 한국독립당에 가담하여 본격적으로 일을 해 보고자 했으나, 김구 선생이 암살되면서 이 또한 사실상 무위로 끝나고 말았다. 이러한 그의 삶은, 삶을 어떤 구체적인 결과로서가 아닌 하나의 과정으로 보는 그의 인생관을 반영하는 것이기도 하다.

그러는 동안에도 호흡 수련은 계속되었고, 양성한 많은 제자들은 각계 각층에 포진되었다. 단군 전래의 호흡 수련을 통하여 우리의 얼을 되살리고 민족적 자존을 일깨우며 나아가 황백 전환기의 일꾼들을 배양하고자 하셨던 여해 스승. 이러한 그의 간구는 이미 씨앗이 되었으니, 21세기 정신문명시대의 도래와 함께 반드시 싹으로 피어날 것이다.

동굴을 열며

내가 처음 정신 공부를 시작한 것은 딱히 언제부터라고 말하기는 어렵다. 다만 어릴 적부터 명상하는 자세에 익숙했던 것 같다. 그때는 단전호흡에 대해서 전혀 알지도 못했지만 언제부터인가 나는 무의식중에 호흡을 고르게 하는 연습을 하곤 했던 것으로 기억된다. 산은 항상 내게 말할 수 없는 편안함과 익숙함과 생기를 느끼게 했다. 한때는 심산에서 명상이나 하며 한세월 나리라는 생각도 해 보았었다. 묵언수행 하는 명상생활이 적성에 맞았기 때문이다. 경전은 몇 번만 보아도 줄줄 외웠고, 무심결에 경전을 외고 있을 때가 많았다. 그럴 때면 꿈속에서 도인들이 나타나 심산이 아닌 티끌 세상에서 일해야 할 것임을 암시하곤 했다. 영원한 실재 세계에 대한 관심과 집착이 속세에 대한 흥미를 잃게 할 무렵이었다. 가끔씩 세상사가 미리 보이기도 하고, 내 자신이 세상사에 깊숙이 개입될 것임을 직접적으로 혹은 다른 사람을 통해 간접적으로, 때로는 문서의 형태로 암시받곤 했다. 내 마음이 세속에서 멀어질수록 이런 일은 더 자주 일어났다. 그때부터 나는 인간에게 자유의지의 영역이 어디까지이며, 그것은 또한 필연과는 어떠한 관계에 있는지에 대해서 의문을 가지기 시작했다.

자유의지와 필연과의 사이에서 방황을 거듭하던 나는 귀국 후 예기치 않게 여해 스승을 만나면서 정신 공부에 주력하게 되었다. 내게도 정신의 향상은 그 자체가 곧 학문적 심화이며, 그런 점에서 종국에 정신이 완성될 때 비로소 학문도 완성될 수 있는 것이었다. 학문을 하면서 항상 느낀 것은 논리와 추론에 입각한 소위 과학적 지식만으로는 설명될 수 없는 점이 많다는 것이었다. 우리들의 삶에 있어 가장 근원적인 문제들 ― 어디에서 와서 어디로 가는 것인가, 왜 사는가, 삶의 의미는 무엇인가, 죽음의 의미는 무엇인가, 물질계와 정신계는 어떠한 관계인가, 시간과 공간은 무엇인가 ― 이 단순히 비학문적이고 비과학적인 것으로 치부되어 버린다면, 그로 인하여 존재의 실상이 외면당한다면 도대체 학문과 과학은 무엇을 위해서 있는 것일까.

이러한 가장 근원적인 문제들이야말로 우리들의 우주관, 인생관, 가치관, 직업관 등을 형성하는 데에 핵심적인 요소들이다. 사람답게 살자고 배우는 것이고 연구하는 것인데, 이러한 근원적인 문제들을 떠나서 학문과 과학이 존재하는 것이라면 그것은 존재의 실상을 떠나서 변죽만 울리는 것에 지나지 않는다. 세계적으로 일군의 과학자들 사이에서 실험을 통한 정신계에의 심도 있는 접근이 이루어지고 있는 것은 사실이나, 이에 대한 인식이 더욱더 확산되어야 할 것이다. 내가 귀국 이후 본격적으로 정신세계에 몰입하게 된 것도 바로 이러한 문제의식 때문이었다.

노자는 『도덕경』 48장에서 이렇게 말하고 있다.

학문을 하면 날로 지식이 늘고 도를 행하면 날로 준다. 줄고 또 줄어서 더 이상 인위적인 것이 남지 않은 데까지 이르면, 함이 없으면서도 하지 않음이 없게 된다.

그 해 늦가을에도 나는 매일 낮이면 지식으로 채우고 밤이면 비우는 연습을 계속했다. 낮에는 강의하고 책을 보거나 논문을 쓰고, 밤에는 텅 비우는 공부를 했다. 말은 비운다고 하지만 비우고자 하는 욕망과 집착으로 오히려 채우고 있었다. 채우고 비우는 것이 자연스럽게 연결되지 않았고 뚜렷하게 분화된 두 가지 일처럼 느껴졌다. 그리하여 밤새도록 쌓은 상념의 모래성을 매일 아침 부수면서 나는 자괴감에 빠지곤 했다.

겨울방학이 되자 논문을 쓰는 시간 외에는 전적으로 정신 공부에 몰입할 수 있었다. 정신 공부에 들어갈 때에는 미리 한 달분 정도의 간단한 선식을 준비해 놓기는 하나, 일단 몰입하게 되면 며칠이 어떻게 지나가는지 알 수가 없었고 보통 한 달 정도씩 두문불출했다. 앉은 그 자리에서 쓰러져 자거나 앉은 채로 잠이 드는 경우도 많았다. 꿈을 꾸면 꿈속에서도 생시와 같은 모습으로 앉아 명상을 하고 있었다. 어디까지가 꿈이고 어디까지가 현실인지도 분간할 수 없었다. 그러다가 한 달 만에 문을 열고 밖에 나가보면 세상은 이전보다 더 낯설고 생동감이 없어 마치 꿈속의 어느 장면처럼 무심하게 다가왔다가는 이내 흩어져 버리는 것이었다.

현실과 꿈속에서 일어나는 것을 보면 마치 두 가지 마음이 있는 것 같으나, 마음이 두 가지 모습이 있는 것은 아니다. 마음이 그 자신을 볼 수 없는 것은 마치 "칼이 칼 자신을 벨 수 없고, 손가락이 손가락 자신을 가리킬 수 없는 것"과 같다. 일체의 분별은 곧 자기 마음의 분별인 것이다.

"지나고 보니 모두 꿈이었다"는 말을 종종 듣는다. 가끔씩 나는 어린 시절 꽃밭에서 나비를 쫓던 기억을 떠올리곤 한다. 하지만 나비를 쫓던 내가 꿈속의 나였는지, 아니면 현실 속의 나였는지를 분간할 수가 없다. 몇십 년 전의 일은 말할 것도 없거니와, 어제 일어났던 일과 간밤에 꾼 꿈을 어떻게 구분할 수 있을까. 저것은 꿈이고 이것은 현실이라고 분별하는 마음 이외에 다른 어떤 것이 있을까.

진리에 눈을 뜨게 될 때 비로소 현실세계는 영원불변한 것도 항구 고정된 것도 아니라는 사실을 자각하게 된다. 생生은 사死에 의존하고, 생성은 파괴에 의존하며, 있음은 없음에 의존한다. 그리고 다시 통털어 하나가 되는 것이다. 장주는 『장자』「제물론齊物論」편에서, 도道에 통달한 사람은 만물이 결국 하나가 된다는 사실을 알아서 지혜의 분별을 버리고 일체를 영원한 도에 맡겨 버린다고 했다.

그는 개오開悟된 마음을 거울에 비유하고 있다.

> 마음은 거울과 같은 것이다. 그 자신은 조금도 움직이지 않는다. 오는 것은
> 그대로 비추지만 지나가 버리면 아무런 흔적도 남기지 않는다. 그러므로
> 어떠한 사태에도 대응할 수 있고 상처받는 일도 없다.

귀국한 지 2년.

학교 생활에도 어느 정도 적응이 되었다. 그해 겨울이 끝나가던 어느 날 나는 매주 서울 근교에 있는 장터에 토종닭을 사러다녔다. 여해 스승의 말씀에 따라서 계동鷄銅을 만들기 위해서였다. 그것은 선가에 전래되어 오는 비방으로서, 예전에 차력借力 공부를 하던 사람들이 주로 하던 약차藥借의 한 방법이다. 당시는 여해 스승의 지도하에 본격적으로 정신 공부를 시작하던 때였는데, 계속적으로 정진할 수 있기 위해서는 강인한 체력이 뒷받침되어야 했다.

계동을 만들기 위해서는 우선 토종닭 수십 마리가 필요했다. 하지만 의외로 토종닭 구하기가 어려워 한 장터에서 한두 마리 사는 것이 고작이었다. 어떤 장터에는 한 마리도 없어서 다음 주에 다시 오겠다고 하고 주문을 해놓기도 했다. 한 주 동안 여러 장터를 돌아다니며 구한 것이 겨우 여덟 마리였다.

나는 그 여덟 마리를 내가 사는 빌라 지하에 두었다. 산에 인접해 있는 맨 끝 동인지라 인적이 드물고 지하가 제법 넓어 안성마춤이라고 생각되

었다. 여덟 마리가 아니라 몇십 마리라도 얌전하게 사이좋게만 지내준다면 문제없으리라는 생각이 들었다. 더구나 내 방 바로 아래 지하이니 조금 시끄러울지라도 크게 문제가 되지 않을 것이고, 또 모이를 주기에도 편할 것이라고 생각되었던 것이다.

닭을 데리고 온 그날부터 나는 여해 스승께서 구리 등을 섞어 만들어 주신 특수 모이를 먹였다. 처음에는 익숙하지 않아서인지 잘 먹지를 않다가 저녁 무렵이 되어서야 조금씩 먹기 시작했다. 주위가 생소해서인지 조금 먹고는 이내 구석으로 가서 맥없이 웅크리고 있었다. 하루가 지나고 이틀이 지나면서, 웅크리고만 있던 닭들이 차츰 활기를 띠게 되고 먹는 모이의 양도 많아졌다.

사흘째 되던 날 새벽.

"꼬끼오! 꼬끼오!"

여덟 마리 닭들이 일제히 합창을 하는 듯했다. 웬 목청이 그렇게도 높은지! 황급히 지하로 달려내려 가며 나는 중얼거렸다.

"계공들, 제발 목소리 좀 낮추시게!"

아랑곳하지 않고 닭들은 더욱 목청을 돋우었다.

"꼬끼오! 꼬끼오!"

내가 지하로 들어서니 그제서야 서로 눈치를 보며 구석으로 가서는 우두커니 모여 서 있었다. 내가 일장훈시를 하고 돌아서는데 이번에는 일곱 마리 장닭들이 퍼드득 날아오르며 뒤엉켜서 닭싸움을 벌이는 것이었다. 나머지 닭 한 마리는 구석에서 웅크리고 앉아 눈만 깜박깜박하고 있는 것이 암탉인 듯했다. 퍼드득거리며 닭싸움을 벌이는 광경을 바라보고 있노라니, 갑자기 목계木鷄에 관한 이야기가 떠올랐다.

기성자(紀渻子)라는 닭을 훈련시키는 명인이 있었다. 어느 날 닭싸움을 즐기던 왕이 기성자에게 닭을 훈련시키도록 명했다.

열흘쯤 지나서 왕이 물었다.

"이제는 닭싸움을 시켜도 되겠는가?"

기성자는 대답했다.

"아직 멀었습니다. 지금은 마냥 살기가 올라 열심히 적을 찾고 있습니다."

열흘쯤 지나서 왕이 또 물었다.

"이제는 닭싸움을 시켜도 되지 않겠는가?"

기성자가 대답했다.

"아직 멀었습니다. 다른 닭의 울음소리를 듣거나 낌새를 채면 즉시 투지가 넘칩니다."

열흘쯤 지나서 왕이 또 묻자 기성자는 이렇게 대답했다.

"아직 멀었습니다. 다른 닭의 모습을 보기만 해도 매섭게 쏘아보거나 흥분합니다."

그로부터 열흘쯤 지나서 기성자가 왕에게 말했다.

"이제는 되었습니다. 옆에서 다른 닭이 아무리 소리치며 달려들어도 전혀 움직이려고 하지 않아서 마치 목계같이 보입니다. 이는 덕이 충만해 있다는 증거이니, 어떤 닭이라도 그것에게는 당하지 못할 것입니다. 아마도 그 모습만 보아도 모두 달아나고 말 것입니다."

외진 곳이라고는 하나 닭들을 빌라 지하에 두는 것이 더 이상 무리라는 생각이 들었다. 내일 아침까지 한 번 더 동태를 보고 결정하기로 하고 내 방으로 올라갔다. 방으로 올라온 후에도 닭들은 한시도 가만히 있지 못하고 소리를 내고 있었다. 아마도 특수 모이를 먹고 힘이 난 모양이었다. 무엇인가 대책을 강구하지 않으면 안 되었다.

그 다음날 아침에도 닭들은 더욱 우렁차게 목청을 돋우었다. 처음 데리고 올 때 눈치를 살피며 우두커니 서 있던 모습은 간 곳이 없고, 시간이 지날수록 닭들은 기세가 더욱 등등해졌다. 도저히 안 되겠다는 생각이 든 나는 근교 한적한 곳에서 장소를 물색하다가 마침 적당한 곳을 하나 찾게 되어 닭들을 모두 그곳으로 옮겨다 놓았다.

그 이후로도 토종닭을 사러 다니는 일은 계속되었다. 몇 주가 지나면서 닭은 모두 40여 마리가 되었다. 닭마다 모두 목에 번호표를 달아두고 모이를 먹는 분량이며 기타 사항을 면밀하게 관찰했다. 내가 매일 돌볼 수가 없었기 때문에 일단 의뢰를 해놓고 자주 가서 보았다. 여해 스승께서도 가끔씩 오셔서 보아주시기도 했다. 개중에는 너무 모이를 많이 먹어 설사를 하는 닭이 있는가 하면, 한 달쯤 지나 몇 마리는 죽기도 했다.

두 달이 다 되어 가던 어느 날.

여해 스승께서 닭장에 와 보시고는 이제는 되었으니 잡아도 좋겠다고 하셨다. 뼈와 살을 분리하여 생으로 말려서 각각 따로 분말로 만들라고 하셨다. 나중에 잡은 것을 보니 여해 스승께서 말씀하신대로 뼈 주위가 거무스레한 빛을 띠고 있었다. 생으로 햇볕에 완전히 말려서 분말로 만들기까지 거의 두 달이 소요되었다.

수십 마리 닭을 분말로 만들었으니 그 분량이 꽤 되었다. 냉동실에 넣어 두고 몇 개월 동안 그것만 먹었다. 원래가 비린 음식 일체를 싫어하던 터인지라 분말을 먹는 그 자체가 고행이었다. 물을 조금 부어 걸죽하게 해서 먹었는데 생으로 말려서인지 냄새가 지독했다. 얼마나 지독했던지 처음에는 코를 막고 마셨다. 게다가 분말은 펄펄 살아서 물에 잘 풀어지지도 않았고, 그런 분말을 볼 때마다 나는 닭에 대해서 죄스러운 마음이 들었다. 하루에 분말 한 그릇을 먹고 나면 배가 불러 아무 것도 먹을 수 없었다. 다만 너무 냄새가 지독하여 입가심을 하기 위하여 백설기 한 조각씩만 먹었다.

그러는 사이 나는 미각을 완전히 잃었다. 음식에 대한 생각도 사라졌다. 그 이후 거의 먹지 않고 잠을 자지 않는 생활이 계속되었다.

동굴이라는 우주

계절은 바뀌어 어느새 가을학기가 시작되었다. 극심하던 대학가 데모 열기도 차츰 진정되면서 대학은 다시 평온을 되찾고 있었다. 당시 나는 학과장을 맡고 있었고 우리 정치외교학과에도 몇 사람이 데모에 연루되어 있었던 터인지라, 지난 봄 학기 동안은 데모 현장 찾아다니랴 계공鷄公들 돌보랴 정신없이 지나갔다.

가을학기가 되면서, 학교 일이 끝나면 저녁 무렵 산으로 올랐다가 다음날 새벽에 하산하여 학교로 가는 생활이 매일 계속되었다. 혹 학교 일이 늦게 끝나는 날이면 밤이 이슥해서 산으로 오르는 때도 있었다. 바람이 불거나 비가 내리거나 산으로의 행진은 계속되었다.

늦가을 어느 날, 종일토록 겨울을 재촉하는 비가 내렸다. 그날도 나는 학교 일을 다 끝내고 책을 좀 보다가 밤늦게 산으로 올랐다. 칠흙같이 어두운 밤에 비까지 내리니 집착할 형상도 없어졌다. '나'라는 생각만 있을 뿐, '나'라는 존재도 없어졌다. 집착할 형상도 없어지고 '나'라는 존재도 없어지니, 오직 상념만이 펄펄 살아 만 가지 형상을 그려내었다.

비바람이 몰아쳤다. 온 몸이 비에 젖고 상념에 젖어 내렸다. 눈을 뜨고 보는 형상은 진상眞像이고, 눈을 감고 보는 형상은 가상假像이라고 누가 말했던가. 현실의 형상은 진상이고, 꿈속의 현상은 가상이라고 누가 말했던가. 눈을 감고 뜨는 것이 어찌 둘일 수 있으며, 꿈과 현실 또한 어찌 둘일 수 있을까. 실재하는 것은 오직 마음, 마음의 분별일 뿐인 것을. 시시각각으로 천류遷流하는 6식—안眼, 이耳, 비鼻, 설舌, 신身, 의意—즉 표면의식으로써 어찌 그 영원한 생의 진의를 깨달을 수 있을까?

그렇기에 달마대사達磨大師는 "마음을 관觀하는 한 가지 법이 모든 행위를 포괄한다"고 했고, 고덕古德은 "입이 말을 하는 것이 아니요 손이 일을 하는 것이 아니니, 말하고 일하는 그 정체를 알아야 참된 말과 일을 하는 정작 인간이 되느니라"고 했다.

한참 산길을 걸어 동굴에 이르렀다. 동굴 안으로 들어가 정좌를 하고 앉았다. 심파心波를 가라앉히며 정신을 모으기 시작했다. 비가 많이 내려서인지 똑똑 물방울 소리가 동굴 벽에 반향되어 울려퍼졌다. 한동안 집심集心이 되는가 싶더니 이내 흩어지면서 냉기가 엄습해왔다. 마음이 흩어지니 만 가지 잡상이 일어났다. 도道가 한 치 자랄 때 마魔는 몇 치 자란다는 말이 실감 있게 느껴졌다.

"거울에 때가 끼면 색과 상이 나타나지 않듯이, 중생의 마음에 때가 끼면 진리의 몸이 나타나지 않는다"는 말이 있다. 생명을 얻은 것 자체가 이미 구도의 길에 들어선 것일진대 촌음인들 어찌 아끼지 않을 수 있으리. 잠시 후 나는 다시 조식調息에 들어갔다.

'눈처럼 냉정하고, 불처럼 뜨거워라. 태산 같은 자부심을 가지고, 누운 풀처럼 자기를 낮추어라.'

경 속의 한 구절이 떠올랐다. 그렇다! 이 순간을 놓치면 영겁의 시간을 순력하며 헤매리니……. 만법이 이 마음에 의거해 있고 이 마음이란 것은 본시 있는 것도 없는 것도 아니니, 법法과 아我가 본래 공空한 것이 아니던가. 집착을 버려야 하리. 도를 구하고자 하는 마음마저도. 도란 구함으로써가 아니라, 비움으로써 저절로 드러나게 되는 것. 그때가 되면 허공에 어른거리는 눈꽃(眼花)도 사라지게 되리니.

생사로부터의 해방.

『장자』「지락至樂」편에 보면, 다음과 같은 일화가 있다.

장주의 아내가 죽어 혜시(惠施)가 조문하러 갔더니 장주는 두 다리를 뻗고 장구를 두들기면서 노래를 부르고 있었다.

혜시가 말했다. "이것은 너무 심하지 않은가?"

장주가 답했다. "그렇지 않다네. 처음엔 슬픈 느낌이 들었지. 허나 생명의 시원을 살펴보니 본시 생명이라는 것이 있지도 않았네. 생명이 없었을 뿐만 아니라, 육체도 없었던 것이 확실해졌네. 하여 본래 육체를 형성하는 기(氣)조차도 없었네. 혼돈상태가 변하여 기가 생기고, 기가 변하여 육체가 생기고, 육체가 변하여 생명이 생긴 것이네. 이제 변하여 다시 죽음으로 돌아간 것일 뿐. 이는 춘하추동의 사시가 순환하는 것과 같은 이치가 아니겠는가?"

시간의 필연에 일체를 맡기고 순종하면 애락哀樂이 스며들 여지가 없다고 했다. 이를 『장자』 「대종사大宗師」 편에서는 "옛 사람이 이른바, 생사로부터의 해방"이라고 했다. 그러나 도를 구하는 마음은 나날이 열렬해졌고, 그럴수록 도는 더욱 멀어질 뿐이었다.

삶의 도. 종교의 도. 학문의 도.

이 모든 것이 하나인 도이기에 나는 필사적으로 매달렸다. 일찍이 성인들께서 말씀하신 정신과 물질의 본자리를 찾기 위하여. 하나인 나와 만나기 위하여.

우리의 삶 자체가 어쩌면 그릇된 가설 위에 기반해 있을지도 모른다는 생각이 들기 시작하면서부터 이러한 나의 간구는 계속되었건만, 정신은 더욱 아득해졌고 매일 밤 나는 동굴 바닥과 벽을 치며 무언의 통곡을 했다. 그러다가 허공 속의 별들도 다 잠든 밤이면 동굴 밖으로 나와 주위를 배회하며 하늘을 보고 땅을 보고······.

새벽이 되면 동굴을 나와서 학교로 향했다. 학교는 밤새도록 닦은 내 도가 검증되는 곳이기도 했다. 강의를 하면서 나는 날이 갈수록 절감하게 되었다. 현대 서구의 물질문명이 기반해 있는 소위 과학적 지식이라고 하는 것이 얼마나 모래알과 같은 것인지를. 따라서 그 위에 세워진 물질문명이라고 하는 것도 필경 사상누각일 수밖에 없다는 것을. 여해 스승께서 말씀하신 '황백전환'의 단초가 여기에 있으리라고 생각되었다.

사시사철의 순환은 어김이 없어 그렇게 한 해가 가고 또 겨울이 왔다. 그리고 동굴로의 행진은 계속되었다. 정신 공부는 삼칠일(21일) 단위로 했는데 삼칠일의 마지막이 되는 그날도 밤이 이슥하여 산으로 올랐다. 매섭게 차가운 공기를 가르고 여해 스승의 음성이 들려오는 듯했다.

"되니까 하라고 하지, 되지 않을 것을 왜 하라고 하겠는가."

정신 공부에 진전이 없어 좌절하는 모습을 보이자 여해 스승께서 하신 말씀이었다.

『참전계경』「대천待天」의 말씀을 몇 번이고 되뇌었다. "하늘의 감응을 마음속 깊이 기다리지 않는다는 것은 곧 하늘을 믿는 정성이 없는 것이니, 기다림도 끝이 없고 정성 또한 끝이 없어야 한다. 비록 감응이 지나갔다 하더라도 스스로 하늘을 믿는 정성을 그치지 않아야 한다."

"진여대해 영절백비고(眞如大海 永絶百非故)"라고 했던가. 진여한 마음의 큰 바다는 영원히 모든 오류를 여읜다는 뜻이다. 『대승기신론소』에 보면, 진여한 마음은 만물이 그 안에 포용되며 덕이란 덕은 갖추지 않은 것이 없고 상이란 상은 나타나지 않는 바가 없어서 모든 행위의 원천이 된다고 했다. 다만 오랜 무명無明의 습기習氣 때문에 진여한 마음의 본바탕이 가려져 고요해야 할 마음의 바다에 파랑이 일고 유전육도流轉六道하게 되는 것이다. 그러나 비록 육도의 파랑이 일지만 하나인 마음의 바다를 벗어나지 않는다는 점에서, 이 하나인 마음은 일체의 세간법世間法과 출出세간법을 포괄한다고 했다. 말하자면 성속합일聖俗合一이요, 영육쌍전靈肉

雙全이다.

『대승기신론별기』에서는 사상四相─생生, 주住, 이異, 멸滅─이 일심一心일 뿐임을 강조하고 마음과 사상을 바닷물과 파도에 비유하고 있다.

> 마치 바닷물이 움직이는 것과 같아서 바닷물의 움직임을 파도라고 설명하지만 파도는 그 스스로의 본체가 없다. 따라서 파도의 움직임은 없다고 한다. 물은 그 스스로의 본체를 가지고 있으므로 물의 움직임이 있다고 한다. 마음과 사상의 뜻도 이와 같다.

한편 『대승기신론소』에서는 마음과 사상의 뜻을 이렇게 밝히고 있다.

> 사상(四相)은 동시에 존재하는 것이고 마음이 이루어 놓은 것이어서, 일심을 떠난 그 어디에 또 다른 스스로의 본체가 있는 것이 아니다. 그러므로 "동시에 존재하는 것이지 그 어느 것도 독자적으로 존재하는 것이 아니다" 라고 한 것이다.

마음의 본체는 깨끗한 것인 동시에 물든 것이고 움직이는 것인 동시에 고요한 것이므로, 염정染淨이 둘이 아니고 동정動靜이 다르지 않다고 했다. 이 진여한 마음이 모든 행위의 원천이 되는 것이다. 그런데 진여를 따르는 신심信心 그 자체는 완덕完德의 실천이 수반될 때 비로소 완전해질 수 있는 것으로서, 바로 여기에서 조신調身, 조심調心, 조식調息하는 수행의 필요성이 생긴다. 이를테면 보시布施, 지계持戒, 인욕忍辱, 정진精進, 선정禪定,

지혜와 같은 6도六度*의 여실수행如實修行의 필요성이 생기게 되는 것이다.

고덕古德이 말했다. "마음이 텅 비어서 걸릴 것이 없으면 이것이 보시布施이며, 마음이 깨끗하여 더러움이 없으면 이것이 계를 지킴이며, 마음이 편안하여 시비가 없으면 이것이 인욕이며, 미묘하고 고요한 이치를 비추어 간격이 없으면 이것이 정진이며, 탁 트여 고요함도 시끄러움도 없으면 이것이 선정이며, 밝게 사무쳐 슬기로움도 어리석음도 없으면 이것이 지혜니라."

산길을 따라 걸었다.

밤은 형상이 숨고 무형상이 드러나며, 낮은 다시 무형상이 숨고 형상이 드러난다. 어느 것이 존재의 실상인가? 형상이 숨으니 만물의 평등무차별성이 드러난다. 구름에 가려진 달빛만이 숨어 버린 숲속의 잔영들 위로 아련히 비추일 뿐.

귓전을 때리는 바람소리도 지난해의 그것은 아니다. 언뜻언뜻 내비치는 구름 속의 달도 지난해의 그것은 아니다. 숲 속을 울리는 저 귀곡성 같은 소리도 지난해의 그것은 아니다. 만물만상을 담은 내 마음도 이미 지난해의 그것은 아니다. 우리의 삶은 부단한 변화 그 자체이다.

동굴에 이르렀다.

---

* 생사의 고해를 건너 피안(彼岸)의 언덕에 이르는 여섯 가지 방편을 6바라밀(六波羅蜜)이라고 한다. 보살이 수행하는 바라밀법의 여섯 가지를 보면, 첫째가 단나바라밀로서 자비로써 널리 사랑하는 행위, 즉 보시이다. 둘째가 시라바라밀로서 불교 도덕에 계합하는 행위, 즉 지계이다. 셋째가 찬데바라밀로서 어려움을 참고 견디는 것, 즉 인욕이다. 넷째가 비리야바라밀로서 항상 수행에 힘쓰고 게으르지 않는 것, 즉 정진이다. 다섯째가 선사바라밀로서 마음을 고요하게 통일하는 것, 즉 선정이다. 여섯째가 반야바라밀로서 삿된 지혜와 나쁜 소견을 버리고 참 지혜를 얻는 것이다.

기괴한 달빛 속에서 시간의 울타리 너머로 과거와 미래는 현재로 피어나고 있었다. 나는 잠시 동굴 주위를 서성이다가 안으로 들어갔다. 냉기가 온 몸을 파고들었다. 마을의 낮 기온이 영하 10도이니, 산 속의 밤은 훨씬 낮을 것이었다. 하지만 오늘이 삼칠일 마지막 날, 골수를 쪼개는 듯한 긴장과 전율이 밀려들었다.

정좌를 하고 앉았다. 얼마나 지났을까. 몸은 점점 더워지고, 입 안 가득 단침이 고여 왔다. 이윽고 나는 반무의식 상태로 들어가고 있었다.

바로 그때.

시퍼런 광채 덩어리가 하늘로부터 떨어져 내 머리를 관통하는 것을 느꼈다. '번쩍' 하는 섬광에 놀라 눈을 떴다. 모든 것은 그대로였다. 몸이 새털처럼 가벼워지는 것을 느끼며 나는 동굴을 나섰다. 천지는 온통 눈으로 뒤덮인 채 말이 없었다. 어둑한 새벽녘의 산길도 하얀 눈에 반사되어 환하게만 느껴졌다.

부동지와 쥐

계절은 바뀌어 또 여름이 되었다. 그 해 여름은 유달리 비가 많이 와서 홍수가 잦았다. 한강이 범람하고, 곳곳에 산사태가 일어났다. 학교는 이미 방학에 접어들었고, 나는 매일 낮에는 책을 보다가 오후 느지막하게 동굴로 향했다.

그날도 일주일째 계속 폭우가 쏟아지고 있었다. 이미 호우경보가 내렸던 탓인지 산으로 오르는 길에는 사람들의 그림자조차 찾아볼 수 없었다. 삼칠일 정진 기간 중이니, 설령 지구가 멸망한다고 해도 갈 것이거늘 하물며 홍수가 지는 정도에랴. 산길을 따라 걸었다. 쉴새없이 쏟아지는 거센 빗발은 나의 형상을 지워 버리고, 소리를 지워 버리고, 생각마저 지워버렸다. 그리고는 계곡을 굽이쳐 쏟아지는 천둥소리가 되어 온 산을 진동시켰다.

산은 곳곳에 웅덩이가 패이고 길이 끊어져 있었다. 홍수 진 내 몸에서는 김이 무럭무럭 솟아올랐다. 도道라는 개념이 점차 일상적인 생활용어로 자리 잡게 되면서, 좌절의 의미도 일상생활 속의 그것이 되었다. 부동지의 의미도 더 이상은 이경異境의 것이 아니었다.

부동지不動地.

마음 바탕心地은 본래 맑고 깨끗하며 고요한 것. 무명無明에 따라서 여러 가지 식識이 생긴 것이지만, 일심의 원천으로 되돌아가면 그 모든 식은 일어나지 않게 된다. 무명의 훈습熏習으로 생긴 식에 의하여 주관과 객관이 나타나고 허망한 경계를 취하게 되어 평등성과는 위배되게 되지만, 무명의 마음이 소멸되면 그에 따라서 경계도 소멸하게 되고 갖가지 분별식도 멸진하게 되는 것이다. 말하자면 일심의 본체가 본래 공적空寂한 것을 깨쳐서 그곳에 머무름으로써 어떤 생각도 일어남이 없고 온갖 '함' 과 '됨' 이 끊어진 경지이다.

"내 몸을 불사르게 내어줄지라도 사랑이 없으면 내게 아무 유익이 없느니라"고 했다. 사랑의 실천을 통하여 주관과 객관, 정신과 물질은 비로소 하나가 되는데, 이는 곧 일심의 본체로 돌아감을 뜻한다. 왜냐하면 사랑의 본성은 마치 비가 대지를 고루 적시듯이 평등 무차별한 것이기 때문이다. 그렇기에 우리는 매일 사랑을 실천하는 연습을 하는 것이다. 물론 사랑의 실천 양태는 각자의 영격靈格에 따라 다른 것이기는 하지만.

행함이 극에 이르게 되면 행한다는 의식조차 끊어지고 마치 저절로 된 것인 양 바라보게 된다. 이것이 방기放棄 상태이다. 이론적인 지식은 체험을 통해서 강화되지 않는 한 결코 이러한 방기 상태에 이를 수 없으며, 따라서 그 유효성이 발휘될 수 없다. 카르마의 법칙이 작용하는 이유가 바로 여기에 있다.

비는 잠시도 그칠 줄 모르고 계속 퍼부었다. 이 세상의 마지막 티끌까지 다 씻어내려는 듯. 도를 구함에 어찌 남녀가 따로 있을까. 언젠가 여해 스승께서 해 주셨던 남장여인의 이야기가 떠올랐다.

여해 스승께서 스무 살이 조금 넘었을 때의 일이다. 황해도에 볼 일이 있어 길을 가던 중에 우연히 목적지가 같은 한 사람과 동행하게 되었다. 그도 옹진으로 가는 길이라고 했다. 그는 몸집이 아담하고 얼굴이 여자처럼 곱상하게 생긴 사람이었는데, 성은 김씨였고 나이는 여해 스승보다 두세 살 위였다. 당시는 주로 산을 넘고 물을 건너 다니던 시절인지라 도중에 주막에서 여러 번 묵게 되었다.

첫날밤이 되어 두 사람은 주막에 들었다. 한 방에서 같이 잠을 자게 되었는데 김씨는 잠이 들면 여해 스승을 꼭 껴안았다. '이 놈이 징그럽게 왜 이러지……' 라고 생각하며 팔을 풀어놓으면 이내 다시 꼭 껴안는 것이었다.

"원, 별놈 다 보겠군!"

여해 스승께서 다시 팔을 풀어놓자 이번에는 더 세게 껴안았다. 할 수 없어 그냥 내버려두었더니 다음날 밤에도 그 잠버릇은 계속되었다.

그 다음날 다시 산을 넘게 되었는데, 그 산은 도적떼가 많기로 유명하여 단단히 각오를 하지 않으면 안 되었다. 더구나 김씨는 곱상하게 여자처럼 생긴 것이 힘이라고는 쓰지 못할 것이고. 아니나 다를까, 삼사십 명의 도적떼가 눈앞에 나타났다. 생각했던 대로 김씨는 저만치 뒤에서 움직일 생각도 하지 않고 딴전만 피우고 있었다. 여해 스승께서 순식간에 그 도적떼를 다 해치우고 나니 다가와 빙긋이 웃기만 할 뿐, 수고했다는 말 한 마디도 없었다.

마지막 날이 되었다. 모험이라는 생각은 들었지만, 지름길로 가기 위해서 또 한번 악명 높은 산을 넘기로 했다. 전혀 힘도 쓰지 못하는 김씨가 오히려 제의해 온 것이었다. 정말 별놈 다 보겠다는 생각은 들었지만 여해 스승께서도 그 산을 넘을 생각을 하고 있었던 터라 그렇게 하기로 했다. 일찍이 그 산을 넘다 무사한 사람이 없었다고 할 정도로, 그 산은 당시 맹위를 떨치던 도적떼의 본거지였다.

고갯마루를 막 넘어서 조금 내려가니 오십 명은 족히 될 만한 도적떼가 사방에서 나타났다. 김씨더러 몸을 피하라고 말하려는 순간 김씨는 번개같이 공중에 몸을 날리더니 오십여 명의 도적떼를 순식간에 해치워 버렸다. 그리고는 다가와 또 빙긋이 웃는 것이었다. 순간 여해 스승께서도 너무 어안이 벙벙하여 함께 빙긋이 웃었다.

마을 어귀에 이르자 김씨는 먼저 작별인사를 건네며 다음날 자기가 운영하는 요릿집으로 놀러오라고 하면서 위치를 가르쳐주었다. 다음날 저녁 무렵이 되어 여해 스승은 김씨가 일러준 그곳으로 갔다. 요릿집에 들어서도 김씨는 보이지 않았다. 다만 안쪽에 한복을 곱게 차려입은 여인이 처다보며 미소를 짓고 있을 뿐이었다.

"여기 주인장 없소?"

여해 스승께서 큰 소리로 물었다. 그러자 그 여인은 일어서 걸어 나오며 빙긋이 웃고 있었다. 순간 여해 스승은 한방 얻어맞은 기분이었다.

"자네, 김씨가 아닌가!"

상투를 틀고 남장을 하고 있었으니 곱상하다고 생각은 했지만, 영락없는 남자로 안 것이었다. 알고 보니 그녀는 여해 스승께서도 들은 바 있는 괴짜 도인의 무남독녀였다. 아주 어릴 적부터 진귀한 약초들을 먹으면서 정신 공부를 시작했고, 그 부친으로부터 비법을 전수받았다고 했다. 그녀의 부친은 그녀에게 결혼하지 말 것을 유언으로 남기고 세상을 떠났다는 것이다. 그래서 그녀는 앞으로도 결혼할 생각이 없다면서, 얼마 후 중국으로 들어갈 것이라고 했다. 그 후 여해 스승께서도 다시는 그녀를 볼 수 없었다고 한다.

동굴에 이르렀다. 홍수가 진 탓인지 동굴 바닥으로 물이 흐르고 있었고 동굴 벽에서도 계속 물이 떨어지고 있었다. 동굴 안은 습도가 높아 장시간 앉아 있기는 조금 무리인 듯했으나, 비닐 방석을 깔고 여느 때처럼 그냥 밤을 새웠다. 다음날도, 그 다음날도, 장마가 끝날 때까지 그런 날이 계속되면서 점차 나는 그런 생활에 익숙해졌다.

장마가 끝나자 찌는 듯한 무더위가 찾아들었다. 아열대 기후를 연상케 하는 무더위는 보름이상 계속되었고, 그러한 무더위가 한풀 꺾이면서 아침저녁으로는 가을을 느끼게 하는 서늘한 바람이 불었다. 언제 홍수가 졌는가 싶게 산은 이미 이전의 형상을 되찾았고, 동굴도 이전의 정겨운 모습으로 되돌아가 있었다. 동굴 안의 밤은 더더욱 초가을의 청량함을 실감케 했다.

그러던 어느 날 밤이었다. 그날따라 공부가 잘 되어 초저녁부터 깊이 몰입해 있었다. 시간이 얼마나 되었을까. 갑자기 찍찍거리는 쥐 소리가 나기 시작했다. 처음에는 몇 마리인 듯하더니, 얼마 안 되어 동굴 안은 수십 마리는 됨직한 쥐들이 뛰어다니는 소리로 진동했다. 나는 눈을 뜨지 않았다. 쥐들은 더욱 기승을 부리며 우당탕탕 뛰어다녔고 찍찍거리는 소리도 거세져서 귀가 멍멍할 지경이었다.

이제는 쥐들이 아주 내 가까이 무릎 위를 넘고 있다는 느낌이 들었다. 더 이상 견딜 수가 없어 가늘게 실눈을 떠보았다. 그러자 바로 내 앞에서 쥐가 새까만 단추 같은 눈으로 빤히 나를 쳐다보는 것이 아닌가. 순간 나는 다시 눈을 감았다.

쥐들은 조금도 수그러드는 기색이 없이, 펄펄 나는 듯이 이리저리 뛰어다니고 있었다. 정말이지 제정신이 아닌 것 같았다. 미치지 않고서야 저렇게 밤새도록 난리법석을 떨 수는 없었다. 밤새도록 계속되는 쥐들의 성화에 마음은 갈가리 찢겨 타들어갔다. 마음이 타니 동굴이 탔다. 이 세상이 타고 우주가 탔다.

다음날도, 그 다음날도, 거의 한 달 동안 그런 날은 계속되었다. 마치 수백 마리의 쥐들이 번호를 짜고 순서대로 불침번을 서기라도 하는 듯이, 자동조절되는 로봇 쥐들처럼 하루도 안 빼놓고 매일 밤 요동을 치는 것이었다. 나중에는 내가 정신수련하는 곳에 쥐들이 들어온 것이 아니라, 쥐들 놀이방에 내가 불청객으로 들어온 것이 아닌가 하는 생각이 들

정도였다.

쥐들은 초저녁에는 나타나지 않고 용케도 내가 몰입해 있을 즈음 한밤에 나타나 나를 괴롭히다가는 새벽녘이 되면 사라져 버리곤 했다. 신경은 날카로워질 대로 날카로워졌다. 겹겹이 피로가 쌓이고 스스로의 한계를 느끼면서 회의가 물밀듯이 밀려들었다. 그렇다고 정신 수련을 포기하고 쥐들에게 동굴을 내줄 수는 없었다고 할지라도.

마음의 심지가 검게 바짝바짝 타들어 가던 어느 날, 한줄기 생각이 내 머리를 스쳤다.

우아일여宇我一如.

그렇다. 우주와 내가 하나이고자 하는 사람이 어찌 쥐 몇십 마리를 포용하지 못할까. 공존이다. 이런 생각을 하는 동안에도 쥐들은 나를 비웃기라도 하듯이 맹렬한 기세로 이리저리 날뛰고 있었다.

그러는 동안 차츰 내 의식 속에서 쥐들의 형상은 지워져갔다. 내 의식 속에서 쥐들의 형상이 흐릿해지고 마침내는 완전히 지워지면서 동굴 속의 쥐들도 썰물처럼 빠져나가 버렸다. 그리고 다시는 나타나지 않았다.

아침에 도를 들으면 저녁에 죽어도 좋다

가을 학기가 끝나가던 어느 날, 나는 문득 고향의 산천을 다시 보고픈 생각이 들었다. 경남 고성固城은 내가 태어나 사오 년 정도 머무른 곳이기는 하나, 항시 아련한 기억을 불러일으키곤 한다.

고성을 떠올리면 제일 먼저 생각나는 분이 내 15대조이신 의민공(義敏公, 이름은 均) 할아버지다. 의민공 할아버지는 고려 충숙왕忠肅王 때 문하시

중문하시중中門下侍中으로 완산군完山君에 봉해진 문성공(文成公, 이름은 阿) 할아버지의 12 세손이다. 의민공 할아버지는 임진왜란과 정유재란 때 의숙공(義肅公, 이름은 珝) 작은 할아버지와 함께 의병을 일으켜 고성·사천泗川 등지에서 많은 전공을 세운 것으로 기록에 나와 있다. 임란호국 영령을 모신 충의단忠義壇에는 두 형제분의 위패가 나란히 모셔져 있고, 고향에 있는 도산서원道山書院에는 두 형제분의 신도비神道碑와 함께 쌍충실기雙忠實紀가 있다. 또한 완도 가리포加里浦와 진주 남강변南江邊에는 전적비戰蹟碑가 세워져 있고, 부산 수영 사직공원에는 유적비가 세워져 있다. 지금까지 전해오는 이순신李舜臣 장군의 친필에도, 두 형제분의 혁혁한 전공이 없었다면 임란을 승리로 이끌기 힘들었을 것이라는 내용이 나와 있다. 그러한 공로를 인정받아 의민공 할아버지는 이조판서吏曹判書로, 의숙공 할아버지는 병조판서兵曹判書로 추증追贈되었고, 두 분의 부친이셨던 16대조 할아버지 또한 두 형제분의 훈공에 힘입어 형조판서刑曹判書로 추증되었다고 하니, 그 공로를 짐작하고도 남음이 있다. 이러한 공로 외에도 의민공 할아버지는 주역周易은 물론, 천문·지리에까지 통달했던 것으로 기록에 나와 있다.

고성은 소가야의 수도였기 때문에, 그 본래 이름은 수도라는 의미의 순우리말인 '쇠벌'이었던 것으로 나타난다. 그곳에는 비슬산(毘瑟山 또는 蓮花山)이라고 하는 명산이 있다. 비슬산은 본래 우리말 '벼슬산'을 불교식으로 한자 표기한 것이라고 한다. 비슬은 비슬노천毘瑟怒天의 약칭으로, 범어 '비슈누(Visnu)'의 한자 음역音譯이다.

『불설잡비유경佛說雜譬喩經』에서는 바로 비슈누천이 천지창조신이며 범천梵天의 모태라고 하고 있다. 비슬산은 천지창조신인 비슬천이 살고 있는 산이라는 의미를 담고 있으니, 이곳에는 감로수가 나오는 옥천玉泉이 있어야 하고 천엽千葉의 황금빛 연꽃이 피어 있어야 한다. 기이하게도 고성의 벼슬산은 산 모양이 연꽃이 반개한 모양이었고 산 속에서는 옥천이 샘솟고 있었다. 그래서 벼슬산이라는 산 이름을 불교식의 비슬산으로 고치고, 감로수가 샘솟는 곳에 옥천사를 지었던 것으로 전해진다.

기차와 버스를 몇번 갈아 타고 고향인 고성에 도착했다. 융단처럼 깔려 있는 만추의 잔해를 밟으며 비슬산을 올랐다. 시간의 저 너머에서 아련한 어린 시절의 꿈이 뭉게구름처럼 피어올랐다. 광활한 대자연의 가슴 속에서 해맑은 미소를 머금은 꽃과 나비의 꿈, 봉선화의 꿈, 잠자리의 꿈, 눈사람의 꿈.

모두 어디로 갔는가.

하늘을 보아도 땅을 보아도 환한 햇살이 어지러울 뿐, 계곡에 물 흐르는 소리만 말없이 내 앞을 돌아가고…….

밤. 밤. 밤.

그러나 혼자는 아니었다. 정신의 새벽을 기다리며 내가 밤새워 동굴에서 수련하는 동안 지구는 대지의 새벽을 가져다주기 위해서 밤새워 자전하고 있었다. 이 지구상의 수많은 인류와 그들의 고뇌를 짊어진 무거운 몸으로. 정녕 새벽을 열고자 하는 모든 것들은 어둠 속에서 빛을 낳기 위해서 이토록 진통을 겪는 것이리라.

옥천사가 눈앞에 보였다. 옥천사는 신라 화엄종의 초대 조사祖師인 의상대사가 통일신라왕국의 사상적 통일을 도모하고자 화엄종을 통일신라 전역에 전파시키기 위해서 지정한 전교십찰傳敎十刹의 하나다. 사찰은 이전보다 많이 개수되어 고색창연한 모습은 찾을 길이 없었다. 계단을 올라가 옥천에서 나온 감로수로 목을 축이고는 도량을 한 바퀴 돌았다.

얼마 후 옥천사를 나와 계속해서 산길을 걸었다. 명상이나 하며 한세월 나리라고 생각했던 시절이 있었다. 고요한 마음의 바다. 욕구할 대상도 '나'라는 생각마저도 지워져버린 곳. 그 깊은 곳을 응시하며 환몽과도 같은 이 물질계의 공허함을 나는 정녕 떠나고자 했다.

세월은 흘렀다. 학교와 동굴을 오가며, 육계와 정신계를 오가며 나는 점차 깨닫기 시작했다. 떠나고자 하는 마음 이외에 달리 떠날 곳이 있는 것이 아니라는 사실을. 마치 마음의 바다에서 일렁이는 파도와도 같이 마음 이외에 실재하는 것이 없다는 것을.

이 티끌세상에서 일을 해야 하리라는 막연한 예감, 그러한 예감은 항시 불시에 찾아들어 명상속의 나를 환기시키곤 했다. 영적 진화라는 측면에서 모든 존재는 나름대로의 가치와 존재 이유가 있다. 그럴진대 단순히 호好, 불호不好의 감정만을 좇을 수 있을까. 명상, 그것은 내면세계로의 철수가 아니라, 현상계의 배후원리를 응시함으로써 물질과 정신의 본자리를 밝히는 것이다.

그런 점에서 명상은 현실세계의 심화이다. 보이는 그림자의 배후에 있는 보이지 않는 실체를 규명함으로써, 육계와 정신계의 유기적 관련성을 인식하게 되고 우리가 진정 어떻게 살아야 하는지에 대한 해답을 얻게 된다. 그것은 바로 그림자가 아닌 그 배후에 있는 실체에 몸을 맡겨야 한다는 것, 정신의 존재성에 대한 확인이다.

처음에는 나는 그런 이치를 터득하지 못했다. 내 생각 속에서 현실세계와 정신세계는 뚜렷이 이분화된 형태를 취하고 있었고, 나는 현실세계에 깊이 개입할 필요성도 당위성도 느끼지 못했다. 점차 두 세계의 자유로운 내왕을 직시하게 되면서 나는 느끼기 시작했다. 이 세상에 존재하는 모든 것들은 제각기 완수해야 할 사명이 있다는 것을. 정신세계가 더이상은 삶의 은둔처가 될 수는 없었다. 그리하여 호, 불호의 감정을 떠나서 시간의 필연에 순종하는 법을 배우기 시작했다.

귓전을 스치는 한줄기 바람—거기에는 고향의 산천이 짙게 배어 있었다. 서럽도록 파아란 초겨울 하늘. 청량한 공기. 인적이 끊어지고 풀벌레 소리마저 끊어진 마알간 산 속의 하오. 그 속을 나는 영원의 순례자처럼 걸었다.

천 명 중에 단 한 명이라도 물질과 정신이, 주관과 객관이 하나라는 인식에 이를 수 있다면, 하나의 마음뿌리로 돌아갈 수 있다면 4,000만이면 4만이요 60억이면 600만이다. 능히 인류를 구원하고도 남을 수이다.

생명을 얻었다는 사실 자체가 이미 구도의 길에 들어선 것이다. 정신의 향상을 향한 의식적인 노력이 없이 머리가 열리기를 바라는 것은 무위도식하며 일확천금을 꿈꾸는 것과 다를 바가 없다. 치기와 기교가 아닌 본성에서 우러나는 치열함, 이지러짐이 없는 사랑, 그것이야말로 위장된 고요 속에 있는 폭풍전야의 지구를 살릴 수 있는 길이다.

서울로 돌아오는 길에 나는 예전에 머물던 암자에 들렀다. 만물만상은 무상하여 변하지 않는 것이 없다고 했던가. 갖가지 꽃들이 만개해 있던 암자의 소담스런 옛 자태는 간 곳이 없고, 개발 붐을 타고 도로가 나서 이전보다 마을과 인접해 있었고 전기도 들어와 있었다. 초저녁 무렵이 되어 나는 암자 마당으로 들어섰다.

"스님, 안에 계세요?"

한동안 인기척이 없었다. 잠시 후 나는 좀더 가까이 다가가 큰 소리로 말했다. 그러자 낯익은 목소리가 흘러나오며 방문이 열렸다.

"뉘시오?"

약간 어둑하기는 했지만 대청마루로 걸어 나오는 스님은 틀림없는 옛날의 젊은 스님이었다. 방안에서 물끄러미 내 쪽을 바라보는 스님은 옛날의 노주지스님임이 분명했다. 그 젊은 스님은 한눈에 나를 알아보고 반색을 하며 내 손을 덥썩 잡았다. 중년의 나이에도 불구하고 여전히 생기가 도는 모습이었다.

"아니, 이게 누군가. 옛날 여기에 있었던 학생 아닌가!"

그랬다. 그 스님에게 나는 영원한 학생이었다. 마치 내게 그 스님이 영원한 젊은 스님이듯이. 학생이라는 그 말에 불현듯 15여 년의 세월이 거꾸로 흘렀다.

그해 늦가을 오후였다. 젊은 스님이 내게 말했다.

"학생 소원이 무엇인지 모르지만 반드시 이루어질 거요. 만약 이승에서가 아니면 내세에서라도……."

그리고는 덧붙여 말했다.

"아무래도 학생하고 우리가 바뀌지 않았나 하는 생각이 자꾸 드니……."

책 읽고 명상하는 나의 생활이 한결같음을 보고 한 말이었다. 종일토록 방에서 나오지 않으면 궁금해서 문을 두드려보기도 했다. 그것은 그 누구에 의해서 강요된 생활은 결코 아니었으며, 오히려 내게는 자연스럽고 익숙한 것이었다.

사노라면 우리에게는 사소한 작은 것에서부터 큰 것에 이르기까지 많은 소원들이 있게 된다. 막상 스님의 '……내세에서라도……'라는 말을 듣고 보니 그때까지 내 마음속에 무질서하게 널려 있던 갖가지 소원들이 덧없게 느껴졌다. 그때부터 나는 영원을 통하여 스러짐이 없는 나의 가장 큰 소원은 무엇인가라는 자문을 하기 시작했다.

그러나 그때에는 그에 대한 명확한 답을 제시할 수는 없었다. 다만 이 현상계의 흔들림 이면에 있는 실체를 보고 싶다는 생각으로 꽉 차 있었을 뿐이었다. 갖가지 소원으로 점철된 시간이 흐르고, 그러한 소원의 무상함을 절감하면서 나는 깨닫기 시작했다. 나의 지고의 소원은 걸림이 없는 의식에 이르는 것이라는 것을. 그리하여 이 우주를 관통하는 의식의 대운하를 건설하는 것이라는 것을.

하지만 이러한 의식의 대운하의 건설이 물질계를 떠난 별천지에서 이루어지는 것이 아니라, 바로 물질 속에서 이루어지고 있음을 직시하게된 것은 그로부터 한참 후의 일이었다. 나의 인생관과 가치관에 커다란 변화가 나타나게 된 것은 이때부터였다. 말하자면 밭을 갈면서, 동시에 마음의 밭을 가는 일을 생각하게 된 것이다.

어서 대청마루로 오르라는 젊은 스님의 재촉에 나는 신발을 벗고 오르면서 젊은 스님과 노주지스님을 번갈아보며 인사를 했다.

"스님, 그간 별고 없으셨는지요?"

노주지스님은 귀가 어두워져 내 말귀를 잘 못 알아듣는 것 같았다. 게

다가 정신까지 오락가락한다고 했다. 할머니처럼 다정하게 대해 주시던 스님은 이미 돌아가셨고, 다른 스님 몇 분도 세상을 떠났다고 했다. 방으로 들어가 얼마 동안 이야기를 나누고는 도량을 둘러보기 위해서 밖으로 나왔다. 예전에 내가 있던 별채도 둘러보았다. 사람이 살지 않는 탓인지 많이 낡아 있었고, 잡초만이 무성하게 자라 있었다.

그날 밤 나는 야간열차를 타고 서울로 돌아왔다. 왠지 기운이 용솟음쳐 옴을 느꼈다. 그 해가 다 가기 전 나는 마지막 삼칠일 정진에 들어가기로 굳게 다짐하고 동굴로 향했다.

매경한고발청향梅莖寒苦發淸香.

매화가지는 찬서리를 맞고 난 후에야 비로소 맑은 향기를 발한다고 했던가. 좌절과 희망이 교차한 지난 몇 년간의 세월, 이제는 하나의 마음뿌리에서 나온 두 개의 가지임을 희미하게나마 느끼고 있었다. 돌아가야 하리. 나와 네가 하나였던 시절, 하나의 마음뿌리로.

오늘날 학문과 종교가 그 본래의 교화적 기능을 다하지 못하고 있는 것은 스스로를 언어의 벽 속에 유폐시킴으로써 무한한 정신세계로부터 자기 분리를 시도한 데에 있다. 분화와 전문화는 통합을 위한 하나의 과정이다. 밤과 낮이 하나의 고리로 연결되듯이 물질과 정신은 하나의 고리로써 연결되어 있다. 대립자 간의 상호의존성을 직시할 때 이론과 실천 간의 간극 또한 극복될 수 있는 것이다.

그동안 우리 인류는 충분한 실험을 해 왔다. 분화적 측면을 강조하는 개인주의와 통합적 측면을 강조하는 집산주의, 그것에 기초한 자본주의와 공산주의, 마음이 유일한 실재라고 보는 유심론과 물질이 유일한 실재라고 보는 유물론, 이들은 모두 절대 분리된 세계가 아닌 근원적인 실재에 이르기 위한 하나의 분리의식에 지나지 않는다.

이제 학문과 종교는 언어의 벽을 뛰어넘어 정신세계와의 통합을 이룩함으로써 인간 실존의 규명에 기여할 수 있어야 한다. 그것은 스스로가 지어 놓은 고립성과 분절성을 극복함으로써이다. 논리세계, 언어세계를 초월한 세계를 논리적, 언어적으로 설명하는 자체가 비논리적이고 자가당착이다. 기독교의 창조 개념과 노장의 무위자연 개념, 무엇이 다르다는 말인가.

중세 유럽의 기독교적 보편사회는 기실은 통합이 아닌, 신에 의한 이성의 예속에 불과했다. 르네상스와 종교개혁을 거치면서 이성의 해방이 이루어지는 듯했으나, 끝내는 스스로를 신성으로부터 분리시킴으로써 불완전한 것에 그치고 말았다.

신성이란 무엇인가. 그것은 바로 인간의 내재적 본성이다. 인간 이성의 진보가 과학의 비약적인 발달을 가져오긴 했으나, 이성적 자유의 실현은 더더욱 요원한 것처럼 보인다. 이성의 완전한 해방, 그것은 신성으로부터의 분리가 아니라 신성과의 통합이다. 이성과 신성의 통합, 그것은 곧 아인슈타인이 예견한 바 있는 과학과 신의 운명적인 만남이다.

동굴에 이르렀다. 안으로 들어가 정좌한 지 얼마 안 되어 깊은 몰입상태에 들었다. 순간 한 줄기 강한 기운이 내 머릿속으로 유입되는 것을 느꼈다. 온 몸이 전신이 되었다. 그러한 현상은 나날이 주기가 잦아졌다.

삼칠일 마지막 날—비가 부슬부슬 내리는 칠흙같이 어두운 겨울밤이었다. "조문도석사가의朝聞道夕死可矣." 참으로 아침에 도를 들으면 저녁에 죽어도 좋다는 생각이 간절하게 들었다. 그날은 아침부터 몸의 기운이 예사롭지가 않았다. 종일토록 정진을 하고 오후 네 시가 되어 나는 삼칠일을 마감하는 마지막 정진에 들어갔다. 얼마나 지났을까. 호흡이 느껴지지 않고, 존재한다는 생각마저 끊어진 채 내부의식으로 깊이 들어가 반무의식 상태에 있었다. 나 자신도 사라지고 존재계의 모든 개체가 사라진 영겁의 허적虛寂 속으로 불멸의 우주가 모습을 드러냈다. '그렇다! 생명은 전체적인 것이다. 거기에 무슨 경계선이 있는가. 개체는 어떠한 의미에서도 진리가 아니다. 자유가 아니다.'

나는 노래했다.

　　동굴이라는 우주 속에서
　　우주라는 동굴을 보았네.
　　동중정(動中靜).

동굴이라는 우주를 열며 나는 우주라는 동굴 속으로 들어섰다.

우주라는 동굴

나는 곧 여해 스승을 찾아뵈었다.

"'조문도朝聞道면 석사夕死라도 가의可矣니라'고 한 옛 성현의 말씀을 이토록 절감하게 될 줄은 미처 몰랐습니다. 인간에게 육신의 의미가 궁극적으로는 영적 진화에 있는 것이고 보면 너무도 지당하신 말씀입니다.

인간의 영성은 인내를 통하여 계발되는 것이고, 그 인내는 의식이 시공의 속박에서 벗어날 때 비로소 완성된다는 사실을 깊이 깨달았습니다."

내가 그동안의 일들을 이야기하자 여해 스승께서는 나를 보시더니 띄엄띄엄 이렇게 말씀하셨다.

"떴어······황백전환기黃白轉換期, 우리 백두산족의 시대가 다시 오고 있음이야······."

그리고는 지그시 눈을 감으셨다. 얼마 후 눈을 뜨시더니 품속에서 뭔가를 꺼내셨다. 내게 주시면서 담담하게 말씀을 이으셨다.

"도가道家의 징표인 벽조목霹棗木이라네. 한 500년 되었지."

잠시 후 여해 스승께서 형형한 눈빛으로 의미심장하게 말씀하셨다.

"머지않아 정신과학이 세상을 다스리는 시대가 도래할 것이네."

정신과학이 세상을 다스리는 시대의 도래.

그것은 여해 스승께서 말씀하신 물극필반物極必返의 이치라 할 수 있었다. 우주의 질서에 순복하여 순천順天의 삶을 사는 정신문명시대의 도래를 의미했다. 이 중대한 시기에 우리가 이 땅에 태어난 것은 정신문명의 새로운 장을 열어야 하는 사명이 부여되어 있다는 뜻이기도 했다. 그래서 열린 눈으로 자신과 역사와 우주를 보라고 하신 것이다.

머지않아 오고야 말 백두산족의 시대, 황백 전환기.

어느 시대를 막론하고 역사의 주역은 있기 마련이다. 우리 한민족을 중심으로 태동한 고대 선천문명이 황하문명과 인더스문명을 거쳐 그리스, 로마로 넘어간 지 2,500여 년 만에 다시 동북 간방艮方으로 넘어오기 시작한 것이다. 말하자면 정신문명으로의 회귀가 이루어지고 있는 것이다. 이를 나는 제2의 르네상스, 제2의 종교개혁이라고 명명했다.

유럽의 근대사는 인간적 및 신적 권위의 회복을 각기 기치로 내건 르네상스와 종교개혁에서 시작되었으나, 기술과 도덕, 이성과 신성 간의 심연 속에서 끝내 미완성인 채 끝나 버리고 말았다. 따라서 물질에서 의식으로의 방향 전환을 통해 도덕적 타락상과 황금만능주의의 사조, 종교 이기주의와 세속화를 바로 잡는 하나의 커다란 흐름으로 제2의 르네상스, 제2의 종교개혁의 필요성을 생각했던 것이다.

"백 개의 서까래를 가려낼 때는 들지 못했으나 하나의 대들보를 쓰는 곳에는 원효元曉, 오직 그만이 할 수 있었네."

세계사에서 우리 한민족의 역할을 두고 한 말이었다.

잠시 후 여해 스승이 독백하듯 말했다.

"왕진인王眞人께서 지금까지 단하산丹霞山에 계시는 것도 그 황백 전환기를 보시고자 함일 테지…."

창밖에는 눈이 내리고 있었다.

침묵이 흐르고 그 침묵 속으로 묘지妙智에 대해 명상하던 어느 화상和尙과 파릉巴陵 선사의 문답이 다시 살아오는 듯 했다.

한 화상이 파릉 선사에게 물었다.

"사람마다 다 지니고 있다는 반야(般若)의 지검(智劍)이란 어떤 것입니까?"

"산호 가지마다 영롱한 달빛으로 함뿍 젖은 것과 같네."

파릉 선사의 대답이었다.[*]

우리가 태어날 때부터 지닌 반야의 지혜는 마치 산호 가지마다 달빛이 온통 영롱하게 빛나듯 세상에 비치지 않는 곳이 없다. 이와 같이 일심—心 의 본체는 지극히 공평하고 사私가 없어 평등 무차별하다.

하늘이 비를 내릴 때 곡식에만 내리고 잡초에는 내리지 않는 것을 보 았는가. 태양이 삼라만상을 비출 때 높은 곳만 비추고 낮은 곳은 비추지 않는 것을 보았는가. 천 갈래 시냇물에 달 하나가 똑 같은 모습으로 비치 지 않는가. 본래 우주자연은 평등 무차별하게 만물을 키워낼 수 있다. 반 야의 검광劍光이 온 세상을 비추는 것은 우리가 우주자연과 하나가 됨으 로써 가능한 것이다.

또한 우주만물에 내재한—동시에 이를 초월한—참자아, 즉 영원한 신 성을 보는 사람은 우주만물이 결국 하나임을 알게 된다. 그리하여 모든 존재 속에서 '나' 자신을 보고, '나' 자신 속에서 모든 존재를 보게 되는 것이다. 그것은 곧 '평등성지平等性智'의 나타남이다. '나'가 없기 때문에 '나' 아닌 것이 없고, 나 아닌 것이 없으므로 일체가 평등 무차별해진다.

우주만물이 그 명칭과 형태는 다양할지라도 그 다양한 삶을 관통하는 보편적 실재인 '하나'가 있으니, 그것은 이 우주가 분리될 수 없는 '에너 지-의식의 그물망'인 까닭이다. 저 푸른 창공도, 저 까마득한 허공도 아 닌 하나인 마음을 공경함으로써 불생불멸의 참자아, 즉 내재적 본성인

[*] 『碧巖錄』第100則 「巴陵吹毛劍」: "僧問陵, 如何是吹毛劍, 陵云, 珊瑚枝枝撑著月

신성을 깨닫게 될 것이요, 일체의 우주만물이 다 내 동포라는 전체의식에 이를 수 있을 것이며, 기꺼이 헌신하고자 하는 마음, 책임과 의무를 다하고자 하는 마음이 우러나올 것이다.

일심의 원천으로 되돌아가 천지가 '나'와 그 뿌리가 같고 만물이 '나'와 한 몸이라는 사실을 깨달음으로써 비로소 이웃을 내 몸과 같이 사랑하는 진정한 실천이 나올 수 있는 것이다. 그것은 곧 포용·관용·서恕의 나타남이다. 이렇게 영적으로 깨달은 본성은 태허太虛와도 같아 무시무종無始無終이며, 생사의 굴레를 벗어난다.

우주의 실체란 우리와 분리된 공간에서 상과 벌을 내리는 명령하는 그무엇이 아니라 바로 우리의 내재적 본성인 신성을 의미한다. 참본성인 신성에 대한 자각을 통해서만이 우주만물의 근원에 대한 믿음과 맡김, 우주만물에 대한 공경과 사랑이 일어날 수 있는 것이다. 말하자면 자기 내부의 신성을 자각하게 되면 권력·재물·명예·인기와 같은 허상에 좌우되지 않고 실체를 지향하는 삶을 살 수 있게 되는 것이다.

다만 일심의 도道는 지극히 가까우면서도 또한 지극히 먼 것이어서, 찰나에 저절로 만나게 되는가 하면 억겁을 지나도 이르지 못한다. 그것의 비밀은 바로 의식의 깨어 있음에 있다.

육조 혜능六祖慧能의 대표적 제자인 남악 회양南嶽懷讓과 그의 제자 도일 마조道一馬祖의 문답은 이를 명쾌하게 보여준다.

회양이 물었다.

"매일같이 좌선은 왜 하느냐?"

"부처가 되려고 합니다."

마조의 대답이었다.

그러자 회양이 벽돌을 하나 들고 와서 마조 옆에 앉아 갈기 시작했다.

그 소리를 듣고 좌선 중이던 마조가 물었다.

"지금 무얼 하십니까?"

"거울을 만드는 중이지."

마조가 다시 물었다.

"벽돌을 간다고 거울이 됩니까?"

그때를 놓치지 않고 회양이 일격을 가했다.

"좌선만 한다고 부처가 되느냐?"

출가를 해야 수도자가 되고, 가부좌를 틀고 앉아야 깨달음을 얻는다는 생각 자체가 하나의 미망에 불과한 것이다. 형상이나 문자로는 결코 깨달음에 이를 수 없음을 육조 혜능은 명징하게 보여주지 않았던가!

침묵 속으로 어느 겨울날의 정취가 밀려왔다.

구름이 소낙비를 연모하듯이

삶은 죽음을 연모하는가.

이 땅을 횡단해가는 모든 것들은

유유히 흘러가는, 둑 위에서 바라보는 강물과 닮았어라.

황량한 벌판을 바다 삼아

적막(寂寞)의 갈매기가 시름없이 날아들고
안개꽃으로 회생하는 겨울나무를 갈대 삼아
인욕(忍辱)의 세월이 적삼처럼 걸리었다.

하염없이 부서져내리는 추억의 잔해, 그 속으로
천년을 살아온 목숨의 행렬이 뱀처럼 꿈틀거리고
하늘과 땅을 잇는 이승의 구석진 통곡이
꺼져가는 마지막 가슴을 부여잡고
삶의 들녘에서 허무(虛無)를 추수한다.

봄날에 호화로웠던 망상의 누각
환희의 이슬로 수놓은 희망의 커튼을 드리우고
흐드러진 목련 같은 입술로 —떨며
삶은 행복을 애무했었네.

번개에서 천둥까지
그 가슴 두근거림 속에서 여름 향연은 끝이 나고
처절한 무법자의 가슴으로 —탄식하며
삶은 행복을 소유했었네.

허망하게 시들어가는 기쁨의 얼굴
슬픔이 군림하는 꿈의 호숫가

불치의 병에 시달리는 가련한 잎새
허무는 한길 갈대로 자라났었네.
눈밭의 고독, 눈밭의 자유
빛바랜 언어의 껍데기로 치부를 가리고
애착 없는 비구승의 마음으로 ─울며
삶은 무(無)를 사랑하네.

창밖에는 눈발이 더 거세지고 있었다.

언젠가 '자유自由'를 잡기 위해 내 자신이 설치해 놓은 덫에 걸려 죽음의 수렁 속에서 허우적대던 그날도 폭우처럼 눈발이 쏟아졌었다. 삶은 시간의 감옥 속에 유폐되고 죽음의 수렁 속에서 여우의 지혜를 갈망하며 모든 신념과 인내를 써버리고 드디어는 고통 없는 동물의 우상이 되기에 이르던 날, 나는 새로이 자유를 염원하기 시작했다. 잔혹한 세월의 매질에 만신창이가 된 채 뇌성雷聲이 전설의 짐승 같은 울음을 우는 소낙비 속을 달려 해변에 서니, 비는 눈물 되고 눈물은 비가 되어 홍수 진 몸은 중죄를 지은 죄인처럼 부들거렸다.

'희망이여, 그대는 언제까지 나에게 죽지 않을 질식을 계속하게 하려는가?'

세월은 자꾸 흘렀다.

잡초처럼 무성하게 자라던 고통도 끝내는 위대한 사명을 다한 채 기쁨의 밤이슬에 맞아 시들어가고 있었다. 무지無知의 바람이 고요해진 어느 날 나는 마음의 밭을 가는 농부로 변신한 자신을 발견했다. 그리고 철옹

성 같은 에고ego의 성城이 소리 없이 허물어져 내리며 '참자아'가 모습을 드러냈다.

"그렇네."

침묵을 가르는 여해 스승의 한마디에 나는 긴 사념의 여행에서 돌아왔다. 마치 내 마음을 다 읽으신 듯 여해 스승은 찬찬히 말씀을 이으셨다.

"정신문명의 시대를 열 사람은 스스로가 깨어 있지 않으면 안 되네. 그래서 정신 수련이 필요한 거지."

정신 수련, 그것은 의식의 깨어있음으로 해서 생生·주住·이異·멸滅의 사상四相의 변화가 한낱 공상空相임을 깨닫게 하는 것으로, 우리의 육신을 미혹에서 지키는 방법이라고 할 수 있다. 붓다처럼 밝고 투명한 의식에 이르게 하는…….

"두 가지를 다하게. 어느 한 가지도 포기해서는 안 되네. 세속의 일과 정신 수련, 둘 다 말일세."

여해 스승이 힘주어 말했다.

길을 걸을 때나, 밥을 먹을 때나, 일을 할 때나, 언제 어디서든 어떤 모습으로든 깨달음은 올 수 있는 것. 중요한 것은 마음자리라는 생각이 들었다. 그래서 우주라는 동굴 속으로 다시 들어선 것이다.

그리고는 이렇게 말씀하셨다.

"머지않아 우리의 국운을 개척하기 위해 삼육성인三六聖人이 출현할 것인데, 그 중 여성이 거의 반이네. 이미 출세해 있으니 때가 되면……."

바로 그 때가 가까워지고 있음을 나는 직감했다.

제3장

왕진인을 찾아서

종일토록 봄을 찾아 헤매었건만 봄은 보지 못하고
짚신이 닳도록 산위의 구름만 밟고 다녔네.
뜰 앞에 돌아와 웃음 짓고 매화향기 맡으니
봄은 매화가지에 이미 무르익어 있었던 것을.

盡日尋春不見春
踏破芒鞋隴頭雲
歸來笑捻梅花嗅
春在枝頭已十分
ㅡ 당나라의 니고(尼姑)

홍콩 국제공항을 서둘러 빠져나와 나는 택시를 잡기 위해서 줄을 섰
다. 짐이라고는 등에 맨 배낭 하나뿐인 데다가, 청바지 차림에 운동화를
신었으니 단촐하고 편하기 그지없었다. 항상 무거운 짐을 가지고 대륙을
횡단하다가 모처럼 휴가를 맞은 기분이었다. 그렇다고 마음이 그렇게 홀
가분한 것만은 아니었다. 왜냐하면 그 여행은 내 생애에서 아주 특별한
것이었던 반면, 지극히 불확실한 것이었기 때문이다. 여해 스승의 말씀

을 좇아 중국 최고의 대도인大道人이요 지상선地上仙인 왕진인을 찾아서 홍콩을 경유하여 중국으로 들어가는 길이기는 했으나, 진인께서 계시는 단하산이 양쯔강揚子江 북쪽에 있다는 사실밖에는 정확하게 아는 것이 없었기 때문이다.

양쯔강 북으로 북으로

여해 스승과 왕진인

그곳은 여해 스승께서 60여 년 전에 한번 다녀오신 곳이었다. 당시 스승께서는 자신이 보았던 전생을 확인하러 산둥성山東省에 들렀다가 그 일대 도관道觀*을 편력하던 차에 도인 순례에 나서게 되는데 그 마지막이 바로 왕진인이었던 것이다.

왕진인.

그는 원元나라 초기 사람으로서, 당시 민간에서는 그의 나이를 700세가 넘은 것으로 추정하고 있었다. 왕진인은 그 일대는 물론 중국 전역에 널리 알려진 대도인이었고, 그에 대한 존숭은 차라리 종교라고 할 만큼 가히 절대적이었다. 특히 선도仙道를 닦는 사람들에게 그의 존재는 단순한 희구의 대상을 넘어 영원의 빛 그 자체였다. 그토록 많은 사람들이 그

---

* 도관이란 도교의 사찰을 말한다. 60여 년 전―1980년대 여해 스승께서 말씀하시던 시점에서 본 60여 년 전―당시에는 중국 전역에 걸쳐 대단히 많았으나 1949년 중국이 공산화된 이후로는 그 수도 줄고 기능 또한 현저하게 위축되었다. 특히 문화대혁명을 거치면서 많이 파괴되었으나, 요즘은 다시 도관이 복원되고 기능 또한 부활하고 있다. 정신문명시대의 도래를 앞두고 자연스러운 현상이라고 하겠다.

를 만나보기를 간구했지만 뜻을 이룬 사람은 거의 없었다. 또한 그는 백두산 줄기 어딘가에 계시는 여해 스승의 스승이신 일송진인―松眞人과는 각별한 사이로, 요즈음도 두 분이 가끔씩 만나신다고 여해 스승께서는 말씀하셨다.

마침 여해 스승께서 단하산에 당도한 그날은 왕진인에게 대공양을 올리는 날이라서 운집한 군중이 인산인해를 이루고 있었다. 그러한 행사는 1년에 두 차례 있었는데, 왕진인의 생신이 4월인지라 봄에 한 차례 있었고 가을에 또 한 차례가 있다고 했다. 이윽고 왕진인을 시봉하는 동자가 커다란 장대에 깃발을 펄럭이며 산에서 내려오고 있었다. 그 깃발에는 뜻밖에도 "환영원방래적고려객인歡迎遠方來的高麗客人", 즉 멀리 고려에서 오신 손님을 환영한다고 적혀 있었다.

그 동자가 고려에서 온 손님을 찾기 시작하자 도관에서 나온 도사들도 황감한 표정으로 군중 사이를 비집고 다니며 큰 소리로 외쳤다.

"고려 객인 계시면 빨리 나오시오! 왕진인께서 찾으십니다!"

그러나 그 고려 객인은 나타나지 않았다.

바로 그때,

"여기 고려에서 오신 분이 한 분 계십니다."

여해 스승과 동행한 사람이 그제서야 여해 스승이 고려인이라는 사실을 떠올린 것이다. 그러자 도사는 여해 스승에게 직접 그 사실을 확인하고자 했다.

"선생이 틀림없는 고려인입니까?"

"맞긴 하오마는 난 왕진인을 알지 못하오. 그러니 다른 사람일 것이

오."

고려인임을 확인한 도사가 탄성을 지르자 동자가 다가와 여해 스승의 속성俗姓을 확인하고는 예를 갖추어 큰 절을 올렸다.

"진인께서 기다리고 계십니다."

동자는 여해 스승더러 어서 연에 오르라고 했다. 그러나 여해 스승은 연을 타지 않고 걸어서 가겠다고 했다. 백두산이며 만주 일대를 거쳐 그곳에 이르기까지 거의 두 다리만으로 섭렵했으니 걷는 편이 훨씬 빠를 것이었다. 그렇게 나는 듯이 걸어서 단하산 정상까지 오른 여해 스승은 기다리고 있던 왕진인을 만나게 되었다.

왕진인의 거소인 조그만 암자에서 여해 스승은 열흘 남짓 머물렀다. 그동안 왕진인은 아무 것도 먹지 않았고, 여해 스승은 왕진인이 주는 붉은 단丹만 매일 한 알씩 먹었는데 그것만으로도 전혀 시장기를 느끼지 않았다. 그곳에서는 거의 말을 하지 않았고, 대신 간단한 수화手話 또는 정신적 감응으로 의사소통을 했다.

왕진인은 머지않아 도래하게 될 황백 전환기에 대해서 말하면서, 그것은 주로 우리 백두산족을 중심으로 전개될 것임을 예고했다. 수운水雲선생도 "때로다, 때로다, 다시 오지 않을 때로다"라고 했는데, 바로 그 때를 말함이었다.

왕진인의 유현한 모습은 천지간에 노니는 듯 걸림이 없었고 전신으로부터 방광放光이 있었다. 그곳에 머무는 동안 진인이 보여준 신비로운 이적들은, 이미 상당한 경지에 달해 있었던 여해 스승에게조차도 언설지극言說之極이요 사변思辨의 길이 끊기는 경계라고 하지 않을 수 없었다.

그 이후로도 여해 스승께서는 가끔씩 왕진인과 일송진인에 대해서 혼잣말처럼 말씀하셨다. 특히 일송진인에 관한 대목에 가서는 간간이 말이 끊길 적도 있었다.

"아직도 별자리가 그대로이니 그곳에 계실 테지. 백두산 줄기에 가서 하룻밤만 앉아 있으면 기운이 뜨는 곳을 찾을 수 있을 텐데……."

홍콩의 황대선

'양쯔강 북으로 북으로.'

자나깨나 이 말이 화두처럼 머리에 박혀 있었다. 대형 중국 지도를 구하여 양쯔강 북쪽을 샅샅이 뒤져도 왕진인이 계신다는 그 산은 나타나지 않았다. 이런 지도 저런 지도를 수없이 구해다 보았으나 모두 허사였다. 중국에 들어가서 찾는 수밖에 없다는 생각이 들었다. 다만 중국과는 아직 수교가 안 된 상태였기 때문에, 중국에 들어가더라도 수소문하고 다닐 수 있을지는 의문이었다.

더구나 여해 스승께서 그곳에 다녀오신 것은 중국이 공산화되기 훨씬 이전의 일이고, 1949년에 공산화된 이후로 종교 자체가 철폐된 마당에 도관인들 무사할 수 있을까 하는 생각이 들었다. 또한 천신天神이 강림한 정도의 위격과 그에 대한 종교적인 존숭이 과연 유물론 사회에서도 허용될 수 있었을까 하는 의구심도 일었다.

그럼에도 불구하고 한편으론 나는 확신이 들었다. 반드시 왕진인을 만날 수 있으리라는. 우선 홍콩에 있는 대도관인 '황대선黃大仙'에 가서 단하산의 정확한 소재지와 왕진인에 대해서 알아보기로 했다. 나의 홍콩행은 그렇게 해서 시작되었다.

이윽고 내 차례가 되어 택시를 탔다. 택시 기사에게 중국 여행 업무 일체를 관장하는 곳으로 가자고 했다. 그곳은 한 곳에서 일을 다 볼 수 있도록 대형 사무실의 반은 비자 업무를 담당하고 나머지 반은 일반 여행 업무를 담당하고 있었다. 비자 업무를 담당하는 곳은 고객들을 위한 의자들로 질서정연하게 메워져 있었는데, 비자 신청을 하고 교부를 받는 사람들로 연신 붐비고 있었다. 나도 비자 신청을 했다. 급행으로 해도 모레가 되어야 비자를 찾을 수 있다고 했다. 열흘 예정으로 서울을 떠났기 때문에 홍콩 체류 기간을 제외하면 중국에 체류할 수 있는 기간은 일주일 정도가 되었다. 비자 일정에 맞춰 중국행 왕복 항공권을 구입했다.

사무실을 나와서 그리 멀지 않은 곳에 있는 빈관賓館에 들었다. 황대선이라는 도관이 어디에 있는지 프런트 데스크에 물어보니 자세하게 그 위치를 가르쳐 주었다. 하지만 그날은 시간이 너무 늦어 다음날 가기로 했다. 찌는 듯한 무더위 탓인지 조금씩 피곤해지기 시작했다. 방으로 들어가 배낭을 풀고 휴식을 취하기 위해서 침대에 누웠다.

'양쯔강 북으로 북으로.'

여해 스승의 음성이 들려오는 듯했다. 사실 처음에는 여해 스승께서 가셨던 길을 따라 양쯔강에서 배를 타고 갈까 하는 생각도 했다. 그러나 방학 중이기는 했지만 다른 일들도 있었기 때문에 열흘 이상 시간을 낼 수 없어 그만두었다. 침대에 누워도 다른 아무것도 생각나지 않았다. 다만 텅 빈 머릿속으로 끝없이 끝없이 울려 퍼지는 소리.

'양쯔강 북으로 북으로.'

'양쯔강 북으로 북으로'를 암호문처럼 떠올리며 나는 '적벽회고赤壁懷
古'를 읊었다.

> 양쯔강 도도히 동(東)으로 흐르며
> 격랑에 모래가 밀려가듯 천고의 영걸(英傑)들도 사라졌어라.
> ……인생은 일장춘몽 덧없는 것이거니
> 잔 들어 강물에 비친 달에 고수레하노라.

손권이 노숙과 주유를 기용하여 조조의 대군을 격퇴했다는 적벽대전.
역사의 강물 위로 하루살이 같은 육신을 띄운 인간의 속절없음이 새삼
느껴졌다. 삶은 곧 죽음의 시작이며, 죽음 또한 새로운 삶의 시작이라는
것을, 움직임은 고요의 또 다른 모습에 지나지 않는다는 사실을 나는 깊
이 느끼고 있었다.

눈을 뜨니 주위가 어두워져 있었다. 저녁식사를 하기 위해서 밖으로
나갔다. 저녁 무렵인데도 폭염은 계속되었다. 길을 따라 걸었다. 거리는
온통 노점상들이며, 좌판을 벌인 사람들, 저녁 찬거리를 사러 나온 사람
들로 붐비고 있었다. 지나가다가 나는 종종 필사적으로 물건을 팔려는
사람들에게 붙들려 물건을 살 것을 강요당하기도 했다. 하기야 그 누구
에게나 필사적인 일이 있을 수 있다고 생각되었다. 마치 내가 필사적으
로 왕진인을 만나고자 하는 것처럼.

사람마다 필사적으로 매달리는 일이 다양한 것은, 영적 진화의 단계에
따라 학습해야 할 과목이 다르기 때문이다. 어떤 사람은 평생을 남을 위

해서 봉사하는 일에 필사적인가 하면, 어떤 사람은 평생을 자기 영혼을 파멸시키는 일에 필사적이다. 그 누구도 말릴 수 없다. 말리면 말릴수록 그 기세가 더욱 등등해질 뿐이다. 객관적 제재가 있다고는 하나 필사적으로 자기 영혼을 파멸시키고자 하는 사람의 경우, 그것은 단지 사형의 집행유예에 불과한 것이다.

영적 견지에서 보면 '나'와 '너', '이것'과 '저것'은 분리 자체가 근원적으로 불가능하다. 실로 이 우주는 분리할 수 없는 하나의 거대한 기氣의 바다, 즉 기해氣海인 까닭이다. 이러한 사실을 알게 되면 하늘은 공경하면서 사람은 함부로 대하거나, 또는 사람은 공경하면서 사물은 함부로 대하는 식의 비논리적인 생각과 행동은 일어나지 않게 된다. 분리의식에서 기인하는 부정한 심상은 왜곡된 진실을 낳기 마련이다. 대립자의 상호의존성을 직시할 때 비로소 존재의 자기완성은 이루어질 수 있다.

종종 사람의 운명을 그 사람의 상과 결부시키는 것을 볼 수 있다. 이를테면 관상觀相, 수상手相, 족상足相, 골상骨相 등이 그것이다. 그러나 상 중에서도 으뜸인 상은 바로 심상心相이다. 왜냐하면 이 우주의 모든 상은 심상의 통제 하에 있기 때문이다. 말하자면 마음이 그려낸 것이다. 이 심상이야말로 인간의 자유의지를 필연과 하나가 되게 하는 관건이다. 동시에 그것은 카르마의 법칙이 일어나는 원천이기도 하다. 정녕 이 물질계는 정신을 길들이는 거대한 도장道場이다. 우리의 마음에서 부정한 심상이 완전히 지워질 때까지 끝없이 생멸을 거듭하면서.

계속 걸었다. 때론 산천초목을 바라보듯이 무심하게 사람들의 얼굴을 바라보노라면, 삶이 피어나는 소리를 듣는다. 죽음이 피어나는 소리를 듣는다. 마음이 생멸하는 소리를 듣는다.

존재의 강. 우리 모두는 물방울이며 강이어라. 영원의 품속에서 나와 너는 단지 옷을 바꿔 입은 하나의 몸이어라.

이 세상 어느 곳을 가나 육의 양식을 거래하는 곳은 활기가 넘친다. 홍콩의 저녁 거리도 예외는 아니었다. 파는 사람은 팔려고 아우성이고, 사는 사람은 사려고 아우성이었다. 사람 사는 곳은 다 마찬가지라는 생각이 들었다. 다만 알아듣지 못할 광동어가 가끔씩 낯선 이국땅임을 환기시켰다. 어떤 이는 이름도 알 수 없는 시뻘건 날고기를 얼굴에 들이대며 사라고 하고서는 재미있다는 듯이 마구 웃어대기도 했다. 곳곳에 보이는 식당 주변은 고기 타는 냄새와 역겨운 향료 냄새로 진동했으며, 거리는 온통 차량 소음과 인파 소음으로 들끓었다.

나는 오던 길을 되돌아 빈관 쪽으로 향했다. 빈관에 거의 다달아 근처 슈퍼마켓에 들어가 빵과 우유를 사서 내 방으로 들어갔다. 다음날 나는 일찍 일어나 황대선으로 가기 위해서 빈관을 나섰다. 어제 저녁의 노점상들이며 인파로 북적대던 거리 풍경은 간 곳이 없고, 여기저기에 휴지 조각과 쓰레기들이 뒹굴고 있었다. 나는 길을 건너 택시를 잡아타고 황대선으로 향했다.

꽤 시간이 걸려 황대선에 도착했다. 이름에 걸맞게 거대한 도관이었다. 중국 도교의 개조인 노자는 황로黃老라고도 불리는데, 이는 그의 가르침을 이어받은 사람들이 황제黃帝*라는 전설상의 황제 이름을 빌어다가 노자에게 씌운 것이다.

장주의 표현을 빌자면 완전한 깨달음의 경지에 있는 사람은 "고요함으로 해서 성인이 되고, 움직임으로 해서 왕이 된다(靜而聖 動而王)"(『장자』 13 장)고 했다. 말하자면 내성외왕內聖外王이요, 성속합일聖俗合一의 경지이다. 그런 점에서 황로黃老라는 이름이 주는 상징적인 의미가 있다고 하겠다. 황대선이라는 도관의 이름도 그러한 뜻을 담고 있지 않나 생각되었다.

평일인데도 도관에는 수많은 사람들이 운집해 있었다. 도관 중앙에 설치된 대형 향로에는 한 다발씩이나 되는 누런 향들이 하염없이 번뇌를 태우고 있었다. 그 주위는 불을 붙인 향 한 다발을 양손으로 머리 위까지 치켜들고 흔들면서 두 눈을 감은 채 두 발을 구르며 소원 성취를 비는 사람들로 붐볐다. 온통 연기로 자욱한 도관은 향이 내뿜는 열기와 사람들이 내뿜는 열기가 어우러져 마치 번뇌를 태우는 거대한 용광로처럼 느껴졌다.

도관의 진풍경에 취해 있던 나는 도관 선생을 찾기 위해서 안쪽 건물로 들어갔다. 마침 건물 앞에는 도복을 입은 사람들이 여럿 모여 있길래 도관 선생을 찾는다고 했더니 용건을 이야기하라고 했다. 나는 우선 단하산이 어디에 있는지부터 물어보았다. 그러자 그들은 한결같이 고개를 갸우뚱하며 서로의 얼굴만 쳐다보았다.

"단하산이라……들어본 적이 없는데……."

그들 중 한 사람은 왜 그러느냐고 오히려 내게 되물어왔다. 거기 앉아 있는 사람들 중에는 아는 사람이 없는 것이 분명했다. 나는 혹시 건물 안

---

* 중국 최고(最古)의 황제인 황제(黃帝)는 침구의학의 고전으로 일컬어지는 『황제내경(黃帝內經)』에 나오는 전설상의 인물로서, 도가(道家)의 개조로 알려진 노자는 그로부터 도를 전수받은 것으로 전해진다.

에는 아는 사람이 없겠느냐고 물었다. 그러자 한 사람이 일어나 안으로 들어갔다.

잠시 후 그는 우르르 몇 사람을 몰고 나왔다. 아마도 예기치 않은 객인의 내방에 호기심이 동한 모양이었다. 그러나 그들 중에도 아는 사람은 아무도 없었다. 더 이상 물어볼 필요가 있을까 하는 생각이 들기도 했으나, 일단 그들이 모르고 있다는 사실을 확인해 두기 위해서라도 물어야 될 것 같았다. 나는 왕진인에 대해서 들어본 적이 있느냐고 물었다. 그러자 그들은 순간 웅성웅성하더니 오히려 내게 질문을 하기 시작했다. 왕진인이 어떤 분이며, 어디에 계시며, 나와는 어떤 관계인지 등등. 놓아 주지 않으려는 이들을 간신히 떼어 놓고 나는 도관을 떠났다.

빈관으로 돌아오면서 더 이상 홍콩에서 기대할 것이 없다는 생각이 들었다. 큰 기대를 했던 것은 아니지만, 그런 대도관에서도 모른다는 사실 자체가 이번 중국행의 난항을 예고하는 듯하여 기운이 빠졌다. 눈을 감았다. 한참 동안 그 자세로 가만히 있었다. 이윽고 도착했다는 택시 기사의 음성에 눈을 떴다.

빈관으로 들어가 휴식을 취하면서 곰곰이 생각했다. '여기는 중국이 아니지 않는가' 라고. 그랬다. 그곳은 홍콩이었다. 나는 앞으로 닥치게 될지도 모를 난관에 대비하여 결의를 새로이 했다. 그러자 그때 다시 여해 스승의 음성이 들려오는 듯했다.

'양쯔강 북으로 북으로.'

나는 알지 못했다. 그것이 그렇게 단순명쾌한 암호문인 줄을. 내 모든 생각이 방기되어 허허로움에 이를 때까지는.

그 다음 날 나는 비자를 찾으러 갔다. 비자를 받아가지고 나오다가 혹시나 하는 생각이 들어서 나는 데스크에 앉아 있는 사람에게 가볍게 물었다.

"단하산이 어디 있는지 아세요?"

"푸젠성福建省."

뜻밖에도 그 사람은 푸젠성이라고 거침없이 대답하는 것이 아닌가! 푸젠성이라면 양쯔강 남쪽인데, 그렇다면 단하산이 양쯔강 남쪽에? 그럴리가 없었다. 나는 한사코 아니라고 했다. 그러자 그는 지도를 가지고 와서 내게 펴 보였다.

단하산.

분명 푸젠성에 단하산이 있었다. 이 무슨 조화란 말인가! 깨알 같은 글씨까지 다 짚어가며 지도를 뒤져도 없던 단하산이 어떻게 여기에……. 나는 내 눈을 의심했다. 하기야 나는 그때 '양쯔강 북으로 북으로' 라는 여해 스승의 말씀이 하도 머리에 박혀 있었기에 양쯔강 남쪽은 그렇게 유념하지 않았던 것이다. 더구나 그곳은 양쯔강에서 아주 남쪽이었다.

그렇다면 여해 스승께서 잘못 기억하셨다는 말인가? 그럴 리가 없다는 생각이 들었다. 혹시 지명을 잘못 기억할 수 있을지 몰라도, 양쯔강 남쪽과 양쯔강 북쪽을 틀리게 기억할 수는 없는 일이라고. 그런 까닭에 나는 지도를 보고도 여전히 '양쯔강 북으로 북으로' 만을 떠올리고 있었다. 내가 전혀 믿는 기색을 보이지 않자 그 사람은 자기가 옳다는 것을 확인시키고 싶었던지 중국에 직접 전화를 걸어 알아보겠다고 했다. 지도를 보고도 믿지를 않으니 답답할 노릇이기도 했다. 전화를 걸러 안으로 들어간 지 얼마 후, 그는 밝은 표정으로 걸어나왔다. 나오면서 그는 큰소리로 단하산은 틀림없이 푸젠성에 있으며 다른 곳에는 없다고 했다. 그리고는 덧붙이기를, 단하산에는 도관이 많아 도교의 순례지처럼 되어 있다는 것이었다. '도교의 순례지?' 순간 나는 내 확신이 무너져내림을 느꼈다. 왕진인이 계시는 곳이라면 도교의 순례지가 될 만도 하다고 생각되었기 때문이다. 더구나 중국 현지에서도 양쯔강 북쪽에는 그런 산이 없다고 하지 않는가! 중국에서도 없다고 하는 산을 내가 간다고 찾을 수 있을지……더구나 그것도 일 주일 안에……. 이런저런 생각을 하다 보니 맥이 풀렸다.

왜 진작 이 사람에게 물어보지 않았을까 하는 자책감마저 들었다. 이미 구입한 항공권을 바꿔야 할 것인가 하는 현실적인 문제도 있었다. 그러나 정작 가장 견딜 수 없었던 것은 그토록 내가 믿어 왔던 사실을 스스로 회의하게 되었다는 것이었다. 그것은 곧 여해 스승에 대한 나의 믿음이 견고하지 못하다는 것을 드러내는 것이기도 할 뿐더러.

그렇다고 내 믿음이 아주 흔들린 것은 아니었다. 왜냐하면 왕진인이 계시는 곳은 어차피 물어서 찾을 수 있는 곳이 아님을 처음부터 어렴풋하게나마 감지하고 있었기 때문이다. 정신적 감응이 없이는 이루어질 수 없는 일이라고 생각되었다. 나는 그때 기억을 되살리면서 스스로의 믿음을 헛되게 해서는 안 된다는 생각이 불기둥처럼 솟아올랐다.

'겨자씨만한 믿음이라도 있으면 산도 옮긴다고 했는데, 설령 양쯔강 북쪽에 단하산이 없다고 할지라도 내 믿음 속의 산은 영원하리. 보이는 것은 보이지 않는 것의 그림자에 불과하다고 했던가. 보이는 그림자가

아닌, 보이지 않는 실체를 찾아야 하리.'

이제 내일 아침이면 홍콩을 떠나기로 한 날이라서 나는 스스로의 생각을 정리하기 위하여 참고로 푸젠성으로 가는 항공노선은 어떻게 되는지 여행업무를 담당하는 여직원에게 물어보았다. 조금 기다리라고 하더니 그 직원은 일주일 이내 항공권은 매진되었다고 했다.

'일주일 이내 항공권이 전부 매진이라니!'

참으로 하늘의 뜻이라고 생각되었다. 내 결단은 고사하고라도, 선택의 여지가 없게 된 것이다. 그 사무실 직원들은 내가 표를 잘못 구입한 줄 알고 안됐다는 표정들이었다. 더구나 일주일 이내 표가 매진이니 표를 바꿀 수도 없는 내 처지를 동정하는 듯했다. 그 여직원은 내게 이렇게 말했다.

"어쩔 수가 없게 되었으니 그냥 그 표로 관광이나 다녀오세요."

내가 그렇게 한가하게 관광이나 다닐 처지인가 생각하니 피식 웃음이 나왔다. 운명의 주사위가 던져졌으니 오히려 기분은 홀가분했다. 막 돌아서 나오려는데 그 여직원은 이렇게 덧붙였다.

"그곳에 가면 백운산白雲山에 한번 들르세요. 이름난 관광지거든요."

상선약수

공항에 도착하니 이제 당장 어디로 가야할지 알 수 없었다. 홍콩을 떠날 때만 해도 중국에 오면 뭔가 새로운 길이 열릴 것이라고 생각했는데, 막상 도착하고 보니 막막했다. 함께 탑승했던 손님들이 몰려나가는 것을 보고 나도 뒤따라갔다. 그들은 시내에 있는 빈관으로 간다고 했다. 나도 일단은 공항을 벗어나야 한다는 생각에 동승했다. 얼마 후 빈관에 도착하자 그들은 모두 차에서 내려 빈관으로 들어갔다. 나도 따라내리기는 했으나 어떻게 해야 좋을지 판단이 서지 않아 그저 길가에서 서성이고 있었다.

바로 그때 웬 사람이 다가와 나더러 지도를 사라고 했다. 보니 백운산 지도가 아닌가! 그 지도를 보는 순간 나는 홍콩에서 그 여직원이 하던 말이 생각났다. '그곳에 가면 백운산에 한번 들르세요. 이름난 관광지거든요.' 라고 하던 말이. 관광을 하기 위해서라기보다 딱히 어디로 가야 할지 알 수도 없었고, 혹시 그곳에 도관이 있으면 물어볼 수도 있으리라는 생각도 들어서 나는 백운산으로 가기로 마음먹었다. 아무래도 마을에 있는 사람들보다는 산에 있는 사람들이 더 잘 알지도 모른다는 생각에서였다.

"혹시 백운산이 어디에 있는지 아세요?"

나는 지도를 사면서 물어보았다. 그러자 그 사람은 옆에 있는 인력거를 가리켰다. 그래서 나는 백운산이 아주 가까이 있다고 생각하고 그 인력거를 탔다. 얼마 후 그 인력거는 멈추더니 내리라고 했다.

내린 곳은 뜻밖에도 산 부근이 아닌, 많은 사람들로 붐비는 시외버스 터미널이었다. 상점으로 가서 점원에게 이 근처에 백운산이 있느냐고 물었다.

"여기에서 시외버스를 타고 세 시간 가량 가야 되는데요."

점원이 무뚝뚝하게 대답했다.

가까운 곳에 있으면 모르되 그렇게 많은 시간을 들이면서까지 그곳에 가야 하는지 망설여지기도 했으나, 이미 시외버스 터미널까지 온 이상 달리 방법이 없다는 생각이 들었다. 그리하여 나는 백운산행 표를 사서 조금 기다린 후에 버스에 올랐다.

이윽고 버스가 종점에 도착하자 사람들이 버스에서 모두 내렸다. 그러나 주위에는 산의 그림자조차 보이지 않았다. 어떻게 된 일인가하고 버스 기사에게 물어보니 백운산에 가려면 그곳에서 다시 차를 타야 하는데 이미 시간이 너무 늦어서 가는 차가 없을 테니 내일 아침에 떠나야 할 것이라고 했다. 하는 수 없이 버스 종점에서 나와서 빈관을 찾아 발걸음을 옮겼다.

버스 종점 주변에는 빈관이 보이지 않아서 계속 걸었다. 바로 앞에 학생인 듯이 보이는 두 사람이 걸어가고 있어서 나는 빈관이 어디 있는지 물었다. 그러자 그들은 자기들도 빈관이 있는 방향으로 가고 있으니 따라오라고 했다. 30분쯤 걸었을까. 그들은 빈관을 가리키며 바로 저기라고 했다. 전통적인 멋을 풍기는 꽤 운치가 있는 빈관이었다. 그들은 카운터로 가서 몇 마디 하더니 내게 식당이 있는 곳을 알려주고는 가버렸다.

백운도관에서 만난 여인

아침이 되어 나는 빈관에서 일러주는 대로 백운산행 버스 주차장으로 갔다. 거기에는 미니버스 여러 대가 대기하고 있었는데, 그 중 한 대는 승객들이 이미 다 탄 상태여서 출발하기 직전이었다. 차 안에는 장사치들의 것으로 보이는 짐짝들이 꽉 차 있어 발 디딜 틈도 없었다. 그러나 한시라도 빨리 가고 싶은 생각에 나는 그 버스를 탔다.

30분쯤 걸려서 차는 백운산 입구에 도착했다. 차에서 내려 백운산으로 올라가는 길 양쪽은 관광객들을 위한 상점과 식당들이 줄지어 들어서 있었다. 며칠간 제대로 식사를 못하기도 했고, 또 백운산에 관한 정보를 얻기 위해 그 중 한 식당으로 들어갔다. 중국 음식 대부분이 기름기가 많고 향료가 많이 들어 있어서, 비교적 담백해 보이는 몇 가지를 주문했다. 식사가 끝난 후 나는 그 부근에 도관이 있는지부터 물어보았다.

"도관이 뭘 하는 곳인데요?"

그 종업원은 도관이 어떤 곳인지조차 모르고 있었다. 식당 주인에게 물어 보았더니, 그 부근에는 도관이 없다고 했다. 식당을 나와서 나는 산쪽으로 무작정 걸었다. 마침 어제 빈관 앞에서 샀던 지도가 떠올라서 배낭에서 꺼냈다. 백운산 지도를 자세히 들여다보니 지도에는 나타나 있지 않으나, 지도 하단에 잔 글씨로 백운산을 소개하는 글 속에 그 산에 백운도관이 있다고 나와 있었다. 해발 1,000미터 되는 곳이었다.

백운도관白雲道觀.

일단 나는 백운도관을 목표로 삼아 산을 오르기 시작했다. 백운산 문방門坊이 바로 눈앞에 보였다. 문방을 지나니 산림 사이로 계단이 계속 이어졌다. 그 계단을 한참 올라가니 고풍스러운 정자가 쌍으로 서 있었고 그 앞에는 계곡을 건너는 다리가 있었다. 다리를 건너 얼마간 올라가니 천연각天然閣이라는 누각이 나타나면서 몇 사람이 앉아 휴식을 취하고 있는 모습이 보였다. 그 옆에는 땟국이 흐르는 어린 소년이 나무로 깎은 메뚜기를 가지고 와서는 사달라고 조르고 있었다. 천연각을 지나면서 계단은 급경사로 이어졌다. 그러한 급경사는 끝도 없이 계속되었다.

급경사가 이어지는 계단에서 나는 진풍경을 보게 되었다. 두 사람이 앞뒤에서 굵은 대막대기로 연결된 들것을 두 어깨에 매고 급경사가 진 계단을 올라가고 있었다. 그 두 사람 모두 웃통을 벗고 있었는데, 깡마른 체구에 곳곳에 뼈가 불거져 나온 데다가 전신에 흐르는 땀으로 마치 물에 빠진 사람과 같았다. 굵은 대막대기에 짓눌린 앙상한 어깨는 벗겨진채 벌겋게 달아올라 있었다.

그 들것에는 사람이 타고 있었는데 그 사람은 가마를 탄 것처럼 편안한 모습이었고, 들것을 맨 두 사람은 들것의 무게와 급경사로 인하여 온몸의 근육이란 근육은 다 불거져나와 있었다. 급경사인지라 보기에도 아슬아슬했다. 만약 그 급경사가 이어진 계단에서 두 사람 중 한 사람이라도 대막대기를 놓치는 날에는 들것에 탄 사람이 어떻게 되리라는 것은 말할 필요도 없었다.

그날은 관광객이 많았던 탓인지 여러 조가 그 일을 하고 있었다. 내게도 다가와서 들것을 타지 않겠느냐고 물었다. 나는 고개를 흔들었다. 그러한 급경사 계단이 계속되면서 들것을 맨 사람들이 불쑥불쑥 나타나서는 산을 오르는 사람들에게 접근해 왔다. 번거로움을 피하기 위해서 나는 단체 관광객에 합류하여 산을 올랐다.

계단이 조금 완만해지면서 몇 개의 정자를 더 지나니 신천지가 전개되는 듯 시야가 확 트였다.

백운계白雲溪.

흰 구름이 굽이치며 부서져 내리는 듯이 계곡은 연신 하얀 구름꽃으로 피어나고 있었다. 곳곳에서 지저귀는 새 소리와 매미 소리도 짙어가는 녹음의 정취를 더해 주었다. 하지만 여름날 한낮에 무거운 배낭을 매고 해발 1,000미터의 가파른 계단으로 된 산을 오른다는 것이 쉬운 일은 아니었다. 쉬지 않고 오른 탓인지 현기증이 나는 듯하여 나는 잠시 쉬었다.

잠시 쉬고 나니 정신이 한결 맑아졌다. 완만한 길이 한참 이어지는가 싶더니 다시 급경사가 진 계단이 나타났다. 올려다보니 너무 가파른지라 마치 하늘로 오르는 계단같이 느껴졌다. 가쁜 숨을 몰아쉬며 마지막 계단을 오르는 순간,

백운도관.

멀리 정원이 끝나는 지점에 "백운도관白雲道觀"이라고 새겨진 커다란 현판이 시야에 들어왔다. 갖가지 꽃들로 가꾸어진 아담한 정원과 몇 개의 석상을 지나서 그 도관 문 안으로 들어섰다. 또 하나의 문을 통과하니 널따란 마당이 나타나면서 익숙한 네 글자가 눈에 확대되어 들어왔다.

상선약수.

마당 전면에 있는 도관 건물 우측 상단에는 가로로 "상선약수上善若水"라고 쓰인 커다란 현판이 걸려 있었는데, 그 필치가 어찌나 힘이 있던지 물이 닿으면 금방이라도 살아 승천할 것만 같았다. 지고의 선은 물과 같은 것. 낮은 데로 낮은 데로 흐르는 물과 같이 스스로의 처신을 낮추는 겸허함이 있고, 스스로의 형상을 고집하지 않는 물과 같이 상대를 거스르지 않고 대응할 수 있는 유연성이 있으며, 약함으로 나가기 때문에 도리어 강한 힘을 내는 것이다. 가장 이상적인 생활 태도는 물과 같은 것. 물은 만물에 혜택을 주면서도 결코 상대를 거스르지 않고 사람들이 싫어하는 낮은 곳으로 흘러간다.

노자에게 자연은 상도常道와 동일한 개념으로 사용되며, 자연상태는 무위무위無爲無僞나 무위부쟁無爲不爭의 상태, 즉 어떠한 인위적인 행동도 하지 않음으로써 위僞나 쟁爭이 없는 상태로 나타난다.

『도덕경』 40장에서는 "약자도지용弱者道之用"이라고 했다. 즉, 도가 만물을 생육하는 것이 어떤 인위적인 노력을 들여서 그렇게 하는 것이 아니라 무위자연으로 하는 까닭에 이 절대적인 힘은 지극히 유약한 것 같으나, 43장의 "천하지지유 치빙천하지지견(天下之至柔 馳騁天下之至堅)"이라는 말에서도 알 수 있듯이 실은 이 유약한 힘이 그 어떤 강자의 힘보다도 더 강한 힘인 것이다. 노자는 우리의 마음이 무위無爲해지면 무집無執하게 되고 무욕無慾하게 되므로 허虛해지고 정靜해질 수 있다고 하면서, 무위의 경계를 허정虛靜의 경계 그것이라고 보았다.

무위의 실천을 위하여 노자가 수유부쟁守柔不爭을 강조하는 것은 자연의 대도大道에 순응하기 위한 것으로서, 『도덕경』 40장의 "되돌아가는 것이 도의 움직임이요, 약한 것이 도의 작용이다(反孝道之動 弱者道之用)"라는 원리에 근거한다. 예컨대 노자가 "유약함을 지키는 것이 강한 것이다(守柔曰强)"라고 할 때, 이 '수유守柔'는 도에 계합된 생활을 뜻한다. 성인의 도가 행하기는 해도 다투지 않는 것은 바로 이 대도의 내재적 작용을 본받아 유약의 덕을 지켜가는 까닭이다.

노자는 68장에서 말하기를 "무사 노릇 잘하는 이는 무장을 하지 않고, 싸움 잘하는 이는 성을 내지 않으며, 적을 잘 이기는 이는 다투지 않고, 사람을 잘 쓰는 이는 자기가 쓰는 사람보다 아래에 처한다"고 했으며, 이를 "부쟁不爭의 덕"이라고 했다. 이렇게 볼 때 노자의 수유부쟁守柔不爭에

대한 요구는 강㈜을 알고 난 다음의 유㈜, 말하자면 강함조차도 넘어선 약
함에 대한 요구로 보아야 할 것이다. 『도덕경』 28장은 이러한 점을 분명
히 밝히고 있다.

> 수컷이 지니는 강한 덕을 알고 있으면서도 암컷이 지니는 유순하고 부드러
> 운 덕을 지켜간다면 천하의 시내㈜가 될 수 있을 것이다. 이렇게 천하의
> 시내가 되게 되면 상덕(常德)이 몸에서 떠나지 않아서 마치 갓난아이와도
> 같은 자연 그대로인 마음으로 복귀할 수 있다.

우선 나는 안채로 들어가 도관 선생이 어디 있는지부터 물어보았다.
그러자 그곳의 행자승은 바로 그날 아침에 도관 선생이 공항 근처에 볼
일이 있어서 갔는데 사흘 후에 돌아올 것이라고 했다. '이렇게 길이 어긋
날 수가……'라고 생각되었지만 별 도리가 없었다. 원래 계획은 도관 선
생이 있으면 물어보고 즉시 떠나는 것이었다. 그렇다고 지금 그가 없는
데 여기까지 올라와 그냥 떠날 수도 없고 해서, 나는 도관 선생이 돌아올
때까지 사흘을 그곳에 머물기로 했다. 마침 객방들이 있는 별채가 따로
있어 방을 하나 정해놓고는 잠시 도량道場을 둘러보았다.

도량은 전면이 좌실과 우실로 나뉘어 석상들이 모셔져 있었고, 그 사
이로는 좁은 길이 나 있었다. 석상들이 모셔져 있는 좌우실의 기둥에는
익숙한 글들이 세로로 새겨져 있었다. "도가도비상도 명가명비상명 무
명천지지시道可道非常道 名可名非常名 無名天地之始……." 참으로 도라고 말할 수
있는 도는 영원한 도가 아니요, 이름이라고 붙여진 이름은 영원한 이름

이 아니다. 무명無名이 천지의 시작이요······. 『도덕경』에 나오는 말이다. 여기에서 무명이란 바로 도를 이르는 것이다. 노자는 32장에서 "도는 항상 무명이다(道常無名)"라고 했다. 이름을 해체한 도가 근원적으로 존재한다는 것이다.

도량 전면에는 거대한 향로가 있었고, 누런 대형 향들이 시름없이 타들어가고 있었다. 그 앞에는 오륙십 대로 보이는 몇몇 사람들이 나즈막한 소리로 무언가를 빌고 있었는데, 그 모습이 홍콩에 있는 도관과는 판이했다. 그 주변은 기념사진 촬영을 하는 젊은 남녀 관광객들로 어수선했다. 여해 스승께서 말씀하신 옛 도관의 모습은 찾을 길이 없었다.

좌우 양실 사이로 나 있는 길을 따라가니 뒤로 올라가는 계단이 꽤 경사지게 나 있었다. 올라가 보니 또 도량이 있었다. 그곳에서 비스듬하게 나 있는 계단을 따라 올라가니 계속 도량이 이어졌다. 그날은 관광객들은 많았으나 참배객들은 별로 없었다. 제일 위쪽에 있는 마지막 도량까지 모두 참배한 후에 다시 내려와 아까 만났던 행자승을 찾았다.

그 행자승은 나를 보자 왜 도관 선생을 찾느냐고 물었다. 그래서 나는 혹시 도관 선생께서 단하산이 어디에 있는지 아실까 해서 그러노라고 했다. 그러자 그는 정색을 하며 이렇게 말했다.

"영 잘못 왔어요. 단하산은 푸젠성에 있어요!"

순간 나는 정신이 아찔했다. 중국 현지에 있는 도관에 와서까지 같은 말을 들을 줄은 생각지도 못했던 것이다. 차라리 그 말은 단하산이 전설 속의 산이지 실재하지 않는 산이라는 말보다 못했다. 왜냐하면 그 말은 지금까지 쌓아온 내 신념의 산을 송두리째 흔들어 놓는 것이었기 때문이다. 그렇다고 내가 포기하는 것은 아니라고 할지라도.

그 행자승은 내게 어디에서 왔느냐고 물었다. 나는 지도 몇 개를 꺼내 보이며 양쯔강 북쪽에 있는 단하산을 찾기 위해서 서울에서 홍콩을 거쳐 이곳 도관에까지 오게 되었노라고 했다. 그러자 그 행자승은 약간 놀라는 기색을 보이며 자기도 조선족이라고 했다. 이어서 그는 내게 왜 단하산을 찾느냐고 물었다. 그래서 나는 여해 스승과 왕진인에 관한 이야기를 간략하게 하고 난 뒤 그에게 도움을 요청했다.

이십 대로 보이는 그 행자승은 꽤나 신심이 있는 사람처럼 보였다. 그는 도관을 돌며 몇 사람을 데리고 왔다. 방 한가운데에 대형 지도를 펼쳐 놓고 우리 모두는 그 주위에 뼁 둘러앉았다. 그리고는 열띤 쟁론이 벌어졌다. 그 몇 사람들도 행자승과 한편이었다. 그들은 직접 푸젠성에 있는 단하산에 다녀왔다고 했다. 나도 내 신념을 굽힐 수가 없었다. 나는 이렇게 말했다.

"보이는 푸젠성의 단하산은 보이지 않는 양쯔강 북쪽에 있는 단하산의 그림자에 불과한 것입니다. 다시 말해서 푸젠성의 단하산은 가산假山이요, 진산眞山은 여기로부터 천 리 반경 안에 있습니다."

사실은 나도 내 말에 놀라고 있었다. 물어보기 위해서 온 사람의 말이 아니라, 알려주기 위해서 온 사람의 말이었기 때문이다. 방 안의 열기가 점점 고조되면서 도관에 있는 승려들이 모여들기 시작했다. 큰 방 안이 가득 찼다. 그들 중에는 복건에 있는 단하산에 다녀왔다는 사람들도 꽤 있었다. 나도 그에 맞서 응수했다.

"진리는 항상 가까운 곳에 있습니다. 가까이에 진산을 두고 왜 멀리서

가산을 찾으십니까?"

어느새 좌중은 화두문답장으로 변하고 있었다. 원래 주제였던 단하산
은 간 곳이 없고, 그 속에 있던 보편자가 모습을 드러내기 시작한 것이
다. 그들은 같이 탐사라도 할 기색이었다. 그렇다! 본래 도관의 모습은
이런 것이리라. 오랫동안 사색거리에 굶주렸던 사람처럼 그들의 얼굴에
선 생기가 돌지 않는가!

화두문답도 끝이 나고 나는 내 방으로 돌아왔다. 행자승이 일러준 대
로 방에 있던 보온병을 가지고 더운 물을 받으러 갔다. 중국은 어느 곳에
를 가나 이런 보온병이 있다. 그것은 물이 좋지 않은 이유도 있겠지만 항
상 기름기가 많은 음식을 먹는 관계로 차를 즐겨 마시기 때문일 것이다.
온수 공급장에 가니 몇 사람이 보온병을 들고 줄을 서 있었다. 벽이 막혀
있어 물을 끓이는 곳은 보이지 않고 다만 쇠 파이프로 나오는 더운 물을
받기만 했다. 내 차례가 되어 물을 받아가지고 나는 방으로 돌아왔다.

산속의 객실 치고는 방이 꽤 괜찮았다. 창가에는 의자가 딸린 책상이
하나 있었다. 침대에는 천정에서부터 늘어뜨린 고운 망사로 된 모기장이
쳐져 있었다. 방은 비교적 넓은 편이었고 벽으로 가려진 방구석 한쪽에
는 간단한 샤워실과 화장실이 있었다. 어느새 날이 어둑해졌다. 저녁 식
사를 하지 않은 채 샤워만 하고 불을 끈 후 침대 위 모기장 속에서 나는
바로 선정禪定에 들어갔다.

얼마나 지났을까.

갑자기 눈앞이 환해지면서 산 속의 풍경이 나타났다. 산길을 따라 내
가 매우 빠른 速度로 이동하고 있었다. 하도 빨라서 발이 땅에 닿지도 않

는 것이 마치 비신법飛身法을 쓰는 것 같았다. 한참을 가노라니 운치 있는 누각이 하나 보이는데, 그곳에서는 신선들이 앉아 이야기를 나누고 있었다. 얼마 후 그 장면이 사라지면서 도로 캄캄해졌다. 불을 켜고 시계를 보니 거의 자정이 다 되어 있었다. 불을 켜고 난 후에도 내가 빠르게 이동하던 강렬한 느낌은 사라지지 않았다.

아침이 되어 일어나니 날씨가 몹시 흐려 있었다. 거기에다가 안개까지 짙게 끼어 아침인지 저녁인지 분간할 수조차 없었다. 어젯밤 일이 생생하게 떠오르면서 나는 이번 중국행이 단순한 탐사가 아님을 새삼 느꼈다. 나는 왕진인에 대한 나의 생각이 진리 일반에 대한 생각으로 승화되어야 할 것임을 느끼기 시작했다. 마을에 내려가서 헤매고 다닌다고 해서 새로운 길이 열릴 것 같지 않았다. 이 산에서 결판을 보아야 한다는 생각이 들었다. 처음의 그 뜨거웠던 마음이 식어진 것은 아니었지만, 나는 돌아가기까지 남은 6일을 그곳 도관에서 보내기로 했다. 만약 왕진인과의 인연이 있다면 그 전에 해답을 얻을 수 있으리라 생각하면서.

밖으로 나가니 어둑한 데다가 간간이 비까지 뿌리기 시작했다. 나는 참배를 하기 위해서 도량을 돌았다. 날씨가 좋지 않은 탓인지 외부 참배객은 보이지 않았다. 한참을 돌아 제일 위에 있는 도량에 이르렀다. 장천사張天師 신위神位 앞에 참배를 한 후 나는 벽 쪽에 놓여 있는 긴 나무의자에 걸터앉았다. 마침 그곳에는 행자승이 와 있었다. 앞에 있는 장천사 신위를 멍하니 바라보고 있노라니 어둑한 날씨에 안개까지 짙게 끼어 마치 꿈속처럼 느껴졌다.

바로 그때.

갑자기 웬 중년이 넘은 여인이 장천사 신위 앞에 절을 하고는 내 옆에 다가앉았다. 예기치 않은 출현이었다. 그곳은 도량에서도 제일 높은 곳에 위치해 있는지라 한참 계단을 올라와야 하는데 나는 아무런 인기척을 느끼지 못했던 것이다. '이른 아침에 이렇게 높은 산에 웬 여인이 혼자서…….' 이런 생각을 하고 있는데 옆에 있던 행자승이 먼저 그 여인에게 말을 걸었다. 그는 나를 가리키며 이렇게 말했다.

"멀리 한국에서 홍콩을 거쳐 여기에까지 단하산을 찾으러 왔다고 하는데 그 단하산이 푸젠福建에 있으니……."

그러자 그 여인은 뜻밖에도 이렇게 말하는 것이었다.

"이곳에 단하산이 있습니다."

놀란 것은 나만이 아니었다.

"단하산이 이곳에 있다니!"

행자승은 두 눈을 둥그렇게 뜨고 그 여인에게 어떻게 단하산이 이곳에 있는지 아느냐고 물었다. 그러자 그 여인은 자기가 바로 그곳에서 살았다고 했다. 그곳에서 살았다면 틀림없는 사실이었다. 그 행자승도 믿지 않을 수가 없었다. 그는 조금 흥분된 어조로 그 여인에게 내려가서 지도를 가져올 테니 기다려달라고 말하고서는 계단 쪽으로 달려 내려갔다.

얼마 후 그는 지도를 가지고 와서 펴 보이면서 단하산이 어디쯤에 위치해 있느냐고 물었다. 그 여인은 지도를 보며 대략적인 것을 이야기해주었다. 그 여인의 말에 의하면, 우선 나는 백운산에 오기 위해서 세 시간 가량 시외버스를 탔던 그곳으로 돌아가야 했다. 왜냐하면 화차역(火車驛: 기차역)이 그곳에서 그리 멀지 않은 곳에 있기 때문이다. 그곳으로 돌아가서 화차를 타고 도안시都安市로 가서 도안시에서 다시 보현普縣으로 가는 버스를 타면 된다는 것이었다. 나는 수첩을 꺼내어 그 여인에게 적어 달라고 했다. 그녀는 간략하게 가는 방향을 적어주었다.

그 여인은 내게 수첩을 돌려주고는 일어서려고 했다.

"왕진인을 아십니까?"

나는 다급하게 물었다.

"모릅니다."

그래도 단하산에 대해서 아는 사람이니 뭔가 더 물어봐야겠다는 생각이 들어 그 여인을 붙들려고 했으나, 목소리가 나오지 않고 몸이 움직여지지 않았다. 마치 꿈속에서 아무리 소리를 지르고 싶어도 소리가 나오지 않고, 붙잡으려고 해도 생각뿐이지 몸이 움직여지지 않는 것처럼. 나는 생각의 벽 속에 갇힌 채 그녀를 놓치고 있었다. 그러는 사이 그녀는 어느새 사라졌다.

도관은 술렁이기 시작했다. 어제 열띤 논쟁을 벌인 지 단 하루도 안 되어 내 말이 입증되었기 때문이다. 그들은 마치 내가 이적이라도 행한 것처럼 신기해했다. 이제 도관에는 더 이상 머물 필요가 없게 되었다.

사실 나는 그날 아침에 일어났을 때만 해도 왕진인을 찾아가는 과정 그 자체가 공부라는 생각이 들면서 '나' 밖에서는 해답을 구하기가 어려울 것이라고 판단하고, 돌아가기까지 6일간을 그곳에서 정진하기로 했었다. 그렇게 해서 해답을 얻으리라고 생각은 했지만 의외로 그 순간은 빨리 왔던 것이다. 결과적으로 내가 그 도관에 머무른 것은 도관 선생을 기다리기 위한 것이 아니라 그 여인을 만나기 위한 것이었다. 더구나 도관 선생은 일정이 변경되어 일주일 후에나 돌아온다고 했다. 만약 처음부터 일주일 후라고 했으면 나는 그곳에 머무르지 않았을지도 모른다.

그날은 도관에 온 지 이틀째 되는 날이자 마지막 날이기도 했다. 이제 단하산의 소재지를 알았으니 내일 아침 일찍 떠나야만 했다. 내일 먼 길을 떠나자면 미리 점심이라도 먹어 두어야 할 것 같아서 식당으로 갔다. 메뉴를 알 수도 없어 주방으로 들어가서는 널려 있는 음식 재료들 중 몇 가지 야채와 계란을 손으로 가리키며 요리해 달라고 주문했다. 잠시 후 밥 한 공기에 야채볶음과 토마토 및 계란 등을 넣어 만든 탕이 나왔다. 비교적 담백하고 맛이 있었다. 그도 그럴 것이 전날 산 아래 식당에서 아침 식사를 한 것이 마지막이었으니.

종일토록 시름시름 내리던 비는 저녁이 되자 폭우로 변했다. 온 산이 떠나갈 듯한 폭우와 천둥번개 그리고 계곡에서 쏟아지는 거센 물소리 때문에 그날 저녁은 잠을 잘 수가 없었다. 내일 새벽 여섯 시면 도관을 떠나야 하는데 과연 하산할 수 있을지도 걱정되었다. 자정이 넘어도 폭우는 멈출 줄을 몰랐다. 새벽녘이 되어서야 나는 겨우 잠이 들었다.

어디선가 새소리가 들려오고 있었다. 뒷문을 열어보니 간밤의 폭우는 간 곳이 없고 맑디맑은 여름 새벽의 향취가 물씬 풍겨왔다. 정갈하게 옷을 갈아입은 산천초목은 그 싱그러운 자태가 눈부시도록 아름다웠다.

새벽 여섯 시. 배낭을 매고 도관 입구 쪽으로 걸어가는데, 나와 화두문답을 벌였던 도관의 승려들이 행자승과 함께 전송을 나와 있었다. 그들은 내게 물었다.

"언제 또 오십니까?"

나는 미소로 답했다. 그들은 손을 흔들었다. 나도 손을 흔들었다. 한참을 가다가 돌아다보니 그때까지도 그들은 손을 흔들고 있었다.

그저께 폭염 속에서 산을 오르던 때와는 달리 폭우가 쏟아진 후의 여름 새벽 산은 청량하기 그지없었다. 그저 호흡하고 바라보는 것만으로도 커다란 기쁨이었다. 더구나 단하산의 소재지까지 알았으니 그 감격이란! 하지만 어찌 그때 알 수 있었으리. 그것은 단지 시작에 불과했다는 것을.

버스에서 만난 사람

하산하자 나는 백운산으로 왔던 길을 그대로 되짚어왔다. 먼저 미니버스를 기다려 타고서 종점으로 갔다. 그곳에 내려 시외버스 종점으로 가서 버스를 타고 세 시간 가량 걸려, 백운산행 버스를 탔던 시외버스 터미널로 복귀한 것이다. 이제 그곳에서부터 나는 다시 시작해야 했다. 우선 택시를 타고 나는 화차역으로 갔다.

화차역에 내려 배차시간표를 찾았으나 일목요연하게 잘 나타나 있지를 않았다. 화차역은 상당히 넓었다. 도안행 표를 구입하는 창구가 어딘지 몰라 왔다갔다 하다가 비교적 줄이 짧은 창구에 가서 섰다. 학생 같아 보이는 사람이 바로 내 앞에 서 있었다. 나는 도안행 표를 여기에서 구입할 수 있는지 물었다. 그는 자기도 그곳에 간다고 하면서 차를 타려면 한 시간 이상 기다려야 한다고 했다. 이윽고 차례가 되어 표를 구입한 뒤 그의 안내로 나는 대기실로 갔다. 넓은 대기실은 사람들로 붐비고 있었고 몹시 어수선했다. 한 시간을 좀더 기다려 그 학생과 나는 화차에 올랐다.

도안까지는 그 학생이 안내를 하니 문제가 없었고, 남은 문제는 보현까지 어떻게 가느냐는 것이었다. 그래서 그에게 물었더니 도안에 내리면 보현으로 가는 버스를 태워 주겠다고 했다. 일이 너무 쉽게 풀리는 듯했다. 긴장이 풀리면서 나는 스르르 잠이 들었다.

얼마 후 어수선한 소리에 눈을 뜨니 화차는 여전히 달리고 있었고, 시계를 보니 아직 세 시간 가량을 더 가야 되었다. 나와 마주보고 앉은 그 학생은 그냥 가만히 앉아 뭔가를 생각하고 있는 듯했다. 다시 잠이 들고 깨기를 몇 번 하는 사이, 화차는 도안역에 가까워지고 있었다. 그는 내게 화차가 도안역에 잠시 동안만 머물기 때문에 준비를 하고 있다가 바로 내려야 할 것이라고 했다. 잠시 후 그와 나는 자리에서 일어나 문 쪽으로 가서 기다리고 있다가 도안역에서 버스가 정차하자 바로 내렸다.

그 학생은 나를 보현으로 가는 버스 정류장으로 안내했다. 그는 내게 잠시 기다리라고 하더니 정류장 맞은편 건물 안으로 들어갔다가 이내 나오면서, 30분 가량 기다려야 차가 온다고 했다. 그러면서 그는 시간이 있으니 나를 보현행 버스에 태워주고 가겠다고 했다. 학생에게는 미안하게 생각되었지만 초행인 나에게는 다행스럽고 고마운 일이었다.

버스가 도착하자 그 학생은 운전기사에게로 가서 나를 가리키며 보현역에 내려줄 것을 당부하는 듯했다. 그 학생에게 고마움을 표시하고 버스에 오르자 차는 즉시 출발했다.

얼마 가지 않아 비포장도로가 시작되었다. 차가 얼마나 흔들렸던지 앉은 채로 몸이 치솟아 머리가 버스 천정에 닿을 정도였다. 버스 차체가 몹시 낡아 있는 데다가, 상하좌우로 흔들리면서 일부 유리창이 와장창 깨어지는가 하면, 깨어진 유리창 사이로 흙먼지가 들어와서 바로 옆사람

얼굴도 알아보기 힘들 지경이었다. 그런데도 누구 하나 불평하는 사람도 없이 흙먼지를 뒤집어쓴 채 차가 흔드는 대로 몸을 맡기고 있었다.

나는 일어나서 운전기사에게 아직 보현역이 멀었는지 물었다. 그는 앉아 있으라는 시늉을 했다. 창 밖에는 간간이 농가들만 눈에 들어올 뿐, 전형적인 시골 풍경이었다. 얼마를 가다가 나는 또 일어나서 운전기사에게 물었다. 그러자 그는 또 앉아 있으라는 시늉을 했다. 두 시간이 다 되어도 비포장도로는 계속 이어졌다. 상하좌우로 흔들리면서 나도 두꺼운 흙먼지를 뒤집어쓴 채 정신이 멍해졌다.

날은 저물고 있었다. 보현에 도착하더라도 오늘은 단하산을 보기에는 너무 늦었다. 그렇다면 빈관에서 일박해야 하는데, 끝없이 농가만 계속되는 것이 빈관이 나타날 것 같지가 않았다. 더구나 그렇게 두꺼운 흙먼지를 뒤집어쓰고 신성한 단하산에 오를 수는 없는 일이라고 생각되었다. 나는 옆에 앉아 있는 사람에게 물었다.

"보현에 도착하려면 얼마나 더 가야 합니까?"

"저도 보현에 갑니다. 제가 내릴 때 같이 내리면 됩니다."

일단 더 이상 버스 기사에게 자꾸 물어볼 필요가 없게 되어 좋았다. 이어서 나는 그곳에 빈관이 있느냐고 물었다. 그는 고개를 끄덕이면서 자기가 안내하겠다고 했다.

내 옆에 앉은 그 사람은 자그마하고 깡마른 체구에 중년의 선량한 농부와 같은 인상을 주어 어딘지 모르게 믿음이 갔다. 나는 그에게 단하산이 어디 있는지 아느냐고 물었다. 그는 안다고 고개를 끄덕였다.

'드디어 단하산이 있는 곳에 오게 되다니!'

탄성이 절로 나왔다. 보현에 단하산이 있다고 해서 온 것이기는 하지만 이렇게 단하산 가까이에 왔다는 사실이 뜻밖의 일인 것처럼 경이로움으로 다가왔던 것이다. '이제야 제대로 찾아왔구나' 하는 생각이 들었다. 역시 단하산은 양쯔강 북쪽에 있는 것이 확실했다. 참으로 '양쯔강 북으로 북으로'는 단순명쾌한 암호문이었다.

단하산을 안다고 하면 혹시 왕진인에 대해 들어본 적이 있을지도 모른다는 생각에, 나는 큰 기대는 하지 않고 그 사람에게 가볍게 물었다.

"혹시 왕진인을 아세요?"

그러자 그는 안다고 하는 것이 아닌가! 순간 나는 내 귀를 의심했다. 아마도 내 중국어 발음이 정확하지 않아서 잘못 알아들었을지도 모른다는 생각이 들어 나는 수첩을 꺼내어 볼펜으로 적어 보여주었다. 그리고는 덧붙여 성은 왕씨이나, 진인은 이름이 아님을 강조했다. 그럼에도 그는 여전히 고개를 끄덕이면서 안다고 하는 것이 아닌가!

착각이래도 좋았고, 꿈이래도 좋았고, 환청이래도 좋았다. 아, 얼마나 듣고 싶었던가. 단 한 번만이라도 그 말, 왕진인을 안다는 그 말을.

잠시 후 나는 정신을 수습하여 다시 그에게 물었다.

"어떻게 왕진인을 아세요?"

"3년 전 단하산엘 한번 갔었는데, 거기서 두 동자가 '왕진인!' 하고 부르는 소리를 한번 들었지요."

담담하게 그는 대답했다.

'아, 어찌 이런 일이!'

순간 나는 전율을 느꼈다. 여해 스승께서도 왕진인에 관한 말씀을 하실 때 두 동자 이야기를 하셨던 것이다. 이 얼마나 단순명쾌한 답변인가! 더 이상 나를 믿게 할 다른 말은 필요하지 않았다. 다만 '단하산에서 두 동자가 왕진인을 부르는 소리를 들은 —그것도 3년 전에 딱 한 번— 사람이 하필 내가 탄 버스 옆자리에 앉는 이 기연奇緣은 또 무엇이란 말인가' 라는 생각이 들었다.

가슴이 벅차올랐다. 왕진인의 모습이 눈앞에 보이는 듯했다. 내 의식 속에서 나는 그를 만나고 있었다.

'얼마를 기다렸던가, 오늘이 오기를!'

내 의식 속에서 단하산과 왕진인은 이제 그 특수성이 해체되어 보편자로 자리 잡기 시작했다. 보편자! 정녕 정신의 완성에 이르게 하는 보편자였던 것이다.

나는 그 사람에게 다시 물었다.

"저를 그곳으로 데려다 줄 수 있으세요?"

그는 대답 대신 고개를 끄덕였다. 이제는 정말 모든 것이 다 제대로 되어간다는 생각이 들었다. 그러는 사이, 버스는 어느새 황량한 들판을 지나 꽤 큰 마을에 이르러 있었다. 조금 후 그 사람은 내게 손짓을 하며 내리자고 했다.

나는 그의 안내를 받으며 빈관으로 갔다. 빈관은 아담하고 비교적 깨끗했다. 우선 입실 수속을 하기 위해 프런트 데스크로 갔다. 그곳에 있던 이십 대로 보이는 여자가 여권을 보자고 했다. 여권을 내 주었더니 그녀는 펴 보면서 자꾸만 고개를 갸우뚱했다. 그래서 나는 비자란을 펴 보이면서 아직 유효기간이 남아 있지 않느냐고 했다.

그래도 계속 고개를 갸우뚱하자 나를 안내해 온 사람이 일박한 후 내일 떠날 것이라고 하니 못 이기는 듯 방 열쇠를 내게 주었다. 방은 바로 프런트 데스크 가까이에 있는 방이었다. 배낭을 방에 가져다놓고 나는 안내를 해준 그 사람에게 저녁 식사나 같이 하자고 했다. 그도 응낙을 하여 우리는 밖으로 나갔다.

빈관에서 그리 멀지 않은 식당으로 그는 안내를 했다. 이미 저녁 식사 시간이 지났는지라 식당에는 손님이 아무도 없었다. 몇 가지 음식을 시켰으나 그는 조금 드는 시늉만 할 뿐, 거의 먹지 않은 채 내가 먹는 것을 가만히 지켜보았다. 식사가 끝나자 그는 나를 빈관으로 데려다주고 내일 아침 일곱시경 다시 오겠다고 하고서는 돌아갔다.

마지막 증인

내일 아침이면 단하산에 가서 왕진인을 뵙는다고 생각하니 가슴이 벅찼다. 그 가슴 조였던 순간들도 이제는 모두 꿈이 되어 꿈밭으로 떨어지고 있었다. 새삼 이 물질계가 집착을 낳아 키우고, 그 집착의 무상함을 깨닫게 하는 곳이라고 여겨졌다. 도에 대한 집착도 예외일 수는 없는 것. 도의 완성은 바로 그 도에 대한 집착이 방기될 때 비로소 이루어질 수 있는 것일진대. 종일토록 뒤집어쓴 두꺼운 흙먼지를 씻어내고 그날 밤 나는 일찍 잠자리에 들었다.

다음날 아침이 되었다. 단하산에 오르기 위해서 나는 새 옷으로 갈아입었다. 그것은 새 하늘과 새 땅을 열기 위한 신성한 의식과도 같은 것이었다. 의심의 먹장구름을 뚫고 쏟아질 찬란한 치유의 햇살을 맞기 위한.

아침 일곱 시.

전화벨이 울렸다. 어제 나를 안내했던 사람의 전화로 생각하고 얼른 받았다. 그러나 뜻밖에도 전화 속의 목소리는 다른 사람이었고, 나더러 이층 회의실로 빨리 오라는 것이었다. '웬일일까? 내가 이곳에서 만나야 할 사람은 없을 텐데⋯⋯.' 이런 생각을 하며 나는 이층에 있는 회의실로 갔다.

이층에 올라가니 회의실 문은 열려 있었다. 문을 들어서는 순간 나는 무엇인가 잘못되었다는 것을 깨달았다. 인민군복 차림의 두 사람이 험악한 인상을 그리며 나를 노려보고 있었기 때문이다. 내가 영문을 몰라 어리둥절해하자, 문 쪽에 앉아 있던 젊은 사람이 서툰 영어로 나더러 들어와 앉으라고 하면서 회의실 문을 닫았다. 그의 가슴에는 '공작원'이라고 쓴 명찰이 달려 있었다.

내가 그들과 마주보이는 자리에 앉자 인민군복 차림의 두 사람 중 한 사람이 팔을 치켜올려 단호한 몸짓을 해 보이며 큰소리로 말했다.

"당장 이곳을 떠나시오!"

'당장 이곳을 떠나라니 무슨 청천벽력이란 말인가! 더구나 단하산과 왕진인을 눈앞에 두고⋯⋯.' 이유야 알 수 없었지만 당장 떠나라는 그 말이 하도 충격적이어서 하마터면 숨이 멎을 뻔했다. 내가 놀라는 기색을 보이자 그 젊은 공작원은 이곳이 개방되지 않은 구역이라서 따로 여행허가증이 필요한데, 그것이 없으니 당장 떠나야 하는 것이라고 말했다. 그리고는 덧붙여 성省에 가서 그것을 받아오라고 했다.

아무런 말도 머리에 들어오지 않았다. 언제 그곳까지 가서 받아올 수 있을 것이며, 또 간다고 해서 받을 수 있을지도 의문이었다. 그제서야 나는 어제 저녁 프런트 데스크에서 석연치 않다는 표정을 짓던 이유를 깨닫게 되었다. 아마도 빈관에서 관할 경찰서에 연락을 한 모양이었다.

그들 중 다른 한 사람이 분노로 일그러진 표정을 지으며 손바닥으로 테이블을 쾅 내리쳤다.

"더구나 적성국가敵性國家에서 온 사람이……."

'적성국가'라는 말에 나는 정신이 번쩍 들었다. 그랬다. 중국은 북한의 우방국일 뿐, 한국과는 아직 정식수교가 되어 있지 않았다. 적성국가라는 그의 말은 냉전체제의 잔영을 보여주는 듯했고, 양국이 아직 미수교 상태임을 새삼 환기시켰다. 단하산과 왕진인에 대한 생각만으로 나는 그 사실을 까마득하게 잊고 있었던 것이다. '어떻게 해서 여기까지 오게 되었는데……. 이 무슨 변고란 말인가!' 나는 정신이 아찔해졌다.

잠시 후 나는 정신을 수습하여 어떻게 해서든 단하산을 볼 수 있도록 허가를 받아내야 한다는 생각이 들었다. 나는 우선 따로 여행허가증 없이 들어온 것에 대해서 죄송하다는 말로 입을 열었다. 하지만 그것이 결코 고의가 아니며 사전에 알지 못했다는 말도 덧붙였다. 또한 '적성국가'에서 왔다고는 하지만, 양국간의 오랜 우호 선린관계에 비추어보면 금세기 들어 몇십 년간의 단교는, 더구나 양국 관계가 호전되어가는 마당에, 그렇게 큰 것이 아니지 않느냐고 했다. 그리고 나서는 본론을 이야기했다. 여기에 온 것은 명산인 단하산을 보기 위한 것이니, 단하산을 본 연후에는 즉시 이곳을 떠나겠노라고 했다. 말을 마친 후 나는 그 공작원에게 통역을 잘 부탁한다고 했다.

그러나 소용없었다. 그들의 입장은 여전히 강경했다. 표정은 조금 누그러졌지만.

"안 되오. 어서 떠나시오!"

어서 떠나라는 그 말이 가슴에 비수처럼 다가와 꽂혔다. 내가 절망하는 빛을 보이자 공작원은 안됐다는 생각이 들었던지, 왜 꼭 단하산을 보아야 되느냐고 물었다. 나는 좀더 자세히 설명하지 않으면 안 되었다.

"60여 년 전 저의 스승께서 단하산에 와 보신 적이 있었는데, 그때 이곳 단하산에 계시던 왕진인이라는 분을 만나신 적이 있어서 내가 단하산에 들르게 되면 꼭 그분께 안부를 전하라고 하셔서……."

이어서 나는 홍콩에 볼일이 있어서 나왔다가 시간이 좀 남아서 명산 구경도 하고 스승의 안부도 전할 겸 이곳에 오게 된 것이라고 했다. 그제서야 그 두 사람은 표정이 풀리며 크게 호의를 베푸는 듯이 말했다.

"정 그렇다면 그 사람의 주소를 주시오. 우리 공작원이 가서 찾아올 것이오."

갈수록 태산이었다. '나도 어제 버스에서 만난 그 사람의 안내를 받아 산을 헤매야 할 판인데, 주소는 무슨 주소이며 또 공작원이 가서 오라고 한다고 오실 분이던가!' 기가 찰 노릇이었다. 그들은 내가 왕 씨라는 성과 진인이라는 이름을 가진 사람을 찾고 있는 정도로 생각하는 듯했다. 하기야 내가 뜻으로 새기지 않고 이름처럼 말했으니 당연한지도 몰랐다.

오히려 잘되었다는 생각이 들었다. 나는 그들에게 주소를 알지는 못하지만 스승으로부터 들은 바가 있으니 내가 직접 가면 찾을 수 있을 것이라고 말하고 허락해 줄 것을 간청했다. 그러나 그들은 고개를 흔들며 뜻을 바꾸지 않았다. 얼마 후 그들은 시계를 보더니 황망히 나가버렸다.

어느덧 아침 여덟 시가 지나고 있었다. 그들과 한 시간 동안 입씨름을 벌였지만 결론은 안 된다는 것이었다. 나는 그 공작원을 붙들고 그들이 어디로 가는지 물었다. 아침 식사를 하러 식당으로 가는 것이라고 말했다. 나는 그에게 다시 한번 간곡하게 부탁했다.

"두 분이 그러한 입장 표명을 한 것은 직무수행상 어쩔 수 없다는 것을 이해할 수 있어요. 하지만 저는 단하산에서 볼일이 끝나면 바로 떠날 사람이니 정 못 미더우면 저와 동행할 수도 있지 않겠어요?"

그리고는 식당으로 가서 다시 한번 그들에게 이야기해 줄 것을 당부했다. 그는 호의적인 반응을 보였고 우리는 함께 식당으로 갔다. 식사를 하고 있는 두 사람 곁으로 그가 다가가 뭐라고 열심히 말하고 있었다. 그들의 표정이 다소 밝아지는 듯하여 나도 가까이 다가갔다. 공작원의 환한 얼굴을 보며 나는 비로소 안도의 한숨이 나왔다. 그는 자기가 나와 동행할 것이라고 하면서 정오까지는 내가 이곳을 떠나야 한다고 했다. 나는 그 두 사람에게도 고맙다는 인사를 하고 그와 함께 식당을 나왔다.

식당을 막 나오는데 어제 나를 안내했던 사람이 기다리고 있었다. 나는 공작원에게 이 사람이 내가 찾는 곳을 잘 알고 있으니 동행하는 것이 어떻겠냐고 물었다. 그러자 그는 허가를 받은 사항이 아니기 때문에 안 된다고 했다. 갈 수 있게 된 것만 해도 다 공작원 덕분이니 더 이상 묻지 않기로 했다. 그는 내게 정오까지는 여기를 떠나야 함을 다시 한번 환기시키면서 재우쳤다. 시간이 없으니 아침 식사도 하지 않겠다고 했다.

그리하여 나는 버스에서 만난 사람과 그곳에서 작별하는 수밖에 없었다. 비록 그가 동행할 수는 없었다고 할지라도 3년 전에 한번 왕진인을 보았다는 그의 말은 나로 하여금 실재에 대한 확신을 가지고 단하산을 오를 수 있게 해 주었다.

공작원은 잠시 사무실에 들러서 신발을 바꿔 신고 가야겠다고 했다. 관할 경찰서는 그곳에서 그리 멀지 않았다. 대기실에서 기다리고 있으니 잠시 후 그가 나왔다. 그렇게 해서 나는 우습게도 나를 추방해야 할 관할 경찰서 직원을 앞세우고 단하산을 오르게 되었다.

그는 인력거를 부르더니 타자고 했다. 얼마간 가다가 내리는데, 그는 한사코 자기가 지불하겠다고 했다. 말릴 수가 없었다. 그곳에서 다시 단하산행 버스를 타고 몇십 분 후에 단하산 입구에 도착했다.

단하산丹霞山.

이 얼마나 가슴 저미게 하는 이름이던가!

입구에서 바라다 보이는 단하산의 신령스러운 자태는 옅은 안개 속에서 굽이굽이 준봉마다 영기를 가득 머금은 채 태고의 정적과 신비를 내뿜고 있었다. 산 정상 가까이에는 기암괴석들이 병풍처럼 영봉을 둘러싸고 있는 것이 과연 여해 스승의 말씀처럼 선경이었다.

저곳 어딘가에 왕진인께서 계시리라는 생각을 하면서 나는 산을 오르기 시작했다. 날씨가 흐려 있더니 느껴질 듯 말 듯한 실비가 내렸다. 산으로 오르는 길목에는 산에서 밭을 갈며 사는 사람들의 것으로 보이는 집들이 군데군데 있었다. 공작원은 밭에서 김을 매고 있는 농부에게 왕진인에 대해서 물었다. 그러나 그 농부는 고개를 저으며 전혀 아는 바가 없다고 했다. 무작정 걸어 올라가면서 산에 거주하고 있는 농민들에게 또 물었으나 대답은 마찬가지였다.

세월은 흘렀다.

60여 년 전 단하산 일대뿐만 아니라 중국 전역에도 널리 알려져 있던 대선인大仙人 왕진인의 존호는 단하산에서조차 기억하는 사람이 없었다. 여해 스승께서 말씀하신 왕진인의 거소였던 암자에 대해서도 아는 사람은 없었다. 적어도 중국의 정신문명사적인 견지에서 볼 때 지난 몇십 년의 세월이 가져온 변화의 깊이와 폭은 과거 몇백 년의 그것과 비길 수 있을 것이라고 생각되었다. 무신론에 입각한 유물론 사회의 건설이 정신세계에 대한 관심을 위축시키고 파괴시킨 것은 당연한지도 몰랐다.

암자가 산 정상 가까이에 있다고 하신 여해 스승의 말씀을 떠올리며 계속 걸었다. 올라가는 산길에는 곳곳에 채소밭이나 옥수수밭이 있어 농부들이 이따금씩 보였다. 만나는 사람마다 공작원과 나는 왕진인에 대해서 물었다. 버스에서 만난 사람을 떠올리며 혹시나 하는 마음에서 심지어는 어린아이에게까지 물었다. 그러나 한결같은 대답은 들어본 적이 없다는 것이었다.

조금 더 올라가니 사찰이 하나 나타났다. 사찰에서는 혹시 알지도 모른다는 생각에 안으로 들어가서 물었다. 하지만 그들 역시 왕진인에 대해서 들어본 적이 없으며 산 정상 쪽으로 그런 암자도 없다고 했다. 사찰을 나와서 다시 걸었다. 공작원도 애가 타는 듯 자꾸 시계만 보고 있었다. 이미 열시가 다 되어 가고 있었다. 이제 남은 시간은 두 시간. 두 시간 안으로 나는 그곳을 떠나야 했다.

실비는 계속 내렸다. 새 하늘과 새 땅을 열기 위한 나의 신성한 의식을 비웃기라도 하는 듯이. 옷이 축축해져 왔다. 길섶마다 옥로玉露를 머금은 듯한 야생화들의 청초한 몸짓도 내게는 다만 슬픔으로 다가올 뿐이었다. 분노도 원망도 미움도 기쁨마저도 모두 슬픔 속에서 하나가 되고 있었다. 울고 싶었다. 정녕 내 눈물을 가려주기 위해 실비가 내리는 것이리라.

공작원은 조금 지치는 모양인지 걸음이 느려지고 있었다. 나는 무거운 배낭을 운명처럼 짊어진 채 산 정상을 향하여 앞장서서 걸었다. 이따금씩 농부들이 보이면 또 물었다. 그러나 대답은 한결같았다. 시간이 지날수록 내 발걸음은 빨라졌다. 공작원은 뒤처지기 시작했다. '회한을 남기지 않으리라'고 다짐하며 나는 미친 듯이 산을 올랐다. 오를수록 산은 비경의 연속이었다. 청기淸氣를 심호흡하며 얼마를 더 올라가니 그곳에서 길은 끊어지고 거대한 암석들이 절묘하게 맞물려 길을 만들고 있었다. 나는 단숨에 바위 위로 올라섰다.

바로 그때. 저만치 아래에서 부르는 소리가 들렸다. 공작원이었다. 내게 손짓을 하며 내려오라고 했다. 달려 내려가 보니 그곳 밭에서 일하고 있는 농부와 이야기를 나누고 있었다. 그 농부는 손가락으로 건너편 언덕을 가리키며 말했다.

"저기서 가끔 왕진인을 본 적이 있습니다."

우리는 다시 하산하기 시작했다. 시간을 절약하기 위해서 가능한 한 건너편 언덕 쪽으로 길 아닌 길을 따라 내려가다 보니, 진흙길에 배낭을 맨 채로 몇 번이나 넘어지는 바람에 진흙투성이가 되었다. 보기에 안되었던지 공작원은 자기가 배낭을 매겠다고 나섰다. 처음에는 사양했으나 결국 그가 매게 되었다. 그도 이미 바지는 진흙칠갑이 되어 있었다.

열한 시.

이제 정오까지는 한 시간밖에 남지 않았다. 공작원과 나는 달리기 시작했다. 미끄러지고 일어나기를 몇 번, 온 몸은 진흙칠갑이 되어 둘 다 미친 듯이 달리고 또 달렸다. 그도 시간 내로 돌아가기 위해서 나만큼이나 필사적이었다. 신성한 단하산에서 진흙칠갑이 되어 달리게 될 줄 내 어이 짐작했으리. 내 몰골도 몰골이지만 옆에서 같이 진흙칠갑이 되어 내 배낭을 매고 필사적으로 달리고 있는 그의 모습을 보니 하도 기가 차서 웃음이 절로 나왔다. 새 하늘과 새 땅을 열기 위한 신성한 의식은 그렇게 진흙으로 치러지고 있었다.

하산하면서 만나는 사람마다 왕진인에 대해서 물었으나 말이 일치하지 않아 망연자실하던 끝에, 다시 한 농부의 말을 듣고 다른 방향으로 하산하여 대덕행 버스를 탔다.

드디어 정오.

떠나야 할 시간이었다. 하지만 그대로는 떠날 수 없었다. 공작원도 마찬가지 생각이었다. 대덕에서 내려 마을로 들어가 다시 묻기 시작했다. 얼마 전 그곳을 지나는 것을 보았다는 사람이 있는가 하면, 이미 그곳을 뜬 지 오래 되었다는 사람도 있었고, 심지어는 전혀 들어본 적이 없다는 사람도 있었다. 그러던 차에 한 사람이 마을 공동작업장으로 가서 알아보라고 하여 그곳으로 갔다.

오후 한 시.

이미 약속했던 시간을 한 시간 초과하고 있었다. 공작원도 초조한 듯 자꾸 시계를 보았다. 공동작업장에는 열 명도 채 안 되는 사람들이 앉아 있었다. 그들에게 물었으나 역시 아는 사람은 없었다.

"이제는 더 이상 어떻게 할 수 없으니 돌아갑시다. 더 늦어지면 문책을 당합니다."

하기야 나를 추방해야 할 위치에 있는 사람이 네 시간 동안이나 단하산 안내역을 맡았으면 족한 일이었다. 그것도 내 배낭까지 매고서. 돌아가는 수밖에 없었다. 달리 방법이 없었던 것이다. 그리하여 공작원과 나는 뒤돌아 무거운 발걸음을 옮기고 있었다.

바로 그때. 뒤에서 누군가가 부르는 소리가 들렸다. 그는 오라는 손짓을 하고 있었다.

"바로 그저께 왕진인께서 일하시던 곳을 본 사람이 있다고 합니다."

나는 얼른 뛰어갔다. 그저께라면 내가 보현에 도착하기 바로 전날인 셈이었다. 잠시 후 왕진인을 보았다는 사람이 와서 현장으로 안내를 하겠다고 했다. 일이 이쯤 되니 공작원도 어쩔 수 없다는 듯 순순히 응했다. 그렇게 해서 우리는 그 사람의 안내를 받아 그저께 왕진인께서 일을 하셨다는 바로 그 현장으로 갔다.

마을 공동작업장에서 논둑길을 따라 얼마를 가니 낮은 구릉지대가 나오고, 그곳에서 또 얼마를 더 가니 맞은편에 산기슭이 나타났다. 오전에 오르던 단하산과 방향은 다르지만 역시 같은 단하산 자락이라고 했다.

그 산기슭을 사이에 두고 장엄하게 펼쳐지는 계곡의 대서사시.

그곳에는 통나무로 묘하게 엮어진 30여 미터 길이의 다리가 있고, 수십 미터 아래로는 옥 같은 물이 아련히 흘러가고 있었다. 가히 선경이었다. 왕진인께서도 이곳에서 대자연과 하나가 되어 도道의 물결을 타고 흐르고 계시리라. 통나무다리를 건너니 좁다란 산길이 나타나고, 그 산길을 따라 수심이 아주 깊어 보이는 시퍼런 계곡물이 쏟아져내리고 있었다. 세속의 부질없는 망념들을 모두 씻어 내리기라도 하는 듯이. 얼마를 더 가니 토담집 두 채가 나오는데 집 뒷켠에는 소도 한 마리 매여 있었다. 숲길을 따라 조금 더 올라가니 예닐곱 채 되는 초가집들이 나오고 그 입구에는 우물이 있었다.

우물가.

그 우물가에는 어린아이처럼 맑고 천진스러운 눈을 가진 젊은 세 여인이 객인의 내방을 바라보며 서 있었다. 그 여인들의 자태에는 세속의 티라고는 찾아볼 수 없는, 원목과도 같이 꾸밈없는 자연 그대로의 형상이었다. 그 우물가에서 안내하던 사람은 멈춰 섰다.

"저곳이 바로 그저께 왕진인께서 일을 하시던 곳입니다."

그는 우물 곁에 있는 집을 손으로 가리키며 말했다.

진인께서 어떤 일을 하셨는지 물었더니, 그곳 사람들을 위해서 농사일을 도왔다고 했다.

그곳 사람들의 말에 의하면 왕진인은 왕대선王大仙 혹은 왕화상王和尙이라고도 불리는데, 여해 스승께서 말씀하신 대로 두 동자와 함께 단하산 정상 가까이에 있는 암자에서 기거했으나 그 두 사람이 죽고 난 후로 그곳은 비어 있다고 했다. 지금은 홀홀단신이며 일정한 거처가 없이, 그곳에서 일을 하실 때에는 주민들 집에 머무신다고 했다. 그렇다면 그곳에서 일을 하시지 않을 때에는 어디에 계시는지 물었다.

"산으로 오르시는 것을 봤어요. 아마 또 다른 마을에 가서 일을 도우

시겠지요. 하지만 항상 다른 사람들을 위해서 아무런 보수도 받지 않고 일을 하신답니다."

순박한 그곳 사람들은 왕진인을 그저 의탁할 곳 없는 선량한 노인으로만 알고 있었기에 이러한 나의 내방을 몹시 기이하게 생각하는 듯했다. 그러는 사이 공작원은 초조한 듯 자꾸 시계를 보더니 급기야는 더 참을 수 없다는 듯, "이제 왕진인의 근황을 그 정도나마 알았으니 다음 기회에 또 올 수 있지 않겠습니까. 이제 그만 갑시다." 하며 나를 재촉했다. 하기야 내가 그곳에 도착하기 바로 전날 진인께서 어디에서 무엇을 하셨는지를 들었으니 최근황을 알게 되었다고 할 수 있었다. 오후 두 시가 가까워지고 있었다. 마을 주민들과 작별하고 우리는 서둘러 그곳을 떠났다.

보현역으로 돌아오는 길 내내 '상선약수上善若水' 라는 말이 내 머리를 맴돌았다. 지고의 선은 물과 같은 것. 그랬다. 진인께서는 낮은 데로 흐르는 물과 같이 당신의 처신을 낮추는 겸허함과, 형상을 고집하지 않는 물과 같이 서민 속에 스며드는 삶을 보여 주셨다. 이런 생각을 하고 있는 사이, 차는 어느새 보현역에 도착했다. 공작원은 나를 도안행 버스역에 데려다 주고는 감사를 표시할 사이도 주지 않고 총총히 가버렸다.

무형상의 형상

우리는 수천 겁(劫) 이전에 헤어졌지만,

우리는 잠시도 떨어져 본 적이 없소.

우리는 종일토록 얼굴을 맞대고 있지만,

우리는 만나 본 적이 없소.

We were parted many Thousands of Kalpas ago,

Yet we have not been separated even for a moment.

We are facing each other all day long,

Yet we have never met.

- 다이토(Daito 大燈) 대선사

도의 편재성

사위성舍衛城에 있는 모든 사람들이 부처님을 보기 위해서 거리로 쏟아져나와 인산인해를 이루고 있었다. 그때 성동城東에 있는 한 노파는 부처님을 안 보려고 문을 닫고 눈을 감고 두 손으로 눈을 가렸더니 열 손가락 끝마다 부처님이 뚜렷이 나타났다고 한다.

이것은 그 누구에게나 참 부처가 있음을 가리키는 말이다. 손가락 끝마다 부처님이 나타났다는 것은, 눈을 감고 뜨는 것이나 손가락을 들고 내리는 것이 모두 참 부처의 출현이기 때문이다. 어찌 손가락에뿐이겠는가. 우리가 호흡하는 공기, 붉은 꽃과 푸른 잎, 돌과 바람과 티끌 속에까지 부처님이 없는 곳이 없는 것이다. 하나님이 없는 곳이 없는 것이다. 도道가 없는 곳이 없는 것이다.

실재세계는 언어의 영역을 초월해 있는 까닭에 무엇이라고 정확하게 명명될 수가 없다. 따라서 하나님이든, 부처님이든, 도든, 이는 만유에 편재해 있는 생명의 본체에 억지로 붙인 이름일 뿐, 무엇이라고 명명하든 그러한 명명이 있기 전부터 이미 그것은 사실로서 존재해 온 것이다. 도가 만물에 편재해 있음은 마치 비가 대지를 고루 적시고 태양이 사해를 두루 비추는 것과 같은 이치다. 하나님이 만물에 편재해 있음이나 부처님이 만물에 편재해 있음도 이와 같은 이치다. 그럴진대 그 이름으로써 실상을 구분함은 하나님을 죽이는 일이요, 도를 죽이는 일이요, 부처님을 죽이는 일이다.

그런 점에서 모든 종교의 도는 하나다. 하나가 곧 여럿이요, 여럿이 곧 하나다. 무한한 정신세계의 자유로운 내왕을 일컫는다. 정녕 행함이 없는 믿음은 영혼이 없는 육체와 같을진대. 도의 편재성遍在性, 바로 여기에 정신문명시대의 개막을 위한 제2의 종교개혁의 단초가 있다. 그것은 다양성으로 이루어진 하나의 통일체를 창출하는 일이다. 따라서 서구의 기독교적 보편사회에서의 종교개혁과는 그 깊이와 폭이 다를 수밖에 없다. 그것은 전 인류적인 것이요, 전 지구적인 것이며, 전 우주적인 것이다.

어찌 종교적인 영역에서뿐이랴. 학문 또한 전인교육을 그 최종목표로 삼고 있다는 점에서 정신의 자기분열의 극복이라는 과제를 안고 있다. 그것은 현대 서구의 물질문명을 주도해온 기계론적이고 분할주의적인 과학적 방법에 의해서가 아니라, 유기론적이고 일원론적인 통합주의적 방법에 의해서 정신과 물질의 본자리가 하나임을 밝히는 것이다. 진정한 과학적 지식은 정신과 물질을 통합한 데에 있다. 대립자들의 역동적 통일성, 바로 여기에 제2의 르네상스의 단초가 있다. 이는 곧 일원론적, 유기론적 세계관으로의 인식론적 회귀를 통해서 종교와 학문의 본래적 기능을 회복하는 것이다.

형상의 무형상

> 자기의 생을 망각한 후에 능히 아침 공기처럼 맑은 경지에 들어가고 아침
> 공기처럼 맑은 경지에 들어간 후에 능히 단독자가 드러난다. 단독자가 드
> 러난 후에 능히 고금을 초월하고, 고금을 초월한 후에 능히 생도 없고 사도
> 없는 경지에 도달한다. (『장자』「대종사(大宗師)」편)

인생은 부운淨雲과 같은 것, 어젯밤 꿈만이 꿈이 아니라, 오늘 낮 꿈도
깨고 나면 꿈이라는 말이 가슴 속으로 저며 들었다. 중국을 떠나기 전,
나는 그동안의 시간들을 노트에 정리하며 그 의미를 되새겼다.

곰곰이 생각할수록 왕진인의 깊으신 뜻이 느껴져 왔다. 진인께서는
내가 보현에 도착하기 바로 전날에 단하산자락에 있는 마을 주민들을 위
해서 일을 함으로써 당신께서 여전히 건재하심을 보여 주시고, 아울러
도에 이르는 삶이 어떠한 것이어야 하는지를 나로 하여금 현장에 가서
그곳 마을 주민들의 입을 통해서 생생하게 느끼도록 하셨다. '상선약수
上善若水'라는 말을 진인께서는 몸소 실천하고 계셨다. 그것은 아마도 내
게서 가장 부족한 부분인지도 모른다. 그리고 도에 이를 수 있기 위해서
는 형상에 대한 집착을 버려야 한다는 점을 일깨워주셨다. 꿈에서도 그
리던 단하산을 몇 시간 걸어도 보았고 또한 진인의 근황에 대해서도 알게
되었는데, 그의 형상을 못 보았다고 하여 어찌 진인과의 연緣이 없다고 속
단할 수 있을까. 만약에 정말 연이 없었다면, 지도상에도 없는 그곳을 찾

을 수조차 없었을 것이다. 단 한 번의 만남이 아닌, 정신 속에서의 영원한 만남을 이룩한 것일지도 모른다. 여해 스승의 말씀처럼 진인께서는 황백 전환기를 보시기 전까지는 그곳을 떠나시지 않을 것이다. 도에 이르는 과정에서 제일 금물인 것이 형상에 대한 집착이라는 사실을 진인께서는 무언의 가르침을 통하여 깊이 느끼게 해 주셨다. 진인의 형상이 더 이상은 형상이 아닌 것으로 여겨질 때, 그때는 나 또한 형상이 아닌 형상으로 그의 형상을 대할 수 있으리라. 그날을 기다리며 오늘 이 두타행頭陀行도 기꺼이 기쁨으로 맞으리라. 신광보조神光普照, 보편자의 빛은 두루 비치어 평등 무차별성을 드러낸다. 두타행의 의미도 바로 이러한 것일진대.

그동안에 일어난 일들을 자세하게 정리하여 여해 스승께 서신으로 올린 후, 나는 홍콩에서 일박을 하고 귀국길에 올랐다.

무형상의 형상

얼마 후 여해 스승을 찾아뵈었을 때 환한 얼굴을 하시고는 이렇게 말씀하셨다.

"왕진인께서 직접 안내를 하셨구먼. 진인과의 인연이 있음이야. 허허허……."

『삼국유사三國遺事』에는 이런 이야기가 나와 있다.

자장법사(慈藏法師)가 중국 오대산(五臺山) 문수보살(文殊菩薩)의 진신(眞身)을 보고자, 신라 선덕왕 때인 정관(貞觀) 10년 병신년에 당나라로 들어갔다. 대화지 연못가의 문수보살 석상이 있는 곳에 이르러 이레 동안 일심으로 기도했더니, 꿈에서 부처가 나타나 네 귀(句)의 게(偈)를 주는 것이었다. 꿈에서 깨어나도 그 네 귀의 글은 기억할 수 있었지만, 모두가 범어여서 그 뜻을 도무지 풀 수 없었다. 이튿날 아침 웬 중 하나가 붉은 비단에 금색 점이 박힌 가사 한 벌과 부처의 바리때 하나와 부처의 머리뼈 한 조각을 가지고 법사의 곁으로 와서는 어찌해서 수심에 싸여 있는지를 물었다. 이에 법사는 대답했다.

"꿈에 네 귀의 게를 받았으나 범어인지라 풀 수가 없습니다."

그 중이 번역하여 말했다.

"가라파좌낭(呵囉婆佐曩)이란 일체의 법을 깨달았다는 말이요, 달사다거야(達嚛哆佉野)란 본래의 성품이 무소유라는 말이요, 낭가사가낭(曩伽呬伽曩)이란 이와 같이 법성을 해석한다는 말이요, 달사노사나(達嚛盧舍那)란 부처의 진신을 곧 본다는 말입니다."

이어서 그 중은 가지고 있던 가사 등을 법사에게 주며 부탁의 말을 남기고는 이내 사라졌다.

법사가 보살의 유적들을 두루 찾아보고 본국으로 돌아오는 길에, 대화지의 용이 현신해서 법사에게 말했다.

"전일에 게(偈)를 전하던 늙은 중이 바로 진짜 문수보살입니다."

'선천지생先天地生'이라는 말에서도 알 수 있듯이 노자는 경험세계의 총체 밖에서 그 스스로의 법칙성에 의해서 활동하는 가장 포괄적이고도 근원적인 존재가 있다고 보고, 그 존재는 "홀로 서서 변화되지 않으며 두

루 운행하여도 위태롭지 않으므로 가히 천하의 모체가 될 수가 있다"고
했다. 그러면서 그 이름을 알지 못하여 '도道'라고도 하며 '대大'라고도
했는데, 이는 억지로 붙인 이름일 뿐 그 이름이 곧 실상을 나타내는 것은
아니라고 했다. 또한 그것은 보이지도 들리지도 잡히지도 않는 고로, 우
리의 감각기관으로써는 알 수가 없다고 했다.

『도덕경』14장에서는 이렇게 말하고 있다.

보려고 해도 보이지 않으니 빛깔이 없는 것[夷]이라고 하고, 들으려고 해도
들리지 않으니 소리가 없는 것[希]이라고 하며, 잡으려고 해도 잡히지 않으
니 형상이 없는 것[微]이라고 한다. 이 셋은 어떤 감각으로도 포착할 수 없
으므로 섞여서 하나가 된다. 그것은 그 위도 밝지 않고, 그 아래도 어둡지
않으며, 만물을 끊임없이 생성하여 무엇이라고 이름할 수가 없다.

"도란 보려고 해도 보이지 않고 들으려고 해도 들리지 않고, 잡으려고
해도 잡히지 않는 것." 노자 강의를 하던 내 공허한 입이 한없이 부끄럽
게만 느껴졌다.

제4장

환국의 빛

"미혹하면 사람이 법을 좇지만,
깨달으면 법이 사람을 좇는다.
미혹하면 물질이 의식을 거두어 들이지만,
깨달으면 의식이 물질을 거두어 들인다.
迷時人逐法
解時法逐人
迷時色攝識
解時識攝色
— 달마대사, 『2입4행론(二入四行論)』

유학에서 돌아오니 여해 스승께서 기다리고 계셨고, 동굴에서 나오니 무호無號 스승께서 기다리고 계셨다. 여해 스승은 내게 처음으로 정신세계를 열어 보여주셨고, 무호 스승은 역사의식을 일깨워주셨다. 우연히도 두 분은 모두 1900년생으로 연치가 같으셨고, 굴절된 우리 현대사의 증인이시기도 했다.

여해 스승께서는 또 한 분의 스승에게로 나를 인도하시고는 홀연히 이

173

세상을 떠나셨다. 동굴에서 나온 지 몇 년 뒤에 나는 여해 스승의 말씀을 좇아 왕진인을 뵈러 중국 단하산에 가게 되었고, 다녀온 지 몇 년 안 되어 세상을 떠나신 것이다. 인연의 무상함이 새삼 느껴졌다. 오고감에 무심하던 내가 상실감에 빠질 줄은 나 자신도 미처 몰랐다. 동굴에서 나온 이후 나는 무호 스승과의 만남을 통해서 우리 역사에 눈을 뜨게 되었다.

정신과 역사의 만남

스승께서는 호가 없으셔서 주위에서는 그를 무호 선생이라고 불렀다. 매주 나는 인천에 있는 무호 스승 자택으로 찾아가 우리 역사에 관한 강의를 듣고 자료를 얻어 가지고 오곤 했다. 당시 구순의 나이에도 불구하고 그는 청년 못지않은 기백으로 이렇게 말씀했다.

"내가 한국상고사에 관한 책을 낸 이후로 많은 사람들이 내게 물었다네. 왜 우리 고대사와 일본 역사와의 관계를 그렇게 중대시하느냐고. 그리고 무엇 때문에 과거의 묵은 일들을 캐내려 하느냐고. 그러면 나는 이렇게 답한다네. '일본제국이 한국을 강점하고서 먼저 우리의 역사책을 빼앗아다가 모두 불태워 버리고, 우리의 반만년 역사를 2,000년으로 잘라버리고, 고조선이 활약한 영역—중국의 베이징 근처에 있는 지금의 난하灤河 동북 지역, 즉 고요동古遼東—의 대부분을 잘라내서 민족역사를 반도 안으로 좁혀 놓았다. 그리고는 옛날부터 자기네 지배하에 있던 보잘것없는 민족으로 격하하는 등 의도적으로 역사를 왜곡하고 날조했다. 일인들이 지금도 허무한 옛 꿈을 잊지 못하고 연연해하는 현 시점에서 어찌 가만히 보고만 있겠는가? 일인들이 물러가던 당시 그들이 살던 집 벽에 20년 후에 다시 보자고 써놓은 것을 많이 보았고, 그 다음 해 봄 3·1절에도 큼직한 적산 가옥의 벽이나 칸막이 문짝에서 그런 글자들을 내 눈으로 똑똑히 보았다. 그런 상황에서 어찌 앉아서 보고 듣기만 하겠는가? 어찌 식민사관의 역사 날조 탈바가지를 벗어버리지 못하는 동족의 짓거리를 그대로 둘 수 있다는 말인가?"

노학자의 눈이 결연한 의지로 빛나고 있었다. 스승께서 말을 이었다.

"반만 년 우리 조상들의 전해 내려온 역사를 일조에 묵살하는 것 자체가 바로 역사적 큰 사건이 아닐 수 없다네. 선조들로부터 여러 천 년 전해 내려온 역사를 무슨 이유로, 누가 묵살하기 시작했는지를 밝히는 것은 당연하지 않겠는가? 사실을 밝히고 이유를 논고하지 않은 채 묵살하는 것은 역사의 암살이요, 역사의 도굴 행위라네. 정정당당히 토론하여 잃은 역사를 찾아내는 일이야말로 통일의 첩경이 아니겠는가?"

'통일의 첩경'이라는 말에 나는 정신이 번쩍 들었다. 이 시대를 살고 있는 모든 사람들이 그러하듯이, 나 또한 통일문제에 대해서 많은 생각을 해 온 터였다. 매주 나는 무호 스승께서 주신 자료들을 읽으며 우리 역사에 대해서 나 자신이 얼마나 무지했는지를 깨닫게 되었고, 역사에 기초하지 않은 나의 생각과 사상 또한 사상누각이었음을 자인하지 않을 수 없었다.

역사란 무엇인가? 카(E. H. Carr)는 역사를 "현재와 과거 사이의 끊임없는 대화"로 보고 역사의 이중적인 기능—인간으로 하여금 과거 사회를 이해하게 하고, 현재 사회에 대한 지배를 증진하게 하는 기능—을 강조한다. 역사란 "역사가와 사실 사이의 상호 작용의 부단한 과정"이라는 카의 말에서도 알 수 있듯이 '역사적 사실'은 역사가에 의해서 선택되는 것이다. 말하자면 단순한 과거의 사건이 역사가가 사용하는 기초적 사실이 되는 것은, 사실 자체에 어떤 자격이 있어서가 아니라 역사가에 의해서 그것들이 중요하다고 판단되었기 때문이다. 사실은 결코 순수한 형태로 나타나지 않으며 역사가에 의한 재구성의 과정, 즉 사실의 선택 및 해석의 과정을 거치게 되는데, 이것이 단순한 과거의 사실을 역사적 사실로 만들어 준다.

물론 카는 역사에서 해석이 전부가 되고 사실은 무가 되는 극단적 입장을 경계하고 있기는 하나, 그의 역사관의 핵심은 역사란 역사가의 해석에, 그리고 해석은 역사가 자신이 생존하고 있는 사회와 시대를 반영하는 역사가의 가치에 의존한다는 내용으로 요약될 수 있다.

이렇게 볼 때 역사가의 가치체계와 분리되는 사실에 의거한 객관성이란, 역사에는 적용될 수 없다고 보아야 할 것이다. 따라서 역사에서의 객관성의 문제란 바로 역사가 자신의 가치의 진실성에 관한 문제이며, 그런 까닭에 우리가 역사가에게서 기대할 수 있는 것은 정확하게는 '사실의 객관성'이라기보다는 '가치의 객관성'이라고 보아야 할 것이다.

이와 같이 역사는 과거의 기록에 의거해서 객관적으로 쓰이는 것이 아니라, 역사가의 주관적 해석과 비판이 크게 작용하게 된다. 이는 단순히 과거에 대한 인식의 문제로서 끝나는 것이 아니라, 오늘에 대한 인식과 비판, 그에 따른 행동양식과 긴밀한 관계가 있다.

역사가 중요한 것은 단순히 그것이 우리가 사는 세계에 대해서 무엇인가를 알려주기 때문만은 아니다. 무엇보다도 우리의 사고력, 분석력, 판단력, 비판력과 같은 정신적 능력을 발전시키고, 나아가 민족적 자기정체의 확립에 기여하기 때문이다. 말하자면 역사는 우리가 살고 있는 사회의 성격, 당면한 문제들, 지향하는 방향에 대해서 현실적인 시각을 가지게 해 줌으로써 한 국가의 성숙한 자기인식을 촉진시키는 데에 중요한 역할을 하는 것이다.

인간의 삶을 의미 있게 만들고, 인간에게 삶과 투쟁과 죽음의 자료를 공급한 그 모든 감정들, 가치들, 이상들을 낳게 만든 것이 다름 아닌 역사에 기록된 사건들이다. 역사적 사건들은 인간의 기본적인 모든 집단들을 창조했으며, 이러한 집단들에 대해서 가지게 되는 개개인의 모든 충성심이나 책임감 역시 역사적 사건들이 만들었다.

실로 역사적 접근법은 우리들에게, 인간의 가치들은 하나의 기준에 입각해 있지 않으며 시대와 장소에 따라서 본질적으로 다양하다는 점을 인식하게 한다. 역사는 우리로 하여금 상대적 가치관을 발전시킬 수 있게 해 준다. 이와 같이 역사는 우리에게 인간사에서 변하지 않는 것이 있다면 그것은 항시 변한다는 사실 그 자체임을 일깨워준다.

그날도 나는 무호 스승께서 주신 자료들을 다 읽고서 그의 자택을 찾았다.

"주신 자료들을 읽으니 단군신화檀君神話가 아닌, 단군사화檀君史話라는 것이 확실해졌습니다. 스스로 반만년의 유구한 역사와 전통을 가진 민족이라고 하면서도 단군신화라는 말을 입버릇처럼 사용하고 있으니 참으로 안타까운 일입니다."

"그렇다네. 오랜 역사를 가진 나라는 어느 곳이고 신화가 있고 그 신화에 역사적 사실이 반영되어 있는 것이 상식이지만, 우리나라의 역사는 —신시神市시대라면 몰라도—단군의 고조선 개국부터는 신화라는 말은 있을 수 없네. 오히려 실존 인간인 단군왕검檀君王儉에 의해서 강대한 광역국가인 단군왕조의 역사가 시작된 것일세. 곰과 사람이 결혼했다는 신시시대의 신화도, 그곳의 원주민인 '곰 토템족' 그리고 하늘을 섬기며 조상을 받드는 보본사상報本思想의 수두교蘇塗敎를 특징으로 하기 때문에 천손족天孫族이라고 일컫는 '한족韓族'이 서로 융합하여 통혼하기에 이르는 과정을 상징적으로 표현한 것이네. 그것은 오늘날 고려대학생을 '안암골 호랑이'라고 하고, 연세대학생을 '신촌 독수리'라고 하는 것과 같은 것일세. 우리 민족은 단군 사당에 제사하며 세년가世年歌를 통해서 단군의 사적을 전해 왔네. 이미 자료에서 보았겠지만, 『세종실록』에 실려 있는 유사눌柳思訥이나 유관柳寬의 상서를 통해서도 확인할 수 있네."

"우리 민족이 여러 차례의 국난을 겪으면서도 단군사당에 제사하며, 국가의 대행사인 축제 때에는 세년가라는 노래로 단군 이래의 사적史蹟을 전해온 사실이 확실하군요. 신화에 지나지 않는다면, 이처럼 왕조에서까지 조의朝議로 받들 리가 없겠지요."

나도 자료들을 보면서 확신이 일기 시작했다.

"그렇네. 우리나라에서 옛부터 단군을 국조로 받들고 제사까지 지냈는데,* 이것이 끊어진 것은 일제 때부터네. 지금도 눈에 선하다네. 일본인들이 동리에 있는 역사서들을 빼앗아다가 불태우는 장면이. 일본 왕실의 조상이 한인韓人이고, 한국이 반만 년 역사를 가진 선진강대국이었다는 사실을 완전히 말살하기 위함이었지. 일인들의 눈을 피해서 어떤 사람은 마루를 뜯어내고 땅 속에 역사책들을 파묻어 숨겨놓기도 했다네. 해방이 되어 그렇게 숨겨놓았던 책들이 다시 빛을 보게 되었을 때, 오히려 위조된 책들이라고 공박을 받기도 했으니……. 살아 있는 우리의 역사를 신화화시키며, 우리는 역사상 유례없는 새로운 신화를 만들게 된 것이네. 뿌리를 잘라 버리고도 나무가 자랄 수 있다는 건지……. 우리 조상들이 즐겨 머리에 드리우던 댕기가 바로 단군을 기념한다는 뜻의 '단기檀紀'에서 온 것임을 어찌 알지 못하는지…….”

이어 그는 이승휴李承休의 『제왕운기帝王韻紀』와 북애자北崖子의 『규원사화揆園史話』를 인용하여 요동이 고조선의 활동 중심지였음을 역설했다. 고조선 왕국은 백두산 이편 한반도 북부의 대동강 유역에 위치했던 것이 아니라, 백두산 저편 발해 북안에 위치하고 있었음을, 지도까지 그려가며 열심히 설명했다.

“정말 엄청나군요. 막혔던 가슴이 뚫리는 느낌입니다. 그런데 그런 상고시대에 그렇게 넓고 강대한 국가가 어떻게 성립될 수 있었습니까?”

“단군에 의해 고조선 왕국이 기원전 2,333년에 건국되었는데 중국의 『위서魏書』에는 '수천 년 전에 단군임금이 있어, 도읍을 아사달에 정하고 나라를 열어 국호를 조선이라고 했는데 중국의 요임금과 같은 때라고 했다' 고 전하고 있네. 최근 중국 만주의 고조선 발상지역에서 기원전 2,400

---

* 무호 스승의 연구 조사에 의하면, 임진왜란 때 일본에 잡혀간 17성씨(十七姓氏)는 합의해서 그곳 일본 땅에서까지 단군사당을 모셨는데, 그것이 바로 옥산궁(玉山宮)이다. 그곳 옥산궁 유래기에는 옥산궁이 조선 개조(開祖) 단군의 묘이며 평양 단군사당에서 단군을 모셔왔다는 기록이 있다.

년경의 청동기시대 유물이 발굴되었다고 하니 무리한 말이 아닐세. 또 고조선 지역에서의 청동기문화의 시작이 중국 황하 유역보다 수백 년 앞선다는 점도 주목할 만한 일이 아닌가. 고조선왕국에서 숭배했던 최고신은 하늘이었고, 그 기본 정신은 인간을 널리 이롭게 한다는 것, 즉 홍익인간弘益人間이었네. 고대 우리 한민족은 하늘을 숭배했기 때문에 스스로 천손족이라고 불렀네. 어떤가? 대단한 자부심과 정신력이 느껴지지 않는가. 그 천손족의 후예가 바로 우리고, 우리 속에는 그 진한 피가 흐르고 있네. 하지만 과연 지금 우리가 스스로를 천손족이라고 칭할 수 있겠는가? 우리 역사를 연구하는 것은 바로 우리 자신을 찾는 과정이라고 할 수 있네."

자신을 찾는 과정.

그랬다. 역사를 연구하는 것은 정신 수련을 하는 것과 마찬가지로 자신을 찾는 과정이라고 할 수 있었다. 역사란 정신의 시대적 발현이며, 그런 점에서 정신은 역사 속에 구현된 정신인 것이다.

"한 개인에게서나 민족 집단에서나 그 뿌리가 제대로 서 있지 않으면 미래를 내다보기 어렵네. 그런데 우리 한민족의 역사는 내부의 사대주의자들과 근대 제국주의 일본의 우리 민족 말살 정책으로 인해서 위조되어 왔네."

"한민족 말살 정책의 내용은 어떤 것입니까?"

"그것을 어찌 몇 마디로 말할 수 있겠냐만, 개략적으로 살펴보면 이러하네. 일본 사람들은 우리나라를 강점하기 위하여 메이지유신 때 일본의 황통사皇統史를 내세우고 우리 역사를 변조했다네. 헌병 장교 사가와酒勾景

信를 보내서 중국에 있는 고대의 우리 광개토대왕릉비를 파괴하여 변조하고, 터무니없는 일본 권력사를 만들어 어린 학생 때부터 세뇌교육을 하는가 하면, 한국을 강점한 뒤에는 우리나라 황실과 민간에 비장된 모든 역사책을 모조리 모아 불사르고, 총독부에 조선사편수회를 설치하여 정무총감이 회장이 되고 이완용이 부회장이 되어 이마니시今西龍라는 학자를 데려다가 『조선사朝鮮史』 35책을 조작했다네. 반만 년의 역사를 실증적이지 않고 신화라는 이유로 천여 년으로 줄이고, 우리나라의 발상지인 넓은 중국 대륙을 한반도 안으로 좁혔다네. 그렇게 하고도 미진하여 일본 역사는 14대에 걸친 가설 인물을 천황으로 만들고, 실재했던 몇몇 천황은 재위 년수를 120년이나 위로 늘려서 우리보다 몇 백 년 먼저 나라를 세운 것처럼 왜곡하고 있네. 즉, 일본이 한국보다 일찍이 강성해서 옛부터 한국을 정복하고 한국 남단에 임나일본부任那日本府라는 총독부를 설치해서 수백 년간 지배했다는 것을 믿도록 하는 내용이네. 그들이 이렇게 거짓 역사를 만들어내는 이유가 뭐겠나. 자신들의 폭력을 합리화하고 마땅히 다시 한국을 지배해야 한다는 것을 2세들에게 가르치기 위함이 아니겠는가.”

그의 어조가 점점 격앙되었다.

“그들은 한국이나 중국 문헌에서는 찾아볼 수 없는 진고神功라는 여인이 남장을 하고 신라를 위시하여 한국을 정벌했다는 어처구니없는 전설을 말하고 있는데 참 대단한 상상력이지. 무슨 소설 쓰듯이 남의 역사를 왜곡시키고 자신들의 역사를 거창하게 펼쳐 보이니 참 역사상 유례가 없는 황당한 사람들이지. 기회만 주어진다면 세계사도 능히 왜곡시킬 사람들이야. 신약의 '요한복음' 첫 구절도 이렇게 바뀔지 모르지. '태초에 말씀이 계셨다'가 아니라 '태초에 일본이 있었다'로. 그들은 이 역사의 가슴에 비수를 꽂고 한낱 머릿속에서 만든 마네킹 같은 가짜 역사를 우리역사라고 내보이고 있네. 우리의 모습은 어떠한가. 해방된 지가 언젠데 아직도 이 마네킹 같은 가짜 역사를 끌어안고 있으니……."

가슴에 비수가 꽂힌 채 신음하고 있는 역사가 보이는 듯했다. 그 가슴에서 피가 뭉텅뭉텅 쏟아지고 있었다.

"역사란 피가 흐르는 생명체입니다. 그 속에는 무수히 많은 의로운 목숨들이 두 눈을 부릅뜨고 살아 있고, 불멸의 정신이 흐르고 있습니다. 역사를 왜곡시킨 것도 큰 사건이지만 왜곡된 역사를 진실이라고 믿고 가르치고 배우며 살아가는 것이야말로 정말 큰 역사적 사건이군요."

"바로 보았네. 민족 전체가 이렇게 집단적으로 기만당하기도 쉬운 일은 아닐세. 일제하에서는 우리가 기만당하는 것이었지만, 해방이 된 지 수십 년이 지난 지금 우리는 스스로를 기만하고 있는 것이네. 우리 모두가 우리 역사에 대해서 방관함으로써 역사 왜곡의 공범자가 되고 있다고 할 수 있지. 우리 민족을 격하시킨 역사 왜곡에 동조하는 역사적 대오류를 같이 범하면서 역사에 기록될 대수치를 만들고 있다고나 할까? 나는 이런 생각을 하게 되네. 나라 사랑하는 마음이 물론 나쁘다고 할 수는 없겠지만, 분리와 질시와 전쟁을 일으키고 인위적 수직의 관계를 형성하고자 하는 지나친 민족주의는 역사적 진실 앞에서는 한낱 저급하고 사특한 욕심에 지나지 않는다고. 그러나 나는 또한 묻고 싶네. 일인들은 없는 역사도 지어내서 선진민족임을 내세우려 하는데, 정작 선진민족으로서 있는 역사도 없다고 하고 일본의 역사책 왜곡에 침묵하고 있는 우리는 누구인가라고 말일세."

"우리 민족의 자기 분열 과정이군요. 끝없이 자기를 부인하고 찢고 찢기는……. 역사상 그 수많았던 전쟁, 외침과 내란, 일제하의 암흑기, 지금은 또 좁은 반도 안에서조차 남북으로 갈라져 적대시하고 있으니 이 얼마나 처절한 우리 민족의 자기 분열 과정입니까. 같은 나무의 동료 가지를 잘라내고 땅 속에 있는 자기 뿌리를 도륙하며 승리의 웃음을 짓고 있는 것이나 다름없겠지요."

역사를 인간의 집단적 경험에 대한 기억이라고 한다면, 이러한 인간의 집단적 경험에 대한 기억이 잊혀지거나 무시될 때 우리가 정상적인 인간으로서 존재할 수 없게 된다는 것은 주지의 사실이다. 마치 집단적 기억 상실증에 걸린 사람들처럼 스스로가 누군지 또는 어떻게 하여 존재하게 되었는지를 전혀 알 수 없게 될 것이다. 마찬가지로 수천 년의 연대사를 잃어버리고 광활한 민족의 활동무대를 반도의 일부로 축소시킨 채, 어떻게 우리의 정체를 알 수 있겠으며 또한 어떻게 우리의 미래상을 그릴 수 있겠는가.

무호 스승과 나

한국 법학계의 태두이자 우리 상고사 복원에 큰 발자취를 남기신 무호 스승과 나의 사제지간의 인연은 1989년 가을로 거슬러 올라간다. 내가 『한국상고사』라는 무호 스승의 책을 읽고 그와의 만남을 통해서 우리 역사에 눈을 뜨게 되면서부터이다. 단군사당인 삼성사三聖祠가 있는 황해도 구월산 출생인 그가 단군 역사 복원을 위해 분연히 일어선 것은 참으로 우연이 아니다. 그는 7세의 어린 나이에 국채보상 의연금 모집대회에서 연설을 하여 큰 호응을 얻기도 했다. 광진사립학교光進私立學校 시절 김구 선생의 애제자이기도 했던 그는 일본 메이지 대학교 법학부 영법과英法科 를 졸업하고, 귀국하여 1924년 4월부터 모교인 경신학교儆新學校에서 영어 를 담당하는 한편 보성전문학교(普成專門學校: 고려대학교의 전신) 교수직도 겸했 다. 차차 경신학교 설립자 대표, 교장직까지 맡게 되었는데, 8 · 15해방 전까지는 '보전'과 '경신' 두 학교를 겸임하다가 해방 이후에는 대학교 육에만 전념하게 되었다. 사실 일제 강점 말기 몇 년간 '보전'에서는 강 의가 없었고, '경신'에서는 '일어상용 반대, 신사참배 기피' 등으로 해서 학교에 못 나가는 교장이 되었다. 중앙대학교 법과대학장, 부산대학교 인문대학장, 청주대학 대학원장을 역임하면서 초창기의 한국 대학들을 키워낸 무호 스승, 그는 바로 서울대학교 초대 법과대학장을 역임하고 2005년 11월 30일 서거하기까지 학술원 원로회원으로 계셨던 최태영崔泰 永 교수이다. 그러던 그가 한국학과 관계를 맺은 것은, 해방 이후에 대학 원에서 한국학과 관계있는 논문을 폭넓게 지도 심사하게 되고 또 국사와 국민윤리가 교양필수과목이 된 뒤에는 자원해서 그 과목을 가르치게 되 면서부터다. 한편 법전편찬위원과 고시위원으로 있으면서 그는 '고시 령'으로 국사를 국가고시의 필수과목으로 정해 놓기도 했다. 그런데 평 소 가깝게 지내던 정인보鄭寅普, 손진태孫晉泰 같은 선후배들을 모두 잃고, 장도빈張道斌 같은 여러 선배들은 작고한 이후, 우리 역사가 생각한 것과 방향이 전혀 다른 '일본의 황통사 식민사관' 그대로라는 것을 뒤늦게 알고서는 경악을 금치 못했던 것이다.

그래서 그는 1977년에『서양법철학의 역사적 배경』이라는 서양학의 결정판을 발표하는 것을 끝으로, 그 후로는 한국학을 정리하여 발표하면서 한국학에 진력하기 시작했다. 말하자면 77세에 새로운 한국학을 시작한 것이다. 어렸을 때에 웬만한 한문과 일본 고문을 배워 초보적인 소양이 있는 데다가,『논어論語』,『맹자孟子』,『십팔사략十八史略』,『통감通鑑』 정도는 학교에서 배워서 암기하고 있었던 것이다. 더구나 어려서부터 그의 조부로부터 한문『동몽선습童蒙先習』*을 배운 것이나, 중학교에 들어가서는 장지영張志暎 선생으로부터 우리 역사를 배운 것이 평생 든든한 기초가 되었음은 두말할 나위도 없다. 더 깊게는 그가 한국의 법사상을 연구하다가 한국학에 관심을 가지고 연구하게 된 것이다.

이렇게 해서 그는 국사와 일본사를 초보부터 공부하기 시작한 지 10여 년 만에 웬만큼 정리가 되면서 '한국학연구회' 강좌를 열기도 했고 전국 순회강연에 나서기도 했다. 그는 평생을 교육에 투신해 온 교육자로서, 법학자로서, 민족사학자로서 98세까지도 대학 강단에서 역사 강의를 하는 열정을 보였다. 105세 서거하신 마지막 순간까지도 밤을 새워 연구하며『인간단군을 찾아서』,『한국 고대사를 생각한다』등의 역작을 남기고 강연을 계속해 큰 반향을 일으켰다. "죽을 때 제대로 된 혼을 가지고 죽어야 눈을 감아도 편하다"고 하신 무호 스승 —그의 학문적 열정과 투철

---

* 조선시대 중종(中宗) 때에 박세무(朴世茂)가 지은 책으로서, 대한제국 말기까지 아동이『천자문(千字文)』다음에 배우던 학습서. 이 책은 단군부터 고려까지의 역사를 한 면 이내에 수록한 초등 교과서로서, 간결한 오륜(五倫)의 요의(要義)와 한국과 중국의 역대 세계(世系)를 내용으로 하고 있다.

한 역사의식 그리고 검소한 생활은 정녕 우리 시대의 사표라 할 만하다.

어떻게 보면 각기 법학과 정치학을 연구하던 무호 스승과 내가 법이나 정치의 근본인 역사를 올바르게 인식해야 할 필요성을 느낀 것은 당연한 지도 몰랐다. 1990년에 들어서도 무호 스승의 역사 강의는 계속되었다. 환하게 밝은 정치를 하는 나라인 환국桓國에서 온 환웅桓雄에 대해 말씀하시면서, 사실상 일본인들도 한일합방 전에는 『삼국유사』 원본과 일본어 번역본에서 분명히 우리 '환국' 의 실체를 인정하고 있었음을 강조했다. 무호 스승의 강의가 끝날 무렵, 나는 이렇게 말했다.

"저는 요즈음 이런 생각을 하게 됩니다. 개인적 의미의 환국, 즉 우리 영혼의 환국을 찾아야 하고, 또한 만인을 이롭게 하는 홍익인간의 이념으로 환하게 밝은 정치를 하는 나라인 우리 민족의 환국, 나아가 인류의 환국을 찾아야 한다고요. 이 세 가지는 결국 하나가 아닐까요? 인간 내면의 질서를 회복한다면 우리 역사의 질서, 민족의 질서, 나아가 인류의 질서도 회복되지 않을까요?"

내 목소리는 점점 격앙되어 갔다.

"언제까지 자신의 몸에 총부리를 겨누는 이 민족적 분열이 계속될까요? 현재 우리의 모습 속에서 새 하늘과 새 땅을 열며 홍익인간의 이념을 선포하던 웅혼했던 옛 기상을 볼 수가 있겠습니까. 그 맑고 광대했던 정신의 한자락이라도 찾아볼 수 있겠습니까?"

"……최 교수 말이 맞네. 사실 내가 우리 역사의 복원을 외치는 이유도 우리의 뿌리를 찾아 동질성을 확인해서 통일을 앞당기자는 것이지 않은가. 인간을 위해서 이념이나 체제가 만들어진 것인데, 이제는 이념이

나 체제를 위해서 인간이 존재하고 인륜과 천륜을 어기고 죽기까지 해야 하니……. 우리 민족의 자기 분열 과정이라……. 나는 믿네"

무호 스승은 먼 곳을 응시한 채 독백하듯이 중얼거렸다. 마지막 '나는 믿네' 라는 대목에서는 나를 뚫어질듯이 쳐다보시며 힘주어 말씀하셨다.

"무엇을 믿는다는 말씀입니까?"

"……"

"무엇을 믿는다는 말씀입니까?"

"이미 알고 있지 않은가."

순간 나는 가슴이 찌르르했다. 마음에서 마음으로 그 믿음이 전달되고 있었기 때문이다. 잃어버린 우리 '환국' 을 다시 찾을 수 있으리라는.

역사의 뿌리가 밝혀지지 않는 한, 민족의 장래가 밝지 못하다는 것은 두말할 필요도 없다. 생동하는 역사를 찾는 것은 곧 우리 자신을 찾는 것이다. 나는 비로소 그동안 생각해오던 것을 허심탄회하게 털어 놓았다.

"소련 등지의 개방 개혁이 가속화되고 한반도를 둘러싼 상황이 탈냉전의 시대로 접어들고 있어, 바야흐로 한민족 통합의 계기가 도래하지 않았나 하는 생각이 듭니다. 이제는 미국과 일본은 물론 소련과 중국 등지의 교포들이 한자리에 모여 남북통일과 민족사회의 장래에 대해서 공동으로 토의하고 실천해야 할 때가 아닌가 생각됩니다. 이러한 전 세계 한민족의 규합과 교류 활성화가 결국에는 남북 교류를 활성화시켜, 남북통일에 가로놓인 장벽을 허무는 데에 도움을 줄 수 있지 않겠습니까? 순수 민간차원의 학술, 문화 교류를 통해서 민족의 동질성 회복과 발전을 기하고 궁극적으로는 민족통합을 이룩할 수 있도록 '세계한민족연합' (가칭)의 발기인대회 겸 국제세미나를 개최했으면 합니다."

나는 무호 스승께 학술적인 차원의 도움을 요청했다. 그도 흔쾌히 응낙했다. 그리하여 나는 미국, 소련, 중국, 일본에 거주하는 우리 한인 대표 및 교포 학자들의 동참을 구하러 우선 모스크바로 갔다. 1990년 여름의 일이었다.

모스크바.

그곳은 하나의 거대한 박물관이었다. 크렘린 궁과 붉은 광장에서 볼수 있듯이, 웅대한 예술의 절정을 이루는 건축물들과 조각들이 끝도 없이 펼쳐져 있는 것이 무한한 잠재력을 지닌 이 나라의 문화적 저력을 말해주는 듯했다. 그럼에도 불구하고 '오늘날 이들이 겪고 있는 물자 부족으로 인한 심각한 사회경제적 문제는 또한 무엇인가'라는 생각을 하며 붉은 광장에 막 들어서려는데 어린 집시들이 달려와 들어가는 사람의 다리를 인질로 돈을 요구하고 있었다. 가이드에게 물으니 웃으면서 그것이 바로 붉은 광장 입장료라고 했다.

당시 소련에서 비공식적으로 집계된 '페레스트로이카에 대한 암적인 존재'는 3,000만을 훨씬 넘는 것으로 추산되었는데, 보다 근원적으로는 일에 대한 인센티브의 현저한 결여로 인한 개인의 무기력한 사회심리가 페레스트로이카에 대해서 중대한 장애가 되고 있다는 것이었다. 상품이 있음에도 불구하고 없다고 팔지 않는 것이 그 단적인 예다. 몇 개를 팔든 정해진 근무시간만 채우면 그만이라는 생각 때문이다.

국영 베어링 공장을 시찰했다. 미하일 고르바초프(M. S. Gorbachev)의 노선에 대해서 어떻게 생각하느냐는 질문에 작업반장은 사회 여러 부문에 걸쳐 변화를 초래한 분명 용기 있는 결단이라고 하면서 지지하는 듯한 인상을 보이다가, 결론에 가서는 소련 사회는 더 근원적이고도 급진적인 개혁이 필요하기 때문에 보리스 옐친(B. N. Yeltsin) 노선을 지지한다고 했다. 통제와 감시 속에서 억압받던 시절과 비교한다면, 그의 이러한 발언은 상당한 진보라고 생각되었다.

한인 간담회를 가지기 위해서 마련된 모스크바 청년대학으로 갔다. 한인 대표 세 사람과 두 시간이 넘도록 진지한 이야기를 나누면서, 소수민족으로서 살아온 이들의 지난날의 고충을 짐작할 수 있을 것 같았다. 1930년대 중반에 접어들면서 스탈린(I. V. Stalin)의 강제 이주 정책에 의해서 우리 한인들은 알마아타와 타슈켄트 지역으로 집단 이주되고 조선학교는 폐쇄되었으며, 그로 인해서 우리 교민들 중 한국어를 할 수 있는 사람은 드물게 되었다고 했다. 오늘날 소련 사회에서 우리 한인들이 점유한 위치가 결코 과소평가될 수 없게 된 것은 바로 그러한 어려운 여건에도 굴하지 않고 피눈물나는 인내와 노력을 경주했기 때문이었다.

나는 '세계한민족연합'(가칭)의 발기인대회 겸 학술문화교류 세미나 개최의 취지를 설명하고 우리 한인 학자들의 동참을 구했다. 모두 좋은 생각이라고 하면서 내 말에 동조하는 뜻을 나타냈고 초청을 수락했다. 세미나 개최에 따른 자세한 내용은 추후에 연락하기로 했다. 모스크바의 마지막 날은 알버트 거리에 있는 어느 화가의 화폭 속에서 마감되었는데, 그때 그린 초상화가 지금도 내 연구실에 걸려있다.

귀국하자 나는 곧 중국, 미국, 일본에 있는 우리 교포학자들과도 접촉을 시도하는 한편, 세미나 개최 일정을 그해 12월 5일부터 7일까지 3일간 개최하는 것으로 하고 무호 스승과 함께 준비 작업에 들어갔다.

우선 '상고사 복원'과 '한민족연합 방안'을 2대 주제로 설정하여 각 지역 참석자들의 논문발표와 토론이 있도록 했다. 우선 상고사 복원을 주제로 내세운 것은, 민족 동질성 회복을 위해서는 민족의 원형을 함유하고 있는 상고사에 대한 올바른 인식이 필요하기 때문이었다. 한민족연합 방안을 또 하나의 주제로 설정한 것은, 남북 분단의 비극이 곧 전 세계 우리 민족의 비극이라는 문제인식에 기초하여 전 세계 한민족이 연합하여 민족정신의 재형성을 위한 작업을 추진해야 할 것이라는 생각에서였다.

당시만 해도 중국이나 소련은 한국과는 미수교국이어서 사정이 좋지 않았다. 특히 소련의 경우 한번 통화를 하려면 전화 신청을 해놓고서 밤새도록 기다리는 때가 많았다. 일정이 긴박하여 소련, 중국 등 각 지역의 참석자들과 일일이 국제전화로 연락을 취하자니, 세미나가 개최되기까지 수 개월간은 거의 밤을 새우는 때가 많았다. 미국, 소련, 중국, 일본에 거주하는 우리 한인 대표들과 국내 학자들이 한자리에 모이는 그 정도 규모의 국제 세미나를 하자면 한 기관이 동원되어야 할 일인데 대소사에 이르기까지 사실상 내가 실무를 전담했다. 각 지역 참석자들에 대한 초청, 논문 수합, 행사 세부계획 등 여러 가지 문제가 많았다.

내가 유학에서 돌아와 곧 교수로 임용되고 여해 스승을 만나 몇 년간의 동굴 수업을 거쳐 다시 세상이라는 동굴 속으로 들어와서 겪는 첫 시련이었다. 그동안에도 학교 생활은 변함없이 계속되었다. 몇 년간의 밤을 산 속 동굴에서 지새우면서도, 새벽이면 내려와서 나는 내 본업에 최대한 충실하고자 했고 사적인 이유로 수업을 거른 적은 없었다.

"무엇을 위하여?"를 끝없이 되뇌던 시절이 있었다. 정신 공부를 해도 진전은 이루어지지 않고 잡념만 커 갈 때였다. 그 '무엇'의 정체를 알기 시작하면서부터 나는 그러한 나의 열정이 단순한 성취욕이 아니라 보다 근원적으로 나의 영적 진화와 관련된 것임을, 나아가 정신과 물질의 본자리가 하나임을 직시할 수 있을 때 영적 진화는 완성될 수 있다는 것을 깨닫게 되었다. 그래서 나는 세상이라는 동굴 속으로 다시 들어온 것이다.

그런데 이 국제 세미나를 추진하는 과정에서 예상하지 못한 인간 군상들을 접하게 되면서 내 마음의 바다에 파랑이 일고 만 가지 잡상이 일어나는 것을 보며 회의에 빠지기도 했다. 그럴 적마다 견디기 힘들었던 것은 일의 성사 여부에 대한 의구심보다 오히려 내 마음이 평정을 잃게 되지 않을까 하는 점이었다. 참으로 세상이라는 동굴은 그동안 나의 동굴 수업이 검증되는 곳이라고 할 수 있었다.

더구나 중국과 소련이 우리와 아직 미수교 상태라는 사실이 어려움을 가중시켰다. 다행히 당시 총리로 계셨던 청농靑儂 선생의 이해와 도움으로 비교적 순조롭게 진행될 수 있었다. 청농 선생께서는 주영 대사 시절, 내 박사학위 논문을 읽으시고 코멘트까지 해 주신 바 있다. 이후 발족된 '세계한민족연합'(후에 '우리연합(宇理聯合)'으로 개칭)의 1차 사업인 장보고기념탑 건립과정에서도 역시 많은 격려와 도움을 주셨다. 그분의 인품과 투철한 역사관과 나를 향한 변함없는 신뢰에 나는 깊은 감동을 느꼈다.

일을 하다보면 조그만 도움을 주고도 크게 도움을 준 것처럼 생색을 내는 사람이 있는 반면, 청농 선생께서는 그렇게 많은 도움을 주시고도 내가 "감사합니다"라는 말을 하면 웃으시면서 "도움은 무슨 도움, 역부족이라 도움이 못되어 미안할 뿐이지"라는 말로 일축해 버린다. 그분의 인품에 나는 새삼 깊은 존경심을 가지게 되지 않을 수 없었다.

세미나를 준비하면서 세계 각지에 흩어져 있는 학자들을 초청하다 보니, 예기치 않은 일들이 속출하여 어려움이 많았다. 소련의 경우 모스크바대학교의 미하일 박 교수나 소련과학원의 알렉세이 신 박사는 올 수 있었으나, 칠순이 넘은 고령의 막스 한 선생은 마지막에 치아가 다 빠져버려서 오지 못했다. 중국 같은 경우 다른 초청자들은 다 올 수 있었으나, 민족의식이 매우 강하고 고구려 족보에 대해서 깊이 연구한 고지겸高之謙 선생은 논문도 다 보내주셨고 출국 허가가 나고 비자까지 받았으나, 처음으로 조국을 방문한다는 사실에 너무 감격한 나머지 출국 직전에 고혈압으로 눕게 되어서 오지 못한 사례도 있었다.

그해 늦가을, 국제 세미나 준비로 여념이 없었지만 무호 스승과 나는 명동 YWCA에서 상고사 복원에 대한 강연을 했다. 그동안 무호 스승으로부터 배운 우리 상고사를 처음으로 열어 보이는 장이라고 할 수 있었다. 그날 많은 사람들이 강연 내용에 대해서 깊은 관심을 가지고 질문을 해 오기도 하여 일단은 12월 초 개최될 국제 세미나의 전망이 밝을 것임을 예고하는 듯했다.

드디어 1990년 12월 5일.

'세계한민족연합' 발기인대회 겸 학술문화교류 세미나가 개최되었다. 당시 통일원 장관과 학술원 회장께서 축사를 해 주셨다. 학술원 회장께서는 그 이후로도 내게 많은 격려의 말씀을 주셨다. 세미나는 연 3일 동안 수십 명의 기자들과 수백 명의 참석자들이 성황을 이룬 가운데 개최되었는데, 이러한 열기는 세미나 마지막 날 밤 리셉션장으로까지 이어졌다. 본 연합의 창립선언문은 이러했다.

"……무엇보다도 외세의 민족 말살 정책으로 인하여 빚어진 잘못된 역사를 바로잡고, 우리에게 남겨진 유독(流毒)을 역사 교과서에서 씻어내야 한다. 그렇지 않으면 연합하고 단결할 수 없을 뿐만 아니라, 과거와 같은 불행을 면하지 못할 것이라는 사실을 위정자와 전 동포에게 호소하는 바이다."

변화산變化山 이야기

1990년 8월 29일은 한반도가 일제에 강점당한 국치일이지만, 무호 스승과 나에게 평생 잊지 못할 날이기도 했다.

당시 나는 '세한연' 발기인대회 겸 국제 세미나 개최를 3개월 정도 앞둔 시점이어서 분주한 나날을 보내고 있긴 했지만, 그렇다고 시작한 역사공부를 중단할 수는 없는 일이었다. 그날 나는 무호 스승으로부터 한일관계사에 관한 강의를 듣고 있었다.

"수년 전 『일본서기日本書紀』에서 발견하셨다는 일본 땅에 백제의 동조(東朝, 동녘 땅의 조정)가 있었다는 기사야말로 백제인의 일본 경영을 보여주는 단적인 증거가 아닙니까?"

무호 스승은 『일본서기』를 펼쳐 보이며 말을 이었다.

"그렇다네. 여기를 보게. 『일본서기』 26권 제명齊明 7년 여름 4월조條에 보면 고구려의 승려 도현道顯이 지은 『일본세기日本世記』의 기록을 인용하고 있다네. 그 내용인즉 한반도에 있던 백제국의 본조本朝가 왜의 땅에 있는 동조東朝에 사자를 보내 백제의 태자와 구원병을 돌려보내라고 요청했다는 것이네.

그런데 서기 660년에 한반도의 백제 수도가 함락되고, 서기 663년에 왜의 땅에서 한반도로 건너간 선단과 원병이 백촌강에서 패하여 전멸하고 말았다네. 백제 본조의 남은 세력들은 왜의 땅에 있는 동조로 건너가 전열을 정비해 일본이라는 국호를 만들었고, 서기 671년에 신라와 중국에도 이를 알리게 된 것이네. 원래 백제를 '구다라'라고 부른 것은 큰 해(大日)라는 뜻의 고대 한국말인데, 그것을 다시 한자漢字로 옮겨 일본이라고 한 사실은 이미 밝혀진 대로일세."

한일관계사에 대해 나는 비로소 막힌 가슴이 확 뚫리는 느낌이었다.

"일본의 고사 고전에 대해서 설명해주십시오."

"일본의 고사 고전이라고 하는 것은 일인들이 일본 역사의 금과옥조로 여기는 권력사 『고사기』와 『일본서기』, 즉 『기기記紀』에 대립되는 『호츠마 전(秀眞傳)』과 웃가야(上伽倻) 왕조사를 말하는 것이라네. 『일본서기』의 원전인 『호츠마 전』과 웃가야 왕조사에 속하는 『우엣후미(上記: 高千穗高天原朝史)』, 『미야시타(宮下) 문서(神皇紀: 富士高天原朝史)』, 『다케우치(竹內) 문서(北陸飛彈朝史)』, 『구카미(九鬼) 문서(出雲高天原朝史)』의 핵심 내용은 한국이 일본 왕조의 발상지이고 그 실크로드라는 것이지.

'대동아전쟁'이 끝나자 일본에서 고사 고전 연구가 붐을 이루었는데, 그들이 한국의 『환단고기』를 읽고 그 내용이 『호츠마 전』 및 웃가야 왕조사의 내용과 부합되는 것에 주목하게 되었다네. 가시마 씨는 『환단고기』를 일문日文으로 전역하고 그것이 또 하나의 웃가야 왕조사라고 주장한다네. 웃가야 왕조는 기원전 3,890여 년에 개시한 신시神市의 환웅桓雄 18대와 기원전 2,333년에 창건한 고조선의 단군 47대와 기원전후에 세운 실크로드를 지배한 부여와 고구려 · 신라 · 백제로 이어지는 위대한 혈맥이네. 그런 웃가야 왕조를 부인하는 것은 결국 일본의 천황가가 왜의 삼도三島에서 자생한 미개한 민족의 자손이라는 계도系圖 위조를 하는 결과밖에 안 된다는 것이지. 나라가 패망했음에도 거짓 역사가 살아 있는 것은 그것에 기생하는 학노學奴들 때문이라는 게지.

우리나라는 총독부의 분서焚書에도 불구하고 웃가야 역사로 생각되는 『환단고기』를 전해서 일본사의 진상을 해명하는 데 성공한 것이네. 『환단고기』를 보니 조선총독부가 왜 대규모로 분서를 감행했는지 이해가 되더군. 잃어버린 웃가야 왕조의 역사는 이제 한국의 역사책에 의하여 불사조처럼 소생하게 된 것이네. 가시마 씨는 『환단고기』를 사서로서 뿐만 아니라 문화서로서도 독자적 지위를 갖는 것으로 높이 평가한다네. 그럼에도 국내에서는 일부 연구자들이 『환단고기』의 사료적 가치에 대해 의문을 제기하기도 하는 모양인데, 이는 당치도 않네."

"말씀을 듣고 보니 『환단고기』의 사료적 가치의 중요성은 아무리 강조해도 지나치지 않을 것 같습니다. 미야시타 가문에 소장된 『미야시타 문서』 두루마리를 직접 보셨다고 지난번에 말씀하셨습니다. 좀 자세히 설명해 주십시오."

"1988년 4월이었을 거야. 일본에서 오랜 연구 생활을 하고 있던 이병창李秉昌 박사로부터 『미야시타 문서』 최초의 연구자인 고故 미와 요시히로(三輪義熙) 씨의 아들 미와 구니미쓰(三輪邦光)를 만나보지 않겠느냐는 연락이 오지 않았겠나. 그래서 아들과 동행하여 일본으로 건너갔지. 이 박사는 미와 부자와 각별한 친분이 있었기에 내게 그 문서를 볼 수 있게 해준 것이라네.

미와 구니미쓰의 안내로 『미야시타 문서』를 1,200여 년간 소장해 온 미야시타 가家의 당주當主와 후지 도서관 직원으로 일본 고사 연구와 고故 미와 씨의 평생 연구 결과인 『신황기』의 재간再刊에 힘쓴 나카쿠라(中倉)에게도 연락이 되어 후지산으로 갔다네. 역에 마중나온 나카쿠라를 만나 미야시타 댁으로 가서 상세한 설명을 듣고 집 옆의 죽림竹林으로 갔지. 죽림 가운데 있는 작은 구멍으로 들어가니 지하에 넓은 통로가 나오고 거기에 역사창고가 있더군. 두 겹으로 된 역사창고는 겉은 회灰로 되어 있고 안에는 철문이 있었네. 문을 여니 금고 안 작은 나무서랍 속에 엄청난 분량의 『미야시타 문서』가 두루마리째 잘 보존되어 있더군. 그 핵심 내용은 일본 황실의 조상이 한국에서 이주해왔다는 것이었네. 그동안 외양간 지하에 비장해 오던 것을 최근 역사창고를 새로 만들어 보존한 것이지."

"지난번 주신 『미야시타 문서』를 찍은 슬라이드를 다른 관련 슬라이드와 함께 학생들에게 보여주었더니 한일관계사에 대한 새로운 시각을 갖게 되었다며 반응이 좋았습니다."

"그랬는가. 미야시타 가에서는 대대로 '이 문서를 보는 자는 눈이 멀게 된다'고 전해 내려와서 아무도 열어보지 못했던 것을, 그 후손이 고故 미와 씨에게 맡겨 한평생 연구에 전념하게 함으로써 세상에 알려지게 되었다네. 아들 미와 구니미쓰의 말에 의하면, 부친이 『신황기』를 처음 세상에 발표했을 당시에는 일본 신문들이 그의 업적을 칭송하고, 신문화인들이 고문이 되고 미와 씨가 이사장이 되어 재단법인 후지문고를 창립하여 한때 세상이 떠들썩했다고 하네.

그러나 그것도 한때의 일이 되고 오히려 국사를 파괴하는 위서僞書라는 맹렬한 반대론이 『기기記紀』에 기생하는 교직敎職과 신직神職의 학노學奴들로부터 일어나 진리에 대한 테러를 감행했던 것이라네. 당시 군부는 『기기』에 의거한 허구의 신국사상을 만들어 무모한 침략전쟁을 일삼았기 때문에 당연히 학노들을 지지했을 것이네. 일본 황실의 조상과 지도층과 민족 중견의 적지 않은 수효가 한반도에서 이주해왔다는 사실을 인정하고 싶지 않았겠지. 결국 웃가야 왕조사인 미야시타 문서는 위서로 몰리고, 저자는 억압을 당했다네. 『다케우치 문서』 또한 위서로 낙인찍혀 다케우치(竹內巨麿)도 탄압을 받았지.

가시마 씨에 의하면, 일본 관동진재關東震災 때의 한인 대량 학살도 한국인 이모李某가 일본의 역사 위조의 내막을 연구하여 그 진상을 발표하려고 했기 때문이라는 거야. 그들을 일거에 학살하기 위해 지진소동을 기화로 정부가 헛소문을 퍼뜨려 재일 한인들을 학살한 것이라고 하네. 미와 구니미쓰가 부친의 『신황기』를 다시 출간하게 된 것도, 위사僞史가 결국 일본 민족의 파멸을 초래한 만큼 일본의 미래는 이러한 역사적 교훈의 바탕 위에 서야 한다고 생각했기 때문일 것이네.

그러나 내가 『미야시타 문서』에 관한 내용을 국내에서 발표하자 한 사학자는 즉시 일본으로 달려가 그 문서를 보여 달라고 했지. 하지만 '그런 것이 없다'며 거절당했네. 그러자 국내 사학자들은 내가 꾸며낸 이야기라고 몰아부쳐 결국 미와 구니미쓰를 초청해 가지기로 했던 보고회마저 무산되고 말았네."

무호 스승은 씁쓸한 표정을 지으며 다시 말을 이었다.

"조선뿐만 아니라 만몽·중국에서 멀리 서역까지를 무대로 하는 상고 사가 실재했다는 것은 이제 확실해졌네. 그런데 간혹 『삼국사기』에 단군 에 관한 상세한 기록이 없는 것을 들어서 단군의 고조선과 단군의 실재 에 의혹을 갖는 자가 있는데, 그것은 자기의 무식을 자인하는 것에 불과 하네. 『삼국유사』나 『삼국사기』는 씌어진 주된 목적이 삼국사이기 때문 에 고려사도 언급되지 않았네. 그 책에 고려에 관한 기록이 없다고 해서 고려왕조가 없었다고 할 수 있겠는가. 그렇지 않은가?"

'그렇지 않은가' 라는 말이 희미하게 내 귓전을 스쳤다.

그때 나는 졸음과 한판 승부를 벌이고 있었다. 정성을 다해 강의하는 무호 스승 앞에서 졸다니 있을 수 없는 일이었다. 그러나 아무리 노력해 도 졸음은 소낙비처럼 쏟아졌다. 내 자신도 믿을 수가 없었다. 그토록 졸 음이 쏟아진 적은 일찍이 없었다.

장시간의 강의에도 불구하고 무호 스승은 전혀 지친 기색이 없었다. 90세가 넘은 노구였지만 역사 강의를 할 때면 젊은 청년 못지않은 기백 이었고, 눈은 결연한 의지로 빛났다. 고서古書들을 펼쳐 보이며 그는 이야 기를 계속했다.

"……참으로 역사적 진실을 왜곡하는 사가는 악마에게 혼을 팔았다고 밖에 할 수 없네……"

무호 스승의 음성이 아득하게 울려 퍼지는 듯했다. 얼마나 시간이 흘렸을까. 나는 눈을 떴다. 창밖에 어둠이 내리고 있었다.

그런데 무호 스승이 몹시 놀란 표정으로 나를 쳐다보고 있었다. 충격을 쉽사리 떨쳐 내지 못하는 듯 그는 내게 끝내 한마디 말도 하지 않았다. 무호 스승이 왜 그토록 경악했는지를 내가 알게 된 것은 그로부터 며칠 후였다.

며칠 후 무호 스승이 내게 이렇게 말했다.

"환하게 광명한 정치를 하는 나라, 환국桓國을 보았네. 자네 얼굴에서 환한 빛이 뿜어져 나와 얼굴이 크게 변했네. 어둑한 방 안이 환해질 정도였지. 그러한 광경은 한참이나 지속되었네. 이 세상 사람이 아닌 것처럼 느껴지더군. 순간 성경 속 '변화산變化山'에 관한 구절이 떠올랐네. 예수께서 크게 변하셨다는 산……. 이런 말을 하면 사람들은 내가 노망이 들었다고 생각하겠지. 하지만 사실이네. 한치도 보탬이 없는 사실이라네."

무호 스승은 거듭 힘주어 말했다. 그리고 이렇게 덧붙였다.

"바로 그 순간 60여 년 전 천문, 지리, 역서에 통달했던 내 장인께서 한 말씀이 떠올랐네. '자네, 만년에, 아주 만년에 이러이러한 관상을 가진 사람을 만나게 될 것이네. 서슴지 말고 그 사람이 하는 일을 도와주게. 대단히 훌륭한 일일 것이네. 그건 자네에게 유익한 일이기도 하고'라고 말씀하셨지. 내 장인은 매우 학덕이 높은 분이셨네. 당대의 우국, 애국, 선각 식자識者들과 폭넓은 교분을 맺고 있었던 터인지라 그들의 관상에 대해서 상당한 정도로 섭렵하고 계셨고 내게 조목조목 설명해 주시기도 했네.

세월은 흘렀네. 지금까지 내가 살아오는 동안 얼마나 숱한 사람들을 만났겠나. 왠지 장인의 말씀이 잊혀지지 않더군. 하여 장인에게서 배운 관상학을 토대로 수십 년 동안 열심히 찾았으나 모두 허사였네. 구한말 독립운동기의 선각자라는 사람들은 대부분 만났으나 아니었네. 부분적인 관상은 좋으나 일을 끝까지 마무리 지을 수 있는 관상은 아니었지. 그리고는 한동안 잊어버렸네."

무호 스승은 이야기를 계속했다.

"그러던 어느 날 자네가 역사를 배우기 위해 날 찾아왔네. 참으로 '만년에, 아주 만년에……' 였지. 그동안 자네가 요청한 국제 세미나 준비 관계로 사람들을 만나면서 사실 난 피곤했네. 일을 하다 보니 말도 많고 실망스러운 점들도 많아 그만두고 싶어진 것이네. 자네에게 역사를 가르치는 것이야 하겠지만, 구순의 나이에 사람들을 만나고 다니는 게 무리라는 생각이 들었지. 그런데 빛을 내뿜으며 크게 변화한 자네 얼굴을 바라보는 순간 그러한 내 생각이 잘못되었다는 것을 직감하게 되었다네. 하여 마음을 고쳐먹게 되었네."

그 이후 무호 스승은 나를 '환국'이라고 불렀다. 때로는 '고성 관음固城 觀音' 이라고도 불렀는데 이는 내 고향이 고성이기 때문이었다. 이후 그는 강의 도중에도 내 얼굴이 변화하는지를 살피는 것이 습관처럼 되었다.

세월은 흘러 1999년 어느 봄날이었다. 〈KBS 1TV〉 PD로부터 전화가 왔다. 사연인즉, 5월 13일에 방영되는 '대화, 세기를 넘어서' 에 무호 스승께서 출연하시는데, 보조 출연자로 수제자 한 사람을 추천해달라고 했더니 무호 스승께서 나를 추천하셨다는 것이다. 그리하여 그날은 무호 스승과 함께 출연하여 모처럼 정겨운 시간을 가졌다.

그로부터 6년 반이 지난 어느 날 무호 스승은 세상을 떠나셨다. 그 이

듬해 나는 중국 연변대학교에 1년간 초빙교수(客座敎授)로 가 있었다. 서거 2주기가 되는 2007년 11월 〈국학신문〉의 요청으로 무호 스승을 기리는 칼럼을 썼고, 12월에는 국학원의 요청으로 "아! 나의 스승 최태영"이라는 주제로 대한출판문화협회회관 강당에서 강연했다. 그날 강연장은 온 마음을 바쳐 한국 상고사 복원에 초석을 놓으신 무호 스승을 기리는 추모의 열기로 넘쳤다.

열 십+ 자의 비밀

무호 스승의 '변화산' 이야기를 들은 후 나는 유학시절의 일이 떠올랐다. 영국에서 박사과정이 끝날 무렵, 나는 우연히 한 영국 점성가를 만나게 되었다.

"오라aura…, 굉장히 강한 오라를 발산하고 있군요."

점성가가 말했다.

"무슨 뜻입니까?"

내가 물었다. 물론 오라가 무엇인지를 몰라서 물은 것은 아니었다. 다만 어떤 뜻으로 그런 말을 하는지 궁금했다. 그러자 그는 서슴지 않고 이렇게 말했다.

"한 시대를 여는 성인에게서 볼 수 있는 오라입니다. 이를테면 마르틴 루터(Martin Luther)에게서 볼 수 있는 것과 같은……."

느닷없이 그는 마르틴 루터를 들먹였다.

루터가 누구인가. 그는 당시 신학교수로서 로마 교황의 면죄부 발매에 반대해 1517년 95개조 반교황선언문을 기치로 내걸고 종교개혁에 불을 당긴 인물이 아닌가!

유럽의 근대사는 인간적 권위와 신적 권위의 회복을 각기 기치로 내건 르네상스와 종교개혁에서 시작되었다. 종교개혁이 르네상스와 함께 유럽 근대사의 기점을 이루고 있다는 사실은 재론의 여지가 없다. 그렇다면 그의 반교황선언문은 유럽 근대사를 여는 포문이었다고 할 수 있다.

루터는 양검론을 주장해 왕국(Kingdom of World)과 신국(Kingdom of God), 세속적 권위와 정신적 권위를 구별하고 두 권위의 영역을 설정함으로써 사실상 군주의 독립된 정치적 권위를 인정했다. 그리하여 법황을 정점으로 하는 위계주의적 권위를 거부하고 교회의 권위 남용을 비난하며, 법황제도의 전면적인 급진적 개혁을 주장함으로써 유럽 사회의 봉건적 사회구조를 붕괴시켰다. 결과적으로 근대 민족국가의 형성을 촉발시키는 계기를 제공한 것이다.

그에게 종교의 본질은 내적 경험이며, 외형적인 것은 종교적 목적을 달성하기 위한 보조수단에 불과했다. 신앙은 순수하게 개인적인 것이며, 신과의 관계에선 직접적인 것으로 성서의 해석에 의해서만 신을 이해할 수 있다고 보았다. 또한 만인은 신을 신앙하거나 신의 말을 이해하는데 있어 평등하다고 보았다. 교회는 신도들의 공동체이며 교회의 수장은 신과 그리스도라고 보아 신과 개인 사이에 법황·사교司教·승려가 개재하는 것을 반대했다. 즉, 그는 종교적 직접시대를 연 인물이다.

잠시 후 영국 점성가는 내 앞에 한 뭉치의 카드를 내밀었다.

"한 장을 선택하세요."

내가 뽑았더니 '十'이 그려진 카드가 나왔다. 점성가는 꽤 많은 카드 뭉치를 섞더니 다시 뽑아보라고 했다. 두 번째도 '十'이 그려진 카드가 나왔다.

점성가는 놀라는 표정으로 한참 동안 카드를 섞더니 다시 뽑으라고 했다. 그러자 놀랍게도 나는 세 번째도 '十'이 그려진 카드를 뽑았다.

"아……."

짧은 탄성이 흘러나왔다. 점성가뿐만 아니라 나도 놀랄 수밖에 없었다. 왜냐하면 그 많은 카드 중에서 '十'이 그려진 것은 한 장뿐이었기 때문이다. 당시만 해도 나는 '十'이 의미하는 바를 정확히 알지 못한 채 예수님의 십자가를 떠올리며 다가올지도 모르는 고난의 예감에 섬뜩한 기분이 들었다.

당시 나는 박사과정이 끝나는 대로 미국 뉴욕 유엔 본부로 갈 예정이었다. 여러 가지 생각으로 나는 머리가 복잡해졌다. 바로 그때 점성가가 내게 말했다.

"기다리고 기다리고……또 기다려라……."

그 후 나는 줄곧 '十'의 의미와 루터에 대해 골몰하게 되었다.

우리나라의 대표적 예언서인 『격암유록格菴遺錄』에도 곳곳에 '十'이라는 글자가 나온다. 흔히 완전수로 알려진 '十'은 진리를 상징한다. 불교의 만卍자 또한 부처님의 심인心印을 상징한다는 점에서 기독교의 십자가와 마찬가지로 진리를 나타낸다.

'十'은 '열리다(開)'라는 의미를 담고 있다.

동북 간방艮方에서 열리는 새 시대를 상징하는 것이다. 『주역周易』「설괘전說卦傳」에 "간(艮)은 동북의 괘로서 만물의 종결을 이루게 하는 것이고 또한 그 시작인 것이다"라는 글이 나온다. '간'은 한반도를 포함한 동북 간방을 가리키는데, 바로 여기서 선천문명이 종말을 이루는 동시에 후천 문명의 꼭지가 열린다는 뜻이다.

'수천 년 전 이미『주역』에서 예언한 내용이 아닌가! 그렇다면 새 시대는 적어도 몇천 년, 아니 몇만 년 만에 맞는 새 시대일 것이다. 옛부터 개토開土의 삽질을 열 십자형으로 한 것도 우연이라고 볼 수 없다. 이 시대의 혼돈은 다가오는 새 시대를 위한 준비이다. 인류의 영적 수준을 퇴보시킨 문명의 정리이다. 과학이란 이름 아래 인간의 무지와 오만이 초래한 예정된 몰락의 수순이다!'

생각이 여기에 이르자 나는 비로소 막힌 곳이 확 뚫리는 듯했다.

'十'은 음양지합의 의미를 담고 있다.

선천시대가 천지비괘(天地否卦 ▤)로 음양상극의 시대라면, 후천시대는 지천태괘(地天泰卦 ▤)로 음양지합의 시대가 될 것임을 뜻한다. 이처럼 지천태괘의 새 시대는 상생조화의 시대다.

또한 '十'은 '정井'과 같은 의미이다.

『주역』「계사하전繫辭下傳」에 보면, '정덕지지야井德之地也'라 하여 '井'은 덕의 소재를 나타내는 것으로 나온다. 즉, 우물처럼 스스로는 움직이지 않으면서도 사람을 윤택하게 하고 정도正道를 밝히는 것이다. 이 또한 새 시대를 상징한다. '井'과 '十'은 그 의미가 같은 것이다.

이 외에도『하도낙서육도삼략도河圖洛書六韜三略圖』에 그려진 '十', 고구려시대 군기軍旗에 새겨진 '井',『정감록鄭鑑錄』에 나오는 '정도령'이 '정

鄭' 씨가 아닌 '정卄'으로서 '正道令'의 의미로 새겨지는 것은 모두 그만한 이유가 있다 할 것이다.

그렇다면 '十'은 음양지합, 성속합일聖俗合一, 영육쌍전靈肉雙全 등으로 대립물의 통합이 이루어져 정도正道가 펼쳐지는 새 시대를 상징하는 것이 된다.

세월은 흘러 나는 미국 뉴욕으로 갔고, 얼마 후 귀국하여 교수로 임용되었다. 그로부터 몇 년이 지난 어느 날 나는 강의를 하다가 갑자기 '제2의 르네상스, 제2의 종교개혁'이라는 말이 떠올랐다.

'그렇다! 곰팡이 슨 문화와 사상이 난무하고, 종교 이기주의와 세속화·상업화·기업화로 삶은 그 향기를 잃은 지 오래되었다. 기술과 도덕 간의 심연 속에서 우리가 다시 인간을 찾아야 하고, 이성과 신성 간의 심연 속에서 우리가 다시 신을 찾아야 하는 것은 이 때문이다. 신은 우리와 분리된 외재적인 존재가 아니라, 하나인 마음(一心) 속에 자리 잡은 내재적이고 초월적인 존재, 즉 내재적 본성인 신성을 의미한다. 이제 제2의 르네상스, 제2의 종교개혁으로 잃어버린 우리 영혼의 환국, 환하게 밝은 정치를 하는 나라인 우리 민족의 환국, 나아가 인류의 환국을 다시 찾아야 한다. 이것이 바로 미완성인 채로 끝나버린 서구의 르네상스와 종교개혁을 완수하는 길이 아닌가!'

내 마음 속으로 뜨거운 기운이 불기둥처럼 솟아올랐다.

『격암유록』에서는 도덕적 타락상과 황금만능주의 사조, 종교 이기주의와 세속화를 거듭 개탄하면서 모든 도와 교를 하나로 합치는 "신앙혁명"을 예고하고 있는데, 이는 곧 제2의 르네상스, 제2의 종교개혁을 의미한다. 서구의 르네상스는 종교개혁과 더불어 중세 봉건사회의 해체 과정과 결부되었다는 점에서 단순한 문예부흥 운동이 아니라 일종의 사회개혁 운동이라고 해야 할 것이다. 제2의 르네상스, 제2의 종교개혁 또한 오늘날의 황금만능주의 사조와 종교적 타락상을 바로 잡는 하나의 커다란 조류를 형성하게 될 것이다.

서구의 르네상스와 종교개혁이 중세적 봉건질서의 해체를 촉발함으로써 유럽 근대사의 기점을 이루었다면, 제2의 르네상스, 제2의 종교개혁은 물질에서 의식으로의 방향 전환을 통해 실체를 지향하는 삶을 촉구할 것이다. 또한 모든 종교의 본체가 하나임을 밝히는 동시에 종교적 진리가 개개인의 삶 속에 구현되는 성속합일, 영육쌍전의 시대의 도래를 촉발함으로써 지구촌 차원의 새로운 정신문명시대를 여는 계기가 될 것이다.

따라서 기독교적 보편사회에서의 르네상스나 종교개혁과는 깊이와 폭이 다를 수밖에 없다. 그것은 전 인류적이요 전 지구적이며 전 우주적인 존재혁명이 될 것이다.

'그렇게 되면 만인의 입을 통해 국경 없는 세계, 우주의식의 미덕을 노래하는 시대가 오지 않을까?

'十'의 의미는 그렇게 또렷해지고 있었다.

제2부
대륙으로 대륙으로

그대는 듣는가, 도라촌(道羅村)에 새벽이 오는 소리를

두만강 아흔아홉 굽이 회룡봉(回龍峰)

태극으로 물이 휘감아 용틀임하는 그곳에

우주의 중심 자미원(紫微垣)을 수 놓으리

핫산(Khasan)의 수천 까마귀 떼 장엄한 열병식은

간방(艮方)의 새 세상 도라지(道羅地)를 예고했네

— 본문 중에서

길을 찾는 당신에게 드리는 지혜

제5장

천여 년 만의 해후

머나먼 시간의 강을 건너
오늘 이 적산(赤山) 도원(桃園)에서
우리는 다시 만났네.
천 년이 넘어 묵은 회포를
어찌 하루 해에 다 풀 수 있으리오마는
만산(萬山)이 절을 하고
오대양 육대주가 무릎을 꿇는
연화정(蓮花頂)에 서니
광휘로 열리는 새 시대의 새벽이
나를 취하게 하도다.
— 본문 중에서

누군가 내게 물었다.

― 왜 장보고기념탑을 세우지요?

나는 대답했다.

― 장보고張保皐 대사의 역사적 복권은 시대적 필연이기 때문이지요.

그가 다시 내게 물었다.

—왜 정치학 교수가 역사에 관심이 많은 거죠?

나는 대답했다.

—역사에 기초하지 않은 일체의 학문은 사상누각에 불과하기 때문입니다.

1991년 누군가 내게 말했다.

—수교도 안 된 중국 땅에 장보고기념탑을 세우는 것이 가능하겠어요?

1992년 몇몇 사람들이 내게 말했다.

—장보고기념탑을 세우는 것은 현실성이 없어요.

1993년 많은 사람들이 내게 말했다.

—장보고기념탑을 세우는 것은 불가능해요.

1994년 7월 24일 준공식 때 모든 사람들이 내게 말했다.

—장보고기념탑을 세운 것은 민간외교의 승리요, 역사적인 일대 쾌거입니다.

당시 중국 『웨이하이일보威海日報』에는 "고유장보고古有張保皐 금유최민자今有崔玟子", 즉 "옛날에는 장보고가 있었고 오늘에는 최민자가 있다"는 글이 실렸다.

21세기 아시아-태평양시대를 목전에 둔 현 시점에서, 우리 해군의 시조이자 한중 교류의 원조이며 나·당·일 삼각교역과 3국간의 문화 교류와 해상의 안전교통, 특히 국제무역의 발전과 국방에 큰 공적을 쌓은 장보고 대사의 역사적 복권이 시대적 필연이 아니면 무엇일까? 그것은 정녕 1,000년이 넘은 시간의 벽을 허물고 잃어버린 우리의 실상을 찾는 것일진대.

장보고는 사실상 우리 해군의 시조이다. 그래서 1993년 진수된 국산 잠수함 1호도 '장보고 함'으로 명명되었다. 장보고는 우리 역사상 가장 강력한 해상세력을 결집하여 독립된 군사력으로 나·당·일 삼각교역과 중국내륙 무역까지 독점하고 해상권을 장악함으로써, 그의 세력은 산동성山東省 적산촌赤山村과 대운하 요충지인 초주楚州를 비롯해 연운항連雲港 일대에 뻗쳤고 페르시아 상인이 출입하는 양주揚州와 영파寧波, 천주泉州에까지 이르렀다. 라이샤워(E. O. Reischauer) 교수가 장보고를 상업제국의 상인 군주로 극찬하는 것은 바로 이 때문이다.

장보고가 바다를 제패함으로써 국운을 부흥하게 했고 이순신이 바다에서 왜군을 격파함으로써 나라를 구했음에도 불구하고, 바다로 진출하려는 기개는 이어지지 못했다. 근세에 들어서 바다를 정복하는 자가 세계를 정복하는 것을 보고도 우리는 그 이치를 터득하지 못했다. 이제 남북한과 산동성 및 동북3성(遼寧省, 吉林省, 黑龍江省)을 연결하는 이른바 황해경제권시대의 개막이 가시화되고 있는 현 시점에서, 그 원조元祖라고 할 수 있는 장보고의 역사적 복권은 시대적 필연이다.

우리 역사상 능동적으로 국제무대에 진출하여 그토록 우리 민족의 기개를 높였던 인물이 또 어디 있었던가. 최남선崔南善 선생은 그의 『고사통古事通』에서 당시 장보고의 위세가 한 세기를 뒤덮었다고 표현하고 있다. 더구나 중국 시장은 이제 한국 경제의 사활이 걸린 시험대이자 가능성의 세계로 자리 잡고 있다. 오늘의 시대정신을 구현함에 있어서 우리가 내세울 인물로 장보고를 꼽는 것은 당연하지 않을까?

장보고 기념탑을 세운 뜻은

「장보고기념탑」 건립은 동아시아 — 특히 동북아시아 — 시대가 도래하는 현 시점에서 약 1,200년 전 진정한 세계인이었던 장보고의 현대적 재조명 작업의 일환으로 추진된 것이다. 말하자면 장보고의 역사적 복권을 통하여 우리 한민족이 능동적이고 적극적인 주 행위자로서 동아시아 무대에 등장하여 한·중·일 3국간의 우호선린관계에 새로운 장을 여는 계기를 마련하고, 나아가 동북아와 세계 평화 질서의 구축에 기여하는 데 그 목적이 있다. 장보고의 역사적 복권은 곧 우리 민족의 역사적 복권이다. 장보고의 기개와 정신을 계승하여 우리 모두가 이 시대의 장보고가 되는 것이다. 기념탑 건립은 장보고의 위적에 대한 역사적 재조명을 통하여 우리 민족 사회 내부의 구성원은 물론이고, 한중 양국 모두가 수용할 수 있는 공동의 가치와 이념을 서로의 심상 속에 내면화시키는 고도의 상징적 의미를 함축한 것이라 하겠다.

장보고기념탑의 시작은 1991년으로 거슬러 올라간다. 그 해 초 롱청시榮成市 부시장 일행이 내한하여 그 자리에 초대를 받게 되었다. 무슨 이야기 끝에 그는 불쑥 이런 말을 했다.

"한국인들은 역사의식이 부족하지 않나 하는 생각이 듭니다."

그것은 평소 내가 생각하던 바이기도 했다. 더구나 무호 스승에게서 잃어버린 우리 역사를 배우기 시작하면서부터는 더더욱 그렇게 생각되었다. 어떻게 보면 전혀 새로운 사실이랄 수도 없었다. 그런데 난데없이 외국인의 입을 통해서 이 말을 듣게 될 줄이야! 무슨 연유로 그가 그런 말을 하는지 궁금해졌다.

"무슨 뜻인지요?"

그러자 그는 서슴지 않고 이렇게 말했다.

"우리 롱청시 석도石島에 있는 적산赤山 법화원法華院은 원래 신라인 장보고 대사가 세운 기관이었지요. 그런데 지난 1990년에 일본인들이 중건을 했으니……."

그의 말은 의미심장한 여운을 남기고 있었다. 무심코 던진 그의 말 한마디가 계속 뇌리를 맴돌았다.

적산 법화원은 국제적으로 크게 활약하던 장보고 대사가 요지에 창설한 기관이었는데, 당唐 무종武宗 때 불교 탄압책에 의해서 파괴되었던 것을 일본인들이 일본의 구법승求法僧 엔닌(圓仁)을 추모하기 위해서 중건한 것이라고 한다. 엔닌의 『입당구법순례행기入唐求法巡禮行記』에는 당에서의 장보고의 활약상과 그때 당에 거주하던 신라인들의 세력 기반과 당의 상황이 상세하게 나타나 있다.

당시 일본은 항해 기술과 해상 교통 면에서 신라보다 크게 뒤떨어진 관계로, 엔닌은 신라인의 안내와 통역과 기술의 도움을 받으면서 입당入唐하여 직접 장보고 대사를 만나 그의 기금으로 운영되는 기관들과 설비들의 신세를 톡톡히 지면서 11년이라고 하는 긴 세월 동안 부득이 각지를 두루 순례하게 되었는데, 당시의 상황을 실제로 견문하고 사실대로 생생하게 기록한 자료가 바로 『입당구법순례행기』이다.

엔닌이 법화원에 장기간 묵으면서 크게 신세를 졌다는 인연 하나만으로 일본인들이 법화원을 복원했다는 것은 어떻게 보면 과잉 역사의식일 수도 있다는 생각이 들었다. 그것도 단지 엔닌을 기리기 위한 것이라면.

"기회가 주어지면 룽청에 가서 복원된 법화원을 직접 한번 보고 싶습니다만."

관광이나 하자고 그런 말을 한 것은 물론 아니었다. 때늦은 감이 없지 않지만 사적지 복원을 위한 작업이 이루어져야 하리라는 생각에서였다. 그래서 나는 한중 양국 간의 우의증진 차원에서 사적지 복원을 위한 행사를 공동으로 주최하는 것이 어떻겠냐는 제의를 했다.

그는 웃으면서 선뜻 이렇게 말했다. "마침 오는 4월에 우리 룽청시 제1회 어민절漁民節 행사가 있으니 그때 오시지요."

그렇게 해서 중국행이 시작되었다. 1991년 4월 민간문화경제사절단을 구성하여 위동호를 타고 중국 산둥성 웨이하이威海로 향했다. 인천항에서 웨이하이항港까지는 230마일. 승객 500여 명을 실은 위동호는 오후 여섯시 경 인천항을 출항하여 밤새도록 황해를 횡단했다. 1,180여 년 전에 황해를 제패했던 장보고 대사의 발자취를 따라서.

이번 중국행 배를 타면서부터 나는 대륙과의 깊은 인연을 예감했다. 뱃전에 기대어 하얗게 부서지는 물보라를 시름없이 바라보고 있노라니 1,000년의 세월이 엊그제인 양 물보라 속에서 아련히 피어올랐다.

장보고 대사의 위적은 주로 『삼국사기』, 『신당서新唐書』, 『일본후기日本後記』, 『속일본기續日本記』, 『속일본후기續日本後記』, 『입당구법순례행기』를 중심으로 살펴 볼 수 있다. 『삼국유사』나 『동국사략東國史略』에도 장보고에 관한 기사는 있으나 그의 해상 활동에 관한 논급은 나타나 있지 않다. 장보고 대사의 위적에 대해서는 이상의 원전原典 외에도 최남선 선생의 『고사통』, 김상기金庠基 교수가 『진단학보震檀學報』에 발표한 장편 논문 속에 잘 나타나 있다.

그에 대한 기록이 역사상에 나타나기는, 그가 일찍이 당으로 건너가 30세쯤에 서주徐州에서 무령군武寧軍 소장이 되고 적산에 동족들의 기반을 만들어 무역을 크게 하다가 나중에 귀국하여 완도莞島에 청해진淸海鎭을 설치하고 국방과 무역에서 크게 활약하던 동안의 일로서 그의 출생에 관하여는 아무런 기록이 없다. 다만 그의 출세 이후의 행적을 참조하여 추측할 수 있을 뿐이다.

장보고는 서기 790년 경 전라남도 완도에서 반농반어半農半漁를 업으로 하던 이름 없는 서민의 아들로 태어났다. 그는 소년 시절부터 용건하여 고향 젊은이들의 두목으로서 자연히 바다에서 헤엄치기와 배 타기로 체력을 단련하면서 자랐다. 『삼국사기』「열전列傳」(제4) 장보고 전을 보면, 장보고와 그의 동향 동무 정년鄭年이 잠수와 유영에 모두 능했으며 후에 두 사람이 모두 당에 가서 무령군 소장이 되었는데 말을 타고 창을 쓰는 데에 대적할 자가 없었다고 한다.

그의 신분으로 보아서 그가 벼슬길에 나가거나 장군이 되거나 글 잘하는 선비가 되는 것은 생각하지 못할 처지였다. 말하자면 그 당시의 신라 상류사회의 사람들처럼 성씨나 가품家品을 내세울 만한 지체 높은 사람은 못 되었던 것이다. 『삼국유사』나 『삼국사기』「본기」에서 보듯이, 그저 궁파弓巴 혹은 궁복弓福이라고 불렀다. 장보고라는 성명을 가지게 된 것은 후일 당으로 건너가 군무에 종사하게 되면서부터인데, 『삼국사기』 「열전」에는 중국의 『신당서』를 본받아서 장보고張保皐라고 기록했다. 일본인들은 그것과 음이 같은 장보고張寶高라고 기록했다.

그의 나이 20대 초반인 812~813년 무렵, 그는 당으로 건너가게 된다. 그렇다면 그의 도당 동기는 무엇이었을까? 단순히 그의 낮은 지체 때문에 출세하지 못할 것을 생각해서 당으로 건너갔을까? 여기에서 우리는 당시 나·당 두 나라의 사회정치적 상황을 살펴볼 필요가 있다.

신라는 전성기 말부터 대규모의 반란과 흉년이 이어지면서 민심이 날로 흉흉해져 민중이 살 길을 찾아 외국으로 떠나는 경우가 적지 않게 되었다. 그런데 중앙의 정치적 통제력이 미약하여 혼란, 불안, 기근을 피하려는 민중을 억제할 힘이 없었다. 당나라도 마찬가지로 정치적 통제력이 미약했고 인민은 폭정에 시달리는 상황이었으므로, 재당在唐 신라 거류민들은 그 거류지에서 세력을 형성하며 치외법권적 집단생활을 하고 있었다. 그리고 보면 섬에서 성장한 장보고와 정년 같은 청년들이 집단으로 바다를 건너갈 생각을 가지게 된 것은 있을 수 있는 일이었다.

또 한 가지는 조선 및 항해술의 발달과 지리적 항로의 편의이다. 신라 남쪽 끝의 완도 해안에서 돌출한 중국 산둥山東 반도 끝의 적산까지의 직로는 순풍을 만나면 몇 날 뱃길밖에 되지 않았다는 점이다. 따라서 그의 도당 동기는 이상의 몇 가지 요인들 ―개인적 포부와 나·당의 사회정치적 상황 그리고 조선 및 항해술의 발달과 지리적 항로의 편의 등 ―이 복합된 것으로 볼 수 있다.

장보고 일행이 당으로 건너가 처음 자리를 잡은 서주 지방은 신라인들에게는 아주 생소한 땅은 아니었다. 왜냐하면 고구려 유민 출신인 이정기李正己 일가가 차지하고 있었던 산동 반도 일대가 서주지방에 인접해 있었기 때문이다. 당시 곳곳에는 신라인들의 집단거류지인 치외법권적 촌락들이 생겨서 존립된 것으로 보인다. 이씨 일가가 그 세력이 커지면서 중앙에 세입도 보내지 않고 반당적 태도를 보이기에 이르자 당나라 헌종이 토벌에 착수하였고 이씨 일가는 결국 그 막을 내리게 되었다. 바로 이 토벌전에 장보고와 정년이 소속된 무령군이 토벌부대 선봉의 창기대槍騎隊가 되어 원병으로 온 신라군과 합세하여 큰 공을 세웠던 것이다.

　이렇게 해서 장보고와 정년은 당의 중앙정부에 대한 반항적 세력인 절도사들을 제압하는 데에 협력하고, 나아가 해상교역의 안전을 위한 해적 소탕에 공을 세움으로써 높은 지위를 얻어 출세하게 되었다. 말하자면 당에서 무예로 이름이 나서 무령군 소장이 되고, 해상무역에서도 크게 활약하여 곳곳에 있는 치외법권을 가진 신라방新羅坊 거류민단의 집합원集合院의 기반을 만들고, 드디어는 해상왕海上王이 되기에 이른 것이다.

　우리 일행은 이층 식당으로 올라가 장보고 사적지 복원행사에 관한 간단한 회의를 마친 후 각자 방으로 갔다. 이튿날 웨이하이항威海港에 도착하여 옛 적산포赤山浦인 롱청으로 향했다. 웨이하이시와 롱청시는 이미 고대에 동양 3국 간의 중요한 교류 지점이었다는 사실 외에도, 지금으로부터 110여 년 전 한반도의 지배권을 둘러싼 청일전쟁의 종착역이 바로 일본 해군에 의한 롱청항 함락이었다는 점에서 동양 3국사에서 매우 중요한 곳이다. 적산포는 장보고의 중국 내 활동 거점으로, 우리 해군의 시발지라고 할 수 있다. 중국 해군의 시발지인 유공도劉公島가 인접해 있는 것으로 보아도 당시 장보고가 요지를 바로 보았다고 할 것이다. 당시 인구 70만인 롱청시는 농수산물의 생산량이 높아서 중국 전역을 통털어서도 생활 수준이 비교적 높은 편에 속한다고 했다. 제조업 분야는 물론 첨단산업 분야에서까지도 한국 현지법인들의 진출이 두드러진 그곳은 시내 전체가 건설 현장인 듯 대단히 역동적이라는 인상을 받았다.

이윽고 차는 석도에 도착하여 법화원이 있는 적산을 오르기 시작했다. 적산이란 옛 이름은 1,000년의 세월에도 그대로 전해내려와 지금도 현지에서는 '적산 법화원' 이라고 부른다. 법화원으로 오르는 길은 포장이 되어 있지 않아서 차가 움직일 때마다 뿌옇게 흙먼지가 이는가 하면, 노면이 고르지 않아서 차가 많이 흔들리기도 했으나 경사는 극히 완만하여 오르는 데에 무리는 없었다.

법화원으로 오르는 길목에는 작은 촌락이 형성되어 있었는데 옛 이름 그대로 적산촌이었다. 적산촌 주위 곳곳에는 복숭아 과수원들이 즐비해 있어 마치 도원 속의 촌락인 양 평화스러운 분위기를 자아냈다. 산길을 따라 얼마를 더 오르니 길 한 편으로 일본인들이 세운 것으로 보이는 조그만 비석들이 많이 서 있었다. 조금 더 오르니 좌우 양편 산 높은 곳에는 운치 있는 누각이 쌍으로 마주보고 서 있어 적산의 고아한 향취를 느낄 수 있었다. 이윽고 차는 널찍하고도 편평한 공간에서 멈추었다.

법화원.

세 글자가 쓰인 현판이 시야에 들어왔다. 그곳에는 롱청시 정부의 원로이자 법화원을 중건한 중국측 대표인 소蘇 주임과 적산촌의 촌장 등이

미리 도착하여 우리 일행을 기다리고 있었다. 이들의 안내를 받으며 우리는 법화원 안으로 들어갔다.

법화원은 생각했던 것보다 규모가 작아서 축소 복원된 것이 아닌가 하는 생각이 들었다. 복원된 형태도 일본식에 가까웠다. 별전別殿 중앙에는 엔닌 영정이 모셔져 있었고 한쪽 구석에 장보고 대사 영정이 초라하게 모셔져 있었다. '세월이 흐르면 이렇게 주객이 전도될 수도 있는 것인지…….' 나는 처연한 마음이 들었다.

엔닌의 기록에 의하면 적산 법화원은 장보고가 창설한 대규모의 기본 재단이며 유력한 기관으로서, 그곳 불사의 집회에는 신라인 남녀 승僧·속인이 통상 250명씩이나 회집했다고 한다. 일본학자들의 발표에 의하면, 당시 신라인의 조선 및 항해 기술자, 선편船便, 통역자 그리고 거류민 단장과 각지의 신라원, 특히 적산 법화원의 협조가 없었더라면 엔닌 일행의 입당구법순례는 불가능했을 것이라고 실토하고 있다. 옛날 당나라에 왕래한 일본의 사절단과 그들을 수행하여 입당구법순례한 불승들은 선편의 준비·항해·안내·통역·송금·여행증명서의 취득, 숙박, 기타 모든 일에서 선진 신라인의 협조를 받아야만 했던 것이다.

문제는 일본인들이 법화원을 복원했다는 사실보다는, 그로 인하여 야기될 수 있는 역사적 사실의 왜곡 가능성이었다. 일본식으로 복원된 것이며, 별전 중앙에 모셔진 엔닌의 영정이며, 즐비하게 서 있는 일본 비석들……. 이렇게 해서 세월이 또 흐르게 되면 나중에는 법화원의 창설자가 바뀌지 않는다고 누가 장담할 수 있을까 하는 생각이 들었다.

법화원은 장보고가 국제적으로 활약한 해외의 거점인 동시에, 신라 거류민들의 정신적 안위소요 또한 본국과의 연락기관이었다. 당이 신라에 사신을 파견하는 경우에는 신라를 향하여 출발하기 전에 반드시 법화원이 있는 적산포에서 마지막 출범 준비를 하며 법화원측과 미리 사전 협의를 하는 것이 외교상 관례처럼 되어 있었다. 이와 같이 적산 법화원은 국제성을 띤 중요한 외교상의 기관이기도 했던 것이다.

그 당시 당나라 각지에는 신라인과 발해인의 거류지 조차지인 신라방과 발해방이 있었는데 특히 신라인의 활약이 활발했고 신라 거류민단장이 그 지역의 행정장관 및 경찰장관을 겸했다고까지 하니 한인들의 세력이 강했음을 가히 알 만하다고 하겠다.

장보고 대사 영정 앞에 참배를 마치고 나오자, 소 주임과 촌장은 적산촌에 마련해 둔 접견실로 우리 일행을 안내했다. 촌장이 우리 일행에게 차와 과일을 권하며 먼저 입을 열었다.

"우리 적산촌 방문을 열렬히 환영합니다. 이곳에서 한국과 제일 가까운 곳이 성산두(成山頭, 成山角이라고도 함)라는 곳이지요. 한국의 황해 쪽 갯마을에서 첫닭이 울면 그 소리가 이곳까지 들린다는 말이 전해 내려올 정도로 아주 가까운 곳이지요. 그러고 보면 우리는 이웃사촌입니다."

나도 일행을 대표하여 간단하게 답례인사를 한 후 그동안 내가 궁금하게 여기던 사항을 물었다.

"복원된 법화원의 현 위치가 원래 위치와 일치하는지 어떻게 알 수 있습니까?"

"법화원을 중건할 당시 그 옛날 법화원에 양식을 대주던 적산 촌민들로부터 구전되어온 내용을 토대로 사방 수 킬로미터에 걸쳐 발굴 작업을 벌였지요. 그랬더니 중건된 현 위치에서 당나라 시대 기왓장이 집중적으로 발굴된 겁니다."

소 주임의 답이었다. 그들은 내가 복원復元이라는 말을 쓰는 것과는 달리 중건重建이라는 말을 썼다. 그것은 곧 재건의 의미이니, 내용은 같을지라도 뉘앙스는 다른 것이었다. 하기야 원형 그대로 회복된 것이 아니니, 중건이라고 하는 것이 더 정확할지도 몰랐다.

우리는 민간 차원에서 한중 우의증진을 위하여 사적지 복원행사를 공동으로 개최하는 문제에 대해서 구체적으로 상론했다. 그리하여 룽청시 어민절 행사 개막식이 끝난 다음날 오전에, 사적지 복원행사의 일환으로서 우선 법화원 경내境內에 장보고 대사의 위적을 기리는 기념탑을 건립하기로 합의하고 그 기초기공식을 가지기로 했다.

이튿날 제1회 룽청시 어민절 행사가 수십만의 군중이 운집한 가운데 바닷가에서 개막되었다. 세계 각지에서 온 축하사절단이 나라별로 호명되었는데 우리 한국은 세 번째로 호명되었고 좌석도 비교적 앞자리에 마련되어 있었다. 천지가 진동하는 듯한 폭죽소리와 함께 악단의 흥겨운 연주가 이어지고, 용龍놀이며 갖가지 전통 민속놀이가 룽청시민들을 비롯한 축하사절단들을 열광하게 했다. 어민절 행사는 밤늦도록까지 요란한 폭죽소리를 내며 밤하늘을 현란하게 수놓았다.

다음날 아침 우리 일행은 장보고 기념탑 건립 기초기공식을 가지기 위해서 적산 법화원으로 향했다. 그곳에 도착하니 룽청시와 웨이하이시 관계자들도 이미 와 있었고, 법화원 주민들도 많이 눈에 띄었다. 우선 준비해 간 현수막을 걸고 재중 한인대표 두 사람과 법화원 여승들도 참여한 가운데, 장보고 기념탑 건립 기초기공식이 법화원 경내에서 거행되었다. 한중 양측 대표의 기념사와 축사가 이어졌다. 그리고 나서 기초기공식을 기념하는 글자가 새겨진 조각된 나무를 땅에 박았다. 또한 법화원에 무궁화 동산을 조성하고자 준비해 간 무궁화 60주를 기념 식수했다. 당시는 제1회 롱청시 어민절을 기념하여 한중 우의증진 차원에서 장보고 대사의 위적을 기리는 조그만 기념탑 하나를 법화원 경내에 세운다는 생각이었다.

그러나 시간이 흐르면서 법화원 경내보다는 장보고 대사께서 다니시던 황해가 바라다보이는 산꼭대기에 세우는 것이 좋을 듯하여 장소를 변경하게 되면서, 난難공사에다 대규모 공사가 예상되면서 여러 가지 문제가 수반되었다. 그래서 기초기공식을 가진 후 중국인민정부의 허가를 얻어 정식 기공식을 가지고 준공식을 가지기까지 한국 및 중국측의 복합적인 이유로 3년여의 시간이 소요되었다. 그 사이에 법화원 무궁화동산에서는 무궁화 꽃이 몇 번을 피고 졌다.

황해를 건너며

1991년 8월.

옌볜대학교에서 제2차 조선학 국제학술토론회가 있었다. 세계 각지에서 우리 교포학자들이 많이 참석했는데, 나도 초청을 받아 참석했다. 북한 대표단도 예닐곱 명 와 있었다. 나는 정치분과에서 "남북화해를 위한 제언"이라는 제목으로 맨 먼저 주제발표를 했다. 폐막식 때에는 주최측 요청으로 옌볜이 우리 민족에게 계속 그와 같은 제3의 정신적 완충지대로서의 역할을 해줄 수 있기를 바란다는 내용의 폐막 연설을 했다.

백두산 등정을 마친 후 나는 곧장 산둥성으로 향했다. 롱청에 있는 적산 법화원으로 가기 위해서였다. 가는 도중 내내 나는 기념탑 건립을 구체화시키는 문제에 골몰했다. 사실 수 개월 전 기초기공식을 가질 때만 해도 법화원 경내에 조그만 탑을 하나 세운다는 생각이었기 때문에 그리 큰 문제가 되리라고는 생각지 않았다.

그러나 그 후 다시 생각해 보니, 그렇게 해서는 사적지 복원이라는 차원에서 볼 때 너무 미흡하다는 생각이 들어서 계획을 수정하게 된 것이다. 그동안 나름대로 국내에서 작업을 시도해 보았으나, 무엇보다도 적산 법화원 현지에서의 장보고에 대한 인식과 한국에서의 인식 사이에 커다란 차이가 있다는 것을 느끼게 되었다.

중국 현지에서 장보고는 적산촌 일대는 물론이고 산둥 지방에 비교적 잘 알려져 있었다. 장보고를 전문으로 연구하는 사람들도 꽤 있었고, 특히 웨이하이에 있는 '황해경제권연구중심黃海經濟圈硏究中心'에서 발간되는 학술잡지에서는 장보고를 한중 교류의 원조로 꼽고 있어 깊은 감명을 받았다. 반면 한국에서는 당시만 해도 그에 대한 인식이 거의 이루어져 있지 않았다. 식자층에서조차 장보고가 어떤 사람이냐고 물을 정도였으니, 이러한 인식의 벽이 일의 추진에 장애가 된다는 것은 자명했다.

웨이하이에 도착하여 필뱍 부국장의 안내로 롱청시 정부에 있는 소 주임 등과 함께 적산 법화원으로 향했다. 해안도로를 따라 삼십 분 가량 달려 적산 입구에 도착하여 산길을 따라 올랐다. 오르는 길목 군데군데에는 무궁화꽃이 활짝 피어 있었다. 마치 옛 신라방 자리임을 확인시켜 주기라도 하는 듯이. 법화원에서 얼마 떨어진 지점에 차를 세운 뒤 소 주임은 그리 넓게 보이지 않는 복숭아 과수원을 가리키며 이렇게 말했다.

"여기도 기념탑 건립부지로 가능한 후보 지역 중의 하나라고 할 수 있지요."

그리고는 이렇게 덧붙였다.

"법화원 안에 세우게 되면 부지 문제가 따르지 않겠지만, 이곳에 세울 경우에는 사용하는 토지에 대해서 지불을 해야 합니다. 왜냐하면 이곳 농민들의 것이니까요. 이곳 과수원들은 모두 농민들의 생계원이지요."

그곳은 얼른 보아도 기념탑을 세우기에 적지라고는 생각되지 않았다. 면적이 그다지 넓지 않다는 점 외에도 그 위치가 꺼져 있어서 탁 트인 맛이 없었고, 또한 적산의 지형상 그곳에 세우게 되면 해안도로에서조차 볼 수 없는, 말하자면 '감추어진' 기념탑이 될 것이기 때문이었다. 게다가 법화원으로 오르내리는 바로 길목이니 관리문제가 따를 수 있을 것이라고 생각되었다. 사실 모든 기념구조물이 그러하듯이, 기념탑 또한 세우는 것도 중요하지만 사후관리 문제는 더더욱 중요하지 않겠는가.

법화원에서 나와서 주차한 곳으로 걸어가면서 소 주임은 허름한 기념품 가게를 가리키며 그 일대 또한 기념탑 건립부지로 가능한 곳이라고 했다. 기념품 가게 뒷편은 역시 적산 촌민의 것으로 보이는 복숭아 과수원이었다. 거기는 법화원 담장 벽과 인접해 있었다. 그는 덧붙여 이렇게 말했다.

"여기는 법화원과 접해 있으니 관리하기 용이한 이점도 있고 법화원과 어우러져 하나의 그림이 될 수 있으니 좋지 않은가요?"

내 생각은 그렇지가 않았다. 당장 법화원 입구 양쪽에 있는 사자 석상을 보더라도 아이들이 얼마나 손을 대었던지 사자코가 시커멓게 되어 있지를 않은가. 게다가 그곳에 하더라도 역시 적산 밖에서는 보이지 않는 '감추어진' 기념탑이 될 것이었다.

내가 생각했던 기념탑은 그런 것이 아니었다. 물론 처음에는 모든 사원에서 흔히 볼 수 있는 그런 탑을 생각했으나 이내 그것이 아님을 알게 되었다. 그것은 정녕 망각의 강으로 흘렀던 1,000년의 세월을 돌이켜 탑신에 두르고 21세기를 향하여 비상하는 당당한 모습이어야 했다.

부지문제 등을 의논하기 위해 우리는 지난번 회의를 했던 장소로 갔으나 뚜렷한 결론 없이 차후에 다시 와서 의논하기로 하고 일단 끝났다. 일정이 바빠서 도로 웨이하이로 가서 배를 타고 인천으로 돌아오면서 나는 혼자 중얼거렸다.

'이건 시작의 시작에 불과한 것이야.'

그 해 가을 나는 다시 인천에서 배를 타고 웨이하이로 향했다. 그날 밤이 되자 파도가 높아지면서 배가 흔들리기 시작했다. 구토가 나왔다. 몇 시간을 마알간 물이 나올 때까지. 그러는 동안 거친 파도는 밤새도록 애꿎은 내 방 창을 하릴없이 철썩철썩 쳤다. 그래도 배를 타고 있는 시간이 내게는 유일한 휴식시간이었다. 사실 기초기공식을 마친 이후 나는 갖가지 자료를 만들면서 밤이 이슥하도록 연구실 불을 밝혔는가 하면, 건립위원회를 조직하고 민간 및 정부 차원의 지원을 얻기 위하여 동분서주했다. 별 성과는 없었다고 할지라도. 그리하여 배 위에 발을 들여 놓는 순간, 나는 그곳이 온전한 내 휴식처임을 발견하게 되었던 것이다. 구토를 하는 그 순간조차도.

이튿날 웨이하이에 도착하여 롱청으로 갔다. 소 주임 등과 나는 기념탑 부지로 가능한 지역을 물색하기 위해서 적산 법화원 주변을 둘러보았다. 마지막으로 본 산꼭대기가 적지라는 생각이 들었다. 바로 장보고 기념탑이 서 있는 현 위치였다. 당시 그곳은 바위투성이였고 거친 잡초들이 한 길 넘게 자라 있어 들어가기가 쉽지 않았다. 장정들이 낫으로 잡초들을 쳐가며 간신히 안으로 들어가 서고 보니 전망이 탁 트여 있었다. 무엇보다 바다 —장보고 대사께서 다니시던 황해가 끝없이 펼쳐져 있었다. 바로 여기라는 생각이 들었다. 법화원 전방 왼쪽 산꼭대기로서, 법화원에서 도보로 약 20분 정도의 거리였다. 그 일대 또한 농민들의 땅으로 온통 과수원으로 덮여 있었다.

나중에 알게 된 사실이지만, 그곳은 연화정蓮花頂이라고 불린다고 했다. 그 이름의 내력인즉 사방이 연꽃 모양의 산으로 둘러싸여 있는데 그곳이 바로 연꽃의 중심부에 해당하기 때문이라고 했다. 또한 그곳에는 원래 연화사라는 절이 있었으나 문화대혁명 때 파괴되었다고 했다. 나중에 그 사실을 알게 되었을 때 나는 농담처럼 말했다.

"적산에서 제일 명당자리가 그곳이니 장보고기념탑을 세우라고 절을 파괴시킨 모양이지요."

연화정과는 방향이 다른 법화원 위쪽으로 조금 떨어진 곳에는 민가가 열 채 가량 있었다. 지붕은 해초로 되어 있고 외벽은 화강암으로 되어 있어 적산의 분위기와 잘 어우러지고 있었다. 나는 그 일대를 청소년 수련장으로 하면 좋겠다는 생각이 들어 함께 민가로 가서 내부를 둘러보았다. 민가만 이주시킬 수 있다면 내부 용도 변경만으로 청소년 수련장으로 사용할 수 있겠다고 동행한 사람들이 말했다. 더구나 민가 위쪽으로는 저수지도 있어서 그러한 시설을 하기에는 안성마춤이었다.

또한 민가 앞 과수원지대에는 강당을 하나 설치하여 우리 청소년들을 위한 단체교육장으로 활용할 수 있으면 좋겠다는 생각이 들었다. 21세기 신해양시대를 앞두고 장보고 사적지에 이러한 수련장을 설치하여 심신을 단련할 수 있다면, 그야말로 산 교육의 장이 되겠다는 생각이었다.

소 주임 등과 나는 석도 빈관으로 돌아와 기념탑 건립에 관해서 장시간 회의를 했다. 우선 부지 문제에 대해서, 나는 산꼭대기 연화정이 좋다고 한 반면, 소 주임은 지난번과 마찬가지로 법화원 바로 옆 부지가 좋겠다고 했다. 그 이유를 그는 이렇게 설명했다.

"산꼭대기에 기념탑을 세우자면 우선 그곳으로 통하는 도로부터 뚫어야 하고, 또한 높은 곳에 위치해 있어서 난공사가 예상됩니다."

물론 그러한 난점이 수긍이 가지 않는 것은 아니었으나, 연화정이 적지라는 내 생각은 그 이후로도 변함이 없었다. 다만 그 일대가 농민들의 땅인지라 토지 비용에 대해서는 여전히 미결인 채였다. 그 이후로도 부지 문제는 계속되었으나 일단 법화원 전방 왼쪽 산꼭대기로 잠정적으로 정했다. 동행했던 설계자도 나와 의견이 같았다.

법화원 부근 일대에 청소년수련장을 설치하는 문제에 대해서도 중국 측과 기본적인 합의가 이루어지면서, 장보고기념탑 건립과 청소년수련장 설치의 두 가지 사항에 대해서 나는 '세계한민족연합'(후에 '우리연합'으로 개칭) 회장 자격으로 중국측과 약정서를 교환했다.

그로부터 몇 개월 뒤.

나는 완성된 설계도면을 가지고 다시 배를 탔다. 롱청으로 가서 소 주임 등과 만나 준비해 간 설계도면을 펼쳐놓고 장시간 논의에 들어갔다.

우선 장보고기념탑 설계의 기본정신은 기념탑을 건립하는 취지와 목적에 부합되도록, 장보고 대사의 위적을 기리고 그의 정신을 계승하여 오늘의 한중 양국 간의 우의를 다지는 화합의 차원에서 발전과 번영을 모색하는 데에 두었다. 그리하여 장보고 대사께서 다니시던 황해를 내려다보는 동향으로 설치하고, 전통미술 양식을 존중하면서도 현대적 감각에 부응하는 형태를 추구하여 1990년대의 한국 현대미술 양식과 감각이 반영되었는데, 이는 수 세기 후에도 이 기념탑이 1990년대의 유물로 인정되고 보전의 의미와 가치를 부여받을 수 있게 하기 위한 것이었다.

기념탑 기단 5계단석은 신라시대 5층석탑 양식의 차용인 동시에 이 기념탑에서는 오대양을 상징하고, 중앙에 위치한 15미터 높이의 큰 기둥 두 개는 한중 양국을, 여섯 개의 짧은 버팀목들은 주변 우방과 육대주를, 그리고 두 개의 큰 기둥 상단의 고리 형태는 한중 양국의 영원한 우의를 상징하고 있다. 말하자면 한국과 중국이 하나가 되어 오대양 육대주를 비상한다는 의미를 담고 있는데, 이는 바로 해상왕 장보고의 기개를 나타내는 것이기도 하다.

이러한 설계의 기본정신에 대해서 중국측은 전적으로 찬의를 표하면서도 전통적인 탑의 형태를 선호하는 입장을 보였다. 그리하여 현대적인 양식의 이 기념구조물을 '기념탑'이라기보다는 '기념비'라고 명명하는 것이 더 적절하지 않겠느냐는 의견을 제시하기도 했다. 그러나 점차 현대미술 양식에 대한 이해가 이루어지면서 결국 기념탑으로 명명하기로 합의했다.

다음으로 기념탑의 재료로는 처음에는 작품의 무게를 감안하여 내구력이 있는 청동을 생각했으나, 적산 주변과의 경관을 고려할 필요가 있다는 중국측의 입장을 전적으로 수용하여 모든 재료는 롱칭에서 채석되는 붉은색 화강암으로 하기로 했다. 또한 설계 및 감리는 한국측에서 하되, 제작은 현지 업자와 인력 및 기술에 맡기기로 했다. 끝으로 중앙의 두 기둥 꼭대기에 피뢰침을 설치하여 낙뢰 파손을 방지하기로 했다.

시간 가는 줄도 모르고 회의는 계속되어 그날 밤이 이슥해서야 우리는 저녁식사를 할 수 있었다. 이런 일은 매번 계속되었고 밤새 배를 타고 간 뒤인지라 어떤 때에는 입술이 바싹바싹 타기도 했다. 그러나 반드시 이루어져야 한다는 생각에는 변함이 없었다. 다만 당시는 한중 양국이 아직 미수교 상태였던지라 정식으로 인민정부 허가서를 받지는 못한 상태였다. 그래서 일의 진행에서, 중국 현지에서는 지장이 없었다고 할지라도 한국에서는 다소 장애가 되었다. 그러나 수교 이후 곧 정식 허가서를 받을 수 있었다.

매번 법화원에 가서 참배하면서 마음이 아팠던 것은, 당당한 법화원의 주인이어야 할 장보고 대사께서 후손들의 불찰로 객인의 신세를 면하지 못하고 있다는 점이었다. 소 주임은 격앙된 어투로 이렇게 말했다.

"여러 한국인들이 이곳을 다녀갔지만, 그들은 말만 번지르르하게 했지 하나도 한 것이 없습니다. 그 옛날에 법화원을 창설한 사람이 장보고라고 하지만, 그 법화원은 당나라 무종 때 이미 파괴되어 흔적도 없어졌습니다. 지금 이 법화원은 일본인들이 엔닌을 추모하여 그들이 비용을 들여 새로 지은 것이고 또 이곳은 현재 엄연히 우리 땅인데, 남이 지은 집에 조상 영정을 모시고도 정작 법화원에 대해서는 담벼락이 무너지거나 말거나 전혀 관심도 없이 관광명소 정도로 생각하고 구경만 하고 가니, 우리가 우리 돈 들여가면서 남의 나라 조상을 모셔야 할 의무가 있는 것은 아니겠지요?"

때를 놓쳐 우리가 법화원을 복원하지는 못했지만 일단 조상의 영정을 모신 이상, 법화원 관리에 당연히 신경을 써야 하리라고 생각되었다. 소액을 기부하면서 후손의 한 사람으로서 부끄러운 생각이 들었다.

1992년 4월 8일, 민족통일연구원 회의실에서 무호 스승과 설계자 외에 주요 건립위원들을 모시고 그동안의 기념탑 건립 준비 과정에 대한 경과보고회를 가졌다. 보고가 끝나자 참석한 위원들은 내 노고를 치하하며 차례로 의견을 개진했는데 모두 기념탑 건립을 성사시킬 수 있도록 함께 노력하자는 것이었다. 그러나 1993년 11월 3일 정식 기공식을 가지기 직전까지도 기념탑 건립을 위한 기금 조성은 거의 이루어지지 않았다.

경과보고회가 있은 그 달에 '세한연'은 사단법인으로 인가를 받았다. 그러는 동안에도 기념탑 설계 도면과 모형 및 유관 서류를 가지고 나는 총리실 산하 행정조정실을 찾았다. 나는 장보고 기념탑 건립의 취지 및 목적에 대해서 설명하면서, 그것이 역사적 인물을 추모하는 많은 기념사업 중의 하나로 단순하게 인식되어서는 안 될 것이라고 강조했다. 이러한 나의 설명은 기념탑이 준공될 때까지 만나는 모든 사람에게 반복되었고, 나중에는 어느 기자와의 인터뷰에서 "아마도 녹음기라고 해도 그렇게 반복했다면 고장이 났을 것이다"라는 말로 내 심경을 토로했다.

행정조정실의 호의적인 태도에 기대를 했으나, 이 문제는 정부 유관 부처를 돌면서 언제인지 모르게 실종되었다. 그동안 수없이 실무자를 찾아가기도 했고 매일 전화 연락을 하면서 답을 기다렸으나, 한참 지나고 나면 소관 부처가 아니라는 이유로 서류는 다른 곳에 가 있었다. 그래서 찾아가 보면 그들의 반응은 한결같이 일개 대사에 불과한 장보고가 뭐 그리 대단한 인물인가, 국내도 아닌 남의 나라 땅에 세워서 무엇하는가, 지금은 그런 문제에까지 신경 쓸 겨를이 없다는 식이었다.

민간 차원에서의 반응도 부정적이기는 마찬가지였다. 기업의 경우에도 당장 안 된다고 하는 것도 아니고 기다리라고 해서 기다리면, 한 주가 가고 한 달이 가고 그러다가는 언제인지 모르게 유야무야 되어 버리는 것이었다. 유관 단체들의 동참도 구해 보았으나 그것도 무위로 끝나고 말았다. 그 해 여름, 베이징대학교에서 제4차 조선학국제학술토론회가 있어 참석한 뒤 다시 롱청을 찾았다. 기념탑 부지 문제에 대해서 상론하기 위해서였다. 부지로 예정된 연화정 일대가 농민들의 땅이었는데 그 토지비용에 대해서는 여전히 미결인 채였기 때문이다.

나는 소 주임에게 단도직입적으로 말했다.

"우리가 장보고기념탑을 세우는 것은 어디까지나 한중 양국 간의 우의증진을 위한 것이고 화합과 발전을 도모하자는 것이니, 한국에서는 건립비용을 부담하기로 하고 중국에서는 부지를 제공하시지요. 그렇게 하는 것이 기념탑 건립 취지에 맞지 않겠습니까?"

그렇게 제안을 한 것은 그동안 꽤 친숙해진 때문이기도 했다. 사실 힘들었던 시간도 많았지만, 중국을 내왕하면서 내가 알지 못했던 새로운 세계에 접하게 되었고 내 시야도 달라져가고 있었다. 점차 대륙이 낯선 땅이 아니라 익숙한 생활 공간으로 자리 잡기 시작한 것이다.

중국 사람들은 두 번째 만나도 오랜 친구(老朋友)라고 하며 거리감을 없앤다. 매번 갈 때마다 바쁜 일정 속에서도 웨이하이시와 롱청시의 시장 및 부시장을 비롯한 시 정부 관계 인사들의 환대를 받았다. 동행했던 일행 중에는 다녀와서 국빈 대접을 받았다고 말하는 사람이 있을 정도로 그들은 대단한 성의를 보였다.

또 산둥대학교 웨이하이분교의 총장 및 부총장도 나와는 그야말로 오랜 친구가 되었다. 그 외에도 '황해경제권연구중심'을 비롯하여 내가 둘러본 적이 있는 웨이하이시와 롱청시의 각 기관들 그리고 옌타이시烟台市, 원덩시文登市에 이르기까지 산둥에는 이미 많은 친구들이 포진해 있었던 것이다.

이들 중 상당수는 그 이후로 수차 한국을 방문하여 더욱 친숙해졌다. 나중에 중국인들이 장보고기념탑을 양국 인민 우의友誼의 탑이라고 말하게 된 것은 이러한 연유에서다. 우의의 탑이 이루어지기까지 특히 웨이하이시 여유국의 협조가 컸다. 필畢 부국장과 원原 부총경리는 나와 수백 통의 팩스를 주고받으며 이 사업과 관련된 모든 연락을 차질 없이 진행시켰고, 내가 그곳에 체류하는 동안 전적으로 나와 동행했다.

어쨌든 그 이후 부지 문제는 공론화되게 되었고 그로부터 1년이 지나면서 점차 구체화되어, 기공식에 즈음하여 해결이 되었다. 그 과정에서 룽청시와 웨이하이시 정부 관계자들의 협조가 있었음은 두말할 나위도 없다. 나는 세워질 기념탑의 영구보존을 증명하는 내용을 담은 담보서擔保書를 받아가지고 귀국했다.

귀국 이후 기념탑 건립을 위한 국내에서의 작업은 계속되었다. 그 해 여름 통일원의 공식 후원 명칭 사용 승인을 받은 데에 이어, 1993년에 들어서는 국사편찬위원회, 독립기념관의 후원 명칭 사용승인도 받았다. 그 과정에서 국사편찬위원장, 2대에 걸친 독립기념관장의 격려와 배려가 있었다. 또한 KBS, 조선일보의 후원 명칭 사용 승인도 받았다.

그러나 이러한 작업은 명분을 주는 것이었을 뿐, 실질적으로 기금 조성에 도움이 되었던 것은 아니다. 사실상 일의 추진이 벽에 부딪친 상태에서 그 해 가을 나는 다시 웨이하이로 가는 배를 탔다. 그 배에는 마침 한국을 방문하고 돌아가는 웨이하이시 당서기 일행이 타고 있었다. 내가 웨이하이를 방문했을 때 몇 번 환대를 받은 적도 있는 터였다. 나는 그 일행과 함께 저녁식사를 하고 나서 접견실에서 환담을 나누었다. 나중에 나는 장보고기념탑 건립이 성사될 수 있도록 부지 문제 등 협조를 당부하고는 내 방으로 돌아왔다.

한밤중이 가까워질수록 기상조건이 좋지 않아서 파도가 높아지면서 배가 심하게 흔들리기 시작했다. 자정이 다 되어 갑자기 배가 휘청하는 것이 뒤집히는 것 같았다. 별로 두려운 생각이 들지는 않았다. 오히려 담담한 심정이었다. 나중에 안 사실이지만 배가 휘청한 것은 풍랑을 견디지 못하여 뱃머리를 돌린 순간이었다고 한다. 결국 배는 다시 인천으로 돌아오고 말았다. 기념탑 건립 과정만큼이나 난항이었다. 이튿날 배는 다시 웨이하이를 향해서 출항하여, 다음날 웨이하이에 무사히 도착했다.

나는 마중 나온 필 부국장 등과 함께 서둘러 룽청으로 가서 소 주임 등과 합류하여 법화원으로 향했다. 얼마 후 그곳에 도착하여 참배를 하고 나오는데 이전의 그 여스님이 다가와 내게 염주를 건네며 말했다.

"기념탑 건립은 반드시 이루어질 것입니다. 어려운 일이 있으면 이 염주를 돌리시지요."

감사의 뜻을 표하고는 법화원을 나와 우리 일행은 석도 빈관으로 향했다. 석도 빈관 회의실에서 기념탑 건립에 관한 여러 가지 이야기를 나누다가 나는 소 주임에게 이미 교환한 바 있는 약정서를 정식 인민정부 허가서로 발급해 줄 것을 요청했다.

"이미 지난 8월에 한중 수교가 이루어졌으니 인민정부 허가서를 발급해 주시면 일의 진행에 도움이 되겠습니다만."

그렇게 해서 이튿날 인민정부 허가서를 받아가지고 나는 귀국했다. 서울에 돌아온 이후 나는 곰곰이 생각했다. 기념탑 건립을 추진하는 과정이 내게는 분명 세상에 눈뜨게 하고 이 물질계를 더 깊이 응시할 수 있는 계기가 되었다고 할 수 있었다. 어느 날 문득 한줄기 생각이 머리를 스쳤다. 이것이 바로 두타행頭陀行이로구나 하는 생각이.

심산에서 도를 닦던 수도승이 세상을 돌며 시주를 구하는 뜻은 우선 자기 자신 속에 있는 교만을 빼어 버리기 위한 것이요, 동시에 타인에게 적선할 기회를 줌으로써 타인의 무궁한 복을 비는 행위라고 했다. 이는 또한 스스로의 도력을 검증하는 방법이라고도 할 수 있을 것이다.

기념탑을 세우기 웨이하이서 시주施主를 구하는 일이 이와 무엇이 다를까. 내가 여기에서 좌절하는 모습을 보이는 것은 그동안의 동굴 수업의 실패를 반증하는 것이라는 생각이 들었다. 반드시 이루고 말겠다는 생각이 불기둥처럼 솟아올랐다.

불타는 세월이 흘렀다.

겨울이 가고 봄이 왔다. 4월 12일, 상해임시정부 청사 개관 기념식이 상해 현지 임시정부 청사 안에서 있었다. 망명정부 시절, 이국땅에서 겪어야 했던 애국선열들의 각고의 세월이 느껴지는 듯했다. 들어가는 문 담장에는 상해시 노만구盧灣區 인민정부가 1990년 2월 19일에 공포한 "대한민국임시정부구지大韓民國臨時政府舊地"라고 쓰인 석판이 붙어 있었고, 상해시 노만구 문물보호단위로 지정되어 있었다.

다시 여름이 가고 가을이 왔다. 그동안 롱청을 두 번 더 다녀오면서 우여곡절 끝에 기념탑 건립부지로 연화정 일대 3,000평을 중국측으로부터 제공받았다. 아직 준비는 안 되었지만 그 해를 넘길 수는 없다는 판단이 내려지면서 땅이 얼어붙기 전에 착수해야 한다는 생각에, 11월 3일에 기념탑 건립기공식을 하기로 정하고 중국측에 준비물을 숙지시키고는 비준증서批准證書를 받아가지고 귀국했다.

그동안 국내에서는 가시적인 진척은 없었지만 차츰 가능성이 보이는 듯했다. 선주협회, 예선협회, 도선사협회, 위동항운 등 해운업계와 몇몇 기업의 후원이 예상되었던 것이다.

드디어 1993년 11월 3일.

아홉 차례 황해를 건너고서야 장보고기념탑 건립기공식을 가지게 되었다. 그날 기공식에는 한국측에서 몇몇 기업 대표와 해운업계 대표 등이 참석했다. KBS 보도국에서도 동행 취재했다. 보도국 기자는 웨이하이시 당서기와 인터뷰를 하면서 그가 "장보고는 이미 1,000여 년 전에 국제교역을 시작했는데, 후손들인 우리가 그 뜻을 제대로 이어받아야 하지 않겠는가"라고 말하자 큰 감동을 받은 듯했다.

우리 일행은 웨이하이시와 룽청시 각 시장들을 비롯한 시 정부 관계자들과 법화원 마을 주민들 및 학생들 등 500여 명의 열렬한 환영을 받았다. 바위더미며 무성한 잡초들로 뒤덮여 있던 적산 연화정은 어느덧 말끔하게 정돈되어 있었다. 한쪽에는 기공식 돌비석이 커다란 붉은색 리본으로 장식된 채 놓여 있었고, 그 둘레에는 많은 삽들이 둥그렇게 꽂혀 있었는데 역시 붉은색 리본으로 장식되어 있어 강렬한 느낌을 주었다.

이윽고 연화정에서 한중 양측 대표단의 테이프 절단식과 기념사 · 축사에 이어 기공식 돌비석을 중앙에 두고 모두 장보고기념탑 기공의 첫 삽을 떴다. 법화원 마을 주민들로 구성된 악대의 기공식 축하연주가 적산을 가득 메우면서 1,000년의 세월이 살아오는 듯했다.

장군바위의 미소

장보고가 당으로 건너간 것이 20세 초반인 서기 812~813년경이고 귀국한 것은 서기 828년이었으니, 그가 당에서 활동한 기간은 약 15~16년간이 된다. 그가 귀국한 가장 주요한 동기는 해적이 신라인들을 약취掠取, 매매하는데 격분하여 이를 근절하고자 하는 데 있었다. 대당 외교를 통한 신라 정부의 노력이나 당나라 정부를 통한 장보고 자신의 노력이 노비 약매를 근절시키기에는 미흡하다는 생각이 들었던 것이다.

장보고가 청해(지금의 완도)를 선택한 것은 그의 고향이라는 점 외에도, 그 지리적 위치가 국방과 나·당·일 삼각교역의 거점으로서 요지임을 잘 알고 있었기 때문이다. 여기에서 우리는 장보고가 귀국 시 완도를 거점으로 동양 3국의 해상권을 장악하여 국방과 무역에 힘쓰면서 이를 확장 발전시키려는 포부를 품었을 것이라고 짐작할 수 있다. 장보고는 그가 귀국하여 완도를 거점으로 활동하게 된 후에도 적산에 설치된 대규모의 재단과 신라원 및 장원莊園에 인원을 배치하고 그곳에 왕래하기도 하며 무역을 계속했다. 당시 당나라 각지에는 이미 신라 거류민단이 조직되어 있어서 무역이 성행하였다. 또한 완도를 거점으로 대일 무역을 개시하면서 나·당·일 간의 삼각교역에 의해 해상권을 장악할 수 있었다.

그 해 겨울 나는 이미 시공에 들어간 기념탑 건립 현장도 지켜보고 중국어 학습도 할 겸 산둥대학 웨이하이분교 초대소에 머물렀다. 그곳은 뒤로는 바로 산과 연결되고 옆으로는 바다를 끼고 있어 전망이 매우 좋았다. 나는 그곳 대학측의 각별한 배려로 접견실이 딸린 넓고 아늑한 방에서 지낼 수 있게 되었다. 그곳에 머물면서 한편으로는 대학측에서 안배해 준 독讀 선생과 중국어 회화 학습을 했다. 매일 네 시간씩 학습했고, 학습 시간 외에는 녹음한 것을 반복해서 들었다. 짧은 기간이었지만, 그녀의 정확한 발음은 회화 학습을 진작시키는 데에 많은 도움을 주었다.

다른 한편으로는 기념탑 건립 현장과 돌 가공공장에 가 보기도 했다. 기념탑 건립 현장 한 모퉁이에 앉아 종일토록 시름없이 돌을 깨던 노老석공의 모습은 두고두고 잊혀지지 않았다. 기공식 이후에는 염閆 부시장과 원효 국장도 기념탑의 공사 진행을 돕기 위해서 적극적으로 나섰다. 설계자의 1차 감리가 이루어진 것도 이때였는데 —당시 기념탑은 철근 구조물이 서기 시작하고 있었다— 황해를 내려다보는 동향으로 위치 설정이 정확하게 되었는지를 보기 위한 것이었다.

위치 설정은 잘 되었으나 문제는 기념탑 재료인 화강암의 가공 방법이었다. 중국측은 손도끼로 찍는 방법이 좋겠다고 한 반면, 설계자는 버너로 지지는 것이 더 예술성을 살릴 수 있는 방법이라고 했다. 그러나 버너로 지지는 방법이 그곳에서는 통용되지 않았기 때문에 결국 손도끼로 찍는 방법을 택했는데, 의외로 기념탑은 정교하게 잘 다듬어져 있었다.

겨울이 가고 다시 봄이 왔다. 철근 구조물이 거의 다 올라간 기념탑에 대한 2차 감리도 끝나고, 예상했던 해운업계 및 몇몇 기업의 후원이 하나하나 이루어지면서 기념탑 건립도 차질 없이 잘 진행되어 갔다.

기념탑 건립과 더불어 또 한 가지 중요한 문제는 해안도로에서 적산 연화정으로 오르는 산길을 닦는 것이었다. 해안도로에서 법화원까지는 길이 나 있기는 하였으나 폭이 좁고 노면이 고르지 않은 흙길이라서 차가 다니기에 불편한 점이 많았다. 더구나 법화원에서 연화정까지는 공사를 하기 위해서 길을 내기는 하였으나 아직 정돈이 되어 있지 않은 상태였다. 준공식 때 많은 사람들이 오르내리기에 무리가 있지 않겠느냐고 했더니, 일단 공사가 다 끝나야 포장이 가능할 것이라고 했다.

또한 기념탑 뒤에 설치되는 석벽에 새길 글귀는 장보고 대사의 위적 등에 관한 것으로서 무호 스승께서 지으셨고 글씨는 내 은사이신 설봉雪峰 스승께서 쓰셨는데, 한두 가지를 제외하고는 중국측에서 대부분 동의

했다. 그들은 한결같이 한국에도 이런 대단한 명필이 있었던가 하며 설봉 스승의 붓글씨에 대해서 감탄해 마지않았다. 설봉 스승은 20여 년간 한결같이 내 자문역이 되어주셨고, 모 대학교 총장으로 계시던 당시부터 지금까지 우리 연합의 이사로 계신다. 제자를 향한 변함없는 신뢰와 격려에 나는 뜨거운 감사의 마음을 가지게 된다.

다음으로 장보고기념탑을 영구히 보존하는 문제는 처음부터 건립 그 자체만큼이나 중요한 사안으로 생각되었던 까닭에, 약정서를 교환한 이후 나는 중국측으로부터 담보서를 받았다. 그 이후 나는 매번 갈 때마다 이 기념탑이 준공과 동시에 반드시 문물보호단위로 지정되어야 할 것임을 시 정부 관계자들에게 역설했다. 그리하여 기공식 직전에 중국측과 계약한 내용 속에 그 내용을 포함시켰고, 동시에 룽청시 인민정부가 발급한 비준증서에 다시 한번 그 내용이 확인되었다.

기념탑이 점차 형태를 갖추어가면서 나는 그 사실을 다시 환기시켰다. 행사 진행을 최종 점검하기 위해서 준공식 며칠 전에 당도한 나는 돌가공공장에 가서 기념탑이 문물보호단위로 지정되었음을 나타내는 돌비석이 다듬어지고 있는 것을 보고서야 진행에 차질이 없음을 확인했다.

장보고기념탑으로 오르는 돌계단 끝이나 기념탑 뒤에 있는 석벽 귀퉁이에 조그맣게 "문물보호단위"라고 새겨넣을 줄 알았는데, 중국측 기념탑 건립 관계자들이 신경을 써서 큰 돌비석을 세우고 거기에 큰 글씨로 "장보고기념탑"이라고 쓰고 작은 글씨로 "문물보호단위"라고 새겨 놓았다. 귀국했을 때 사진첩을 보던 한 사람이 그것이 그럴싸하게 보였는지 "아, 이게 바로 장보고기념탑이구나"라고 한 우스운 일도 있었다.

여름이 가까워지면서 한국측 준공식 참석자들의 명단과 행사 일정에 관한 세부 계획 등을 논의하기 위해 수백 통의 팩스가 오고갔다. 마침 한국해양대학교 교수 및 학생 200여 명을 실은 실습선 한나라호가 준공식에 참석할 의사를 밝혀 옴에 따라서 입항 조건 등에 관한 여러 가지 논의가 중국측과 이루어졌다. 또한 당시 내한했던 산둥성장을 만나서 준공식 행사 협조를 요청하기도 했다.

예정된 준공식 일자가 가까워지면서 도로공사도 점차 박차를 가하게 되었다. 준공식 일자를 며칠 앞두고는 웨이하이시와 룽청시 시장들이 현지 상태를 점검하기도 했다. 준공식 이틀 전 행사요원들과 나는 적산 연화정을 오르며 행사준비 상태를 최종 점검했다. 도로폭도 이전보다 넓어졌고, 노면도 잘 정리되어 있었다.

특히 법화원에서 기념탑으로 접근하는 길이, 기념탑 뒷면을 따라 오르다가 연화정에 이르러 왼쪽으로 꺾어져 안으로 들어가도록 된 것이 신성한 느낌을 주었다. 연화정에서 왼쪽으로 꺾어져 잔디밭을 따라 들어가니 황해를 내려다보는 장보고기념탑의 장엄한 자태가 눈앞에 펼쳐졌다.

신라시대 5층석탑을 연상하게 하는 화강암으로 만든 다섯 계단을 따라 걸어 오르니, 1,000년의 장막이 스르르 열리며 장보고 대사의 원통한 최후가 그 모습을 드러내고 또 그 위로 말없이 미소를 짓는 모습이 교차되는 듯했다.

계단 위에는 다음날 제막식을 위해서 기념탑 앞면 하단에 붉은 천이 드리워져 있었고, 그 앞에는 역시 화강암으로 만든 분향대와 제단이 설치되어 있었다. 탑신 중앙 하단에 있는 공간에 섰다. 끝없이 펼쳐진 황해. 7월의 눈부신 태양 아래 황해는 하염없이 빛나고 있었다. 마치 오대양 육대주가 부복이라도 한 듯, 황해를 굽어보는 기념탑의 자태는 당당함과 절도가 조화를 이루고 있었다. 해풍이 몰아쳤다. 기념탑 건립 추진 과정에서 만났던 다양한 인간 군상이 먼지처럼 나부끼다가는 이내 바람이 되어버렸다. "존재하는 모든 것은 다만 연기이며 바람일 뿐. 더 자세하게 말하자면 일체 모든 것이 무無"라고 했던가.

돌아오는 길에 보니, 룽청 시내에서 적산 법화원으로 진입하는 입구에 세워진 관광안내판에 장보고기념탑이 명승지로 나타나 있었고 그곳에 이르는 길이 그려져 있었다.

준공식 바로 전날까지 한국측 참석자들이 웨이하이항과 옌타이烟台 공항을 통해서 속속 들어오고 있었기 때문에, 나는 왕복 세 시간 정도 걸리는 거리를 수 차례 마중 나가야 했다. 룽청 해군군악대의 환영을 받으며, 한국해양대학교 실습선 한나라호도 웨이하이항에 입항했다. 그날 전야제를 치른 뒤에도 중국측과 양국 국기를 게양하는 문제 등 다음 날 행사에 관해 밤늦도록 이야기를 나누었다.

드디어 1994년 7월 24일.

장보고기념탑 준공식 날이 되었다. 아침 일찍부터 나는 행사요원들과 함께 적산 연화정으로 올랐다. 오르는 길목에는 붉은색 깃발들이 양쪽 길섶을 따라 꽂혀 있어 경축 분위기가 났다. 연화정에 이르러 왼쪽으로 꺾어져 조금 들어가니 왼편에 장보고기념탑이 문물보호단위임이 새겨진 커다란 돌비석이 서 있었다.

기념탑 탑신 좌우 양쪽으로는 한중 양국 국기가 바람에 펄럭이고 있었다. 오대양 육대주를 굽어보는 적산 연화정에서 휘날리는 태극기를 바라보며 나는 잠시 감회에 젖었다. 한중 간의 몇십 년간의 적대적 관계를 청산하고, 21세기 동반자적 관계를 예고하는 듯했다. 기념탑 건립 기초기 공식을 가진 지 3년여 만에, 정식 기공식을 가진 지 약 9개월 만에, 황해를 열세 차례 건너고서야 맞는 감격의 순간이었다.

기념탑 계단 위에 있는 분향대 좌우 양쪽으로는 대형 꽃바구니들이 즐비하게 늘어서 있었고, 계단 아래에는 오색풍선이 하늘을 수놓고 있었다. 이미 중국측에서 준공식을 경축하는 현수막도 걸어 놓았고, 제단 우측으로는 마이크 장치도 되어 있었다.

중국측 행사요원 중의 한 사람이 기념탑이 서 있는 연화정 옆산 꼭대기를 가리키며 내게 말했다.

"저기 꼭대기에 있는 거대한 바위를 보세요. 꼭 사람이 누운 듯한 형상을 하고 있지요. 이곳에서는 저것을 장군바위라고 부른답니다."

"장군바위라고 함은 무슨 뜻인지요?"

내가 묻자 그는 즉시 대답했다.

"바로 장보고 장군이지요."

그는 어디가 머리 부분이며 코며 입인지를 설명해 주었다. 순간 장군바위가 미소를 짓는 듯했다. 1,000년이 넘어도 이곳에서 장 대사가 그토록 기려지고 있다는 사실이 놀라웠다. 하물며 그 당시 장 대사의 위세란!

이윽고 기념탑 준공식 시간이 가까워지면서 한국 해양대학교 교수 및 학생 200여명이 기념탑 정면으로 사열을 했다. 그들의 흰색 제복 차림이 강렬한 7월의 태양 아래 화사하게 빛나면서 행사 분위기를 더욱 고조시

컸다. 또한 해운항만청장 외에 한국 각계를 대표하는 인사 100여 명이 참석했는데, 그 중에는 국회의원들도 있었고 해운업계를 대표하는 인사들도 많았다. 그동안 많은 격려와 성원을 해 주셨던 본교 총장과 이사장 그리고 우리 학생들도 참석했다. 설봉 스승께서도 참석해 주셨다. 그 외에도 월간중앙 주간 외에 여러 기자들이 동행 취재했고, 중국 랴오닝遼寧신문 기자도 취재하기 위해서 그곳으로 왔다.

중국측에서도 시 정부 관계자들과 기념탑 건립 유관 인사 및 법화원 주민 등 500여 명이 참석했는데, 그 중에는 롱청시 소년소녀고적대도 있어 준공식장의 분위기를 한층 돋구었다. 또한 초등학생들도 많이 와 있었고 중국측 기자들도 꽤 눈에 띄었다. 그들은 내게 기념탑을 건립하게 된 배경 등에 관해서 인터뷰를 요청하기도 했다.

그날은 구름 한점 없이 맑은 날씨였고 햇살은 강렬했다. 그곳에 참석한 사람들은 모두 이구동성으로 기념탑이 설치된 곳이 대명당 자리라고 하면서 탁 트인 전망에 감탄했다.

이윽고 준공식이 시작되었다. 먼저 제막식이 거행되었는데, 드리워진 붉은 천이 벗겨지면서 '장보고기념탑' 이라고 쓴 대통령 휘호가 드러났다. 이어 테이프 절단식이 있었고, 오색풍선이 기념탑 위 하늘을 수놓으며 높이높이 치솟는 가운데 양측 대표의 축사와 기념사가 이어졌다. 그리고는 중국측에 공로패 및 감사패가 수여되고 기념품이 증정되었다. 나는 기념사 마지막에 자작시로 내 감회를 대신했다.

머나먼 시간의 강을 건너

오늘 이 적산 도원(桃園)에서

우리는 다시 만났네.

천 년이 넘어 묵은 회포를

어찌 하루 해에 다 풀 수 있으리오마는,

만산(萬山)이 절을 하고

오대양 육대주가 무릎을 꿇는

연화정에 서니

광휘로 열리는 새 시대의 새벽이

나를 취하게 하도다.

준공식 후 기념 촬영을 하고 우리 일행은 준공식에 참석한 스님과 함께 준비해 간 제물을 올리고 분향하며 차례대로 예를 갖추었다. 다발째로 꽂힌 채 타들어가는 황색 대형 향을 바라보고 있노라니 문득 장 대사의 넋이 감응하는 것만 같아 눈시울이 뜨거워졌다.

준공식 후, 시내에서 룽청 시장이 주최하는 성대한 오찬이 열렸다. 그날 오찬장은 기념탑 건립을 추진하던 지난 몇 년간의 회포를 푸는 자리인 동시에, 앞으로의 화합과 우의를 다지는 자리이기도 했다. 비록 그것이 민간 차원이었다고는 하나, 룽청시 및 웨이하이시 인민정부의 독려와 협조가 없었더라면 이 일은 이루어질 수 없었을 것이다. 다시 웨이하이시로 돌아와 시장을 비롯한 관계자들의 환대를 받고는 귀국했다.

귀국한 지 얼마 후 양재동 서울교육문화회관에서 장보고기념탑 결산보고회를 가졌다. 그 자리에는 기념탑 건립위원과 후원기관 실무대표들이 참석했고, 그 상세한 내역을 전부 인쇄하여 배포했다. 그날 보고회에서는, 건립위원 몇 분의 인사 말씀과 그동안의 노고에 대한 치하가 있은 뒤, 후원기관에 대한 감사패가 수여되었다. 그렇게 해서 장보고기념탑 건립은 일단락을 맺게 되었다. 그 해 마지막 날인 12월 31일, 장보고기념탑을 건립한 공로로 나는 대통령 표창을 수여받았다.

그 이후 2년 사이에 나는 우리 학생들과 우리 연합 임원들 및 여러 회원들과 함께 준공식 기념행사를 하기 위해서 두 차례 그곳을 다시 방문했다. 법화원으로 오르는 길은 새로이 아스팔트 포장이 되어 있었고, 그곳에서 연화정으로 오르는 길 또한 운치 있게 한장 한장 돌을 박아 놓아 산책로로서도 일품이었다.

기념탑은 깨끗하게 잘 보존되어 관리되고 있었고, 주변 잔디밭도 잘 손질되어 있었다. 준공식 기념행사에는 룽청시 정부 관계자들 외에도 법화원 주민들과 초등학교 학생들도 많이 참석하여 역사교육의 현장 같은 느낌을 주었다.

1주년 기념행사 때에는 날씨가 맑았으나, 2주년 기념행사 때에는 비가 몹시 내려 행사를 할 수 있을지 걱정이 되기도 했다. 다행히 행사 시간이 가까워지면서 갑자기 눈부신 햇살이 쏟아져 우리 일행은 모두 적산 연화정으로 향했다. 연화정에 이르니 날은 다시 흐려졌다. 행사 현장에 조금 늦게 당도한 소 주임은 기념탑 탑신을 가리키며 말했다.

"지금 아래에서는 비가 엄청나게 쏟아지고 있는데, 여기만 이렇게 비가 오지 않고 저렇게 안개가 탑신의 중앙을 두르고 있으니 참 신령스러운 느낌이 듭니다."

사실 준공식 때에도 그랬다. 준공식 며칠 전부터 우리나라가 수 차례 강력한 태풍권에 들 것이 예상되면서 배를 탈 수 있을지도 의문이었다. 그런데 예상을 뒤엎고 태풍은 모두 진로를 바꾸었다. 그때 준공식 참석자들은 모두 장보고 대사께서 도우신 것이라고 했다.

중국측 관계자 한 사람이 내게 말했다.

"법화원 주민들이 이곳을 많이 찾는답니다. 여기 와서 장보고 대사께 복을 빌기도 하지요."

어느새 그곳은 기도처가 되고 있었다. 앞으로는 황해, 옆으로는 장군 바위, 뒤로는 법화원이 바라다보이는 곳. 신성한 분위기가 절로 느껴졌다. 나와 동행했던 한 학생이 내게 말했다.

"장보고 대사의 위적과 그것의 역사적 의의에 대해서는 교수님이 평소에 말씀해 주셨기 때문에 알고는 있었지만, 이렇게 현지에 와서 기념탑을 보니 대사님의 옛 기상이 느껴집니다. 우리나라도 아닌 중국에 우리의 조상인 장보고 대사의 기념탑이 이렇게 장엄하게 세워져 있다는 것이 너무나 자랑스럽고 가슴 뿌듯합니다. 그런데 그만한 역사적 내력이 있는 법화원이 일본 사람들에 의해서 복원되었다는 것은 우리의 역사의식이 흐려져 있고 스스로의 뿌리를 망각한 결과로 보여 씁쓸합니다. 아무리 선조들께서 탁견을 지니고 위대한 업적을 수없이 쌓았다고 하더라도 지금 우리가 그 정신을 계승하여 발전시켜 나가지 못하면, 그러한 과거의 노력은 모두 과거의 영화로만 치부될 뿐, 그 가치는 영속되지 못하는 것이 아닐까요? 우리 해군의 시발지인 '적산포'와 중국 해군의 시발지인 '유공도'가 인접해 있다는 것 그리고 1993년 진수된 국산 잠수함 1

호를 '장보고 함'으로 명명하고 1996년 5월 31일을 '바다의 날'로 정하고 1996년 '해양수산부'를 신설한 이 모든 것이 우연하게 갑자기 이루어진 것이 아니라, 아시아·태평양시대의 도래와 함께 역사적 필연이라는 교수님의 말씀을 다시 한번 생각해보게 됩니다. 다른 학우들도 이곳에 와서 볼 수 있는 기회가 있으면 좋겠습니다."

적산의 기氣와 장보고 대사의 기개를 호흡하며 호연지기를 기르는 21세기의 주역들을 그려보며, 머지 않은 장래에 청소년 수련장을 이곳에 설치했으면 하는 생각이 간절하게 들었다.

준공식 1주년 기념행사가 끝난 뒤에는 일행들과 함께 버스로 쉬지 않고 열세 시간을 달려 산둥성 곡부曲阜에 있는 공자 고향과 태산을 둘러보았다. "태산이 높다 하되 하늘 아래 뫼이로다"의 태산에는 케이블카가 설치되어 있었고 산 정상에는 거대한 산상도시가 건설되어 있어 책에서 읽었던 옛 태산의 모습은 간 곳이 없었다. 공자의 묘역에 이르러 우리 학생들은 2,500년이 넘도록 동양의 정신적 지주가 되어 온 대성인의 묘역이 저토록 소박할 수 있다는 사실에 잠시 숙연해졌다. 진리란 그렇게 멀리 있지도, 화려하지도 않다는 말을 새삼 떠올리며.

준공식 2주년 기념행사가 끝난 뒤 우리 일행은 옌타이에서 항공편으로 베이징에 도착했다. 우선 천안문광장에 이르러 양옆으로 있는 웅장한 인민대회당과 역사박물관, 모택동기념관 등을 둘러본 뒤 지하도로 길을 건너 명明과 청淸의 궁궐이었던 자금성紫禁城으로 갔다. 모두 그 엄청난 규모와 예술적인 조형미에 감탄해 마지않았다. 다음날은 인공위성으로 관측되는 지구상의 유일한 건축물인 만리장성을, 그 다음날은 인공호수로 유명한 이화원, 융화궁, 천단 등을 차례로 둘러보면서 중국인들의 문화적 저력과 이들의 역동적인 변화상을 온몸으로 느꼈다.

그 후로도 기념탑 주변은 알게 모르게 조금씩 변화하면서 연륜을 더해 갔다. 준공식 10주년 기념행사 차 방문했을 때는 기념탑 정면에 활짝 핀 무궁화가 인상적이었었다. 한국 사람들이 그곳을 많이 찾기 때문에 심은 것이라고 했다. 기념탑 주변은 성역화되어 신성한 느낌이 들었다. 기념탑이 준공된 이후 그곳은 전국의 교사 및 학생들의 답사코스가 되었고 수많은 관광객들이 찾는 명소가 되면서, '산둥척산수산집단山東斥山水産集團'이 그 일대를 인수하여 대대적으로 개발했다. 2005년 4월 '장보고기념관' 개관식 때 초청을 받아 그곳을 다시 방문했을 때, 그 일대는 알아보기 힘들 정도로 개발되어 관광명소로 변해 있었다. 장보고기념관은 장보고기념탑으로 들어가는 입구와 계단으로 연결되어 있었다.

그러는 동안에도 학교생활은 변함없이 계속되었다. 어느 해인가 한 학생이 기말 연구논문으로 "최민자 강의론"이란 것을 제출했다. 꽤나 사색적인 특이한 학생이라고 생각을 하고 있었는데 졸업하기 전 그 학생은 내게 장문의 편지를 보내왔다. 그 내용인즉, 4년간 정치외교학도로서 제일 큰 수확이 스스로의 사상 정립이었으며 내 한국정치사상 강의를 들은 후부터 그 틀을 잡게 되었다고 했다. 기말 연구논문으로 "최민자 강의론"을 적게 된 것도 '뭉뚱그려 큰 줄기를 보게 하는 강의방식'에 크게 공감했기 때문이라고 했다. 그리고 한국정치사상 시험만큼 스스로 즐기며 치른 시험 과목은 없었다고 했다. 나의 강의 의도가 어느 정도는 전달된 것 같아 보람을 느꼈다.

제1회 '바다의 날'을 맞이하여 나는 목포 해군부대의 강연 요청을 받고 목포로 갔다. 육칠 백 명을 대상으로 "장보고의 활약상과 우리 민족사의 재조명"이라는 주제로 강연을 했는데, 많은 관심을 보였고 매우 집중된 분위기였다. 그날 부대장 이하 여러 사람들이 지금의 완도인 청해진이 그 옛날 이미 1만 명의 군사가 있었던 점을 상기하면서, 21세기 해양시대의 중심국가가 되기 위해서는 사실상 우리 해군의 시조인 장보고에 대한 올바른 인식과 해군력 증강이 절실히 필요하다는 점에 공감했다.

그 이후 부산 해군부대, 진해 해군 충무공수련원, 진해 해군부대에서도 수 차례 초청강연을 하였으며, 그때마다 장보고의 위적에 대한 현대적 재조명의 필요성을 역설하여 많은 공감을 얻었다.

제6장

세계의 중심축이 이동하고 있다

권하교 아래로 유유히 흐르는 두만강—
나는 보았다. 두만강이 커다란 기지개를 켜는 것을.
역사의 한자락을 찬란하게 수놓았던 옛 발해의 왕도(王都) 훈춘.
그곳을 흐르는 두만강이 오랜 잠에서 깨어나고 있음이다.
그것은 곧 동북아시대를 예고함이요, 세계의 중심축이
그곳으로 이동하고 있음을 암시하는 것이라고나 할까…
— 본문 중에서

제아무리 뛰어난 지력의 소유자라고 할지라도, 제아무리 탁월한 지도
력을 겸비한 인물이라고 할지라도, 제아무리 한 시대를 풍미한 영웅이라
고 할지라도, 한 개인의 힘으로 도도한 역사의 물줄기를 바꾸어 놓을 수
는 없다. 만약 그럴 수 있다고 생각한다면, 그것은 마치 나무는 보되 숲
은 보지 못하며, 물방울은 보되 바다는 보지 못하는 것과 같다고 할 것이
다. 그래서 이러한 사실을 직시하지 못하는 개인에게 역사는 가차 없는
단죄를 가함으로써 그 교만을 일깨워주기도 한다.

"아침에 나서 저녁이면 죽는 하루살이가 어찌 밤의 어둠을 알리오. 하

물며 순간의 생을 사는 인간이 어찌 영원한 생의 진의를 깨닫겠는가!"

국가의 경우도 이와 같다. 세계사의 무대에서 펼쳐지는 무수한 국가의 명멸도 개인적 존재의 경우와 마찬가지로 도도한 역사의 물결을 타고 흐르는 한갓 물방울에 불과하다. 물방울과 물결, 개체성과 전체성의 상호의존성— 즉 합일성에 대한 인식에 이르지 않고서는 결코 역사 속에 구현되고 있는 정신의 참모습을 볼 수가 없다.

여해 스승의 말씀이 떠올랐다.

"물극필반物極必返의 이치를 아는가. 지금 정신계에선 새로운 정신문명의 시대를 열기 위한 준비로 모두 분주하다네. 육계의 사람들을 통해서 실현해야 하는데 인재가 부족한 형편이네. 하늘이 우리를 이 시대 이 땅에 태어나게 한 것은 다 뜻이 있음에도 사람들은 그런 것에 대해서 별로 생각을 안 하고 살지. 하지만 다른 때도 아닌 이 중대한 시기에 우리가 태어난 이유를 우리는 깨달아야 하네. 정신문명의 새로운 장을 열어야 하는 사명이 부여되어 있다는 뜻일세. 소경이 대문을 찾을 수는 없는 법. 열린 눈으로 자신과 역사와 우주를 보게. 정신문명의 시대를 열 사람은 스스로가 깨어 있지 않으면 안 되네. 그래서 정신 수련이 필요한 거지. 비록 우리가 결국에는 흙으로 돌아갈 유한한 육체 속에서 살지만, 우주의 질서에 순복하여 영원한 정신적 삶을 추구하며 사는 정신문명의 시대, 그 시대는 머지않아 오고야 말 것이네. 지금은 정신의 촛불을 밝혀야 할 때. 두 가지를 다 하게. 어느 한 가지도 포기해서는 안 되네. 세속의 일과 정신 수련, 둘 다 말일세."

정좌하여 심파를 가라앉히는 것, 그것이 정신 수련의 시작이요 끝이다. 고요한 마음의 바다 ―그 고요함이 극에 이르면, 즉 일심의 원천으로 되돌아가면 평등무차별한 경계가 그 모습을 드러내게 되어 화합과 조화 속에 있게 된다. 그러나 막상 세상사에 부딪치게 되면 마음의 평정을 유지한다는 것이 얼마나 어려운 일인가를 장보고기념탑 건립 과정을 통하여 나는 새삼 느꼈다. 여물지 않은 도道. 나는 다시 예전의 동굴로 돌아가야 하리라고 생각했었다. 만물만상이 멸진해 버린 영겁의 허적 속에 영원을 향한 치열함이 불기둥처럼 솟아오르던 곳, 그곳은 정녕 돌아가고픈 내 마음의 고향이었다. 그런데…….

두만강이 기지개를 켜는 뜻은

두만강변 파류玻琉.

알 수 없는 기운에 이끌려 나는 그곳으로 갔다. 백사장을 걸었다. 소똥이 말라 까만 나뭇잎이 되어 이리저리 날리고 있었다. 두만강 물을 마시러 오는 그 근처의 소들이 백사장에다 볼일을 본 것이었다. 두만강변의 소들은 왜 그리도 덕스럽게 생겼는지. 커다란 체구에 인자한 눈을 껌벅이며 대여섯 마리가 삥 둘러앉아 있는 모습은 나로 하여금 말할 수 없는 평화로움에 젖어들게 했다.

나는 지린성吉林省 훈춘琿春 관계자들이 준비한 차를 타고 그들의 안내로 몇 시간에 걸쳐 경신구敬信區, 두만강 방천구防川區를 비롯한 그 주변 지역 일대를 둘러보았다. 그곳은 늪지대, 구릉지대, 삼림지대, 평원지대로 구성되어 있었는데 민가도 몇 채씩 눈에 띄었다. 바람에 의해서 자연적으로 형성된 것이라고 하는 거대한 모래 피라미드는 그동안 두만강의 잠들었던 세월을 짐작하게 했다.

경신구는 안중근安重根 의사의 사적지이다. 훈춘 대황구大荒溝에서 유년 시절을 보내며 안 의사의 연설을 두 번이나 들었던 강석훈姜錫勳 씨가 구술한 자료를 살펴보면 다음과 같다. 1908년 봄, 안중근 의사는 훈춘 연통라즈(烟筒砬子)에 와서 당시 훈춘에서 이름 있던 애국지사 황병길黃丙吉을 만나서 이토 히로부미와 매국역적들을 없애는 문제를 논의했다. 그리하여 그와 연계를 가진 사람들이 연통라즈에 있는 박선달朴先達이라는 사람의 집에 모여들었는데 모두 7인이었다.

그들은 모두 도끼로 왼손 무명지 끝마디를 찍고 사발에 피를 받아 붓으로 서명한 다음, 그 피로 물들여 길이 3미터, 폭 2미터 크기의 태극기를 만들고 그 밑에서 정중하게 선서했으니, 이것이 바로 '7웅단지동맹七雄斷指同盟'이다. 이는 흔히 '7인동맹' 내지 '단지동맹'이라고도 한다. 동맹의 종지宗旨는 목숨을 바쳐 이토 히로부미를 처단하고 나라의 수치를 씻는다는 것이었다. 안 의사를 제외한 나머지 여섯 사람은 우덕순于德淳, 엄인섭嚴仁燮, 오병묵吳秉默, 황병길黃丙吉, 강갑산姜甲山, 하문걸河文杰이다.

그들은 각자 맡은 지점으로 흩어져 가면서 안 의사가 작사하고 작곡한 선서가를 비장하게 불렀다.

> 왔구나 왔구나 이날을 기다려
> 7인동맹 피흘려서 맹세했노라.
> 백의동포 우렁찬 만세소리는

오대주 창공에 울려퍼지리.

동맹을 맺을 때 쓰던 도끼와 찍어낸 손가락은, 그 후 훈춘 일대 조선독립군의 창설자 중 한 사람이자 대황구 북일중학교北一中學校 창립자이며 부교장이었던 김남극金南極 선생이 북일중학교 교사 천정 위에 감춰 두었다. 1920년 10월, '경신토벌敬信討伐' 때 이것이 일병들에게 발각되면서 그 일대 많은 사람들이 붙잡혀 취조를 받았다. 일병들은 그것의 내력을 밝혀내기 위해서 무고한 사람들을 도살하려고 했으나, 이때 김남극이 나서서 이 일은 그들과는 무관하며 자기가 한 일이라고 함으로써 그는 일병들에게 학살당하고 다른 사람들은 풀려나게 되었다.

동맹을 맺을 때 쓰던 태극기, 혈서, 권총 한 자루와 문서는 황병길의 부인 김숙경金淑卿에게 맡겨 보존하게 했다. 1920년 10월 12일 경신토벌 때 그녀는 이것들을 모두 기름종이에 싸서 구정물통에 넣어 일병들의 수색을 모면했는데, 그 후 갑자기 중풍으로 사망하여 지금까지 찾아내지 못하고 있다고 한다.

1910년 2월 14일, 사형선고를 받은 안중근 의사는 태연자약하게 이렇게 말했다. "나는 조선의용대 참모중장으로서 나 혼자 단독적 작전 행동을 취하여 이토 히로부미를 쏘아 죽인 것이므로, 너희들의 그 무슨 법에도 걸리지 않는다. 너희들의 판결은 비법적인 것이다." 사형집행이 되던 날 아침에 그는 그동안 그의 옥중 감시역이었던 간수에게 다음 글을 써 주었다. '위국헌신爲國獻身 군인본분軍人本分.' 나라를 위해서 몸을 바치는 것이 군인의 본분이라는 뜻이다.

이윽고 형장에 선 그에게 유언이 있느냐고 묻자 그는 이렇게 말했다.

"본인의 의거는 동양의 평화를 도모하고자 하는 저의에서 나온 것이므로, 바라건대 오늘 임검하는 일본 관헌 제위는 나의 미충微衷을 양지하시어 합심협력하여 동양 평화를 도모하기 바란다."

1910년 3월 26일 오전 10시 15분. 당시 31세였던 안중근 의사는 교수대에서 태연자약하고 깨끗한 자세로 짧은 일생을 마감했다.

경신구를 둘러보며 나는 안 의사의 동양평화론이 오늘의 우리에게 주는 의미를 되새겼다. 그것은 배타적인 민족주의나 국가주의가 아닌 화해와 협력과 공존의 논리에 기초한 것이다. 세계는 지금 탈냉전의 조류와 지구촌화 분위기 속에서 국제관계가 근본적으로 평화적 성격을 띠게 된 반면, 유럽연합(EU)의 발전 및 북미자유무역지대(NAFTA)의 출범 그리고 동남아국가연합(ASEAN)의 자유무역지대(AFTA) 설치 등으로 인한 배타적 경제지역주의가 교차하고 있는 상황이다.

게다가 7년간에 걸친 우루과이라운드(UR) 협상의 타결로 인해서 관세 및 무역에 관한 일반협정(GATT)을 대신하여 1995년 1월 1일 새로운 세계무역기구(WTO)가 출범하고 자유무역협정(FTA) 체결이 확산됨으로써, 세계는 무역 자유화의 가속화와 더불어 사실상 국경 없는 경제 전쟁 시대로 돌입하게 되었다.

이러한 냉전 이후 세계 질서의 재편에서 보이는 시대적 조류는 동북아 국가들, 특히 이 지역에 속한 사회주의 국가들의 움직임 속에서도 잘 나타난다. 동북아 지역에도 개방적 지역주의(open regionalism)에 바탕을 둔 소지역 차원의 경제 협력은 꾸준히 증진되고 있는데, 이는 냉전 종식 이후 세계 질서의 재편과 더불어 동북아 사회주의 국가들의 변화에 따라 동북아 지역에서도 여타 지역주의에 대응하고 지속적인 경제 성장을 도모해야 할 필요성에 따른 것이다. 이러한 일련의 변화는 탈냉전 하에서의 경제 중심의 시대 조류가 군사적 · 정치적 개념으로 일관해오던 안보 개념의 외연적 확대를 가져오게 함으로써 경제의 안보논리적 측면을 도외시할 수 없게 된 데 따른 것이다. 중국은 개혁 · 개방을 가속화하며 개발의 범위 또한 연안에서 내륙으로 확장하여 동북 3성의 개발에 박차를 가하고 있고, 러시아는 국내 경제 개혁의 필요성 및 자국 경제 회생의 일환으로 개혁 · 개방의 급물살을 타며 특히 극동지역의 개발에 관심을 보이고 있으며, 북한은 경제난을 타개하기 위하여 나진 · 선봉 자유경제무역지대 지정에 이어 신의주 경제특구 · 금강산 경제관광 특구 · 개성공단 경제특구의 세 특구 지정을 통하여 외자 유치를 위한 제한적인 개방을 시도하고 있다. 몽골 또한 국가 발전 전략의 일환으로 개혁 · 개방을 서두르며 역내 경제협력에 커다란 관심을 보이고 있다. 이러한 사회주의권의 변화에 발맞추어 한국과 일본은 기술과 자본을 바탕으로 대륙진출을 위하여 역내 경제협력을 강화하고 있는 실정이다. 이 지역의 경제 협력은 특히 북한이 개방 체제로 편입하면 높은 탄력을 받게 될 것으로 보인다.

한국은 1990년 한소수교, 1992년 한중수교를 계기로 냉전시대의 정치적 · 군사적 긴장 때문에 맺을 수 없었던 두 나라와의 경제 관계를 강화할 수 있게 되었다. 뿐만 아니라 유엔개발계획(UNDP) 주관하의 다자간 개발협력사업인 두만강지역개발계획(TRADP)에도 참여하여 중국, 북한, 러시아, 몽골과 함께 그 계획관리위원회(PMC)의 정식 회원국이 되어 있다(일

본은 옵저버 국가로 참여). 훈춘-나진·선봉-포시에트를 잇는 1천㎢의 소小 삼각
지역(TREZ)과 옌지延吉-청진-블라디보스토크(1994년 제4차 PMC회의에서는 나홋카보
스토치니 지역으로 확장되었다)를 잇는 1만㎢의 대大 삼각지역(TREDA)에 대한 개발
은 앞으로 동북아 지역의 경제 협력을 더욱 촉진시킬 것으로 보인다.

　이와 같이 동북아 경제 협력 체제의 형성은 지역 간 경제 교류의 활성
화 또는 두만강지역개발계획과 같은 다자간 경제 협력 사업 추진 등을
통해서 나타날 것으로 보이는데, 이를 위한 교통·통신 등 사회간접자본
의 확충은 경제 협력 체제의 강화와 더불어 동북아 지역통합을 가속화하
는 요인으로 작용하게 될 것이다. 여기에서 북한의 개혁·개방 또는 남
북통일이 동북아 경제 협력의 활성화 및 지역 통합에 주요한 변수가 될
수 있음은 두말할 필요도 없다.

　두만강 하구 방천구.

　한눈에 세 나라가 바라다보이는 곳[一眼望三國]. 중국과 북한과 러시아가
접경을 이루는 곳이다. 권하교圈河橋 맞은편은 북한 경흥慶興이다. 권하교
아래로 유유히 흐르는 두만강 ─나는 보았다. 두만강이 커다란 기지개를
켜는 것을. 역사의 한자락을 찬란하게 수놓았던 옛 발해의 왕도王都 훈춘.
그곳을 흐르는 두만강이 오랜 잠에서 깨어나고 있음이다. 그것은 곧 동
북아시대를 예고함이요, 세계의 중심축이 그곳으로 이동하고 있음을 암
시하는 것이라고나 할까.

황금의 삼각주

도도한 역사의 흐름 속에서 한 개인의 존재론적 의미는 궁극적으로 자유의지와 필연의 조화에 대한 깨달음에 있지 않을까. 지성至誠이면 감천感天이라는 말은 단적으로 이러한 조화를 나타낸다. 장보고기념탑 건립과정을 통하여 나는 개인적 존재의 자유의지라는 것이 별개 독립변수로서가 아니라, 필연과 상호의존적인 체계를 형성하며 동일한 실재의 양면으로서 작용한다는 사실을 새삼 느꼈다.

21세기 동북아시대를 맞이하여, 이 지역에 속한 우리들은 무엇을 할 수 있는 것일까. 우선 인간의 정신적인 영역, 즉 학문적·종교적 영역에서의 인식론적 대전환이 불가피하다. 앞에서 논의되었던 제2의 르네상스와 제2의 종교개혁이 바로 그것이다. 그것은 서구의 르네상스나 종교개혁과는 달리 전 인류적이요 전 지구적이며 전 우주적인 존재혁명이 될 것이다. 사상과 종교 및 이데올로기를 초월하여 우리 동북아, 나아가 전 인류가 하나가 되어야 한다.

다음으로 이러한 인식론적인 대전환에 기초하여 지구촌 차원에서의 고도의 상호 의존적 협력체계가 형성될 수 있어야 한다. 국가간 경계를 초월한 다국적 문화 경제 활동의 중심지가 형성될 수도 있을 것이다. 그것은 환경 회생과 지속적인 인간 개발을 성취하게 하는 것으로, 자연-인간-문명이 조화를 이룬 일종의 시범 유엔 공원의 건립과 같은 것이다. 그곳에서의 평화를 위한 회의, 연구와 문화 예술 활동, 생태 관광, 의료, 유기농 등 자연친화적 활동은 상생의 표본이 됨은 물론, 지역주민의 삶의 질을 향상시키고 역내 경제 개발을 촉진하며 협력과 유대를 한층 제고해 나가는 견인차 역할을 하게 될 것이다. 말하자면 동북아 문화 경제 활동의 중심지이자 지구촌 환경문화교육센터로서 「저底환경비용 고高생산효율」의 사회 체제를 구축함으로써 우리 인류가 지향해야 할 가치관과 추구해야 할 삶의 형태를 총괄적이고도 구체적으로 제시하는 것이다. 그리하여 유엔 관련 기관과 유관 국제기구와 전 세계 환경 및 유비쿼터스 IT 관련 기업체와 단체, 그리고 비정부기구(NGOs)와 민간부문(private sector)이 참여하여 생명경외生命敬畏의 문화문명을 선도적으로 창출하는 상생의 패러다임을 구현하는 것이다.

그렇다면 그 적지는 어디인가.

그 해 여름 훈춘을 방문했을 때 훈춘 시장은 두만강 하구 경신敬信, 방천防川 일대가 그러한 적지일 것이라는 조언을 해 주었다. 지리적으로 그곳은 중국과 북한과 러시아의 세 나라가 접경하는 동북아의 요지로 중국의 국가급 UNDP 구역이다. 그곳은 한반도·일본 등의 해양문화권과 중국·러시아의 대륙문화권이 만나 북동부로는 캄차카 반도를 거쳐 북극권에 이르고, 내륙 북서부로는 울란바토르, 시베리아 평원을 거쳐 모스크바 및 유럽 각국으로 이어지며, 내륙 서부로는 알마아타·타슈켄트를 거쳐 중동에 이르고, 내륙 남서부로는 동남아로, 티벳을 거쳐 인도로 혹은 중동을 거쳐 아프리카로까지 이어지는, 세계의 중심축이 되는 이른바 동북 간방艮方의 핵심 지역이다.

이러한 생각들이 구체화될 수 있는 계기가 왔다. 그 해 9월 1일, 유엔 창립 50주년을 기념하여 스페드(J. G. Speth) UNDP 총재와 버스톡(H. A.

Behrstock) UNDP 동아시아 지역대표 일행이 전국경제인연합회(약칭 전경련)과 조선일보 초청으로 내한하여 초청강연을 한다는 기사가 신문에 났다. 모든 일에는 때가 있는 법. 나는 '드디어 기회가 왔구나' 하는 생각이 들었다. 초청 강연회에 참석을 희망하는 사람은 미리 신청접수를 하도록 되어 있어 일단 신청을 해놓고 나는 유엔 한국 대표부에 가서 내한하는 스페드 총재 앞으로 면담을 요청하는 서신을 남겼다.

9월 1일, 전경련 대회의실에서 스페드 총재는 "환경 및 인간 중심 개발 전략에 관한 신구상" 이라는 주제로 특별강연을 했다. 강연이 끝난 후 나는 그에게로 다가가 이렇게 말했다.

"인간 중심 개발에 관한 총재님의 강연, 감명 깊게 잘 들었습니다. 저는 일전에 총재님 앞으로 서신을 남긴……"

말이 채 끝나기도 전에 주위에서 제지하는 통에 나는 밀려나고 말았다. 잠시 후 그는 주위의 제지를 물리치고 내게 물었다.

"무슨 서신입니까?"

그는 내 서신을 전달받지 못한 것이 분명했다.

"제가 총재님 앞으로 서신을 남겼는데 아직 전달받지 못하셨군요. 총재님의 강연 내용과 관련된 한 가지 제의를 하고 싶습니다. 잠시 시간을 내주실 수 있는지요?"

여러 사람들이 대기하고 있었기 때문에 그는 그곳에서 나와 길게 이야기할 수는 없었다.

"리셉션장으로 오시지요."

그는 초청 주최측 인사들과 함께 황급히 나갔다.

잠시 후 리셉션장에서.

그는 많은 사람들에게 둘러싸여 환담을 나누고 있었다. 조금 기다려 보았으나 끝날 것 같지가 않았다. 무작정 기다리다가는 기회를 놓쳐 버릴지도 모른다는 생각이 들어 양해를 구하며 사이를 비집고 들어섰다.

"말씀 나누고 계시는데 죄송합니다. 제가 제의드리고자 하는 바는 바로 UNDP에서 주도하고 있는 '지속적인 인간 중심의 개발 계획'과 관련된 것입니다. 그것은 바로 유엔 창립 50주년 기념사업으로서 민간 차원, 지구촌 차원에서 자연-인간-문명이 조화를 이룬 인류 공영의 시범 유엔공원을 설치했으면 하는 것입니다. 가칭 '유엔세계평화공원'이라고나 할까요. 중국과 북한과 러시아가 접경하는 두만강 하구 일대가 적지가 아닌가 생각하고 있습니다만."

주위는 어수선한 분위기였으나 그는 귀를 모으고 상기된 표정으로 열심히 내 이야기를 들었고 내가 제의한 안건에 대해서 크게 관심을 보였다. 이윽고 그는 UNDP 동아시아 지역대표를 부르더니 이렇게 말했다.

"좋은 제의인 것 같으니 한번 들어보시지요."

리셉션장은 주위가 산만하여 버스톡 대표와 나는 리셉션장 밖에 있는 소파에서 잠시 이야기를 나누었다. 그도 많은 관심을 보였고, 자리에서 일어나면서 이렇게 말하는 것이었다.

"지금 회의가 있어 급히 가야 합니다. 괜찮으시면 내일 아침 여덟 시에 신라 호텔 로비로 오시지요. 그곳에서 좀더 자세한 이야기를 나누었으면 합니다."

그는 급히 에스컬레이터를 타고 내려가며 큰 소리로 '여덟 시'라고 다시 한번 힘주어 말했다. 오늘 강연을 하고 내일 떠나는 바쁜 일정에 그렇게 시간을 낸다는 것은 대단한 성의라고 하지 않을 수 없었다. 사실 내가 뉴욕으로 간다고 하더라도 시간을 내기가 쉽지 않을 터인데 이렇게 적절한 시기에 직접 한국을 찾아주니, 그것도 유엔 창립 이래 UNDP 총재가 한국을 찾기는 처음이라고 하지 않는가.

다음날 아침 신라 호텔 로비로 갔을 때 그는 이미 내려와서 기다리고 있었다. 유엔 한국 대표부 주재 대표도 함께 있었다. 잠시 환담한 뒤 버스톡 대표와 나는 로비 라운지로 가서 어제 하던 이야기를 계속했다.

"어제 강연회에서 총재님께서는 UNDP가 지속적인 인간 중심의 개발을 행동으로 옮길 수 있도록 한국의 적극적인 참여를 촉구하고 특히 환경 회생의 필요성에 대해서 강조하셨지요. '유엔세계평화공원' 건립은 바로 이러한 유엔의 정신과도 일치하는 것으로, 동북아에 환경 회생의 시범 유엔 공원을 조성하자는 것입니다. 3국 접경지역에 이러한 평화공원의 건립은 곧 '평화지대'의 설치를 의미하며, 이는 장고봉張鼓峰 사건[*]과 같은 참화의 재현을 방지하는 국제정치적 환경을 조성한다는 의미도 있지요. 무엇보다도 이 공원의 설치로 인한 국가적·지역적 차원에서의 교류 활성화와 협력 증대 그리고 공동투자개발 환경의 조성은 동북아의 지역 통합을 가속화시킴으로써 21세기 동북아시대를 여는 주요한 계기로 작용할 것입니다. 더욱이 새로운 천년을 위한 지속적인 생계 전략에

---

[*] 1938년 여름, 중국과 소련 국경의 장고봉에서 일어난 소련군과 일본군 사이의 충돌 사건. 일본군의 패배가 확실해지자, 일본은 정전 교섭에서 장고봉이 소련에 귀속되는 것을 승인하고 사건을 매듭지었다.

기초하여 생태적 지속성(ecological sustainability)을 가진 효율적인 경제체계의 건설과 지역 주민과 일할 수 있는 지방정부의 역량 건설, 그리고 지역 주민에 대한 고용창출 기대효과는 UNDP의 지향점과도 일치하는 것입니다. 또한 자연-인간-문명이 조화를 이룬 환경 회생의 공원 설치는 파괴적인 물성物性의 대자연에로의 회귀를 촉구함으로써 21세기 정신문명시대를 여는 계기로도 작용할 것입니다."

그러자 그는 3국이 접경하는 두만강 하구 일대야말로 시범 유엔 공원으로는 적지 중의 적지라고 감탄하며 유엔 명칭 사용에 동의했다. 뿐만 아니라 그는 내게 이런 아이디어까지 제공했다. "중국의 훈춘 일대는 물론이고 러시아의 포시에트, 북한의 나진·선봉지역에도 그러한 공원을 설치하게 되면 두만강지역개발계획에서의 소삼각지역을 모두 포괄하는 셈이지요. 장기적으로는 그렇게 하는 것이 지역 간의 연대라는 측면에서 볼 때 더 효과적일 것입니다."

역시 국제적인 감각과 안목이 뛰어난 사람이라는 생각이 들었다. 사실 나도 그런 생각이 없었던 것은 아니나, 황망 중에 그러한 조언을 하는 그의 성의와 열의에 감탄하지 않을 수 없었고 또한 UNDP 동아시아 지역 대표로서의 말이었기에 내게는 매우 고무적이었다.

그는 이렇게 덧붙여 말했다.

"오는 10월, 유엔공업개발기구(UNIDO)와 지린성 정부가 주최하는 옌볜 포럼에서 이 내용을 우선 발표하시고, 구체적인 진행 상황을 제게 알려주시지요. 저도 동아시아 지역 몇 군데를 들렀다가 그때쯤 그곳에 들를지도 모릅니다."

이어 그는 베이징 주재 UNDP 대표를 비롯한 여러 사람들의 명단과 연락처를 적어 주었다. 두 시간이 넘도록 이야기를 하는 동안 시종일관 진지하고도 열의에 찬 그의 모습은 마치 이 일 때문에 한국에 온 사람처럼 보였다. 이윽고 그는 로비에 내려와 있는 스페드 총재에게로 가 그 결과를 보고했다. 스페드 총재 역시 그러한 계획에 찬의를 표했고 우리 세 사람은 합의 후 함께 기념사진 촬영을 했다.

돌아온 즉시 나는 베이징 주재 UNDP 대표와 지린성 정부에 서신을 냈다. 10월에 개최되는 옌벤 포럼에 참석하여 주제발표를 하고 싶다는 내용이었다. 그러나 아무리 기다려도 회신은 오지 않았다. 우리 연합의 임원을 미리 보내어 작업을 해 보았으나, 시범 유엔 공원의 부지는커녕 포럼에서 발표하는 것조차 시간 안배가 이미 다 끝났기 때문에 안 된다는 것이었다. 이미 시간적으로 늦기도 했을 뿐더러 그런 이론적인 발표를 하는 학술토론회도 아니며, 더구나 기업인도 아닌 대학교수가 무슨 돈이 있어 할 수 있겠느냐는 것이었다.

그러한 부정적인 반응에도 불구하고 나는 확신이 들었다. 될 수 있으리라는 믿음, 그것은 도대체 어디로부터 오는 것일까. 역사는 결코 단순한 개인의지의 집적일 수는 없으며 그것을 포괄하되 초월한 형태이다. 동북아시대, 정신문명시대의 도래가 역사적 필연이라면, 이 또한 단순한 내 개인의 의지가 아니라 역사적 필연의 한 부분이 아니겠는가.

나는 포럼에서 발표할 내용 등 준비한 자료를 복사한 수천 장의 서류를 가지고 옌벤으로 갔다. 데이비스 UNDP 베이징 주재 대표도 그곳에 와 있었다. 내가 자기소개를 하고 인사를 건네자 그는 이렇게 말했다.

"아, 이거 미안하게 되었군요. 사실은 그때 이미 발표자 시간 안배가 다 끝난 상태여서 어쩔 수가 없었습니다."

"일부러 이곳까지 왔는데 무슨 방법이 없겠습니까?"

그러자 그는 이미 끝났기 때문에 자기로서도 어쩔 수 없다고 하면서 지린성 정부에 한번 문의해 보라고 했다. 그래서 문의해 보았더니 같은 이야기를 하면서 이번에는 데이비스 대표에게 문의해 보라고 했다. 그렇게 왔다갔다 하며 하루가 가고 이틀이 갔다.

그러는 사이에도 훈춘 관계자들과 부지 문제에 관한 협의는 계속되었다. 수 차례에 걸쳐 나는 그들을 설득했다.

"21세기 동북아시대를 목전에 둔 현 시점에서 이 지역의 통합을 주도하는 개념은 경제 개념이겠으나, 이 경제 개념은 보다 상위개념, 즉 환경 개념에 의해서 규제될 때 비로소 21세기 빛나는 정신문명의 시대가 열릴 것입니다. 말하자면 동북아 '두만강지역개발'은 산업화·공업화 과정에서 불가피하게 환경오염과 생태계 파괴를 초래하게 될 것이므로, 이에 대한 경각심을 높이고 생명경외의 문화·문명의 창출과 개발을 위한 방안으로 다국적 문화 환경 녹지공원이 필요한 것입니다. 이는 민간 차원의 환경친화적인 투자를 통해 두만강 하구 일대의 총체적인 삶의 질 향상을 도모하기 위한 것입니다. 이 공원의 설치로 인한 국제 교류 및 협력의 증진과 공동투자개발 환경의 조성은 동북아 지역 통합을 가속화함으로써 장차 이 지역을 세계 평화와 번영의 한 중심축이 되게 할 것입니다.

이러한 일들은 기본적으로 '동북아는 하나'라는 인식에서 출발해야 하며 이해관계를 초월해야 합니다. 대학교수가 어떻게 하겠느냐고 하셨지만, 오히려 교수이기 때문에 가능한 것입니다. 유엔과 동북아, 나아가 세계 시민사회가 관련되는 일입니다. 제 전공이 바로 정치학입니다. 저는 통속적인 의미의 정치에는 관심이 없으되, 동북아가 하나 되게 하는 데에는 누구보다도 많은 관심과 열정을 가지고 있습니다. 더구나 UNDP 총재와 동아시아 지역 대표께서도 비상한 관심을 보이신 사항입니다.

설명을 드리자면 이렇습니다. 평화공원을 설치하고자 하는 두만강 하구 일대가 UNDP 구역인 만큼 유엔 관련 기관들과 유관 국제기구 및 환경 관련 기업체나 단체가 공동으로 참여하게 됩니다. '두만강지역개발'에 따른 환경오염과 생태계 파괴에 대한 환경 회생 운동의 일환으로 테마파크 내에 세계 민속촌을 비롯한 각국의 문화경관지대와 자연동식물원, 전통생활풍속의 문화전시관 등을 조성할 것입니다. 또한 예술관·과학관·농업역사관·유엔 국제관·세계평화의료원·동북아 컨벤션센터 등을 건립하고, 평화의 광장을 설치하여 세계 북축제·세계현자대회 등의 행사를 정기적으로 개최하며, 유엔 평화대학을 그곳으로 유치할 것입니다. 유엔과 관련된 기관들의 전시공원에는 유엔 본부 총회의장을 모방한 전시 사무동 그리고 지구를 상징하는 대지구광장을 만들 것입니다.

공원 중심부에는 팔각정을 짓고 그 안에 세계평화의 종鐘 협회가 유엔 본부에 기증한 '평화의 종'과 같은 종을 제작하여 안치하고, 주변에는 '평화의 나무'를 심습니다. 두만강하구 방천 입구에는 '평화의 여신상'을 건립하고, 북한·중국·러시아를 잇는 '평화의 삼각다리'를 건설할 것입니다. 이 다리는 곧 21세기 '하나인 동북아'로 가는 다리가 될 것입니다. 또한 해상관광구역을 조성하고, 인접 5개국—한국, 북한, 중국, 러시아, 일본—의 연합 카페리 '평화호'를 건조하여 운항함으로써 '환동해 경제권'의 발전과 평화를 기원할 것입니다.

두만강하구 일대는 미래의 유엔 본부가 들어설 수 있는 자리입니다. 원래 국제연맹은 그 본부가 스위스 제네바에 있었으나, 2차 대전 이후 미국이 부상하면서 프랭클린 루즈벨트(Franklin D. Roosebelt) 대통령이 국제연합 (United Nations, UN)으로 개칭하여 당시 록펠러 2세가 기증한 뉴욕 땅 2만평(현 유엔본부 터)으로 옮겨왔듯이, 21세기 동북아 시대에는 동북아가 세계의 중심이 될 수밖에 없으며 그런 점에서 이 일대는 미래 지구촌의 수도로 예정된 곳입니다. 당시 유엔 본부 터는 양조장·도살장·공장들이 난립한 슬럼가였는데 반해, 이 일대는 자연생태계가 그대로 보존된 천혜의 땅입니다. 21세기에는 당연히 동북아가 세계의 중심이 될 것이고, 그리 되면 대삼각과 소삼각의 중심인 '유엔세계평화공원'(가칭)이 세계의 중심이 될 것입니다. 이렇게 되면 세계의 중심축이 자연히 이곳으로 이동할 수밖에 없을 것이니, 장차 유엔 본부가 이 '유엔세계평화공원'으로 이동하지 않는다고 누가 장담할 수 있겠습니까."

내가 서류를 펼쳐가며 설명하는 동안 분위기는 점점 고조되고 있었다. 이윽고 훈춘 관계자는 미소를 지으며 비로소 긍정적인 반응을 보였다. 그리하여 훈춘 UNDP 구역인 3국접경지대, 즉 경신평원경구敬信平原景區, 회룡봉경구回龍峰景區, 두만강 방천경구防川景區 등을 망라하는 약 1억평(한국 평수) 부지에 '유엔세계평화공원'을 건립하는 계획(안)에 합의를 보았다. 그 과정에서 훈춘 시장의 도움이 컸다.

옌볜 포럼 개막식을 한 다음날 정식으로 지린성 부성장과 옌볜자치주장 등 지린성 요인들이 배석한 자리에서 테이블에 한중 양국 국기를 꽂고 나는 건립위원장 자격으로 훈춘 임업국 관계자와 1억평 부지에 대한 조인식을 가졌다. 이 지대는 3국이 접경하는 그 지리적 특수성으로 인하여 흔히 '황금의 삼각주'로 불리는 곳이다.

다행히 시간을 얻을 수 있게 되어 그날 오후 나는 옌볜 포럼에서 이 내용을 한 시간 가량 발표했다. 데이비스 UNDP 베이징 주재 대표는 유엔 본부에 보내는 메시지에 제일 먼저 동의하고 지지한다는 사인을 했고, 그 외에도 많은 중국측 관계자들이 지지하는 사인을 했다. 이틀 후 회룡봉에서 관계자들과 그곳에 거주하는 많은 조선족들이 참여한 가운데 기초기공식을 가졌다. 나중에 이 내용은 유엔 본부와 UNDP 베이징 주재 대표, 유엔 한국 주재 대표에게 모두 서면으로 정식 보고되었다.

발해의 옛 성터, 팔련성八連城

1991년 중국 장쩌민(江澤民) 총서기 등 국가 영도들이 훈춘을 시찰하면서, 이 지역 발전 전망에 비상한 관심을 표명하고 개발과 개방의 필요성을 역설한 바 있다. 그 일급 훈령의 내용인즉, 중국·북한·러시아 3국이 개방하여 호리적互利的 원칙에 의해서 공동 개발하는 것을 환영하며 또한 다른 국가 및 지역의 투자개발 참여도 환영한다는 것이었다. 1995년 6월 장江 총서기는 훈춘을 재차 방문하고 '훈춘개발, 도문강개발, 동북아 각국의 우호 합작관계와 발전'이라는 제사題詞를 내리기도 했다.

기초기공식장으로 가는 경신진敬信鎭 입구에는 세계평화공원 건립을 환영한다는 내용의 현수막이 걸려 있었다. 경신평원경구, 회룡봉경구, 두만강 방천경구 등을 망라하는 평화공원부지 약 1억평 중에서 주민들이 집중되어 있는 곳은 경신평원경구로, 경신진의 인구는 약 7천 명 정도인데 90퍼센트가 조선족이며 나머지 10퍼센트도 대부분 우리 말을 할 수 있다고 했다. 이곳 마을은 한국의 민속촌을 연상하게 했다.

말 타고 만주 벌판을 달리던 웅혼한 옛 고구려의 기상이 살아 숨 쉬는 곳. 찬란한 문화의 꽃을 피우며 장대한 정신의 한자락을 펼쳐 보였던 옛 발해의 왕도王都. 이제 풋풋한 흙내음에서나마 그 숨결을 느끼며 꿈틀거리는 지기地氣에서 광휘로 열리는 새 시대의 새벽을 감지할 수 있었다.

회룡봉回龍峰.

두만강 아흔아홉 굽이의 마지막 지점. 경신진 입구에서 한 시간 가량 차를 달려 그곳에 도착했다. 회룡봉 기공식장 입구에는 이미 많은 마을 주민들이 환영 퍼레이드를 벌이고 있었고, 기공식을 축하하는 글이 새겨진 거대한 문이 세워져 있었다. 빨강, 노랑, 파랑, 초록 등 원색 한복을 곱게 차려입은 우리 조선족들이 길게 문 양옆으로 퍼레이드를 벌이며, 탁 트인 광활한 회룡봉의 구릉지대를 화려하게 수놓았다.

신천지가 바로 눈앞에 전개되는 느낌이었다. 회룡봉의 영화로웠던 옛 자취는 덧없는 시간의 바람에 날려 간 곳 없지만, 그 광활한 가슴과 고아한 자태는 스러지지 않는 영원을 노래하고 있었다. 나중에 알게 된 사실이지만, 발해의 옛 성터, '팔련성八連城'이 그곳에서 그리 멀지 않은 곳에 있었다. 옛부터 '팔'이라는 숫자는 행운을 상징하는 것으로 알려져 있는데, 팔八이 연이어진(連) 성城이라는 뜻이니 행운을 기원하는 뜻으로 붙여진 이름이 아니었나 싶다.

역사의 오묘한 이치를 다시금 생각해 보았다. 러시아의 포시에트는 옛 발해의 염주鹽州인데 그 옛날 염주에서 일본과의 교류를 위해서 자주 배가 다녔고, 중국의 훈춘은 옛 발해의 동경東京으로서 자주는 아니지만 그곳에서 나진·선봉을 거쳐 동해안을 따라 신라와의 교류가 이루어졌다.

지금 훈춘-나진·선봉-포시에트의 소삼각지역에 대한 개발은 옌지延吉-청진-블라디보스토크(나홋카, 보스토치니 지역으로 확장되었다)의 대삼각지역에 대한 개발과 더불어 '환동해경제권'의 개발과 경제 문화 교류 활성화에 기여할 것이다. 뿐만 아니라 동북화를 일원화함으로써 옛 번영의 시대를 되돌릴 수 있을지도 모른다. '유엔세계평화공원'의 구상은 바로 경제 및 정치 개념을 환경 개념의 규제하에 둠으로써 동북아의 일원화에 기여하기 위한 것이다.

그날 기초 기공식에는 버스톡 UNDP 동아시아 지역대표와 데이비스 UNDP 베이징 주재 대표가 본인들의 희망에도 불구하고 참석할 수 없어 아쉬웠다. 버스톡 대표는 다른 동아시아 지역 순방 후 중국으로 오기로 했으나 일정이 맞지 않았고, 데이비스 대표 또한 기공식 참석을 희망했으나 러시아로 가는 길이라서 기공식 일정과 맞지 않았다.

기공식장으로 관계자들이 입장하자 기초 기공식을 기념하는 문 양옆으로 늘어서 있던 마을 주민들이 일제히 박수를 치며 환호했다. 어떤 사람들은 두 손에 화려한 부채를 들고 흥겹게 어깨를 들썩거렸고 예쁜 색종이로 만든 꽃을 흔들기도 했다. 기념식장에는 현지 방송국에서 나와서 촬영을 하는 모습도 보였다.

이윽고 기초 기공식이 시작되어 기념사가 있은 뒤 문 안으로 들어서
니, 커다란 기공식 돌비석이 놓여 있었고 그 둘레에는 붉은색 리본으로
장식된 많은 삽들이 둥그렇게 꽂혀 있었다. 기공식 돌비석을 중앙에 두
고 모두 '유엔세계평화공원' 기공의 첫 삽을 떴다. 그리고 1.88미터 높이
의 소나무를 기념 식수했는데, 중국측 관계자의 말에 따르면 1.88미터 높
이의 '88'은 행운이 있기를 기원하는 뜻이라고 했다. 팔八이 연이어진(連)
소나무(松)인지라 나는 그것을 '팔련송八連松'이라고 불렀다. 발해의 옛 성
터인 팔련성에 팔련송을 심었으니 행운을 기대해 봄직도 하지 않을까.

기초기공식이 끝난 뒤 마을 주민들은 서로 기념사진을 촬영하고 싶어
하면서 마치 축제일처럼 들뜬 분위기였다. 그들은 정적이 감돌던 회룡봉
에 예기치 못한 동족의 내방을 신기해하며 흥분된 모습을 보였다. 비록
그들이 한껏 멋을 부린 한복은 오륙십 년대를 연상시켰지만, 반도에 살
며 물질문명의 번영을 구가하는 우리들의 모습에서는 찾아보기 힘든 고
향의 순박한 정이 느껴졌다. 나는 그들의 얼굴에 서린 소망과 기대를 읽
을 수 있었다.

제7장

백두산에서 북계룡까지

하늘우물은 현묘(玄妙)한 문
태초의 시간이 예서 열렸네.

하늘우물은 허정(虛靜)의 문
천변만화가 예서 작용하네

하늘우물은 진여(眞如)의 문
만물만상이 예서 하나가 되네
— 본문 중에서

유엔세계평화공원을 건립하는 계획(안)에 대해 중국측과 2자 조인식을
가진 다음날 나는 감격에 겨워 백두산에 올랐다. 이전에도 대여섯 차례
백두산 정상에 오른 적이 있긴 했으나 10월 중순경에 오르기는 처음이었
다. 그날도 날씨가 청명하여 가벼운 옷차림으로 백두산 장백폭포長白瀑布
를 따라 걸어 오르는데 갑자기 눈보라가 몰아치기 시작했다. 이 세상의
소리란 소리는 다 끌어안은 채 지축을 뒤흔드는 기세로 요동치며 쏟아져

내리는 장백폭포. 그 거대한 폭포줄기는 휘몰아치는 눈보라에 가려 물안개만 희미하게 보일 뿐이었다.

장백폭포 서쪽 오르막길을 다 오를 때쯤에는 눈보라가 더 맹위를 떨치면서 눈조차 뜰 수 없었고, 초강풍에 날려갈 것만 같아서 땅을 붙잡고 기다시피 올라갔다. 세찬 눈보라에 눈을 뜰 수가 없어 투명한 비닐을 머리 전체에 뒤집어쓰기도 했으나 그것마저 이내 날려가 버렸다. 눈은 어느새 허벅지까지 빠질 정도로 많이 쌓였고, 쉴 새 없이 몰아치는 거친 눈보라에 돌멩이들이 어지럽게 날아다니고 있었다. 천지 달문(闥門)에서 장백폭포로 이어지는 승차하(乘槎河)를 끼고 바위더미를 지나 평원에 이를 때쯤, 백두산은 이미 완연한 설산으로 화해 있었다. 아무런 장비도 없이 방향 감각을 잃은 채 나는 움직이는 눈사람이 되어 광막한 태고의 시간 속으로 빨려 들어갔다. 언젠가 강화도 마니산 참성단塹城壇에서, 강원도 태백산 천제단天祭壇에서, 몰아치는 눈보라에 묻어오던 그 태고의 시간 속으로.

팔괘묘 터에서

온 우주를 삼켜버릴 듯이 눈보라가 몰아치면서 가시可視거리는 1미터도 채 되지 않았다. 여름에 보천석補天石 가까이서 고무보트를 타고 건너던 승차하. 그 여울목인 우랑도牛郞渡를 바위 위로 건넜다. 눈이 내려 바위가 미끄럽기는 했으나 달리 방법이 없었다. 경사진 길을 따라 올라갔다. 천지가 온통 눈으로 뒤덮이고 눈보라가 광폭하게 몰아쳐 길이 보이지 않았다. 변화무쌍한 백두산의 진면목을 보는 것 같았다. 이윽고 백두산 천지 북쪽 천활봉天豁峰 기슭에 있는 거대한 암반 위에 이르렀다. 그곳은 여름에는 갖가지 야생화와 풀이 무성하여 평평한 초원을 이루고 있던 곳이다. 백두산 천지의 정북쪽에 자리 잡은 그곳 한쪽에 있는 주춧돌은 눈에 묻혀 잘 보이지 않았다. 하지만 여러 번 와보았기 때문에 주위에 수북이 쌓여 있는 목재더미를 기점으로 그곳을 쉽게 찾아낼 수 있었다. 그곳이 바로 중국 문헌과 지도에 나오는 팔괘묘 터라는 곳이다.

팔괘묘八卦廟.

중국 조선족 자치주 안도현 문화국 리천록 씨의 '백두산 종덕사'에 의하면, 일명 종덕사宗德寺 또는 선교仙敎의 사당이라고도 하는 이 팔괘묘는 1964년 고찰 당시만 해도 여러 개의 비문이 있었으며 그 중 한 비문에는 사당을 다시 세운다는 내용이 적혀 있는 것으로 보아 재건한 것이 틀림없다고 한다. 그리고 다른 비문에 무진년(1928년) 4월 5일에 '최시현崔時玄이 비를 세웠다(崔氏時玄功德戊辰四月五日立碑)'고 쓰여 있는 것으로 보아서 1928년에 최시현이라는 사람이 재건했으리라고 추측하고 있다. 발해왕이 이곳에서 천제를 지냈다고 중국 문헌에 나오는 것으로 보아서 고조선 시대에도 팔괘묘에서 천제를 지냈을 것이라고 생각되었다.

백두산 일대의 민간 전설에 의하면, 백두산에서 도가 깊은 도승이 그곳에서 수도하다 어느 날 홀연히 자취를 감추었는데 그로부터 수백 년이 지난 뒤 한 농부의 꿈에 나타났다. 그리하여 농부가 천활봉에 가보았더니 그 도승이 앉은 자세로 석불이 되어 있었고, 그 도승의 공덕을 칭송하고 대업을 잇기 위해서 사당을 다시 짓게 된 것이라고 한다. 그 이후 1928년에 재건되기까지 몇 번이나 더 재건된 것인지는 정확히 알 수가 없다.

전해오는 바에 의하면 그 사당은 팔각형으로 지었으며, 도승의 영혼이 쉽게 드나들 수 있도록 팔면에 99개의 문을 만들었다고 한다. 그 이유인즉 백두산이라는 '백白' 자는 100이라는 '백百' 자에서 한 획이 빠진 것으로서, 100에서 하나를 빼었으니 99가 되므로 99개의 문을 만들었다는 것이다. 또한 이 숫자는 백두산에 있는 크고 작은 봉우리들의 도합과 같다고도 한다. 백白이라는 숫자는 완전·절대·진리를 의미하는 까닭에 인간세계에서는 범할 수 없는 숫자라고 보았는지도 모른다.

민간전설에 의하면 오랜 옛날 이 팔괘묘에서 수도하던 도승이 금강산에서 도를 닦는 도승에 관한 이야기를 듣게 되었는데, 그 도승이 머무는 절당이 이 세상에서 제일 높다는 것이었다. 한편 금강산에서 도를 닦던 도승 또한 팔괘묘에서 수도하는 도승에 관한 이야기를 듣게 되었는데, 그 도승이 머무는 암자가 이 세상에서 제일 문이 많다는 것이었다.

어느 날 두 도승은 각기 그 소문을 확인하기 위해서 길을 떠나 사흘째 되던 날 중간 지점에서 만나게 되었다. 팔괘묘의 도승이 먼저 물었다.

"듣건대 금강산에 이 세상에서 제일 높은 절당이 있다고 하는데, 그 높이가 얼마나 됩니까?"

"사흘 전 절당을 나설 때 목수가 지붕을 고치다가 망치를 떨어뜨리는 것을 보았는데, 지금쯤 그 망치가 땅에 떨어졌을지 모르겠습니다."

금강산 도승의 대답이었다. 이번에는 금강산의 도승이 물었다.

"백두산에 이 세상에서 제일 문이 많은 암자가 있다고 하는데, 그 문이 얼마나 됩니까?"

"사흘 전 암자를 나설 때 동자가 종을 치러 암자 문을 여는 것을 보았는데, 지금쯤 안에 다 들어갔을지 모르겠습니다."

팔괘묘 도승의 말이었다. 말이 끝난 후 두 사람은 헤어져 각자의 거처로 다시 돌아갔다고 한다.

천지연天地淵.

선천문명의 시원이 여기인가. 백두산의 심장 고동소리가 들리는 듯했다. 비로소 우리 인류의 모태를 찾은 느낌이었다. 아득한 그 옛날부터 백두산은 태교를 위하여 하늘과 연락하며 성스러운 기운을 천지연에 뻗치고 있었던 것이리라. 팔괘묘 터 벼랑 끝에서 바라보는 천지는, 차를 타고 올라가 2,670미터 높이의 천문봉天文峰에서 내려다보는 천지나 보천석을 지나 달문 쪽으로 가서 손을 담그고 바라보는 천지와는 또 다른 느낌이었다. 그것은 바로 하늘우물이었다. 나는 이런 시상이 떠올랐다.

하늘우물은 현묘(玄妙)한 문
태초의 시간이 에서 열렸네

하늘우물은 허정(虛靜)의 문
천변만화가 에서 작용하네

하늘우물은 진여(眞如)의 문
만물만상이 에서 하나가 되네

팔괘묘 터에서의 명상.

백두산 천지가 하늘우물처럼 내려다보이는 팔괘묘 터에 앉아 있노라니, 시공이 사라지고 존재한다는 생각마저 사라지면서 광막한 태고의 시간 속으로 빨려 들어갔다.

'아, 조화로웠던 시절, 그 행복의 부스러기가 이제 눈꽃 되어 겨울의 메마른 입 속으로 하염없이 지고 그대는 아직도 분열의 잔을 채우고 있다.'

잃어버린 우리 영혼의 환국, 환하게 밝은 정치를 하는 나라인 우리 민족의 환국, 그리고 인류의 환국에 대해 명상했다.

하산하는 동안 나는 '유엔세계평화공원' 일을 크게 도운 생면부지의 중국 정신계의 고수에 대해 생각했다. 그는 직접 나타나지 않고 사람을 보내어 이 일을 도왔다. 파견된 사람은 뭐 도와줄 일이 없느냐고 물으며 이렇게 말했다.

"갈비뼈가 부러져 치료를 받던 중 잠시 나왔습니다. 제 스승께서 당신을 도우라고 하셨기 때문입니다."

나중에 나를 만난 고수가 말했다.

"3년 전 명상 속에서 보았지요. 백두산 정기를 한몸에 받고 계시니, 이 중대사는 반드시 이루어질 것입니다."

그날 호텔로 돌아와 침대에 누운 나는 잠시 악몽을 꾼 듯했다. 눈보라가 휘몰아치는 백두산을 홑바지에 운동화 차림으로 장갑조차 끼지 않은 채 일곱 시간을 오르내렸다는 사실이 실감나지 않았다. 살아서 돌아온 것이 기적이었다. 그러나 아플 사이도 없었다. 학교는 중간시험 중이었고, 정해진 기간 내에 모든 것을 끝내고 돌아가야 했기 때문이다. 이튿날 유엔세계평화공원 건립 기초 기공식을 가진 후 나는 바로 귀국했다.

조중 국경에 서서

중국측과 2자 조인식을 가지기 이전에 몇 차례 백두산에 오른 적이 있었다. 그날은 장백산자연보호국의 안내로 이도백하二道白河에서 차를 타고 서쪽으로 돌아 두 시간 반가량 걸려 백두산 산문山門에 도착했다. 산문에서 다시 차로 삼사십 분 걸려 제자하경구梯子河景區에 이르렀는데, 그곳에는 양쪽으로 협곡이 있었다. 장백폭포가 북쪽으로 오르는 길이라면, 이 길은 서남쪽으로 백두산에 오르는 길이다.

얼마를 더 가니 고산화원 지대가 나타났다. 거기에는 백색, 황색, 자색의 야생화들이 가없는 바다처럼 물결치고 있는 것이 천상의 화원인 듯했다. 계절 따라 피는 야생화도 그 종류가 다양하지만, 특히 눈이 다 녹기전 눈 속에 피는 두견화야말로 생명의 신비를 고스란히 간직하고 있는 것으로 알려져 있다.

계속해서 차로 오르는 동안에도 백두산의 날씨는 수시로 바뀌었다. 쨍쨍 햇볕이 나는가 하면, 금방 어둑해지며 비가 내리기도 했고, 그러다가는 다시 햇볕이 났다. 그동안 여러 차례 방향을 달리하여 백두산을 오르면서 구름 한 점 없이 맑은 날도 있었고, 간간이 비가 내리는 날도 있었으며, 눈보라가 휘몰아치는 날도 있었고, 또 그날처럼 수시로 날씨가 변하는 날도 있었다. 백두산의 다양한 면모를 보는 것이라고 생각되었다.

한번은 이런 일도 있었다. 어느 해 여름인가 몹시 비가 내려 백두산으로 가는 도중 길이 끊어져 돌아서 가느라 예정시간보다 두 시간 가량 늦게 산에 올랐다. 그곳에 도착했을 때 사람들이 들려준 말에 의하면, 두 시간 전쯤 산을 오르던 일행들이 집채만한 크기의 바위가 굴러 떨어지면서 즉사한 사고가 있었다고 했다. 바위 파편들은 아직 치워지지 않은 채 곳곳에 널려 있었다. 참 사람의 운명이란 알 수 없다는 생각이 들었다.

금강협곡에 이르렀다.

15킬로미터에 이르는 방대한 규모의 대협곡. 아득하게 내려다보이는 대협곡 가운데에는 놀랍게도 연꽃을 머리에 인 듯한 거대한 규모의 관음상이 서 있었다. 나는 내 눈을 의심하지 않을 수 없었다. 옆에 서 있는 보호국 관계자에게 물었다.

"저기 보이는 것이 관음상 아닙니까!"

"맞습니다. 관음상이 연꽃을 머리에 이고 서 있는 모습이지요. 자연적으로 형성된 것이랍니다."

새삼 대자연의 위력에 감탄하지 않을 수 없었다. 한참 동안 나는 넋을 잃고 바라보았다. 장엄한 자연 앞에서 인간의 언어란 보잘것없는 옹알이었다. 그곳을 나오면서 보호국 관계자는 덧붙여 말했다.

"여기서는 잘 보이지 않지만 저기 서남쪽 산 능선은 부처님이 누워 계시는 모습이라고 해서 와룡臥龍이라고 부르지요."

그곳에서도 환경보호는 당면한 문제인 것 같았다. "들어갈 때에는 발자국만 남기고, 나올 때에는 사진만 가지고 간다"는 팻말이 그것을 말해 주었다. 관계자의 말에 의하면 그곳에서는 채벌을 금하고 있으며, 임업국에서 따로이 경제적 수요에 응하고 있다고 했다.

그래서인지 원시림이 비교적 잘 보존되어 있었다. 태풍으로 나무가 넘어져 썩고 그 썩은 나무 위에 다른 나무가 자라고 있는가 하면, 잣나무와 벚나무가 나란히 서 있는데 두 나무의 밑동이 굵게 하나로 되어 있어 '부부나무'라고 부른다고 했다.

다시 차를 타고 산을 올랐다. 오르는 길목에는 내내 야생화들이 양쪽으로 끝도 없이 펼쳐져 있었다. 보호국 관계자는 이렇게 설명했다.

"장백폭포를 끼고 오르는 백두산이 남성적이고 장엄한 면모를 보여주는 것이라면, 금강협곡錦江峽谷을 끼고 오르는 백두산은 여성적이고 우아한 면모를 보여주지요. 자, 보십시오. 얼마나 아름답습니까. 그야말로 천상화원天上花園이지요."

날씨가 갑자기 다시 흐려지면서 간간이 비까지 뿌렸다. 아득하게 보이는 산허리 곳곳에서 흰 물체가 꿈틀거리며 구불구불하게 나오고 있었다. 백두산의 또다른 진풍경이었다.

"저기 머얼리 곳곳에서 흰 물체가 구불구불하게 기어 나오는데 무엇입니까?"

"백룡白龍이라고 부른답니다. 날씨가 흐린 날은 계곡물 흐르는 것이 저렇게 보인답니다."

내가 묻자 보호국 관계자는 재미있다는 듯이 대답했다. 백두산 꽤 높은 지점인데도 산은 험준하지가 않았고, 황색 야생화로 뒤덮인 곳곳은 마치 벼가 누렇게 익은 들녘처럼 보였다. 이윽고 길이 끊어지고 차가 더이상 오를 수 없는 지점까지 갔다. 다시 햇볕이 쨍쨍 나기 시작했다.

모두 차에서 내려 그 주변의 평평한 풀밭으로 가서, 보호국에서 준비해 온 갖가지 음식으로 점심식사를 했다. 오랜만에 야외소풍을 나온 기분이었다. 한담을 하며 식사을 거의 마쳐 갈 무렵 날씨가 다시 흐려졌다.

조금 후에는 비까지 세차게 내려 멈출 것 같지가 않았다. 무작정 비가 멈추기를 기다릴 수도 없어서 우산을 쓴 채 천지 쪽으로 걸어 올라갔다.

얼마간 걸어 올라가니 중국인 몇 사람이 내려오면서 날씨가 흐려 천지를 볼 수 없었다고 했다. 조금 더 올라가니 날씨가 다시 개면서 햇볕이 나기 시작했다. 내려가던 중국인들이 다시 올라오고 있었다. 40분 가량 올랐을까. 천문봉으로 오를 때에는 차에서 내려 10분 정도 걸으면 천지를 볼 수 있었는데, 계비界碑가 있는 곳으로 오르는 길은 훨씬 멀었다.

드디어 조중국계비朝中國界碑가 보였다. 조그만 돌비석으로 된 국계비 한쪽에는 '중국'이라고 새겨져 있었고 반대쪽에는 한글로 '조선'이라고 새겨져 있었으며, 주위에는 경계를 표시하는 가는 줄이 낮게 쳐져 있었다. 더구나 그곳을 감시하는 보초가 서 있는 것도 아니어서 국경이라는 느낌이 전혀 들지 않았다. 계비에서 비교적 가까운 곳에 청석봉青石峰과 제운봉梯云峰이 희미하게 보이다가는 이내 안개 속으로 숨어 버렸다.

다시 날씨가 흐려지고 비바람이 치기 시작했다. 백두산 천지는 간 곳이 없고, 광막한 허공만이 시야에 펼쳐질 뿐이었다. 모두 천지를 보는 것을 포기하고 돌아서고 있었다. 여러 차례 백두산 천지에 올랐지만 나는 한 번도 천지를 못 본 적이 없었다. 나는 마음속으로 간절히 염원했다. 단 1분만이라도 천지를 볼 수 있기를. 보호국 관계자는 돌아서며 말했다.

"오늘은 틀린 것 같습니다. 이제 그만 가시지요."

막 발길을 돌리는 순간 아직 그곳에 서 있던 중국인이 탄성을 질렀다.

"천지가 보인다!"

돌아서 보니 놀랍게도 천지변의 안개가 가장자리부터 순식간에 걷히

면서 천지가 모습을 드러내고 있었다. 완전히 모습을 드러낸 후 천지는
곧 다시 모습을 감추어버렸다.

북계룡에 가다

중국측과 2자 조인식을 가지기 약 반 년 전, 단동시 정부의 안내로 압
록강 일대를 둘러보았다. 압록강을 사이에 둔 중국 단동丹東과 북한 신의
주新義州는 얼핏 보기에도 현격하게 발전 격차가 느껴졌다. 길림성 훈춘
이 두만강을 끼고 북한과 접해 있는 곳이라면, 요녕성 단동은 압록강을
끼고 북한과 접해 있는 곳으로서, 훈춘과 마찬가지로 반도와 대륙을 잇
는 지리적 요지다.

압록강다리 입구에는 '압록강단교鴨綠江斷橋'라고 쓰여 있었고, 단동시
의 문물보호단위로 지정되어 있었다. 비록 압록강 다리는 중간 지점에서
끊어져 있어서 신의주까지 연결되지는 않았지만, 그 옆으로 나 있는 철
교를 통해서 정기 화물열차가 신의주를 내왕한다고 했다. 압록강다리가
끊어진 마지막 지점에 서니 신의주가 가까이 보였는데, 단동과는 대조적
으로 생동감이 없고 침체되어 있는 모습이었다.

압록강에서 배를 탔다. 싸늘한 해풍이 불어오는 압록강을 미끄러지듯
이, 신의주에 거의 접안하다시피 하면서 배는 신나게 달렸다. 갈 수 없는
땅, 신의주 저편에서 우두커니 이쪽을 바라보는 그들의 시선에는 아무런
표정도 실려 있지 않았다. 압록강을 사이에 두고 양 도시의 표정이 그렇
게 다를 수 있다는 사실이 마음을 무겁게 했다.

『참전계경』에서는 이르기를, "마음 하나 뚜렷이 서게 되면, 태양이 밝게 비추임에 구름과 안개가 걷히고 대양이 밀려옴에 티끌이 사라짐과 같게 된다"고 했다. 물질계의 모든 비극이 어찌 정신과 분리된 것일 수 있을까. 경제가 단순한 물질적 개념일 수 없음은 거기에 고도의 정신적 원리가 내포되어 있기 때문이다.

현대 복지국가의 개념이 바로 그러한 것이다. 서구 물질문명의 기반 위에서 복지국가의 실현이 그 한계를 드러내고 있는 것은, 물질 속에 작용하고 있는 정신적 원리를 간파하지 못함으로써 물질 그 자체의 고유한 공능이 발휘되지 못한 데에 있다. 진정한 복지국가의 실현이 21세기 정신문명시대의 과제로 넘어갈 수밖에 없는 까닭이 여기에 있다.

압록강을 떠나 그 너머에 있는 북계룡北鷄龍으로 향했다. 언젠가 여해 스승께서는 만주 일대를 다녀오신 이야기를 하시면서, 계관산鷄冠山과 오룡산五龍山으로 둘러싸인 400리 대분지 북계룡에 관한 말씀을 하신 적이 있었는데 드디어 그곳을 찾게 되었다.

차를 타고 오룡배五龍背를 지나 비포장도로를 계속 달렸다. 사방이 끝도 없는 산으로 이어지면서, 길을 찾기가 여간 힘든 것이 아니었다. 길을 잘못 들어 몇 번을 다시 되돌아 나오곤 했다. 그곳에 가기 전 계관산과 산맥으로 이어진 환인桓仁 일대 오룡산을 답사하면서도 느낀 것이지만, 끝없이 이어지는 산이 낯설지가 않고 오히려 정감 있게 느껴졌다. 고구려의 고토이어서일까.

한 개인에게도 자기정체감이 형성되지 않으면 계속적인 자기분열에 빠지게 되듯이, 우리 민족도 민족적 정체감이 형성되지 않으면 진정한 의미의 민족 통합을 기대하기는 어렵다. 통일신라 말기 3교三教의 설說을 섭렵한 당대 최고의 지식인이었던 고운孤雲 최치원崔致遠의 〈난랑비서鸞郎 碑序〉에는 신시시대와 고조선 이래 우리의 고유한 전통적 사상의 뿌리에 대한 암시가 나타나 있다.

> 나라에 현묘(玄妙: 이치가 깊고 오묘함)한 도(道)가 있으니, 그 이름을 풍류 (風流)라고 한다. 그 교(教)의 기원은 선사(先史)에 상세히 실려 있거니와, 실로 이는 3교(유교, 불교, 선교)를 포함하며 중생을 교화한다. 이를테면, 들어오면 집에서 효도하고 나가면 나라에 충성하는 것은 노사구(魯司寇: 공자)[*]의 주지(主旨)와 같은 것이고, 무위(無爲)에 처하고 불언(不言)의 교 를 행함은 주주사(周柱史: 노자)^{**}의 종지(宗旨)와 같은 것이며, 모든 악한 일을 행하지 않고 착한 일을 받들어 행함은 축건태자(竺乾太子: 석가)^{***} 의 교리와 같은 것이다.(『삼국사기』「신라본기」 제4 진흥왕(眞興王) 기사)

단군 이래 고유의 현묘지도玄妙之道를 기반으로 한 조의국선皂衣國仙^{***} [*]의 국풍이 부여의 9서九誓와 삼한의 5계五戒, 고구려의 조의국선의 정신 및 다물多勿^{*****}의 이념과 신라의 화랑정신으로 이어지면서 단군의 건

---

* 공자는 일찍이 노나라의 사구(사법대신)라는 벼슬을 한 적이 있다.

** 노자는 주나라의 주하사(柱下史: 주사는 주하사의 약칭)가 된 적이 있다.

*** 축건은 인도의 별칭. 석가는 정반왕(淨飯王)의 태자였다.

**** 단군시대로부터 고구려를 거쳐 고려에 이르는 심신훈련단체. 송(宋)나라 사신으로 왔던 서긍(徐兢)의 『고려도경(高麗圖經)』에는, 훈련단체 단원들이 머리를 깎은 채 허리에는 검은 띠를 매고 훈련을 받은 것으로 나타나 있다.

국이념이 구현되어 내려왔음을 우리는 잊지 말아야 한다.

고구려의 시조 고주몽高朱蒙이나 명재상 을파소乙巴素, 명장 을지문덕乙支文德과 막리지莫離支 연개소문淵蓋蘇文이 모두 단군 이래의 국선國仙정신의 해설자이며 실천가였다는 사실을 우리는 알고 있는가. 완전한 통합을 위해서 때로는 극단적 자기 해체의 과정이 필요한 법. 남북 분단의 현실도 그와 같은 것이 아닐까.

이런 생각을 하는 동안 차는 어느새 계관산 입구에 도착했다. 길을 헤매다 보니 거의 네 시간이 걸렸다. 계관산에 올랐다. 오후 5시가 막 지나고 있었다. 유시酉時를 알리는 듯 어디선가 닭 우는 소리가 아득하게 들려왔다. 새 시대의 새벽을 알리는 소리처럼 느껴졌다.

'압록강 너머 북계룡이 우리 민족의 미래 수도가 될 만한 곳이라면, 두만강 하구 3국접경지역 일대는 동북아시대를 맞이하여 세계의 중심이 될 만한 곳이 아닌가!' 이는 마치 미국의 수도인 워싱턴과 세계의 수도로 통하는 뉴욕의 관계와도 같다는 생각이 들었다. 반드시 이루고야 말겠다는 생각이 불기둥처럼 솟아올랐다.

계관산에서 바라본 대분지는 경주 남산의 서라벌을 떠오르게 했다. 비록 서라벌과는 비교할 수 없을 만큼 광활했지만, 서라벌이 거기에 있었다.

***** 이는 본래 고구려의 시조 고주몽의 연호(年號)로서, "옛땅을 회복한다"는 뜻으로 쓰이던 고구려 때의 말. 이러한 '회복(恢復)'을 뜻하는 고구려의 정치이념을 '다물 이념'이라고 하는데, 이는 곧 단군 조선의 영광을 되찾고 그 통치영역을 되물려 받겠다는 것이다.

제8장

지어간 시어간

새 시대의 도래를 알리는 상서로운
간방(艮方)의 북소리가
지구촌에 울려 퍼지고 있었다.
잠들어 있는 인류의 의식을 흔들어 깨우는 소리였다.
원초적 생명의 불씨를 살려내는 소리였다.
지구촌의 모든 파열음을 하나로 잠재우는 소리였다.
그 북소리 속에서 인류의 의식은 하나가 되고 있었다.
나는 보았다. 유엔세계평화센터에 충만한 생명의 빛이
지구촌으로 흘러넘치는 것을…….
一본문 중에서

『주역』「설괘전說卦傳」에 '지어간止於艮 시어간始於艮' 이라고 나온다. 동북 간방艮方에서 만물이 그 종결을 이루고 또한 새 시대가 열린다는 의미이다. 모든 문화 · 문명이 동東으로 동으로 와서 간방에서 선천문명이 열매를 맺고 동시에 후천문명의 꼭지가 열린다는 뜻이다. 1995년 10월 중국측과 2자 조인식 및 기초 기공식을 가진 후 나는 그동안 수집해온 자료를 기반으로 방대한 자료집을 만들고 일을 성사시키기 위한 후속작업에 들어갔다. 1996년 7월 24일 중국 적산 연화정에서 장보고기념탑 준공 2주년 기념식을 한 후, 기념식에 참석했던 학생들과 나는 베이징으로 갔다. 그곳에서 천단天壇공원, 천안문 광장, 자금성, 왕푸징 거리, 만리장성 등을 둘러본 후 베이징 대학으로 가서 그곳에서 나는 학생들과 작별했다. 연구년을 받아 1년간 베이징 대학에 객원교수로 머물기로 한 터였다. 그곳에서 나는 대학 관계자들과 국제관계학원 교수들 및 연구원들의 배려로 마오쩌뚱 이후 장쩌민에 이르기까지 중국 사회주의의 변천 과정을 수십 년에 걸친『홍기紅旗』와『구시求是』를 중심으로 연구할 수 있었다. 또한 유엔세계평화공원 건립에 관해서도 의견을 교환하며 전기轉機를 마련하기 위하여 동분서주했다. 저녁 무렵이면 베이징 대학의 명물인 '미명호(未名湖: 이름 없는 호수라는 뜻)'를 따라 걸으며, 노을이 물든 미명호에 비친 박아탑博雅塔의 아련한 자태를 감상하곤 했다.

1998년 10월 러시아 핫산구 정부가 유엔세계평화공원 건립 취지에 공감하고 적극적인 지지의사를 표명함에 따라 괄목할 만한 진전을 보게 되었다. 또한 당시 유엔 한국주재 대표는 1998년 연례보고서에서 코피 아난(Kofi Annan) 유엔 사무총장과 스페드 UNDP 총재에게 본 사업에 관한 경과보고를 했다. 한편 '유엔세계평화공원(United Nations World Peace Park, UNWPP)'이라는 명칭에 대해 유엔측은 '공원' 보다는 '센터' 라는 명칭을 선호하여 '유엔세계평화센터(United Nations World Peace Centre, UNWPC)' 라는 명칭을 사용하기로 했고, 한국측 또한 이를 수용하여 '유엔세계평화센터' 라고 명명하게 되었다.

다만 중국측은 '센터' 를 중국어로 번역할 경우 그 의미가 명확하지 않

다는 이유로 '공원'이라는 명칭을 그대로 사용하기로 했다. 좌절과 희망
이 교차하던 끝에 1999년 4월 22일, 드디어 유엔측 대표, 중국 훈춘시 인
민정부 시장, 러시아 핫산구 정부 행정장관 등과 나는 중국과 북한과 러
시아의 3국 접경지역 약 2억 평 부지에 유엔세계평화센터 건립을 위한 4
자 조인식을 갖고 두만강 하구 방천에서 기념비를 제막했다. 실로 유엔
세계평화센터 건립이 가시적으로 진일보하는 순간이었다. 우연히도 그
날은 내 생일이었고, 계관산에 오른 지 정확하게 4년째 되는 날이었다.
훈춘 현지에 폭설이 내리기도 했고, 북한에서 좀 기다려 달라고 한다는
중국측 전언을 받고 두 달가량 연기되다가 결국 유엔에서 그날을 잡은
것이었다.

　그동안에도 학교 생활은 변함없이 계속되었다. 끝없이 자신을 휘몰지
않을 수 없었던 고통스런 나날들이었다.

　'하늘이시여, 얼마나 더 연단의 과정이 필요하옵니까?'

　되뇌고 또 되뇌며 나는 생각했다. 삶 자체가 하나의 미망이라는 사실
을 깨달으면 삶은 더 이상 미망이 아니라고. 실로 죽음조차도 육체는 소
멸시키지만 집착하는 마음은 소멸시키지 못한다. 죽음조차도 소멸시키
지 못하는 분별하고 집착하는 그 마음을 삶은 깨달음을 통하여 소멸시키
지 않는가! 말하자면 심心에 입각하여 무심無心을 이룸으로써 에고$_{ego}$를
초월하는 것이다.

　　하늘은 이불, 땅은 요　　　　　　　　天衾地席山爲枕

　　달은 촛불, 구름은 병풍, 바다는 술독이라　月燭雲屏海作樽

| 크게 취해 거연히 춤을 추나니 | 大醉居然仍起舞 |
| 긴소매 곤륜산에 걸릴까 저어하네 | 却嫌長袖掛崑崙 |

진묵震默 선사의 진면목이 완연히 드러난 선시이다. 내가 가장 애송하는 선시 가운데 하나였다. 언젠가부터 나는 깨닫기 시작했다. 나의 지고의 소원은 걸림이 없는 의식意識에 이르는 것이라는 것을. 하여 이 우주를 관통하는 의식의 대운하를 건설하는 것이라는 것을. 그리고 그 소원은 산다는 것이 높이 오르는 것이 아니라 깊이 들어가는 것이라는 진리를 체득할 때 비로소 이루어질 수 있다는 것을!

연꽃 속의 나날들

"연꽃 속을 뺑뺑 도는구먼……."

백련당白蓮堂이 내게 한 말이다. 백련당은 묘적妙寂 큰스님의 당호다. 그 말을 듣기 전까지는 미처 생각지 못했는데, 듣고 보니 그러했다.

세간에 주住하면서 세간을 이離해 있는 연꽃을 닮고자 했던 내게 연꽃은 마음의 고향과도 같았다. 청아한 연꽃의 자태는 먹장구름에 물들지 않는 푸른 하늘과도 같이 순수 그 자체이기에.

두만강 하구 방천구.

한눈에 세 나라가 바라다보이는 곳. 중국과 북한과 러시아가 접경을 이루는 두만강 하구 방천에는 예로부터 "닭 우는 소리 세 나라에 들리고 개 짖는 소리 3국 변경에 처량하게 퍼진다"는 말이 있다.

동북쪽 중국·러시아 국경선에 거연히 솟아 북으로는 동해와 맞닿아 있는 대삼각산·대오가산·수류봉·장고봉 등 이름난 주봉들, 끝없이 펼쳐진 논밭 사이로 민속촌을 연상케 하는 민가들과 이제 무성한 초원으로 변해버린 7웅단지七雄斷指의 애환이 서린 안중근 의사 사적지 경신평원경구, 바람에 의해 자연적으로 형성된 거대한 모래 피라미드와 이름 모를 들꽃들이 들려주는 병정놀이와 두만강의 잠들었던 세월, 소똥이 말라 까만 나뭇잎이 되어 어지럽게 윤무輪舞하는 두만강변 백사장과 늪지대·호수지대에 만발한 연꽃들 사이로 불타오르는 원색의 저녁놀…….

방천 연화호蓮花湖.

연꽃이 피어 있는 호수 주변을 걸었다. 중국 훈춘시 인민정부 관계자가 연꽃에 관한 설명을 하기 시작했다.

"'훈춘두만강홍련紅蓮'으로 불리는 경신과 방천의 연꽃은 야생으로 세계에서 가장 오래된 1억 3천 5백만 년의 역사를 가지고 있습니다. 이곳 연꽃 늪은 26만 제곱미터에 달하며, 희귀품종이 많고 품종 또한 다양하여 100-150종에 이릅니다. 개화 시기는 7월 20일경부터 9월 상순까지 약 50일간이지요."

나는 산둥, 베이징, 선양沈陽, 단둥丹東, 환인, 옌볜 일대 등 중국 각지를 수십 차례 다니면서 한 가지 특이한 사실을 발견했다. 행정 관료들이 관할 행정구역의 면적이며 인구, 농수산물 총생산량 등을 비롯해 세세한 것까지 수치를 기억한다는 것이다. 마치 시험을 치르기 위해 고도로 학습된 사람처럼 보였다.

연화장蓮華藏 세계.

무지無知의 바람이 고요해지면 8식八識*의 모든 물결이 다시 기동하지 않는 일심의 원천, 거기가 바로 연화장 세계던가. 원색의 저녁놀로 물들여진 연화호를 바라보노라니, 다나코샤 호수**의 연꽃에서 태어났다는 위대한 스승 파드마삼바바[蓮華生]***의 거룩한 삶이 내 눈앞을 스치며 무주無住****의 덕으로 충만한 연화장 세계가 아련히 피어오르는 듯 했다.

"연꽃 속을 뱅뱅 돌고 있지."

나도 모르게 백련당의 말을 되뇌고 있었다.

연화산蓮花山.

우선 내가 태어난 고향에는 연화산이라는 명산이 있다. 천지창조신인 비슬천이 살고 있다고 하여 비슬산毘瑟山이라 불리기도 하는 이 산은 연

---

* 불교의 유식사상(唯識思想)에 의하면 인간의 의식은 여덟 단계로 구성되어 있다. 이 8식의 이론체계를 보면, 우선 안식(眼識) · 이식(耳識) · 비식(鼻識) · 설식(舌識) · 신식(身識) · 의식(意識)이라는 흔히 전(前)6식으로 총칭되는 표면의식이 있고, 이 여섯 가지의 식은 보다 심층의 제7식인 자아의식, 즉 잠재의식에 의해서 지배되며, 이 잠재의식은 보다 심층의 제8식에 연결되어 있는데 이 제8식이 우리 마음속 깊이 감춰진 모든 심리활동의 원천이 된다.

** 연꽃 호수라고도 불리는 이 호수는 인도 남부의 우겐국(國) 북서쪽 변경에 있는 것으로 알려져 있다.

*** 파드마삼바바가 다나코샤 호수의 연꽃에서 태어난 시기는 정확하지는 않으나 전기에 의하면 기원전 5세기, 불멸(佛滅) 직후였던 것으로 나타난다. 생존 연대는 베일에 싸여 있으나 8세기 후반 밀교 과학의 최고 달인이었던 그가 티벳 국왕의 초청으로 티벳으로 가서 그곳에 최고의 정신문화를 뿌리내리게 한 후 티벳을 떠났다고 되어 있으니, 적어도 천 삼백년 이상을 산 셈이다. 그가 남긴 많은 글들은 동굴 속에 비장되어 있다가 인연법에 따라 하나씩 세상에 빛을 보이고 있다. 아미타불의 화현인 것으로 알려진 그의 탄생에 관해서는 붓다가 입멸(入滅)시 제자들에게 이미 말한 것으로 나와 있다.

**** 『금강삼매경론(金剛三昧經論)』의 본각이품(本覺利品)의 장을 보면 무주보살(無住菩薩)이 나온다. 무주보살은 본각(本覺)에 달하여 본래 기동함이 없지만 그렇다고 적정(寂靜)에 머무르지 않고 항상 두루 교화하는 일을 하기 때문에, 그 덕(德)에 의해서 이름 붙이기를 무주(無住)라고 한다. 무주보살의 이러한 무주의 덕이야말로 일심의 본체에 계합하는 것이다.

꽃이 반개한 모양으로 산 속에는 감로수가 나오는 옥천玉泉이 샘솟고 있어 화엄십찰華嚴十刹의 하나인 옥천사를 지은 것으로 전해진다.

중국 산둥성 룽청시 적산 연화정.

그곳에는 세계인 장보고의 위적을 기리는 기념탑이 서 있다. 적산 법화원을 중심으로 한 이 일대는 9세기 동양 3국의 해상·무역·외교를 주도했던 장보고 대사의 해외 거점이다. 그 이름의 내력인즉, 사방이 연꽃 모양의 산으로 둘러싸여 있는데 그곳이 바로 연꽃의 중심부에 해당하기 때문이라고 했다. 도로가 나 있지 않았기 때문에 공사 및 관리상의 어려움 등을 이유로 중국에서 반대하기도 했지만, 결국 내 뜻대로 연화사 절터였던 연꽃의 중심부에 장보고기념탑이 건립되었다.

중국 베이징대학교.

내가 한때 객원교수로 머물던 곳이다. 학생과 외빈들의 숙소가 있는 작원勺園에서 서문西門으로 향하는 가까운 곳에 세 개의 연꽃호수가 있었다. 또한 베이징대학의 명물인 미명호未名湖 뒷편 경춘원鏡春園과 낭윤원朗潤園에도 서로 연결된 작은 호수들이 있었고, 그곳에 연꽃이 있었다. 그리고 서문 밖에 있는 위수원蔚秀園에도 연꽃호수가 있었다. 연꽃 호수는 직경이 50센티미터 정도인 진녹색의 연꽃잎으로 뒤덮여 물이 보이지 않았고, 초여름이 되면 한국 연꽃의 약 5배 정도 되는 분홍색 꽃이 솟구치듯 기다란 꽃대를 뻗으며 피었다. 맑고 고아한 연꽃의 자태를 바라보고 있노라면 내 마음은 한없이 평화로워졌다.

발해의 왕도王都 훈춘.

유엔측 대표, 중국 훈춘시 인민정부 시장, 러시아 핫산구 정부 행정장관 등과 내가 중국과 북한과 러시아의 3국 접경지역 약 2억 평 부지에 유엔세계평화센터 건립을 위한 4자 조인식을 갖고 두만강 하구 방천에서 기념비 제막식을 가진 곳이다.

> '문명의 독기로 죽어가고 있는 물질문명의 어두운 세상, 전 지구적으로 진행되고 있는 환경 파괴와 정신공황(精神恐慌)으로 인한 총체적 인간실존의 위기, 이는 바로 우주자연의 본질인 생명의 뿌리로부터 단절된 데서 비롯되었다. 생명경외 사상에 입각하여 우주자연-인간-문명이 조화를 이루는 상생의 삶을 구현하는 것이야말로 우리 인류가 지향해야 할 가치관이요 추구해야 할 삶의 형태가 아닌가!'

내가 지구촌의 시범 프로젝트로 평화센터 건립을 발의하게 된 배경이다. 훈춘의 경신과 방천은 바로 연꽃의 고향이다. 그러나 그때까지만 해도 이곳에 연꽃의 고향이 있는 줄은 모르고 있었다.

"청나라 때 장차 훈춘에서 왕이 날 것이라 하여 왕기王氣를 누르기 위해 돌에 글을 새겨 땅에 묻었다는 설도 있고 두만강에 던져 넣었다는 설도 있답니다."

훈춘시 인민정부 관계자가 말했다. 이미 수 년 전 나는 두만강 아흔아홉 굽이의 마지막 지점인 회룡봉에서 이제 그 시효가 다하여 기운이 꿈틀거리는 것을 보았다.

그러고 보니 묘적 큰스님의 당호 또한 하얀 연꽃을 의미하는 백련당이었다. 백련당이 내게 말했다.

"연꽃 도반道伴일세. 세상의 법을 지닌 후학後學, 맑고 밝고 강하여 세상의 길잡이가 되도록 하게나."

"유엔세계평화센터 건립은 다자간의 일로 여건이 성숙해야 되니 시간을 가지고 차근차근 단계적으로 해 나갑시다."

평화센터 건립을 위한 4자 조인식이 있은 뒤 훈춘시 인민정부 시장이 건립위에 한 말이다. 이러한 그의 발언은 대단한 추진력을 지녔음에도 조급하게 서두르지 않고 전체를 보는 안목과 대범성을 지녔다는 그의 평판을 확인시켜 주었다. 또한 그는 청렴결백한 사람이었다.

"기왕이면 내년 연꽃축제는 공동으로 개최합시다."

훈춘시 인민정부 관계자가 나를 보며 말했다. 덧붙여 그는 17세기에 정치적 · 종교적 갈등으로 인한 법난法難을 피해 한반도에서 많은 사람들이 이곳으로 이주해 왔다고 했다. 그의 말은 항상 단도직입적이라 담백한 맛이 있었다. 아까 방천쪽으로 차를 타고 올 때도 그랬다. 일행 중 한 사람이 그에게 마오쩌둥(毛澤東)에 관해서 어떻게 생각하느냐고 묻자 그는 서슴없이 대답했다.

"그 역시 공功과 과過가 있으나 사私가 없었다는 점이 지금까지도 높이 평가받는 이유라면 이유지요."

'대중으로부터 못 하나 실 한 도막도 취하지 않는다' 는 것이 마오쩌둥이 인민군에게 주지시킨 '3대 규율' 중 하나였다. "사가 없었다"는 것은 공과를 따지기 좋아하는 사람들에게 강한 인상을 남기기에 충분했다.

"좋습니다. 실무자들에게 검토를 시킵시다."

내 대답이었다.

이제 방천의 석양은 고아한 연꽃의 자태 속에서 말없는 열정을 토하며 초원의 빛과 꽃의 영광과 생명의 환희를 노래하고 있었다. 『장자莊子』「천도天道」편과 「천운天運」편에 나오는 '천악天樂', 즉 우주자연의 오묘한 조화로서의 하늘음악 바로 그것이었다. 천재지변으로 만물을 파괴하고 풍광우뢰風光雨雷로 만물을 생육하는 신묘한 우주의 조화기운이 전해오는 듯했다. '천악'은 '대음희성大音希聲', 즉 존재하지만 인간이 듣지 못하는 우주의 오묘한 조화경을 뜻한다.

'우아일여宇我一如, 즉 우주와 내가 하나 되는 경지에 들지 않고서야 어찌 진실로 하늘음악을 안다고 할 수 있을 것인가!'

내가 이런 생각에 잠겨 있는 동안 훈춘시 인민정부 관계자는 유엔세계평화센터 건립과 관련하여 주변의 입지 여건 및 지형적 특성 등에 대해 열심히 설명했다. 나는 잠시 바위에 걸터앉았다. 『송명신언행록宋明臣言行錄』에서의 말처럼, 참으로 인생은 문틈으로 백마白馬가 지나가는 것을 보는 것과 같아 한순간에 지나지 않는다는 생각이 들었다. 갑자기 과거·현재·미래의 벽이 해체되면서 시간의 필름이 자유롭게 돌아가기 시작했다. 안개꽃처럼 피어나는 시간의 잔해를 나는 무심히 바라보았다.

슬라비얀카에서 요트를 타고

4자 조인식과 기념비 제막식

1999년 4월 22일, 드디어 중국 훈춘시에서 유엔측 대표, 중국 훈춘시 인민정부 시장, 러시아 핫산구 정부 행정장관 등과 나는 유엔세계평화센터 건립 협의서 협정을 위한 4자 조인식을 가졌다. 1995년 10월 2자 조인식이 있은 지 3년 반 만의 쾌거였다. 이 자리에는 유엔측 대표단, 한국 대표단, 러시아 대표단, 지린성정부 두만강지구 개발판공실 주임, 옌벤 조선족자치주 인민정부 부주장, 중국 훈춘시 서기 등 300여 명이 참석했다.

면밀하고도 격조 있게 마련된 대회의장에는 4자 조인식을 알리는 대형 현수막이 정면에 걸렸다. 그 앞에 길게 놓인 회의용 테이블에는 왼쪽부터 중국기旗, 한국기, 유엔 기, 러시아 기가 놓이고 4자 대표가 앉았다. 이윽고 조인식이 선포되고 유엔측 대표, 러시아 핫산구 정부 행정장관, 중국 훈춘시 인민정부 시장이 차례로 연설했다. 이어 내가 유엔세계평화센터 건립위원장 자격으로 연설할 차례가 되었다. 연설에 앞서 우선 그동안의 경과보고를 해야 했다. 평화센터 건립은 유엔 창립 50주년 기념사업으로 내가 유엔측에 처음 발의했고, 그 후 관계자들이 바뀌면서 전체적인 내용을 파악하고 있는 사람이 없었기 때문이다. 그리하여 나는 두 차례 발언을 하게 되었다. 그날 회의가 영어와 중국어로만 진행되었기 때문에 나는 경과보고는 중국어로, 연설은 영어로 했다.

4자 대표의 연설이 이어지면서 회의장 분위기가 한껏 고조되었다. 4자 조인식을 적극 지지하는 유엔측과 몇 사람의 발언이 더 있은 뒤 그날 조인식의 하이라이트로 유엔세계평화센터 건립 협의서 4자 대표가 서명이 진행됐다. 그 협의서는 영·한·중·러의 4개 국어로 구성되었는데, 각 대표는 4벌의 협의서에 16차례씩 서명했다. 최종적으로 4자 대표에게 4개 국어로 된 협의서가 각각 주어졌다. 우레와 같은 박수소리와 함께 그날 조인식은 사실상 끝이 나고 참석자들의 기념촬영이 있은 뒤 곧 오찬으로 이어졌다. 오후에는 두만강 하구 방천에서 기념비 제막식이 있을 예정이어서 관계자들은 서두르는 모습이었다.

오후 한 시가 되자 많은 차량이 두만강 하구 쪽으로 향했다. 수 년 전만 해도 그 곳으로 가는 길은 비포장인 데다가 폭이 좁아 매우 힘들었다. 그후 도로 확장 및 포장공사가 진행되어 조금씩 나아졌는데, 기념비 제막식날은 14미터에 이르는 광폭의 도로공사가 거의 마무리 단계에 접어들어 노선도 단축되고 이동하기가 비교적 수월했다. 하구로 내려가면서 중 · 러 국경이 계속해서 이어졌다. 이윽고 차량 행렬이 중국과 러시아와 북한이 접해 있는 편평하고 넓은 공간에 멈추었다.

많은 차량이 동시에 움직이다보니 오후 세 시가 다 되어서야 정리가 되었다. 드디어 기념비 제막식이 선포되고 기념비에 씌워진 막이 벗겨지자 참석자들은 뜨거운 박수를 보냈다. 기념비는 유엔세계평화센터 건립 취지를 최대한 살리기 위해 가공하지 않은 거대한 화강암을 그대로 사용하고, 전면 흰 석판 위쪽 중앙에는 유엔 로고가 새겨졌으며, 그 아래에 4개 국어로 그곳이 유엔세계평화센터임을 나타냈다. 기념비 꼭대기에는 정교하게 조각된 우아한 자태의 비둘기가 참석자들의 눈길을 끌었다. 유엔측 대표의 간단한 축하 메시지가 있은 뒤 공식적인 기념촬영이 있었다. 취재차 4자 조인식에 참석했던 KBS 베이징 특파원은 잠시 후 내게 간단한 인터뷰를 요청했다.

기념비는 편평한 넓은 공간에서 좁다란 두만강 둑길로 나가는 바로 길목에 위치했다. 기념비가 서 있는 곳은 중국과 러시아의 국경이 맞닿아 있는데, 기념비가 곧 국경인 셈이었다. 두만강 바로 건너 북한이 보였다. 이미 여러 차례 와보았지만 늘 감회가 새로웠다. 방천防川이라는 이름이 말해주듯 중국땅은 기념비가 세워진 그곳에서 막혀 있었다. 앞으로 두만 강이 흐르고 있는 것이다. 두만강 둑길은 중국이 북한과 러시아의 양해 를 얻어 만들었다고 한다. 따라서 차를 타고 둑길을 지날 때 오른 쪽으로 손을 내밀면 북한땅이고, 왼쪽으로 손을 내밀면 러시아땅이다. 그 둑길 이 끝나면 북한과 러시아에 접경한 중국땅이 다시 이어진다.

저녁에는 성대한 만찬이 있었다. 협의서에 서명한 4자 대표가 차례로 나와 결의를 다지며 건배 제의를 했다. 만찬 분위기가 무르익자 이 일을 활성화시키기 위해 유엔 사무총장과 관계국 정상들의 휘호를 받자는 얘 기도 나왔다. 내 옆에 앉은 두만강지구 개발판공실 주임 또한 유엔세계 평화센터 건립에 적극 협력하겠다고 했다. 만찬 분위기는 차분하고도 진 지하게 진행되었다. 각 테이블마다 유엔세계평화센터 건립에 관한 얘기 가 꽃을 피웠고, 순조로운 진행을 염원하는 말들이 오갔다. 1999년 4월의 4자 조인식과 기념비 제막식은 내 마음속에 깊이 각인되었다.

빈관 객실로 돌아왔을 때, 몸은 몹시 지쳐 있었지만 정신은 더 맑아졌 다. "네 시작은 미약했으나 끝은 창대하리라"라는 성경 구절이 떠올랐 다. 그리고 지난 수 년간의 세월이 주마등처럼 눈앞을 스쳐 지나갔다.

1995년 유엔 창립 50주년을 기념해 당시 내한한 스페드 UNDP 총재와 버스톡 UNDP 동아시아 지역 대표에게 내가 유엔세계평화센터 건립을 처음 발의했을 때, 그들이 이를 적극 지지하고 유엔 명칭 사용에 동의함 으로써 이 일은 시작되었다. 물론 전체적인 구상에 대해서도 찬의를 표했지만, 특히 평화센터의 건립 지점에 대해 각별한 관심을 표시하며 무릎을 치기까지 했다.

3국이 접경하는 지리적 특수성 때문에 흔히 '황금의 삼각주'로 불리는 이 지대의 지정학적 중요성에 대해서는 더 이상 말할 필요조차 없을 것이다. 약 7천 킬로미터에 이르는 긴 국경선을 둘러싸고 일어난 중·소 국경분쟁만 보아도 그러하다. 1840년 아편전쟁에서 중국이 패하자 중국을 향한 유럽 열강의 침략 경쟁에 편승, 러시아도 중국에게 불평등조약을 강요했다. 그리하여 1858년 '아이훈 조약(愛琿條約)', 1860년 '베이징 조약(北京條約)', 1881년 '이리 조약(伊犁條約)' 등 청국과 러시아 간에 불평등조약이 체결되고, 그 결과 야기된 중·소 국경 분쟁은 이 지역의 첨예한 갈등관계를 단적으로 보여준다. 사실 1969년 3월 우수리강 전바오섬(珍寶島)에서의 무력 충돌 후 양국의 영토 분쟁은 더욱 고조되었다. 1999년 12월 중·러 정상회담에서 영토 관련 3개 조약이 비준됨으로써 30년에 걸친 양국 간 국경 분쟁이 일단 진정되는 듯이 보였다.

지금은 중국과 러시아의 영토로 귀속되어 있는 만주 지역 대부분과 연해주 일대가 고조선, 고구려, 발해로 이어지는 우리 민족의 주 활동무대였다. 발해가 멸망한 후로는 거란(遼), 금金, 원元, 명明, 청清 등이 명멸을 거듭했다. 우리나라와 청국 간의 오랜 계쟁係爭 문제였던 간도間島는 1909년 9월 청국과 일본 간의 간도협약에 의해 일제가 남만주철도 부설권, 무순撫順 탄광개발 등 4대 이권을 얻는 대가로 부당하게 청국에 넘어갔는데, 동 협약의 무효성이 제기된 바가 있다. 평화센터 건립지인 중국 훈춘의 회룡봉경구, 경신평원경구, 방천경구 일대는 바로 북간도에 속하는 지역이다. 한편 연해주는 1860년 청국과 러시아 간의 베이징 조약에 의해 러시아 영토로 병합되었으니, 러시아의 연해주 영유권은 그 역사가 겨우 148년에 불과하다. 유엔세계평화센터 건립지인 핫산(Khasan)은 연해주 남쪽에 위치해 있으며, 포시에트 항港, 자루비노 항, 슬라비얀카 항, 블라디보스토크 항 등 주요 항구들을 통해 접근할 수 있는 지점이다.

이렇듯 평화센터 건립지는 역사상 다양한 민족과 문화가 명멸을 거듭했던 곳으로, 지금은 중국과 북한과 러시아가 접경해 있는 사통팔달의 요지다. 사실 국경이라는 것은 지금까지의 역사가 말해 주듯 시대 상황의 변화에 따라 얼마든지 변경될 수 있다. 그런 점에서 접경지역의 국경 분쟁 가능성은 항상 잠재되어 있다. 동북아시대를 맞이하여 그 요지의 3국접경지역에 자연친화적인 평화센터를 건립하는 것이야말로 영토 분쟁의 잠재성을 불식시킴으로써 세계평화를 도모하는 동시에 문화 경제 교류 및 활성화에 기여하는 길이기도 하다. 또한 환경 회생이라는 측면에서도 중요한 가치와 의미를 지닌다. 이는 중국 동북 3성, 즉 랴오닝성遼寧省·지린성·헤이룽장성黑龍江省의 경우 방천에서 막혀버린 동해로의 출로를 여는 것이요, 극동러시아와 북한의 경제 활성화는 물론, 동북아 나아가 지구촌 차원의 문화 경제 교류에도 크게 기여함으로써 명실공히 세계의 중심이자 새로운 문명이 열릴 곳으로 내다본 것이다.

평소 이 일에 많은 관심을 가지고 있던 한 유엔 관계자가 내게 물었다. 그는 각 지역 유엔 주재 대표를 지냈던 사람으로, 폭넓은 식견과 함께 정신세계에 대해서도 많은 관심을 가지고 있었다.

"평화센터 건립 발의는 순수한 학문적 연구의 결과입니까? 아니면 정신세계에 들어가서 본 것입니까?"

"하늘이 밑그림을 다 그려놓았고, 그 위에 색칠을 하는 중이지요."

그러한 생각은 내 삶을 관통하는 일관된 것이었다. 삶이 주는 영적 교훈을 마음으로 새기며 내적 자아의 각성과 영적인 힘의 계발을 통해 영적 진화를 이룩하는 것이다. 큰 일이든 작은 일이든 그것의 진정한 의미는 영적 진화와의 관계에 있다. 중요한 것은 행위의 크기가 아니라 각자의 역할에 최선을 다하는 성실성과 순수성과 일관성인 것이다.

하늘이 밑그림을 그리고 그 위에 색칠을 하고 있다고 한 대답은 곧 자유의지와 필연의 조화를 의미하는 것이다. 자신이 해야 할 역할의 한계를 분명히 알아 결코 자만하지도, 소임을 방기하지도 않으면서 관조하는 자세로 열과 성을 다해 매진하는 것이다. 내가 비록 세상사에 개입하기를 좋아하지 않았다고 할지라도 내 자신이 해야 할 일들을 피해갈 수는 없었다. 나 역시 사회적 인간으로서 인류 사회가 지향해야 할 바에 대해 나름대로의 생각을 갖고 있었고, 그러한 생각을 구체화시킬 수 있는 계기가 주어졌던 것이다.

장보고기념탑 건립만 해도 그러했다. 장보고에 관한 이야기를 하며 한국인의 역사의식 부족에 대해 질타하는 중국 룽청시 부시장과의 만남이 없었다면, 장보고는 개인적 관심 내지는 연구 차원에 머물렀을 뿐 사적지 복원 차원으로 전개되지 못했을 것이다. 유엔세계평화센터 건립 또한 그러했다. 전체적인 구상뿐만 아니라 접경지역 국가들의 참여와 건립 부지 확보, 유엔의 참여 등은 단순히 이론적으로 풀 수 있는 문제가 아니었다. 당시 UNDP 총재와 동아시아 지역 대표와의 만남이 없었다면 평화센터 건립은 구상 차원에 머물렀을 것이다. 물론 접경지역 국가들의 참여와 건립부지 확보 등 다자간에 발생할 수 있는 모든 문제들은 전적으로 내가 부딪쳐야 할 사안이긴 했지만. 그 후로는 유엔 한국 주재 대표의 역할이 컸다. 4자 조인식이 있기까지 평화센터의 건립 취지에 크게 공감하여 적극적으로 일에 임했던 것이다. 조인식이 있은 다음 달 유네스코 UNESCO 사무총장으로부터 이 사업을 지지하는 서한이 접수되면서 일은 보다 활기를 띠게 되었다. 이렇듯 유엔측의 공감과 지지가 중요한 계기를 마련했음은 두말할 필요도 없다.

유엔세계평화센터 건립을 위한 4자 조인식이 있기까지 나는 직간접의 방법으로 다양한 채널을 통해 북한의 참여의사를 타진했다. 특히 중국측에서 여러 차례 북한을 내왕하며 동참의 필요성을 역설했다. 조인식을 얼마 앞두고는 유엔측 관계자가 평양을 방문하여 "조인식에 고위급을 보내겠다"는 말을 들었기 때문에 북한이 참여할 것이라는 기대를 갖기도 했다. 그러나 북한은 참석하지 않았다. 그렇다고 달라질 것은 없었다. 길게 보면 한반도는 어차피 하나이며, 당장 북한 땅에 무엇을 설치할 것도 아니었기 때문이다. 또한 문호가 개방되어 있으므로 북한은 원한다면 언제라도 참여할 수 있을 것이다. 유엔, 중국, 러시아, 평화센터 건립위가 참여한 4자 조인식으로도 일은 의연하게 시작되었다.

평화센터 건립을 추진하면서 나는 3국 접경지역에 감도는 냉전의 잔재를 실감할 수 있었다. 협의서를 4개 국어로 작성하는 과정에서 내가 자본주의 용어를 많이 사용했기 때문에 사회주의 체제에서는 받아들일 수 없다는 것이었다. 몇 군데 정도가 아니라 중요한 용어들 대부분을 사회주의식으로 바꾸라고 하니 참으로 난감한 일이었다. 문제는 바꾼다고 하더라도 본래 의미를 정확하게 살릴 수 있는 용어를 찾을 수가 없었다. 하기야 입장을 바꾸어 생각하면 그들의 주장이 이해가 되기도 했다. 그들이 자본주의 용어를 받아들일 수 없듯, 그들이 쓰는 사회주의 용어 또한 내게는 생소하고 적절하지 않게 여겨졌던 것이다. 수 차례 회의를 거듭한 끝에 절충안을 마련하여 용어를 수정하고 번역은 각자의 용어를 살리는 방식으로 처리했다. 기념비에 새기는 용어 또한 의견이 일치하지 않아 조인식을 앞두고 모든 것이 무위로 돌아갈 뻔하기도 했다.

여러 가지 생각을 하다 보니 새벽녘이 되어서야 잠자리에 들었다. 잠시 눈을 부쳤는가 싶더니 어느새 아침이었다. 한국 대표단은 모두 돌아갈 준비로 부산했다. 평화센터 건립을 구체적으로 진행시키기 위해 여름에 건립위측에서 실무조사단을 현지에 파견하기로 합의한 후 각 대표단과 작별인사를 나누고 우리 일행은 귀국길에 올랐다.

슬라비얀카에서 요트를 타고

그 해 여름 유엔세계평화센터 건립위는 사무국 실무조사단과 함께 다시 훈춘을 찾았다. 밤늦게 도착한 우리 일행은 이튿날 아침 두만강 하구로 내려가 건립부지의 지질 및 지형적 특성 등을 살펴보고 건립계획서 작성에 필요한 제반사항을 확인한 후 오후에 실무자회의를 가졌다. 다음날에는 중국 대표단과 함께 러시아로 들어가 3자회의를 갖기로 했다.

양측 대표단을 태운 차량 두 대가 훈춘에서 장령자를 거쳐 국경으로 향했다. 권하圈河가 중국에서 북한으로 가는 관문이라면, 장령자는 중국에서 러시아로 가는 관문이다. 이윽고 중국 세관에 이어 러시아 세관을 통과하니, 4자 조인식의 러시아측 서명자인 핫산구 행정장관이 관계자들과 함께 대표단을 기다리고 있었다. 조인식 후 3개월 만의 재회였다.

그는 반가운 표정으로 양측 대표단에게 인사말을 건넸다.

"먼 길 오시느라 수고 많으셨습니다. 러시아에 오신 것을 진심으로 환영합니다."

그는 러시아 특유의 포옹과 함께 일일이 악수를 건넸다. 넉넉하고도 여유 있는 그의 태도에 나도 한결 마음이 푸근해졌다. 훈춘과 핫산은 접경지역인 만큼 서로 가까울 수밖에 없다는 생각이 들었다. 언제부터 두 지역 간에 내왕이 잦아졌는가라는 내 물음에 관계자가 대답했다.

"훈춘과 핫산 간에 내왕이 잦아진 것은 1988년 5월 훈춘이 장령자 변경 통상구를 설립하여 핫산구와 변경무역을 하기로 결정하면서부터입니다. 최근 들어 두 지역간에 내왕이 부쩍 잦아져 이제는 이웃이라는 느낌이 든답니다."

근년에 들어서는 훈춘과 핫산, 나진·선봉의 관계자들이 변경지역 자유시장 개설 관계로 한 달에 한 번 정도씩 만난다고 했다. 이러한 움직임은 1991년 중국 장쩌민 국가주석 등 국가 영도들이 훈춘을 시찰하면서 중국·북한·러시아 3국이 개방하여 호리적互利的 원칙에 의해서 공동 개발하는 것을 환영하며, 다른 국가 및 지역의 투자 개발 참여도 환영한다는 내용의 일급 훈령과 그 맥을 같이했다.

얼마 후 러시아측의 안내로 대표단을 태운 차가 달리기 시작했다. 길

옆으로 자연 그대로의 원시림이 이어졌고, 열려진 창문을 통해 맑고 서늘한 공기가 들어오자 앉은 그 자리가 산림욕장이 되었다. 개발이 진행 중인 중국과는 달리 러시아 쪽은 자연생태환경이 그대로 보존되어 한층 더 목가적인 평화로움이 느껴졌다. 이윽고 마을이 나타났는데, 백인의 모습과 낯선 언어에서 이국땅임을 실감할 수 있었다. 한 시간 가량을 더 달려 슬라비얀카Slavianka에 있는 지방정부 청사 앞에서 차는 멈추었다.

러시아 관계자의 안내에 따라 차에서 내리니 낮게 깔렸던 안개는 어느새 비로 변하고 있었다. 해안가여서 안개가 끼는 날이 잦다고 했다. 청사 안으로 들어가니 중국측 관계자가 우리 일행에게 잠시 휴식을 취하라고 했다. 연해주 주도主都인 블라디보스토크에서 평화센터 건립 관계자들이 곧 도착한다는 것이었다.

얼마 후 블라디보스토크에서 관계자들이 도착하면서 한 줄로 길게 늘어진 테이블에 러시아, 중국, 유엔세계평화센터 건립위 대표단이 각각 자리를 잡았다. 그날 블라디보스토크에서 회의에 참석한 사람들은 평화센터 건립과 관련된 각 분야의 책임자들이었다. 먼저 핫산구 행정장관의 3자회의 개최에 대한 간단한 인사말과 함께 성공적인 평화센터 건립을 위한 건배 제의를 시작으로 그날 회의는 오찬을 곁들인 화기애애한 분위기 속에서 진행되었다.

중국 훈춘시 인민정부 시장은 러시아의 초청에 감사하다는 인사말과 함께 이번 사업에 대한 중국측의 결연한 의지를 재천명하고, 원대한 사업인 만큼 모두 인내심을 가지고 합심협력할 것을 강조했다.

특히 연해주 정부 환경보호위원회 위원장은 평화센터 건립이 자연생태 보존이라는 측면과 연계되어야 한다고 거듭 강조했다. 이는 개발 이데올로기의 맹종에 대한 위험성을 지적하는 것으로, 낙후된 지역에서 이러한 주장을 한다는 사실이 내게는 매우 신선하게 느껴졌다. 그 외에도 여러 사람의 발언이 있었는데, 그때마다 나머지 2개 국어로 통역하다 보니 시간이 많이 걸렸다. 끝으로 나는 그날 3자회의에서 논의된 내용을 평화센터 건립계획서 작성시 충분히 반영하겠다고 했다.

3자회의가 끝나고 우리 일행은 중국측 대표단, 블라디보스토크 관계자들과 함께 호텔로 안내되었다. 원래 회의 후에 핫산 일대를 둘러보기로 되어 있었는데, 비 때문에 길이 좋지 않았다. 호텔에 도착하니 벽에 걸린 시계가 오후 네 시 반을 지나고 있었다. 훈춘에서 맞춘 내 시계는 오후 한 시 반을 가리키고 있었다. 시차 때문이었다. 국경을 사이에 두고 두 지역의 시차가 세 시간이나 난다는 것이 불합리하게 느껴졌다.

짐을 풀고 한 시간 가량 휴식을 취했을까. 러시아 관계자가 밖으로 나와 대기하고 있는 차에 오르라고 했다. 중국측 관계자에게 어디로 가느냐고 물으니, 계획이 변경되어 슬라비얀카 항구로 가서 요트를 타고 두만강 해상관광구역을 시찰을 한다고 햇다. 그곳은 러시아측에서 중시하는 해상관광구역으로, 평화센터 역내에 포함되어 있었다. 러시아측의 특별한 배려라고 할 수 있었다. 항구는 그곳에서 그리 멀지 않았다. 항구에는 꽤 근사한 요트 한 대가 대기하고 있었다. 블라디보스토크에서 온 관계자 중 한 사람 소유라고 했다. 사람들은 그 정도의 요트를 소유할 정도면 거부巨富임에 틀림없다고 말했다.

요트는 슬라비얀카 해안을 떠나 신나게 달렸다. 얼마나 달렸을까. 깎아지른 듯한 기암괴석이 두만강 한켠을 병풍처럼 둘러싼 절경이 이어지면서 여기저기서 감탄사가 연발했다. 우리 일행은 계단을 따라 요트 맨 위층으로 올라갔다. 아직은 어둠이 내리지 않았기에 두만강의 절경을 만끽하기에 안성마춤이었다. 그곳에는 훈춘시 인민정부 시장과 핫산구 행정장관도 있었다. 이런저런 이야기를 하며 회포를 푸는 사이에 비바람이 몰아치기 시작했다. 모두 한 칸 아래층으로 이동하여 한담을 나누며 장엄하게 펼쳐지는 두만강의 절경에 심취했다.

그 바로 아래층에서는 두 사람이 낚시질을 하고 있었는데, 가끔씩 큰 고기를 잡기도 하여 구경하던 사람들이 환호성을 지르곤 했다. 이윽고 날이 어두워지고 요트에도 불이 켜졌다. 사람들은 아래층으로 내려가기 시작했다. 나는 마지막 순간까지 남아 물보라를 하염없이 바라보며 오랜만의 여유로움을 만끽하였다.

어둑해져 선명하지는 않았지만 야경도 나름대로 볼 만했다. 가끔씩 지나가는 다른 배들의 불빛이 두만강의 밤을 영롱하게 수놓고 있었다. 아슴푸레한 불빛을 바라보며 나는 우리의 삶을 밝게 해주는 빛, 죽음의 순간에 모든 사람이 만나게 된다는 투명한 빛, 명상에 들 때면 만나게 되는 그 투명한 빛에 대해 명상했다. 아무리 소경에게 설명한들 빛을 느끼게 할 수는 없는 법이다. 카르마(karna 業)로 인해 영적인 눈이 어두워지면 존재의 근원인 투명한 빛을 인식할 수 없게 된다. 말하자면 영적인 통찰력 없이는 투명한 빛의 본질에 대한 인식이 불가능하다. 모든 인간 존재는 영성 계발을 위해 이 지구학교에 와 있는 것이다. 그런데 하라는 공부는 하지 않고 우주가 시키지도 않은 짓만 하고 있으니……. 비바람이 난간으로 몰아치면서 한기가 느껴졌다.

아래층으로 내려가자, 만찬 준비가 거의 끝나 가고 있었다. 길게 늘어진 테이블 위에는 신선한 야채에서부터 생선, 육류에 이르기까지 다양한 음식이 차려져 있었다. 한쪽에는 보드카도 잔뜩 준비되어 있었다. 러시아의 여러 지역을 다녔지만 그렇게 다양한 음식은 나로서도 처음이었다.

이윽고 스무 명 남짓한 사람들이 자리에 앉았다. 먼저 그날 호스트인 요트의 주인이 일어나서 간단한 환영사와 함께 건배 제의를 했다. 그러자 만찬 분위기는 일시에 고조되었다. 평화센터 건립에서부터 개인 신상에 관한 이야기까지 화제는 다양했다. 하염없이 비가 내리는 두만강의 여름밤은 그렇게 요트 위에서 깊어갔고, 나는 마음속의 찌꺼기를 무심한 강물 위로 흘려 보내며, 4자 조인식의 회포를 풀었다.

어느새 요트는 선착장에 도착했다. 요트에서 내리자 숙소로 향하는 차가 대기하고 있었다. 모두 흥겨운 표정으로 슬라비얀카 항구에서의 여름밤을 아쉬워하며 호텔로 돌아갔다. 다음날 우리 일행은 중국측 대표단과 함께 러시아 관계자들과 작별인사를 나누고 다시 국경을 넘어 훈춘으로 돌아왔다. 러시아 세관 통과시 입국 때와 출국 때의 외화 신고 금액이 다르다 하여 다소 곤욕을 치렀지만, 중국측에서 잘 설명하여 무마되었다. 훈춘으로 돌아온 우리 일행은 옌지로 가서 귀국길에 올랐다.

수천 까마귀떼의 열병식

그 해 가을 유엔세계평화센터 건립위는 실무조사단과 함께 러시아 관계자들과 구체적인 사항을 협의하고 건립부지의 지질 및 지형적 특성 등을 조사하기 위해 블라디보스토크로 향했다. 김포 공항을 떠난 지 두 시간 만에 블라디보스토크 공항에 도착한 일행은 입국수속을 밟기 위해 길게 줄을 섰다. 처음 오는 공항이었지만 전혀 생소하지 않았다. 헤이그 만국평화회의에 밀사로 파견된 이준李儁 선생이 떠올랐기 때문이었다.

고종황제 광무 11년(1907) 4월에 이준 선생은 안창호安昌浩, 이갑李甲, 이종호李鍾浩의 전송을 받으며 배편으로 바로 이 블라디보스토크에 도착했다. 그는 북간도 화룡현 서전서숙에서 대기 중이던 이상설李相卨에게 전보를 띄웠다. 얼마 후 이상설이 합류하여 함께 수일간 대책을 숙의하고 이곳 동포들의 환송을 받으며 시베리아 철도편으로 러시아 수도로 향했다. 2만여 리里의 장정 끝에 5월 중하순경 노도露都에 도착하여 전前 주아공사관駐俄公使館 참서관 이위종李瑋鍾에게 고종황제의 어명을 전하고 밀사 친임장을 제시함으로써 세 밀사가 만국평화회의에 가게 된 것이다.

공항청사가 사람들로 붐비면서 약간 어수선해졌다. 작은 규모의 블라디보스토크 공항은 사람들로 붐비고 자본주의 냄새가 나는 것이 한·소 수교 이전 모스크바의 세레메티에보 공항청사와 대조적이었다.

블라디보스토크에 도착한 그날은 날씨가 좋았으나 이튿날이 되자 바람이 심하게 불고 비까지 조금 뿌리면서 기온이 뚝 떨어졌다. 10월 하순이니 그럴 만했다. 우리 일행은 그 해 여름 슬라비얀카에서 3자회의 시 만났던 연해주정부 환경보호위원회 위원장을 만나고자 했다. 그런데 그는 미국에 출장 중인지라 부위원장을 대신 만났다. 다음날 오전 나는 위원장 사무실에서 부위원장과 만나 평화센터 건립의 진행사항과 앞으로의 협력 사항에 대해 설명했다. 그는 내 설명에 깊은 관심을 표명하며 오후에 극동주립기술대학에서 다시 만나자고 했다.

오후에 그곳으로 가자 대학 관계자는 우리를 부총장실로 안내했다. 부총장은 부위원장으로부터 이야기를 들었다며 반갑게 우리를 맞이했다. 내가 평화센터 건립에 관한 설명을 부총장에게 하고 있는데 부위원장이 들어섰다. 잠시 후 부총장은 부위원장과 우리 일행을 총장실로 안내했다. 얼마 후 총장이 만면에 웃음을 띠며 들어섰다.

"우리 대학에 오신 것을 진심으로 환영합니다. 자, 앉으시지요."

그는 부위원장과 우리 일행에게 악수를 청하며 말했다. 얼른 보기에도 넉넉한 인품을 가진, 상대방에게 호감을 주는 사람이었다. 그는 우선 극동주립기술대학이 금년으로 개교 100주년이 되는 대학으로, 연해주에서 가장 전통 있는 명문대학임을 강조했다. 이야기가 진행되는 동안 몇 사람이 더 자리에 합류했는데, 그 대학 환경공학연구소 부소장도 있었다. 총장의 인사말이 끝나자 모두가 나를 바라보았다.

나는 평화센터 건립 발의에서부터 4자 조인식, 그 해 여름 슬라비얀카에서의 3자회의에 이르는 과정을 간략하게 설명했다. 통역이 제대로 되고 있는지는 알 수 없었으나, 총장과 환경공학연구소 부소장 등이 고개를 끄덕이는 것으로 보아 어느 정도는 전달된 모양이었다. 내 말이 끝나자 총장은 감동한 듯한 표정으로 말했다.

"경제 개념이 환경 개념에 의해 규제되는 환경 회생의 유엔세계평화센터 건립이라……. 듣고 보니 평화센터 건립은 참으로 원대한 사업임에 틀림없는 것 같습니다. 그 취지에 전적으로 공감하고 또한 지지합니다. 대학 내에 환경공학연구소도 있으니, 기꺼이 우리 대학이 유엔세계평화센터 건립을 위한 연해주 연락 지점 역할을 하겠습니다."

그리고 총장 자신도 동참 의사를 표명했다. 러시아에서는 평화센터 건립을 단순한 개발 개념이 아니라 환경 개념으로 접근하고 있음을 알 수 있었다. 환경공학연구소 부소장 또한 비상한 관심을 보였다. 첫 대면이었지만 의기투합하다 보니 우리 일행은 오랜 지기를 만난 것 같았다. 총장이 우리의 다음 일정에 대해 물었다.

"내일 슬라비얀카로 가서 크라스키노Kraskino를 거쳐 핫산 일대를 둘러볼 예정입니다."

그러자 총장은 도울 일이 있으면 돕겠다고 했다. 그리하여 러시아에서 머무르는 동안 차량을 그 대학에서 제공받기로 했다.

총장이 일어나더니 진열장에 있던 메달을 몇 개 가져와 우리 일행에게 주었다.

"극동주립기술대학 설립 100주년을 기념하는 메달입니다. 우리 대학에 오신 기념으로 드리겠습니다."

유엔세계평화센터 건립위측에서도 가져간 기념품을 답례로 전달하면서 대학측의 호의에 거듭 감사의 뜻을 표했다.

이튿날 우리 일행은 슬라비얀카로 떠날 채비를 마치고 차편을 기다렸다. 현지 가이드는 슬라비얀카로 가기 위해서는 차편과 배편이 모두 가능하며, 차로는 두 시간 정도 걸리고 배로는 한 시간 정도 걸린다고 했다. 우리 일행은 두 조로 나누어 한 조는 차를, 다른 한 조는 배를 이용하여 슬라비얀카 항구에서 만나기로 했다. 핫산까지 가기 위해서는 어차피 차량이 필요했기 때문에 나는 육로로 이동하기로 했다.

아침에 끼어 있던 안개는 슬라비얀카로 가는 도중 더 심해져 다소 위험하다는 생각이 들기도 했다. 심한 안개로 예정보다 삼십 분이 늦어져 두 시간 삼십 분 만에 슬라비얀카 항구에 도착했다. 그곳에는 다른 한 조가 이미 도착해 있었다.

슬라비얀카 항구에서 합류한 우리 일행은 핫산구 정부청사로 가서 간담회를 갖고, 핫산구 일대의 지질과 지형 특성 등을 조사하기 위해 관계자들과 그곳을 떠났다. 한 시간 가량을 달려 크라스키노에 이르고, 다시 남쪽을 향해 달렸다. 크라스키노에서 포시에트 만灣을 지나 접경지역으로 향하는 길은 안개비로 젖어 있었다. 길 양쪽으로 끝없이 펼쳐진 만추晚秋의 벌판, 그 광막한 땅에 태고의 침묵이 흐르고 시간은 멈춘 듯했다.

하늘을 보았다. 순간 아득하게 마주보이는 산 위의 하늘이 새까맣게 변하는가 싶더니 차츰 우리 일행이 타고 있는 차를 향해 이동해오기 시작했다. 점점 가까워지면서 형체가 분명하게 드러났다. 까마귀*떼였다. 수천 마리의 까마귀떼가 편대비행을 하듯이 차 앞을 날다가 놀랍게도 달리는 차 앞에 내려앉았다. 순식간에 일어난 일이었다.

차가 달려도 움직일 기미를 보이지 않았다. 가늘게 깃털이 떨리는 것이 보일 정도의 거리였다. 장엄하게 내려앉은 까마귀떼의 모습은 마치 절도와 기율이 있는 수천 병사의 열병식과도 같았다. 그들은 내게 이렇

---

* 고대 토템사상에서 까마귀는 태양의 수호신인 것으로 나타난다. 또한 어미새에게 먹이를 물어다주는 동물계에서 흔치 않은 효자새이며, 독특한 신진대사를 해 독도 해가 없이 소화하는 신비한 새로 알려져 있다. 고구려시대에 까마귀는 국조(國鳥)로서 숭앙의 대상이었다. 그리하여 고구려 벽화 속에 세발 가진 까마귀, 즉 삼족오(三足烏)로 자주 등장했다.

게 되뇌고 있었다. '그날'이 가까웠다고.

거세게 밀려오는 시간의 파도소리를 들으며 나는 마음속으로 이렇게 화답했다.

> 그대는 듣는가, 도라촌(道羅村)*에 새벽이 오는 소리를.
> 두만강 아흔아홉 굽이 회룡봉
> 태극으로 물이 휘감아 용틀임하는 그곳에
> 우주의 중심 자미원(紫微垣)을 수놓으리
> 핫산의 수천 까마귀떼 장엄한 열병식은
> 간방(艮方)의 새 세상 도라지(道羅地)를 예고했네

고대의 우리 민족은 까마귀를 '신'의 사자라 하여 매우 귀하게 여겼다. 한편 중국 신화에서는 까마귀를 '현조玄鳥'라 하여 북방을 지키는 새로 여겼다. 이는 오행사상에서 나온 것으로 북방을 검정색으로 나타내기 때문이다. 오행에서 북방은 수水이고, 이는 '탄생과 시작'을 의미한다. 따라서 수천 까마귀떼 열병식은 바로 동북 간방에서 도道가 펼쳐지는(羅) 새 세상(地), 즉 도라지꽃이 피어날 것임을 예고하는 것이었다.

달리는 차바퀴가 열병식을 하고 있는 까마귀 대열에 막 닿는 순간 비로소 까마귀는 바퀴 쪽에서부터 질서정연하게 비상하기 시작했다. 이윽고 아득한 허공 속에 하나의 점点이 되어 사라져갔다.

---

* 도라촌은 도(道)가 펼쳐지는(羅) 마을(村)이라는 뜻을 가진 조어로, 유엔세계평화센터를 지칭한다.

갈색 융단이 깔린 평원을 지나고 동해에 연해 있는 해안선을 따라 한 시간 반가량 달렸을까. 구릉지대가 나타나면서 중국 방천 망해각이 마주 보이는 지점에서 도로는 끝나 있었다. 멀리 국경을 가로질러 두만강은 도도히 동으로 흐르고, 그 위로 러시아에서 북한으로 건너가는 친선교親 善橋가 희미한 안개 속에 그림처럼 걸려 있었다. 중국에서 북한으로 건너 가는 권하교는 그곳에서는 보이지 않았다

지난 여름에도 우리 일행은 중국 훈춘에서 장령자를 거쳐 슬라비얀카 까지 들어갔지만, 핫산 서남쪽 러·중 접경지역까지 내려오기는 이번이 처음이었다. 도로변에서 그리 멀지 않은 곳에 민가들이 소규모 부락을 이루고 있었고, 구릉지대 바로 앞 공동묘지에 화사한 꽃다발이 즐비하게 놓여 있었다. 호수와 늪과 평원이 산재해 있는 그곳에서 자연과 하나 되 어 살아가는 풋풋한 삶의 모습은 방천 망해각에서 바라다보던 핫산의 전 경과 다른 느낌이었다. 그것은 화폭에 담겨진 그림이 아니라 생동감 있 는 삶의 현장이었다.

실무조사단은 건립부지의 지질과 지형적 특성 등을 조사하고 유엔세계 평화센터 건립계획서 작성에 필요한 제반 사항을 확인하기 위해 마을쪽 으로 내려갔다. 느껴질 듯 말 듯한 안개비가 내리고 있었다. 차가 멈추어 선 편평한 공간에서 나는 러시아와 중국과 북한쪽을 번갈아 바라보았다.

'대자연에 무슨 경계가 있으랴! 대자연에 인위적으로 경계선을 긋는 것은 지극히 부자연스러운 일이다. 오늘은 러시아니, 중국이니, 북한이 니 하지만, 내일은 또 어떤 이름으로 불려질지 누가 알겠는가. 지금은 3 국으로 나뉘어져 있지만, 한때는 이 일대가 고조선으로, 고구려로, 또 발

해로 불려지지 않았는가.

국가란 편의상 설정된 하나의 개념에 불과한 것. 그 어떠한 명분으로도 공존의 룰을 벗어나 존재할 수는 없다. 국가를 나무라고 한다면, 지구촌은 숲이다. 숲이 도륙되고서야 어찌 나무가 온존할 수 있겠는가. 마찬가지로 국익이라는 이름으로 강자가 약자를 핍박하거나 약탈한다면 결국 어떤 국가도 온존할 수 없게 된다. 오늘날 '세계화'에 대한 비정부기구(NGOs)의 연대적 반란은 바로 공존의 룰을 무시한 특정 국가 중심의 세계 질서에 대한 경종이자 국민국가의 패러다임에 대한 도전이라고 할 수 있을 것이다. 이제 인류의 집단의식은 탈정치화의 조류 속에서 국민국가의 경계를 넘어서고 있다. 다양한 시민사회를 의식하지 않은 국가 중심의 세계 질서가 과연 언제까지 지속될 수 있을까?

전 지구적 환경 파괴와 총체적 인간 실존의 위기는 바로 근대 산업사회의 가치관이 전 세계적으로 확산된 데서 비롯된 것이다. 말하자면 풍요의 허구 속에서 물질적 가치를 지상가치로 신봉하며, 공동체적 삶보다는 고립된 개별아 관념을 극대화시킴으로써 우주자연과 인간, 인간과 인간의 연대관계가 파괴된 데 기인한 것이다. 이제 우리는 인류 문명의 구조를 우주자연과 공명하는 형태로 재구성해야 할 시점에 와 있다. 배타적인 인위적 경계선이 아닌, 지역적 특성에 따른 자연적 경계선을 따라 자유롭게 오가며 상생의 삶을 구현하는 것이야말로 정녕 인류가 추구해야 할 삶의 형태가 아닌가!

내가 이런 생각을 하고 있는 동안, 마을에 내려간 실무조사단이 돌아왔다. 토지이용계획도를 작성하기 위해서는 각 지역의 지질 및 지형적 특성 등이 지구별 용도에 부합되는지 검토해야 하는데, 안개가 낀 데다가 길이 질퍽하기도 하여 만족할 만한 성과를 거두지 못했다고 했다. 하지만 마을 사람들과 이야기도 나누고 그들과 함께 몇 군데를 둘러본 것이 도움이 되었다고 했다. 또한 교육지구로 설정된 한 곳에 뱀이 많이 서식하기 때문에 계획을 조금 수정할 필요가 있다는 말을 덧붙였다. 아쉬웠지만 그곳을 떠날 수밖에 없었다. 내일이면 국경을 넘어 훈춘으로 들어가기로 되어 있었다.

차는 다시 크라스키노를 향해 달렸다. 한적한 거리에 있는 중국 빈관에 도착했을 때 날은 이미 어둑해져 있었다. 그곳에서 국경까지는 15분 정도가 걸린다고 했다.

국경의 밤

우리는 빈관으로 들어갔다. 안내를 받아 2층으로 올라가자 빈관 복무원이 어떤 방을 쓰겠느냐고 물었다. 샤워실이 있는 독방을 쓰겠다고 했더니 객실 하나를 열어주었다. 넓은 접견실이 딸린 큰 방이었다. 복무원은 독방이 하나뿐이라고 하면서 다른 일행들에게는 어떤 방을 쓰겠느냐고 물었다. 일행들이 숙박료에 대해 묻자, 내가 쓰는 독방이 제일 저렴하고 침대 수가 많을수록 비싸다고 했다. 방을 보여주는데 샤워실은 물론 화장실도 없고 침대만 빼곡하게 들어차 있었다. 어떤 방에는 침대가 열 개나 있었는데, 제일 비싸다고 했다. 이를테면 1인 1실보다 2인 1실이, 2인 1실보다 3인 1실이 더 비싸다는 것이었다. 처음에는 거꾸로 말하는 것이 아닌가 하는 생각도 들었지만, 복무원은 당연하다는 표정으로 진지하게 말하고 있었다. 상식을 뒤엎는 특이한 계산법에 웃음이 절로 나왔다.

객실에 묵고 있는 사람들은 대개 중국인들이었다. 주로 중국인 단체 여행객들이 많이 묵는 국경 근처의 빈관이고 보니, 좁은 공간을 효율적으로 사용하기 위해서 침대 수에 따른 계산법이 나온 것 같았다.

객실 안배가 끝난 후 나는 훈춘 관계자에게 전화를 해서 내일 훈춘으로 들어간다고 알렸다. 이제 남은 일은 내일 아침 러시아를 떠나는 것뿐이었다. 긴장이 풀리고 마음이 홀가분해졌다. 얼마 후 맞은편의 일행들 방에서 떠들썩한 소리가 나더니 내게 건너오라고 했다. 건너가 보니, 러시아에서의 마지막 밤을 위해 간단한 파티가 준비되어 있었다. 이런저런 얘기를 하던 중 일행 중 한 사람이 내게 말했다.

"아무래도 우리는 내일 여기서 하룻밤 더 묵어야 할 것 같습니다. 내일 다시 핫산으로 가서 미진했던 사항을 조사하고 모레 훈춘으로 들어가는 것이 좋을 듯합니다."

핫산에서의 조사가 미흡하여 못내 아쉬워하더니 결국 그렇게 결정한 것 같았다. 업무에 관한 이야기가 끝나고 다양한 이야기들이 꽃을 피웠다. 파티 분위기가 무르익을 때쯤 나는 슬그머니 방으로 돌아왔다.

자리에 누웠으나 잠이 오지 않았다. 몸은 지쳐 있었지만 정신은 더 맑아졌다. 블라디보스토크에서 슬라비얀카를 거쳐 크라스키노에서 포시에트 만을 지나 핫산 남쪽으로 달리면서 느꼈던 깊은 감회가 나를 사로잡고 있었기 때문인지도 모른다.

연해주沿海州.

그 이름을 부르면 묻어오는 아득한 그리움 같은 것이 있었다. 아마도 오랜 세월에 걸쳐 그곳에 새겨진 우리 민족의 발자국에서 묻어나오는 풋풋한 흙내음 때문이었는지도 모른다. 그 흙내음 속에 고스란히 간직된 우리 민족의 숨결, 그 요동치는 숨결을 온몸으로 느끼며 나는 깊은 감회에 젖어들었다.

시베리아 남동부 동해안에 위치한 연해주는 흑룡강·우수리 강·동해로 둘러싸여 있다. 고조선, 고구려, 발해로 이어지는 우리 민족의 주 활동무대였던 만주 지역 대부분과 연해주 일대. 발해가 멸망한 이후 거란·금·원·명이 차례로 명멸을 거듭했고, 1655년 러시아인들이 농경지를 찾기 위해 처음으로 연해주에 나타났다. 스테파노프의 지휘 하에 카자크 군인들은 청국 군대와 수 차례 충돌했고, 결국 스테파노프 부대는 괴멸되었다. 1689년 청국과 러시아 간에 네르친스크 조약이 체결된 후 러시아인들은 아무르 지역 인근에서 철수했다.

러시아와 한국의 직접적인 접촉은 러시아 탐험대가 연해주 남쪽 해안을 탐사하면서 이루어졌다. 1854년 푸타틴 탐험대가 한국에 도착해 두만강 하구와 포시에트 만에서 탐험을 진행했다. 당시는 영국, 미국, 프랑스가 극동지역에서 경쟁적으로 영토 확장 정책을 펴고 있던 시기였다. 서양 세력이 동아시아에 진출하여 식민지를 개척하는, 이른바 '서세동점西勢東漸'의 시기에 이러한 탐험은 그들에게 러시아 제국의 존재를 다시 한번 각인시키는 계기가 되었다. 그 해 푸타틴 탐험대는 영국이 선점하는 극동지역의 전략적 요지인 아무르 강 하류로 돌아와 있었다.

그러던 중 1860년 영국·프랑스 연합군이 베이징을 침입했고, 러시아가 조정에 나선 대가로 청국과 러시아 간의 '베이징 조약'에 의해 연해주는 완전히 그들 영토로 병합되었다. 그리하여 러시아는 그 남단에 블라디보스토크를 건설하고 극동지역 군사 · 무역의 근거지로 삼았는데, 1890년대에 아태 지역에서 러시아 제국의 전초기지가 되었다. 푸타틴 탐험대가 두만강 하구와 포시에트 만에 나타난 지 6년 만에 연해주는 러시아 영토가 된 것이다.

이후 조선과 국경을 접하게 된 러시아 연해주로 한인들의 이주가 시작되어, 1863년 핫산 지역 남쪽 등지에 최초의 한인촌들이 형성되었다. 1870년대에는 한인 이주민들 수가 총 8천4백여 명에 이르렀다고 한다. 연해주 이주의 배경은 굶주림과 조선 왕조 말기의 혼란이었다. 이는 1903년부터 1905년까지 총 7천226명의 한인들이 '하와이 드림'을 찾아 하와이로 간 것과 배경이 같았다. 다만 하와이 이민의 경우 대한제국이 '수민원綏民院'이란 기관을 설립하여 처음 추진한 공식 인력 송출이었던 까닭에 첫 이민으로 간주되었다. 이렇게 하여 생겨난 한인촌들은 연해주 발전에 촉매 역할을 했고, 특히 핫산 지역 남쪽에 커다란 영향을 미쳤다.

1884년 조선과 러시아 간에 수호통상조약이 체결되면서 한인 이주민들을 정리하려는 계획에 착수했으나 연해주로의 한인 대량 이주를 막을 수는 없었다. 러일전쟁 직후와 한일합방 이후 연해주로의 한인 이주는 더욱 증가했다. 20세기 초반 블라디보스토크, 하바로프스크, 우수리스크 등지에서는 조선의 독립 투쟁을 촉구하는 신문과 잡지는 말할 것도 없고, 많은 교과서와 문학작품이 한글로 출판되었다. 또한 수백 개에 이르는 초등학교, 사범대학, 기술대학, 야학, 도서관, 방송국 등이 운영됨으로써 명실공히 독립운동의 교육 문화 계몽의 중심지가 되었다. 1923년경에 연해주의 한인 이주민 수가 12만 명에 이르렀는데, 대부분 농업에 종사했다. 1920년대 후반 핫산 지역 북쪽 포시에트 구에 한인촌들이 형성되어 1929년에는 이 지역 인구의 85퍼센트가 한인들이었다고 한다.

한인들은 그들의 자치기관을 두었고, 공동체에서 대표를 선출하여 내부 업무를 관장하게 했으며, 사무기관에서는 한글을 사용했다. 1936년 소련과 일본 간의 직접적인 무력 충돌이 계기가 되어 연해주의 한인들은 1937년에 중앙아시아로 강제 이주를 당하는데, 1차로 연해주 국경지역에 살고 있던 한인들이, 2차로 내륙 및 해안 지방에 사는 한인들이 강제 이주되었다. 극동지역에서 중앙아시아로 강제 이주된 한인들은 총 12만 명에 이르렀다. 이후 연해주에는 소수의 한인들만 남게 되었다.

그러나 역사의 수레바퀴는 거기서 멈추지 않았다. 러시아에서 카레이스키(고려인)로 불리는 우리 한인들은 1990년대 이후 다시 연해주로 소리 없는 이동을 시작했다. 소련 붕괴 후에 중앙아시아 국가들의 신민족주의 정책에 밀리게 되자 미래의 불투명한 삶을 극복하고 자식들의 교육을 위해 연해주 이주를 단행한 것이다. 1993년 강제 이주된 한인들의 명예회복법이 러시아 최고회의에서 통과되면서 연해주로 귀환하는 고려인들이 점점 증가했다. 21세기 초까지 약 3만 5천여 명에 이르는 이주민들이 우수리스크를 중심으로 연해주 일대에서 정착을 시도하고 있다.

'이제 러시아 유랑 역사 136년, 강제 이주 62년을 맞는 이들에게 과연 더 이상의 시련은 없는 것일까?'

나는 연해주에 코리아타운이 건설되어 이들의 고달픈 유랑이 막을 내릴 수 있기를 마음속으로 간절히 염원했다.

연해주와 우리 한인들의 끈끈한 역사적 내력을 잘 알고 있었기에 남다른 감회에 젖어들었다. 특히 두만강 하구 핫산은 접경지역이라는 지리적 특수성으로 인해 우리와 보다 긴밀한 관계를 유지했던 것이 사실이다. 연해주 남쪽에 위치한 핫산은 '신이 연해주에 내린 선물'이라고 명명될 정도로 자연자원이 풍부하다. 이 지역의 중심에는 '삼나무숲'이라는 자연생태보호구역이 있어 동만주지역의 특징을 나타내는 동물계와 식물계가 잘 보존되고 있었다. 포시에트 만이 끝나는 두만강 하구 쪽에 러시아와 중국, 북한이 접경해 있는 핫산 지역은 예로부터 다양한 민족과 문화가 만나는 경계였다.

핫산 일대 크라스키노에서 발굴된 유적은 '해동성국海東盛國'이라고 일컬어진 발해가 찬란한 문화의 꽃을 피우며 장대한 정신의 한자락을 펼쳐보인 흔적을 말해주고 있다. 오늘날에도 한국의 속초항에서 자루비노 항으로 여객선이 들어오고, 다시 중국 훈춘을 거쳐 옌지, 백두산으로 이어지는 해류로가 열리면서 그러한 경계로서의 입지가 강화되고 있다.

그리고 보면 역사란 누구도 단언할 수 있는 것이 아니다. 아무리 일세를 풍미한 영웅이라도, 또 초강국이라 할지라도 도도한 역사의 물줄기를 되돌릴 수는 없는 법이다. 이제 우리는 두 눈을 부릅뜨고 저 인도의 시성 詩聖 타고르(Rabindranath Tagore)의 예지를 빌려서라도 그 도도한 역사의 물줄기를 읽을 수 있어야 한다. 타고르는 당시 우리나라가 일제의 암흑기에 처해 있었음에도 불구하고 찬연한 빛을 발하는 우리 민족의 과거와 미래를 이렇게 읊지 않았던가. "코리아는 아시아 황금시대에 그 빛을 밝힌 한 등불, 그 등불 다시 켜지는 날 동방은 찬연히 세계를 비치리"라고. 그가

"내 마음의 조국 코리아여, 깨어나소서!"라고 절규한 것은 바로 그 맑고 광대했던 역사의 진실을 되찾고 우리의 역사적 소명에 눈뜨지 않으면 안 된다는 것을 알려주고자 함이 아니었겠는가!

칠흙같이 캄캄한 국경의 밤. 그 밤 속으로 새벽이 오고 있었다. 어둠 속으로 희미하게 묻어오는 새벽이 오는 소리를 들으며 나는 잠이 들었다.

잠시 눈을 붙였는가 싶더니 어느새 아침이었다. 창 밖에는 눈발이 가볍게 날리고 있었다. 짐을 정리한 뒤 나는 빈관 복무원에게 물었다.

"국경으로 가는 버스가 예정대로 아침 아홉 시경에 도착합니까?"

"날씨가 좋지 않아 좀 늦어질 것 같습니다."

복무원의 대답이었다.

"얼마나 늦어지겠습니까?"

"두세 시간 정도면……."

복무원의 대답은 분명하지 않았다. 어림짐작인 것 같았다. 다시 한번 확인해 달라고 하자 복무원은 어딘가 전화를 하더니 말했다.

"알 수가 없다고 합니다. 기다려 보라고 합니다."

하는 수 없이 우리 일행은 아래층으로 내려와 밖이 잘 보이는 로비에 앉아 기다렸다. 문제는 국경을 통과하기 위해서는 반드시 그 버스를 타야 한다는 것이었다. 다른 차로는 국경 통과가 허용되지 않았기 때문에 그 버스를 놓치면 하루를 더 묵어야 했다.

시간은 계속 흘러 정오가 지났다. 더 이상 참을 수가 없어 나는 로비에서 짐을 끌어내 차가 다니는 도로변에 두었다. 아예 도로변에서 기다리기로 한 것이다. 바람이 차갑긴 했지만 눈이 그치고 햇볕이 비치기도 하여 그나마 다행이었다. 차가 보이기만 해도 수시로 손을 들었다.

오후 다섯 시. 멀리서 미니버스 한 대가 다가왔다. 두 손을 번쩍 들었다. 국경으로 가는 버스였다. 여덟 시간 동안 내 인내를 시험하던 버스가 드디어 온 것이다. 간신히 올라타서 사람들 사이를 비집고 안으로 들어갔다. 잠시 후 안내원이 국경 통과비로 1인당 260루블씩을 걷었다. 15분가량 달려 국경에 이르고, 다시 15분가량을 더 달려 러시아 국경초소에 이르렀다. 검문을 마치고 초소에서 10분가량 가니 러시아 세관이 나왔다. 시설 이용료 84루블을 내고, 통관 절차가 까다로워 시간이 꽤 지체되었다. 그곳에서 다시 10분가량을 가니 중국 세관이 나왔다. 통관 수속을 밟기 위해 이층으로 올라갔는데, 익숙한 얼굴이 눈에 띄었다. 훈춘시 인민정부 관계자였다. 그는 통관 수속을 빨리 마칠 수 있도록 도왔다. 이윽고 밖으로 나오니 마중 나온 관계자들이 악수를 청하며 반갑게 맞았다.

"환영합니다. 먼 길 오시느라 고생 많으셨지요?"

그들은 아침 일찍 마중을 나왔다가 늦어질 것이라고 해서 돌아가 있다가 다시 나온 지 두 시간가량 된다고 했다. 미안하기 그지없었다. 차에 오르고 보니 중국 시간으로 오후 네 시였다. 크라스키노에서 오후 다섯 시에 출발하여 중국 세관을 통과하기까지 약 두 시간이 걸렸는데, 시차가 세 시간이니 오히려 한 시간이 앞당겨진 것이다. 중국에서 러시아로 들어갈 때와는 반대로 왠지 시간을 번 것 같은 느낌이 들었다.

간방의 북소리

다음날 아침 훈춘시 인민정부 관계자들과 함께 러시아에서 들어오는 실무조사단을 마중 나갔다. 그들은 거의 예정시간에 도착했고, 핫산에서의 조사가 제대로 이루어졌다고 했다. 실무조사단은 의료지구로 설정된 그곳 지역의 진흙을 병에 채취해 올 정도로 열성적이었다. 회의를 하기 전에 먼저 현지조사를 하는 것이 좋을 것 같다는 훈춘시 비서장의 말에 따라 먼저 반령경구와 경신평원경구의 지질과 지형적 특성 및 인구분포도와 기후조건 등을 조사하기 위해 그곳으로 갔다. 반령경구, 회룡봉경구, 경신평원경구, 방천경구 등의 총인구 가운데 76.7%가 조선족이고 보니, 한국어가 대체로 잘 통했다. 실무조사단은 현지조사를 하면서 자료를 통해서 본 것과는 다소 차이가 있음을 알게 되었다. 이를테면 반령경구의 경우 지리적 위치로는 겨울에 눈이 많이 내릴 것 같은데 관계자와 마을 주민들의 이야기를 들어보면 눈이 거의 내리지 않는다고 했다. 이러한 사실은 토지이용계획도 작성에 중요한 참고사항이었다.

두만강 하구로 내려가는 도중 실무조사단은 간간이 차에서 내려 주변 지역을 조사했다. 두만강 나루터에서도 두만강 유람선로의 타당성에 대한 조사를 했다. 지역 내 주요 유람 노선 2개, 훈춘시 관광사에서 조직한 다국 관광 노선 2개가 있다고 했다. 또한 경신지구의 권하항구, 노룡산항구, 방천항구가 회복됨에 따라 다국 관광 유람선은 시장 잠재력이 크다고 했다. 그러나 모래사장에는 오랫동안 사용하지 않은 배가 방치되어 있었다. 장고봉張鼓峰이 바라다보이는 곳에서 차는 잠시 멈추었다.

관계자가 장고봉을 가리키며 이렇게 설명했다.

"1938년 여름 중국과 소련 국경의 장고봉에서 소련군과 일본군 사이에 충돌 사건이 있었습니다. '장고봉'이란 이름은 산봉우리가 장구같이 생긴 데서 유래한 것이랍니다."

다시 차는 달리기 시작했다. 얼마를 가다가 모래언덕이 있는 곳에서 멈추었다. 해양성 계절풍으로 인하여 오랜 세월에 걸쳐 옥천동에서 방천에 이르는 사이에 띄엄띄엄 형성된 모래언덕은 고도가 5~15미터이며, 길이가 제일 긴 것은 2.5㎞에 이른다고 했다. 모래언덕 위에는 마치 인공으로 조각하여 쌓은 듯한 거대한 모래 피라미드가 다섯 군데 있는데, 제일 높은 것은 20미터에 달하며, 풍력의 작용으로 매년 두만강 연안을 따라 평균 1~2미터씩 움직인다고 했다. 대자연의 위력을 새삼 느끼며, 이처럼 절묘한 사막 풍경을 찾아보기란 쉽지 않을 것이라고 생각했다.

모래언덕을 오르니 사하라 사막의 축소판이 펼쳐져 있었다. 불사신같이 작열하는 태양은 없었지만, 고즈넉한 사막을 걸으며 영겁의 허적虛寂에 대해 명상했다. 사막 저편으로 장고늪이 있었다. 장고늪에는 장고봉 사건 발생 시 가라앉았던 일본군 탱크가 아직도 그대로 있다고 했다. 훈춘시 관계자는 그곳에 '장고봉사건 전람관'을 만들어 늪에 가라앉아 있는 탱크와 그때 사용한 무기, 군용품이며 유관자료 일체를 전시하고, 당시의 실황을 영상자료로 만들어 비치할 계획이라고 했다. 수천 명이 희생된 격전지의 장고늪은 적막에 싸인 채 말이 없었다. 역사의 한 장은 그렇게 흘러갔던 것이다.

모래 언덕에서의 조사가 끝나자 차는 다시 방천 쪽으로 달렸다. 3국접경지역에 두만강을 끼고 늪지대, 구릉지대, 삼림지대, 평원지대에다가 모래언덕까지 있는 평화센터 부지를 둘러보며 그곳이 러시아의 핫산과 마찬가지로 지구촌의 미래 청사진을 제시할 지형적인 조건을 구비하고 있다는 생각이 새삼 들었다. 평화센터 건립은 '최대 보전 최소 개발' 개념으로 이루어져야 함을 다시 한번 확인한 셈이었다. 얼마 후 편평하게 넓은 공간에서 차가 멈추었다. 그곳에는 지난 4월 제막식을 가진 기념비가 정갈하게 보존되어 있었다. 앉아서 쉴 수 있는 나무의자도 마련되어 있었다.

평화센터 건립의 주요 항목 중 하나로 대규모 옥외집회를 위한 장소인 '평화의 광장' 위치 선정을 둘러싸고 건립위측과 훈춘시 관계자간에 많은 이야기가 오갔다. 두만강 둑길로 나가는 길목인 편평한 공간이 적지라는 데는 생각이 일치했지만, 지구촌 차원의 행사를 하기에는 협소했다. 한쪽은 두만강이, 다른 한쪽은 러시아 국경이 가로막고 있는 것이다. 그렇다고 방법이 영 없는 것은 아니었다. '평화의 광장'을 중국땅과 러시아 땅에 걸쳐 설치하여 평시에는 국경을 유지하고 행사시에는 국경을 여는 방법이 있었다. 그러나 그것은 내 생각에 불과할 뿐, 시기가 무르익어야 했다. 일단 다른 곳을 찾아보기로 했다.

차는 두만강 둑길을 지나서 러시아와 북한과 접경한 중국 땅이 다시 이어지면서 방천 망해각望海閣을 향해 달렸다. 단단하게 다져진 흙길은 편안하고도 운치가 있었다. 수려한 삼림 속을 질주하면서 문명이라는 이름으로 잃어버린 자연을 그곳에서 다시 찾은 느낌이었다. 이윽고 차는 망해각에 이르렀다.

망해각.

이름 그대로 바다(東海)가 바라다보이는 누각이다. 망해각에 오르면 중국, 북한, 러시아의 변경 풍경이 한눈에 들어온다. '일안망삼국一眼望三國'이란 말이 바로 여기에 적용된다. 높다란 누각 같은 전망대에 오르면 왼쪽 벽에는 '아라사俄羅斯', 오른쪽 벽에는 '조선朝鮮'이라고 씌어 있다. 말하자면 왼쪽으로는 러시아 변경이, 오른쪽으로는 북한 변경이 펼쳐져 있는 것이다. 동해가 바라다보이는 정면 벽에는 이전에 '일본해日本海'라고 씌어 있었으나 언젠가부터 지워진 흔적만 있을 뿐이었다. 그로부터 수년 후에는 다시 '일본해'라고 쓰인 판이 단단하게 고정되어 있었다. 전망대에 서니, 정면으로 멀리 동해가 바라다보였다.

나는 보았다. 황해경제권시대의 도래와 더불어 환동해경제권시대의 도래로 바다가 열리고, 동북아의 빛나는 황금시대가 열리고, 아태시대가 열리는 것을! 망해각에서 바라다본 러시아 핫산은 싱그러움이 넘쳤고, 한촌閑村의 잔잔한 평화로움을 느낄 수 있었다. 망해각 부근으로 중·러 국경이 지나가고 있었다. 오른쪽 전망대에 서니 두만강이 흐르고 북한땅 부포리가 지척지간에 있었다. 사실상 망해각은 중국 땅이 끝나는 곳으로 3국이 접경하는 마지막 지점이었다. 그 아래로는 두만강을 끼고 북한과 러시아가 동해까지 접경해 있었다. 동해가 한눈에 펼쳐진 그곳은 가히 동북아, 아니 세계의 중심이 될 만한 곳이라는 생각이 들었다. 한낮임에도 국경마을에는 정적이 흘렀다.

얼마 후 차는 다시 이동해 국경초소가 있는 곳으로 내려갔다. 일반인들은 출입이 금지된 구역이지만 훈춘시 인민정부의 배려로 출입이 가능했다. 훈춘시 관계자의 안내를 받아 초소로 들어가 계단을 오르니, 안이 다 들여다보이는 나즈막한 문이 하나 있고 그 안에 작은 규모의 중·러 국계비가 서 있었다. 얼핏 보기에는 일반 비석과 다를 바가 없었다.

이전에 국경초소에 왔을 때 동행한 한 관계자는 이렇게 말했다.

"전해오는 이야기입니다만, 당시 청조의 명을 받은 관계자가 이 국계비를 변경으로 이동해오던 중 몹시 목이 마르고 지치기도 하여 일행이 함께 술을 마시며 쉬다가 목적지가 아닌 곳에 그냥 내려놓았다고 합니다. 그곳이 바로 현재 국계비가 서 있는 곳이지요. 당시는 서양 세력이 밀려들어온 데다가 국내 정치까지 혼란하여 베이징에서 변경까지 신경 쓸 상황이 아니다 보니 그런 일이 있었을 수도 있겠다는 생각이 듭니다."

1860년 청국과 러시아 간의 '베이징 조약'에 의해 연해주가 러시아 영토로 병합되면서 당시 청조는 중·러 국계비 설치의 필요성을 느꼈을 것이다. 잠시 후 다른 관계자가 말했다.

"그런데 어느 날 소동이 일어났어요. 갑자기 국계비가 사라진 것입니다. 초소를 지키는 병사들이 혼비백산하여 그 일대를 뒤지던 중 지금 이곳에서 찾았지요. 원래는 러시아 저쪽 안으로 국계비가 있었으나 중국이 방심한 틈을 타서 러시아 병사들이 몰래 이쪽으로 옮겨 놓은 것입니다. 풀밭이다 보니 쉽게 알아차리지 못한 겁니다. 정밀하게 경계 설정을 했던 것도 아니고, 정확하게 언제 발생했는지도 모르는 일을 문제 삼기란 당시의 정황으로는 무리였어요. 게다가 그것을 문제 삼자면 관계자들의 직무유기에 따른 문책이 따르게 되므로 함구무언하게 되었다고 합니다."

당시 청조의 기강이 얼마나 해이했는가를 보여주는 단면이었다. 그곳을 떠나기 전 일행들은 국계비 옆에서 기념사진을 촬영하려 했다. 그러나 국계비 바로 옆에서는 허용되지 않아 국계비가 보이는 문 앞에서 촬영을 마쳤다.

오후에 건립위측과 중국측 간에 회의가 열렸다. 중국측에서는 시장, 서기, 비서장 외에 각 부서 실무자들이 참석했다. 우선 시장은 회의를 개최하게 된 배경을 설명하고 평화센터 건립의 진행 방식과 앞으로의 협력 사항에 대해 간단하게 언급했다. 특히 그는 유엔세계평화센터 건립이 졸속으로 행해져서는 안 되며, 적어도 당면 10년, 전체 20년 단위로 거시적 차원에서 이루어져야 한다고 강조했다. 다음으로 건립위측에서 작성 중인 건립계획서에 대해 내가 전체 설명을 한 뒤, 실무조사단에서 세부 발언이 있었다.

곧이어 평화센터 건립과 관련, 건립계획서 작성시 참고가 될 만한 그 지역의 상황에 대해 중국측 실무자들의 설명이 있었다. 39.1km에 이르는 훈춘과 권하 사이의 도로가 머지않아 완공될 것이라는 것과, 평화센터 건립은 당면효과성과 함께 생태 보호가 우선되어야 하며, 교통, 수도, 전기 등을 고려해야 할 것이라고 했다. 또한 군사보호구역은 협의사항이며, 영토 개념과 국제 개발 개념이 조화를 이루어야 하고, 간이비행장 설치의 필요성에 대해서도 언급했다. 평화센터 건립은 기존의 기반시설이 이용 가능한 곳을 최대한 활용하는 것이 바람직하며, 관광업은 내용이 풍부해야 하므로 따로 연구 개발이 필요하고, 방천에는 바람에 날리는 모래를 막기 위해 방사림防沙林을 설치할 필요가 있다고 했다.

끝으로 시장은 평화센터 건립 구상이 근본적으로 일치하는 만큼 세부적인 사항은 상호 협의해 나가면 될 것이라면서, 금년 말이나 내년 초 건립계획서를 발간하기 전에 3자가 만나 한 번 더 연토회硏討會를 개최하자고 제안했다. 이에 건립위측은 전적으로 찬의를 표했고, 준비되는 대로 다시 만나기로 합의한 후 옌지, 베이징을 거쳐 귀국길에 올랐다. 베이징은 마침 그날 신공항청사가 첫 개항하는 날이었다.

최대 보전 최소 개발

그 해 겨울 건립위측은 사무국 실무조사단과 함께 다시 훈춘을 찾았다. 중국측과 합의한 대로 건립계획서를 발간하기에 앞서 중국, 러시아와 함께 3자 연토회를 갖기 위해서였다. 연토회가 개최될 회의장은 아침 일찍부터 관계자들이 현수막을 달고 그날 회의에 필요한 설비며 자료 등을 점검하느라 부산했다. 세 나라 국기가 테이블에 놓여 있었다. 건립위측의 요청에 따라 OHP(overhead projector)도 비치되었다.

이윽고 연토회가 시작되었다. 먼저 훈춘 시장의 힘찬 개회사가 있었다. 그는 평화센터 건립에 대한 훈춘의 입장을 논리정연하게 설명한 후 그날 연토회의 의의 및 성격에 대해 언급하면서 참석자들의 적극적인 질의와 토론을 주문했다. 순서는 건립위측에서 그동안 작성해 온 건립계획서 내용을 발표하는 것부터 시작되었다. 우선 평화센터 건립위원장으로서 내가 전체적인 내용을 발표한 후 사무국 실무조사단에서 기술적인 세부 사항들을 설명하기로 했다.

내가 입을 열었다. 간단한 인사에 이어 본론으로 들어갔다.

"유엔세계평화센터 건립의 기본 개념부터 말씀드리겠습니다. 잘 아시다시피 두만강지역개발계획(TRADP)이라는 이름으로 시작된 동북아지역 경제 활성화와 통합의 추진은 최초의 훈춘-나진·선봉-포시에트에 연하는 소삼각지역에 대한 개발에서 시작하여 현재 옌지-청진-나홋카에 연하는 대삼각지역 개발로 확장되고 있는 추세에도 불구하고 다자간 경제 협력체의 형성과 공동 개발 추진이 지지부진한 상황 하에 있습니다.

이러한 때 평화센터 건립은 TRADP와 연계하여 '최대 보전 최소 개발(97% 보전, 3% 개발)로 동북아 경제 발전의 새로운 패러다임을 제시하게 될 것이며, 동북아 환경문화경제 협력체의 형성과 도로·항만·통신 등 사회간접자본의 확충으로 각국 간 경제문화 교류를 촉진함으로써 동북아 문화경제의 중심, 나아가 세계 문화경제의 중심으로서 지역 통합과 세계 평화의 기반 조성에 기여할 것입니다. 평화센터를 건립하고자 하는 이 지역이 UNDP에서 주도하고 있는 '지속적인 인간 중심의 개발계획' 추진 구역인 만큼 유엔 관련 기관과 유관 국제기구 및 환경관련 기업체와 단체, NGO와 민간부문이 참여하여 자연과 인간과 문명이 조화를 이루는 인류공영의 시범구역을 설치하려는 것입니다.

평화센터는 인류가 회복해야 할 환경친화적이고 생태효율적 생활을 직접 체득할 수 있는 곳으로 농사를 짓되 토지 형질을 바꾸지 않으며, 사냥을 하되 남획은 삼가는 방식 등으로 자연과 조화를 이루면서 삶의 높은 질을 유지하는 시범구역이 될 것입니다. 또한 경제와 환경을 동시에 살리기 위한 「저底환경비용, 고高생산효율」의 사회체제를 구축하게 될 것입니다. 에너지 절약 주택단지, 수자원 절약 주거지구, 절약형 전구 사용 등이 실례로, 효율성이 높은 공장이나 주택이 건설되면 자연자원의 소모가 줄어 생산성을 높일 수 있는 동시에 환경 비용 지출도 최소화될 것입니다. 한마디로 '생물학적 다양성'과 '지구환경'이 존중되는 세계의 청사진을 바로 평화센터가 보여주고자 하는 것입니다.

평화센터는 크게 네 구역으로 구분되며, 단계적으로 건립해 나갈 것입니다. 즉, 문화정신적 중심 구역인 자미원지구, 활동 중심 구역인 업무지구, 관광생활산업 중심 구역인 경신지구, 그리고 준㈜ 유엔세계평화센터지구로 구분됩니다. 건립은 크게 시설물을 설치하는 유형적 건립과 행사 위주의 무형적 건립으로 구분될 수 있습니다. 세계평화를 위한 한울림 북 축제(World Peace 'Hanullim' Drum Festival)나 세계현자회의(World Wise People's Conference) 등은 후자에 속하는 것입니다. 유형적 건립에 대해서는 배포한 자료를 참고하시기 바랍니다. 다양한 민족과 국가가 명멸했던 곳인 만큼 각종 문화적인 콘텐츠를 개발하는 것도 21세기 환경문화시대를 선도하는 방안이라 할 수 있을 것입니다."

이어 국가간 협력 과제에 대해 설명하고 이들의 세부 내용에 대해 단계적으로 많은 연구와 검토가 필요하다는 말을 덧붙였다.

"다음으로 평화센터 건립 계획에 대해 말씀드리겠습니다.

우선 기본 구상부터 말씀드리면, 다음의 일곱 가지 내용을 개발 주안점으로 삼고 있습니다. 세계평화 및 분쟁 해소에 기여, 저공해·환경친화적 개발, 에너지 절약 모델 제시, 생태관광을 통한 관광 개발 계획 수립, 지역 경제 발전 유도, 지속가능한 개발 계획, 저밀도 개발 등이 그것입니다. 이러한 주안점을 반영한 미래지향적 평화센터를 건립하여, 이곳상주자는 물론 방문자에게도 대도시 중심의 현대 도시 생활이 아닌 평화롭고 자연친화적인 공동체 생활을 체험할 수 있게 할 것입니다. '평화'라는 테마를 가진 커다란 하나의 테마 공원으로 계획함으로써, 이곳을 경유하는 사람들이 단순한 관광에 머무르지 않고 상생의 삶에 대한 느낌을 가지도록 할 것입니다.

경계 설정에 대해 말씀드리면, 유엔세계평화센터는 유엔세계평화센터와 준 유엔세계평화센터 구역으로 나눠집니다. 준 유엔세계평화센터는 훈춘, 포시에트항, 자루비노항, 나진·선봉항 등으로 구성되는데, TRADP의 소삼각지대와 동일하며 정확한 경계가 필요치 않습니다. 이 구역은 평화센터가 완료될 때까지 배후도시의 기능과 사회간접시설(SOC)의 제공 역할을 하게 될 것입니다. 평화센터 건립이 완성되면 동북아지역의 경제 안보 중심지로서 뿐만 아니라 세계의 환경문화 중심지로서의 역할을 하게 되므로 상호보완적인 기능 관계에 있다고 볼 수 있을 것입니다. 그러나 평화센터는 효율적인 개발과 고유한 기능을 위해 각국으로부터 반 독립적인 형태를 유지하여야 할 것입니다. 따라서 두만강 하구 지역 중 특정 지역이 포함되는가의 여부가 개발 후에는 다소의 차이를 보이게 되므로 정확한 경계설정이 필요합니다."

이어 평화센터의 경계를 설정하기 위해 고려한 몇 가지 사항을 덧붙여 설명했다. 평화센터는 두만강 하구 지역 중 바다와 근접한 관계로 전체적으로 해발고도 50미터 이하의 지역이 80퍼센트 이상이며, 호수와 습지가 잘 발달되어 있다. 평화센터 구역 내 중국 영토는 북측에 위치한다. 이 지역은 지린성 동부의 반령산맥의 끝 부분에 위치한 해발 700미터 이하의 저산지대이다. 이 저산지대 바로 남쪽에 경신지역이 위치하여 평화센터 구역 내 가장 넓은 평원을 구성한다. 경신평원 남방으로 중러 국경지역은 다시 해발 500미터 미만의 구릉성 지형이 발달했고, 두만강을 따라 내려가 3국 접경이 있는 방천지역까지가 중국의 영토이다. 지도상에서의 평면적 형태가 태극 모양인 회룡에서 3국 접경이 있는 방천까지는 경관이 아름답고 수려하다.

평화센터 내 동쪽을 구성하고 있는 러시아 영토는 핫산지역으로 대부분 습지와 낮은 구릉지로 구성된다. 동해변의 핫산 지역은 러시아가 자연보호구역으로 지정했다. 이 지역 내륙은 표범, 뱀과 같은 동물의 중요 서식지이며 수림보호구역이기도 하다. 또한 넓은 습지를 보유하고 철새 도래지로서도 매우 중요하며, 평화센터 개발 후에도 지속적인 관심과 보호가 필요한 지역이다.

평화센터 내 서쪽에 위치한 북한 영토의 북쪽은 구릉성 지형, 남쪽 해안변은 저지대로 구성된다. 이 지역은 러시아의 핫산 지역과 다르게 강 하구에 습지대가 발달하지 않았기 때문에 저지대를 경작지로 이용하고 있다. 설정 지역 내 기존 기반시설로는 철도와 도로가 있다. 중국에서 북한으로 가는 '권하교'는 1936년 일본이 이 지역을 강점했을 때 건설한 이후 개수되었다. 지역 내 교량으로는 중국과 북한을 연결하는 차량용 '원정교'와 러시아와 북한을 연결하는 철도용 '친선교'가 있다.

"끝으로 건립 계획에 대해 말씀드리겠습니다.

우선 개발지구의 설정에 있어, 평화센터의 지속적이고 안정된 발전을 위해서는 효율적으로 개별지구를 설정해야 합니다. 따라서 전체적으로 균형을 이룬 개발, 저밀도 중심의 개발, 통합된 대단위 개발보다는 분산된 소규모 개발, 각 지역의 지형적 · 환경적 특성을 살린 개발이 이루어지도록 했습니다. 각 개별지구의 종류와 특성에 대해서는 배포한 자료를 참고하시기 바랍니다.

평화센터 계획 집행을 위한 최소한의 지역을 제외하고는 보전구역으로 지정하여 자연생태공원으로 보호할 것입니다. 이 외에 기존 경작지를 중심으로 자연유기농 방식으로 기존 작물들을 재배해 나갈 것입니다. 평화센터 내에 설치해야 할 기반시설은 도로 · 공항 · 나루터 · 가스 저장소 · 상수도 · 종말처리시설 · 쓰레기 처리장 · 변전시설 · 교량 등이며, 기존 시설을 효율적으로 이용하고 신설은 최소화하는 것을 원칙으로 삼을 것입니다."

회의장 분위기는 점점 고조되었다. 잠시 후 마지막 설명으로 토지이용계획에 대해 언급했다.

"끝으로 한 가지 첨언을 드린다면, 제가 지금까지 말씀드린 평화센터 건립 계획은 최종 확정된 것이 아니고 보다 체계적인 사업의 시작을 알리는 데 의미가 있다 하겠습니다. 참여의 문은 전 세계에 널리, 항상 열려 있습니다. 보다 좋은 제안은 수렴하고, 지속적인 검토를 통하여 수정 · 보완할 것입니다. 상생의 바다로 출항하는 방주方舟에 여러분의 동승을 기대합니다."

내 발표가 끝나고, 곧이어 사무국 실무조사단에서 OHP를 이용하여 토지이용계획도 등을 보여주며 기술적인 세부 사항을 설명했다. 설명이 끝나자 훈춘시 서기는 전적으로 찬의를 표하며 이렇게 말했다.

"평화센터 건립은 분명 세계의 경제 발전 추세와도 일치합니다. 말하자면 안전과 이익과 주권이 고려된 세계적 공동체입니다. 원대한 사업인 만큼 권위 있는 조직과 기구를 활용하여 체계적으로 준비해야 할 것입니다."

이어 지린성 개발판공실 실무책임자는 이렇게 말했다.

"평화센터 건립은 중국·북한·러시아의 자체 개발계획, 유엔개발계획 등과도 조화를 이루어야 한다고 봅니다. 권위 있는 정부기관들의 노력이 결집되어야 하고, 3국의 제도가 상이하므로 단계적으로 추진해야 할 것입니다."

덧붙여 그는 간이비행장이 아닌 정식비행장을 건설해야 할 것이라고 했다. 한편 연변 건설국 부국장은 평화센터의 운영과 관련하여 수입을 창출하는 생업이 있어야 하고, 센터 내에서 사용하는 단위는 유엔 기준에 따르는 것이 바람직하며, 도로계획도가 나와야 할 것이라고 했다. 또한 그는 경신지구의 흙이 광물질을 함유하고 있어 피부병 치료에 좋다는 이야기도 했다.

옌볜대학에서도 서기 등이 참석하여 평화센터 건립이 적실성이 있다는 지지 발언을 했다. 자연생태보호에 역점을 둔 옌볜대학측의 발언에 러시아측에서도 공감했다. 러시아 핫산 지역의 중심에 자연생태보호구역이 있는 만큼 경신구의 자연생태적 우세점은 핫산의 우세점과 통하는 바가 있었다. 이 밖에도 여러 사람들의 발언이 있었는데, 대체로 내 발표 내용의 범주를 크게 벗어나지 않았다. 나는 이들의 발언 내용을 일일이 메모한 뒤 종합해서 답변했다. 그날 연토회의 열기는 성공적인 평화센터 건립을 위한 4자 조인식 만찬장에서의 결의를 재확인시켜 주었다.

그렇게 연토회는 끝이 나고 오후에 현지 조사를 위해 훈춘 시장 등과 건립위, 실무조사단은 두만강 하구로 향했다. 차 속에서 나는 혼잣말처럼 말했다.

"평화센터 건립은 하는 것이 아니고 되는 것이야."

간방의 북소리

차는 계속 두만강 하구를 향해 달렸다. 차창 밖 풍경이 내게는 더 이상 낯설지 않았다. 벌써 십여 차례나 방문이 이루어졌기 때문이다.

내가 "평화센터 건립은 하는 것이 아니고 되는 것이야"라고 한 것은 세계의 중심 이동에 대비하기 위한 평화센터 건립이 단순히 어떤 개인이나 집단의 의지만으로 이루어질 수 있는 것은 아니라는 의미인 동시에 필연적으로 이루어질 수밖에 없음을 의미하는 것이었다. 도도히 흐르는 역사의 강물, 그 물결을 타고 흐르는 것이다. 세상사에 일희일비一喜一悲하지 않고 묵묵히 그렇게……. 그것이 바로 자유의지와 필연의 조화인 것이다.

차가 경신진敬信鎭 입구에 들어서자 한국의 민속촌을 연상시키는 마을이 나타났다. 평화센터 부지 중에서 주민들이 집중되어 있는 곳은 경신평원경구이다. 경신진의 주요 식량생산지구인 "구곡련환九曲連環"의 권하원야圈河原野에는 다음과 같은 전설이 전해오고 있다.

아득한 옛날 용(龍)이 되려고 급급해하는 미꾸라지가 있었다. 마침 이 지역을 순시 중이던 동해 용왕이 그에게 대지에 동그라미 백 개를 뚫어 못의 물을 강에 끌어들이면 용이 될 수 있다고 알려주었다. 그 말을 들은 미꾸라지는 오로지 용이 되겠다는 일념으로 목숨을 내걸고 굳은 땅을 쉴새없이 뚫었다. 수많은 세월이 흐르고 마침내 못의 물이 줄줄 강으로 흘러들었다. 그런데 미꾸라지가 돌아보니 뚫린 수가 아흔아홉으로 동그라미 하나가 모자라서 결국 용이 되지 못했다. 미꾸라지는 화가 치밀어 아홉번이나 뛰어올랐다가 떨어지면서 죽어버렸다. 미꾸라지가 땅을 뚫어 물길을 열고 호수가 두만강으로 흘러 들어가면서 호수 수위가 낮아지고 아홉 개의 못이 생겼다. 그리하여 아홉 개 못 연안에 비옥한 밭이 생겨나고 부근의 백성들에게 행복을 안겨다 주었다.

이러한 전설은 권하 일대에 물길을 터서 수재를 없애고 오곡이 무르익는 만경옥답이 되기를 갈망하는 사람들의 이상을 반영한 것으로 볼 수 있다. 경신평원의 동남단에 우뚝 선 웅위로우면서도 아름답기 그지없는 수류봉에 오르면 권하의 기경奇景이 한눈에 들어온다. 빼곡히 들어앉은 아홉 개의 못은 천연수로로 이어져 영롱한 구슬마냥 눈부신 빛을 발하고 있다. 권하를 "구곡련환"이라고 하는 것은 바로 이러한 권하 기경에서 연유한다.

차가 달리는 동안 일행들은 간간이 차에서 내려 지난번 미진했던 부분에 대해 조사했다. 건립계획서를 발간하기 전 현지 조사를 할 수 있는 마지막 기회였기에, 연토회 참석자들의 의견을 토대로 보다 세밀한 조사에 들어갔다. 훈춘 시장도 함께 차에서 내려 필요한 부분에 대해 직접 설명하며 열성적으로 조사에 임했다.

4자 조인식이 있기 전의 일이다. 유엔세계평화센터 건립과 관련, 훈춘을 방문했던 한국인 중 한 사람이 시장에게 물었다.

"이 일은 민간 차원에서 할 일이 아니라 정부 차원에서 주도해야 하지 않습니까?"

유엔세계평화센터 건립위가 나설 일이 아니라 한국 정부가 나서야 하지 않느냐는 물음이었다. 그러자 시장은 단호한 표정으로 말했다.

"평화센터 건립은 전 세계 비정부기구와 민간부문의 참여와 투자로 이루어지는 일입니다. 남의 나라 땅에 한국 정부가 나설 수 있는 일은 아니지요."

명쾌한 대답이었다. 그는 이 일의 핵심을 정확하게 간파하고 있었으며, 과감한 결단력과 추진력을 겸비한 사람이었다. 한마디로 믿음이 가는 사람이었다. 일을 추진할 때 이 믿음이야말로 승패를 가늠하는 매우 중요한 요소이다.

평화센터 건립의 적실성에 대해서는 3국 접경지역 현지는 물론이고 미국이나 일본 등지의 사람들도 공감하는 바가 컸다. 평화센터 건립에 관한 이야기를 듣고 한국을 방문한 어떤 미국인 그룹은 건립위측의 설명을 들은 뒤 전적으로 공감을 표시하면서 이렇게 물었다.

"우리가 도울 수 있는 일이 무엇입니까?"

"옆에서 도와주는 사람이 아니라 이 일에 참여할 사람이 필요합니다."

건립위의 대답이었다. 주인의식을 가지고 적극적인 주체로 참여하라는 말이었다. 그들도 건립위의 대답을 신선하게 받아들이는 듯했다. 평화센터 건립이 동북 간방에서의 새 시대의 개막을 알리는 것이며 문명의 대전환과 관련된 것이라는 건립위의 설명을 당연한 사실로 받아들이는 것 같았다. 그들은 미국에서 문명의 전환에 관해 연구하는 연구소 멤버들로, 뉴욕에서 손꼽히는 변호사, 심리학 교수, 의사 등으로 구성되어 있었다.

미국에서 "세계평화와 인류의 하나됨"을 위한 영적 공동체를 실험 중인 한 미국인은 평화센터 건립에 관한 내 설명을 듣고, 한국에서 들은 가장 인상 깊은 얘기였다고 말하기도 했다.

한편 600년간 북을 쳐 온 고수 가문의 한 일본인은 한국에 왔다가 건립위의 설명을 듣고 평화센터에서 세계 북축제를 하게 되면 반드시 참석하겠노라고 했다. 그는 북소리로 물을 정화시키는 경지에 이른 북의 달인이었다.

차는 방천 쪽을 향해 계속 달리다가 모래언덕이 있는 곳에 이르자 잠시 정차했다. 시장은 사구砂丘를 가리키며 말했다.

"연구 조사한 바에 의하면, 여러분 눈앞에 펼쳐진 이 사구는 상당히 특별합니다. 이 부근에는 사구와 연결된 강도 바다도 없고, 근처에 사막도 없습니다. 그런데도 여기에 모래가 쌓여 언덕이 되었습니다. 이 사구는 방천 맞은편 동해를 건너 일본 돗도리현(鳥取縣) 해안가에 있는 모래와 똑같다고 합니다. 그곳에 있는 모래가 이곳까지 날아오다니 대단한 풍력 작용 아닙니까?"

중러 국경이 이어지는 길을 따라 차는 다시 달리기 시작했다. 그 일대 산은 '연성산連城山'이라고 불리는데, 이는 성城이 산과 연결되어 지어진 이름이라고 했다. 중국과 러시아의 국계산國界山으로 러시아 이름은 '파랍파사산巴拉巴沙山'이다.

차는 기념비가 있는 곳에서 잠시 멈추었다. 그곳에 올 때마다 사람들은 기념비를 바라보며 감회에 젖었다. 나는 특히 그러했다. 4자 조인식과 기념비 제막식을 갖기까지 수많은 우여곡절이 있었기 때문이다. 몇 년이 아니라 몇 생이 지나간 느낌이었다. 일을 성사시키기까지 시행착오를 거치며 내가 기울인 노력은 이루 필설로 다할 수 없었다. 다자간의 일이다 보니 그만큼 복잡미묘했던 것이다. 몇 년 동안 집은 온통 서류 천지로 발디딜 틈이 없었고, 국내외 연락 관계로 전화통과 팩스가 북새통을 이루었다.

차는 망해각에 이르렀다. 모두 차에서 내려 망해각에 올랐다. 망해각 일대를 내려다보며 나는 평화의 광장이 하루속히 설치될 수 있기를 염원했다. 여기서 평화의 광장은 엄청난 규모의 설치비 및 관리 유지비가 드는 기존의 시설물들과 달리, 풀밭을 그대로 살린 자연친화적인 종류의 것으로 설치비 또한 규모가 크지 않다. 평화의 광장이 설치되면 거기서 세계평화를 위한 한울림 북 축제, 세계 현자회의 등을 개최할 예정이었다. 세계 현자회의는 범인류적 차원의 지혜를 모으기 위해 정기적으로 개최되며, 여기서 결집된 메시지는 언론매체를 통해 전 세계에 파급되어 지구촌 삶의 보편적 지침으로 활용될 것이다. 그리하여 이 지역이 사실상 지구촌을 움직이는 중심이 되게 할 것이다.

매년 개최되는 세계평화를 위한 한울림 북 축제는 유엔세계평화센터 건립 개시를 만방에 알리고, 모든 국가 · 부족 · 문화권이 참가할 수 있는 북을 매개로 한울림을 통해, 전 인류가 동북아 및 세계의 중심지에 모여 21세기 정신문명시대를 맞아 한울림을 통해 인류의 정신순화를 도모하고, 지역·세계 평화를 기원 및 촉구하며, 아울러 텐트 거주를 통해 자연친화적 생활 방식을 체득하게 하려는 것이다.

세계평화를 위한 한울림 북 축제는 3국 접경지역인 방천과 핫산 등지에서 세계 고수鼓手 및 평화센터 건립 관계자들이 함께 모여 각국 고유 울림 축제와 지역별 울림 축제, 지구촌 한울림 축제로 개최될 예정이다. 참가 인원은 세계 200여개 국가와 다양한 문화권에서 20세 전후 남녀 10명씩 대략 3,500~4,000명 수준이 될 것으로 추산된다. 이들의 생활편의를 위해 건립위는 숙식용 대형텐트(3,000명용 3개)를 준비하고 훈춘 및 핫산 정부는 차량과 의료 등을 제공하되, 각 개인은 텐트, 침낭, 고유 북·의상, 항공권 등을 준비함으로써 고정된 공연장 건물 없이도 실질적인 활동을 시작할 수 있다. 이러한 문화 활동 방식은 자연친화적 공연과 생활을 지속적으로 실행하고 체득하게 함으로써 21세기의 새로운 환경문화 패러다임을 제시하게 될 것이다.

북은 인류와 역사를 함께했다고 할 수 있을 정도로 오래된 악기이다. 예전에는 주로 종교의식과 신호용으로 사용되었으나 오늘날에는 현대음악의 필수 악기가 되었다. 북은 '민족의 소리'라고도 하는데 이는 각 민족이 고유한 북소리를 가지고 있는 데서 비롯된 말이다. 북소리는 모든 소리를 받아들이는 까닭에 장애를 일으키지 않는 유일한 소리라고 한다. 따라서 비전문가라 할지라도 간단히 방법을 익히면 무리 없이 북을 칠 수 있다는 것이다.

1993년 대전 엑스포에 참가했던 한 외국인은 천 명이 동시에 치는 북소리를 듣고 "죽은 자도 벌떡 일어나는 소리"라고 했다. 또 로스앤젤레스의 한 음대 교수는 "지금까지 내가 알고 있는 음악은 제로zero에서 다시 시작해야 할 것"이라고 했다고 한다.

북소리의 그 심오한 생명의 리듬은 어디서 오는 것일까? 가죽으로 된 두 개의 울림판은 사이가 비어 있기에 북소리의 진동이 멀리까지 울려 퍼질 수 있다. 평생 인간을 위해 일하고, 죽어서는 인간에게 뼈와 살을 제공하고, 결국 가죽마저 바치는 소의 거룩한 삶에서 묻어 나오는 소리가 아닐까? '나'가 사라짐으로써 우주의식과 하나가 되었으니, 그 성스러운 가죽에서 나는 소리에 죽은 자도 벌떡 일어날 만하지 않는가.

"태초에 말씀이 계시니라 이 말씀이 하나님과 함께 계셨으니 이 말씀은 곧 하나님이시니라." 이는 『요한복음』 1장 1절에 나오는 말이다. 말이란 무엇인가? 그것은 한마디로 소리 파동이다. 여기서 말씀은 곧 하늘 소리를 뜻한다. 말씀이 곧 하나님이라고 한 것은 우주 삼라만상의 기원이 파동임을 말해 주는 것이다.

이는 박제상의 『부도지』에 "태초에 소리가 있었다"는 말과 일치한다. "태초에 세상은 햇볕만 따뜻하게 비출 뿐 눈에 보이는 물체라고는 없었다. 오직 8려呂의 소리[音]만 하늘에서 들려왔는데, 이 소리에 의하여 천국과 낙원이 있는 지상에서 가장 높고 가장 오래된 마고성이 생겼고……."

북소리.

동북 간방에 북소리 둥둥 울려 퍼지는 날, 지구촌의 온갖 파열음에 고통하는 인류에게 상생의 새 시대가 열리리. 국가 간, 민족 간, 인종 간, 계급 간, 종교 간, 지구촌의 모든 파열음이 북소리 속에서 하나가 되고, 그대 맑은 눈과 불타는 심장 속에서 하나가 된다. 세상의 소리란 소리는 다 끌어안은 채 거대한 소리의 용광로가 되어, 그대 내면의 불을 지피는 우주적 리듬이 되어 영적 치유가 일어나게 하리니, 그리하여 생명장生命場이 부활하리니.

둥둥둥.

나는 점점 가까워지는 북소리를 들었다. 새 시대의 도래를 알리는 상서로운 간방의 북소리가 지구촌에 울려 퍼지고 있었다. 잠들어 있는 인류의 의식을 흔들어 깨우는 소리였다. 원초적 생명의 불씨를 살려내는 소리였다. 지구촌의 모든 파열음을 하나로 잠재우는 소리였다. 그 북소리 속에서 인류의 의식은 하나가 되고 있었다. 나는 보았다. 유엔세계평화센터에 충만한 생명의 빛이 지구촌으로 흘러 넘치는 것을……

제3부
지혜의 길 행위의 길

"아르주나여, 아무리 죄많은 사람일지라도

영적인 지혜의 배를 타면 죄악의 바다를 건널 수 있다.

타오르는 불길이 장작을 재로 만들 듯,

영원한 지혜의 불은 행위로 인한 모든 카르마를 재로 만든다.

이 세상에 영적인 지혜의 불만큼 순수하게 정화시키는 것은 없다.

요가의 길을 가며 계속해서 영적인 지혜의 불을 타오르게 하는 사람은

'참나'에 이르는 길이 자신의 내면에 있음을 깨닫게 될 것이다.

- The Bhagavad Gita

길을 찾는 당신에게 드리는 지혜

제8장

연화산의 비밀

우주가 인간을 위해 있는 것은 아니지 않는가.
우주의 본체에서 본다면, 소나기도 태풍도 홍수도 가뭄도
모두 자연의 현상일 뿐 거기에는 선도 악도 없다.
우주의 절대적인 진리를 파악하고 있는 사람에게는
매일매일이 참 좋은 날인 것이다.
불길할 것도 해로울 것도 하나 없는
그야말로 일일시호일(日日是好日)이다.
— 『벽암록(碧巖錄)』 第6則 「雲門日日好日」

중국 훈춘에서 유엔세계평화센터 건립을 위한 4자 조인식이 개최되고
기념비 제막식이 거행된 지 두 달 후 서울사무소가 설치되었다. 그날 개
소식에는 유엔 한국주재 대표, 주한 중국 공사公使와 러시아 공사, 통일부
관계자 등이 참석했다. 그날 이후 곧바로 평화센터 건립계획서 작성에
필요한 설계 지침 작업에 들어갔다. 종합건축사사무소 세 곳에서 파견된
전문가 다섯 사람도 상근하며 평화센터 건립계획서 작성을 위한 준비 작
업에 들어갔다.

어느 날 사무실에서 나는 한 장의 그림을 건네받았다. '자연인'이라 불리는 화백에게서 받은 것을 내게 주는 것이라고 했다. 얼른 보기에도 예사롭지 않은 영감에 찬 그림이었다. 친분은 없지만 그 화백을 사무실로 초대해서 그림에 관한 설명을 들었다. 테이블에 펼쳐진 그림을 보며 그는 입을 열었다.

"어느 날 아침이었지요. 잠에서 덜 깨어난 상태로 TV를 보는데 화면에 살풀이춤을 추는 여인의 모습이 나타났습니다. 그 여인의 손끝에서 기다란 흰색 천이 떨어져 펼쳐진 상태로 보이더군요. 잠시 후 정신을 차려 보니 TV화면은 일기예보 중이었지 뭡니까. 춤추는 여인은 한반도이고 그 버선발은 제주도이며, 여인의 손끝에서 떨어져 펼쳐진 기다란 천은 일본, 그리고 위로는 대륙이 펼쳐져 있더군요. 이 그림은 바로 그 순간을 포착한 것입니다."

자연인은 그 당시를 회상하며 자세히 설명했다. 꾸밈없는 외모나 언행에서 예술가다운 순수성을 엿볼 수 있었다. 보기 드물게 맑은 영혼의 소유자였다. 그렇지 않고서야 이런 영감이 넘치는 그림을 그릴 수는 없는 것이었다. 나는 '춤추는 한반도'를 사무실 벽에 걸었다.

8월 초순이 되었다. 며칠째 발령되었던 태풍 경보가 태풍 주의보로 바뀌었지만 여전히 흐리고 세찬 바람과 함께 간간이 비 내리는 날씨가 계속되었다. 하지만 일정을 바꿀 수 없어 나는 예정대로 연화산으로 향했다. 고향의 연화산이 아닌 또 하나의 연화산이었다.

도라지꽃이 핀 뜻은

그날 새벽이 되자 세찬 바람이 잠들고 비도 멎으면서 연화산으로 향하는 새벽하늘은 후천선경後天仙境을 연상케 하는 보랏빛으로 채색되어 신비로움을 더했다. 차가 천안에 이르자 장엄한 개벽의 태양이 구름을 뚫고 힘차게 솟아올랐다.

몇 시간 동안 달려 그토록 간구하던 연화산에 이르니, 다시 비바람이 몰아치기 시작했다. 잠시 길을 잘못 들기도 하고 차바퀴가 진흙탕에 빠지기도 했다. 수년 전 중국 환인桓仁, 卒本에 있는 오녀산성五女山城 일대를 답사하기 위해 갔다가 곤욕을 치른 일이 떠올랐다.

주몽朱蒙, 東明王이 건국한 고구려의 첫 수도 오녀산성.

해발 800미터에 위치한 그곳에서 고구려는 700년의 역사를 시작했던 것이다. 이 일대를 답사하기 위해 심양에서 다섯 시간 정도 차를 타고 갔다가 캄캄한 그믐날 밤에 차가 진흙탕에 빠져 온 마을 장정들이 동원되는 소동이 있었다. 두 시간여에 걸친 작업 끝에 차는 다행히 구조되었고, 이튿날 2천 년 전의 신비를 고스란히 간직하고 있는 성城 동쪽의 1킬로미터에 걸친 성벽이며, 고구려 옹성의 원형이며, 동문터며, 산 정상에 있는 천지 등을 둘러보았다. 그때 치른 곤욕으로 가끔씩 그 장면이 떠오르곤 했던 것이다.

물론 환인에서의 일에 비하면 경미했지만, 연화산으로 들어가는 길이 쉽지 않음을 실감했다. 연화산 아래 풀밭에 차를 세우고 비바람이 몰아치는 산길을 따라 올라갔다. 계속된 태풍과 폭우로 산길은 유실되거나 곳곳이 끊어져 있었다. 조금 더 오르니 트랙터 한 대가 길을 정비하고 있었다.

'여전히 태풍주의보가 발령 중이고 이렇게 비가 내리는데, 더구나 사람이 오지도 않는 산길을 정비하다니……'

이상하다고 생각했지만 그냥 지나쳤다. 계속 오르니 길이 잘 정비되어 있었고, 길 양 옆을 따라 풀을 벤 흔적이 이어졌다. 풀을 벤 지 얼마 안 되었는지 싱그러운 풀내음이 진동했다.

"궂은 날씨에 누가 일 삼아 풀을 벤 것일까? 그것도 이렇게 긴 구간을……'

이런 생각을 하며 나는 싱그러운 풀향기에 젖어 들었다. 풀향기 속으로 풋풋한 어린 시절의 꿈이 한 폭의 수채화처럼 아련히 피어올랐다. 꽃밭에서 나비를 좇던 아이의 꿈, 봉선화의 꿈, 잠자리의 꿈, 눈사람의 꿈이 한데 어우러진 채로……

'꿈이란 걸 이제야 알았느니, 이 모두가 꿈이란 것을. 밤에는 눈을 감고 꿈을 꾸고 낮에는 눈을 뜨고 꿈을 꾸니, 낮꿈 밤꿈이 어우러진 한바탕 어지러운 꿈이로다.'

사념에 젖어 걸어가는데 어디선가 태극무늬 호랑나비가 나타나 맴을 돌며 길을 인도했다. 다람쥐와 산고양이들도 차례로 나와서 인사를 건네고 갔다. 인적이 끊어진 산길에는 깊은 적막이 감돌고 있었다. 길 양 옆은 누군가가 낫으로 정갈하게 풀을 벤 흔적이 계속해서 이어졌다. 비가 차츰 소강상태에 접어들면서 날이 환해지기 시작했다.

얼마를 걸었을까.

"아……."

탄성이 절로 나왔다. 낫으로 풀을 벤 길섶에 청정하게 갓 피어난 자색紫色 도라지꽃 한 송이가 고아한 자태로 나를 기다리고 있었다. 길섶 주위에는 아무것도 없었고 오직 도라지꽃 한 송이만 고고하게 피어 있었다. 물기를 머금은 밝고도 투명한 자색 도라지꽃을 들여다보고 있노라니 천제天帝가 거처한다는 우주의 중심인 자미원紫微垣의 신묘한 기운이 느껴지는 듯했다.

'도(道)가 펼쳐지는(羅) 땅(地)의 꽃이 피었으니 무극대도(無極大道)의 세계, 후천선경이 열림이로다. 마고성(麻姑城)의 원상을 회복함이로다. 복락원(復樂園)이라…….'

고대 한민족의 발상지는 파미르고 원의 낙원 마고성이었다. 마고성은 지유地乳를 마시며 사는 인간이 만든 최초의 낙원국가였다. 박제상朴堤上은 그의 『부도지符都誌』에서 "미혹함이 심대하여 성상性相이 변이한 고로…그러나 미혹함을 깨끗이 씻어 남김이 없으면 자연히 복본復本할 것이니…."라고 했다. 이러한 복본의 사상은 고구려의 '다물多勿'과도 관계가 있는 것으로 홍익인간이나 이화세계로의 복귀를 나타낸다.

'부도符都'란 하늘의 뜻에 부합하는 나라, 또는 그 나라의 수도首都라는 뜻이다. 물신 숭배에 빠진 현재의 지구촌은 하늘의 뜻에 부합하는 나라가 아니라고 나는 생각했다. 그리고 지구촌의 수도로 통하는 뉴욕 또한 마찬가지였다. 이제 황백 전환기의 도래와 더불어 지구촌의 중심 또한 이동할 수밖에 없는 것이다. 중국과 북한과 러시아의 3국 접경지역에 유엔세계평화센터 건립을 주창하게 된 것은 바로 이러한 지구의 중심 이동에 대비하기 위함이었다. 어쩌면 그것은 선천문명이 종말을 이루고 후천문명의 꼭지가 열리게 될 동북 간방에서 새 하늘과 새 땅을 열게 하기 위한 하늘의 뜻이랄 수 있었다.

흔히 이상세계를 보랏빛으로 표현하는 것은 보라색이 지닌 높은 파장 때문으로, 이는 곧 순수의식의 세계를 나타낸다. 도가道家에서 최고의 경지는 흔히 백색광선으로 화하는 것으로 나타난다. 보라색과 백색은 파장이 같으며 가장 높은 파장에 속한다. 시대에 따라 중심음이 다르듯 중심색이 다른 것은 시대의식이 다르기 때문이다. 어디 산 속에 피는 도라지꽃만 꽃이겠는가.

나는 보았다. 세상 도처에 피기 시작하는 자색 도라지꽃을. 사람들 옷에도, 가방에도, 그릇에도, 빌딩에도, 간판에도……. 희미한 새벽녘 산사山寺 대웅전 앞 댓돌 위에 놓인 스님의 고무신에도, 중국 베이징 신공항청사에도 자색 도라지꽃이 활짝 피어 있었다. 바야흐로 세상이 보라색 물결로 넘실거리기 시작한 것이다.

얼마를 더 가니 개울이 나타났다. 며칠간 계속된 폭우로 물이 불어 있었다. 신발을 벗고 바지를 걷어 올린 채 돌다리를 건너노라니 어릴 적 일이 생각났다. 너댓 살 때 시골에서 개울에 놓인 돌다리를 건너다가 물에 빠져 둥둥 떠내려가던 일이……. 물에 떠내려가면서 나는 보았다. 신고 있던 고까신과 손에 쥐고 있던 사과가 저만치 떠내려가고 있는 것을. 다행히 동네 사람 덕분에 구조되었지만 충격이 컸던 탓인지 지금도 당시의 거친 호흡이 느껴져 오곤 한다. 그때 떠내려가던 고까신과 사과는 내 뇌리에 각인되어 가끔씩 그 영상이 펼쳐져 나오곤 했다.

산길을 따라 계속 걸었다.

고타마 붓다의 전생에 관한 이야기가 떠올랐다. 붓다가 아직 깨달음을 얻지 못했던 전생에 디팡카라(Dipankara 燃燈佛)라는 깨달은 자를 찾아가 제자로 삼아달라고 간청했다. 그러자 디팡카라는 아무것도 배울 것이 없다고 하면서, 진리는 다른 사람에게서 받을 수 있는 것이 아니라 이미 각자의 내부에 있는 것이라고 했다. 고타마가 디팡카라의 발을 만졌을 때, 그 역시 고타마에게 절을 하며 고타마의 발을 만졌다. 순간 고타마는 몹시 당황했고, 주위의 사람들도 디팡카라가 한 번도 그런 적이 없었던 터라 영문을 몰라 했다.

그러자 디팡카라는 고타마에게 곧 붓다가 될 것이며, 그것을 경배하기 위해 발을 만진 것이라고 했다. 그리고 '깨달은 자의 눈으로 보면 이미 모두가 깨달은 자들이다. 나는 오늘 깨달았다. 너는 내일 깨달을 것이다. 그리고 누군가는 모레……. 그건 중요한 것이 아니다'라고 말했다. 그로부터 약 3천 년 후에 고타마는 깨달음을 얻었고, 그때 그는 제일 먼저 디팡카라에게 절했다. 물론 디팡카라는 그때 거기에 없었다. 고타마 붓다는 '이제 나는 모두의 발을 만질 수 있습니다. 모두가 깨달음의 길 위에 있음을 압니다'라고 했다.

붓다에게 말은 단지 침묵을 전하는 방편이었고, 형상은 무형상을 전하는 방편이었다. 문자에 의지하여 문자가 끊어진 법을 터득하고 형상에 의지하여 형상을 넘어서는 법을 터득함으로써 무아심無我心에 계합하는 것—그것은 심법心法이란 명상名相조차 넘어선 법 없는 법이었다. 그래서 남원 도옹南院道顒 선사는 영원히 그 법에 머무르지 말라고 했던 것이다.

여물지 않은 도道.

그동안의 행선行禪 과정을 통해 자신의 도가 설익은 것에 불과함을 확인한다는 것 자체가 내게는 더할 수 없는 고통이었다. 동굴 수업의 실패를 반증하는 것이라 생각되었기 때문이다. 요동치는 마음의 물결, 폭풍우 같은 분노, 그리고 환멸…….

본래 환상은 소멸되기 위해 존재한다. 자신을 포함한 우주만물에 대한 환상이 멸하고 또 멸해 더 이상의 미망이 남지 않게 되면, 실체가 저절로 모습을 드러낼 것이다. 하여 일체의 행위가 찌꺼기를 남기지 않는, 행위자는 사라지고 행위 자체만 남게 되는 지선의 경지에 이를 것이다.

물형계物形界에서 드러나는 일의 성과는 영적 진화 과정의 부산물일 뿐이고, 중요한 것은 결과가 아니라 그 과정에서의 동기와 의도의 순수성과 일관성, 그리고 최선을 다하는 성실성이라는 생각이 들었다. '견견비자견見見非自見'이라는 말이 떠올랐다. 실로 육안으로 보는 것은 진실로 보는 것이 아니다. 말하자면 보이는 그림자가 아닌, 보이지 않는 실체를 믿고 거기에 몸을 맡겨야 한다고 생각했다.

육체의 병을 치료하기 위해서는 그 병이 드러나야 하듯이, 영적靈的 치유를 위해서는 어둠의 본질이 드러나야 한다. 카르마의 법칙에 따라 다생에 걸쳐 고통스런 학습이 반복되는 것은 잠재된 미망을 명료하게 드러내고 내적 자아의 각성과 영적인 힘의 계발을 통해 영혼을 치유하게 하기 위한 하늘의 은총이 아니겠는가!

우주적 견지에서 보면, 죽음이란 소우주인 인간이 우주의식을 향한 진화 과정에서 단지 다른 삶으로 전이하는 것에 불과할 뿐이다. 권력 · 재물 · 명예 · 인기와 같은 허상을 좇는 삶은 마치 불 속으로 날아드는 부나비와도 같이 속절없는 삶이다.

내게 삶은 하나의 선禪이요 명상이며 기도였다. 자신의 도가 여물지 않았음을 확인한 것은 동굴수업의 실패를 반증한 것이 아니라 동굴수업이 반석 위에 설 수 있는 계기를 마련했다고 할 수 있었다. 세상사에 일희일비하지 않고 관조함으로써 지고의 자유와 영적인 충만감 속에 있을 수 있다는 것을 깨닫기 시작한 것이다.

몇 개의 개울을 더 건너 마지막 가파른 길을 오르니 작은 암자가 나타났다. 마당에 들어서니 대웅전 바로 앞에 약간 누운 듯한 도라지꽃이 즐비하게 피어 있었다. 나는 오는 길에 꺾은 도라지꽃을 칠성각에 올렸다.

얼마 후 무애無涯 스님이 나타났다. 예고 없이 찾아든 객인에게 그는 마치 올 사람이 왔다는 표정으로 담담하게 말했다.

"길을 좀 정비하고 왔지요……."

그리고는 아무 말이 없었다.

흔들 궁전에 누워

날이 어둑해지면서 비는 완전히 멎었다. 한참 만에 무애 스님이 다시 나타났다. 저녁식사를 하겠느냐는 스님의 물음에 나는 정중하게 사양했다. 희미한 어둠 속에서 나는 무애 스님의 얼굴이 형광등처럼 훤해지면서 무섭게 일그러진 모습에서 도인의 풍모가 피어나는 것을 보았다. 필요한 것이 있으면 얘기하라는 말과 함께 스님은 다시 방으로 들어갔다.

초옥 기둥 양쪽에 넓고 긴 천을 묶으니, 한 사람이 누울 수 있는 공간이 만들어졌다. 연화산 허공에 훌륭한 흔들 침대가 설치된 것이다.

"나그네에게 이 정도면 훌륭한 궁전이구나!"

그렇게 해서 흔들 궁전이 완성되었다. 8월 초순이라지만 비온 뒤라 그런지 산속의 밤은 몹시 서늘했다. 흔들 궁전 옆 가마솥 아궁이에 장작불을 지폈다. 벌겋게 장작불이 달아올랐다. 그렇게 해서 나는 허공 명상에 들어가고, 무애 스님은 방에서 참선에 들어갔다.

명상은 자정이 넘도록 계속되었다. 오직 침묵한 자만이 자유로울 수 있는 연화산, 그 깊은 적막 속으로 구도에 대한 열정이 장작불처럼 벌겋게 달아올랐다. 한 쌍의 연녹색 나비가 머리맡에서 맴을 돌고, 궁전 옆 가마솥은 장작불로 끓어올랐다. 침묵의 언어성을 새삼 느끼며 나는 흔들 궁전에 누워 하늘을 바라보았다.

'하늘인가 바다인가…….'

하늘을 바라보고 있노라니 보천석을 지나 달문 쪽으로 가서 손을 담그고 바라보던 백두산 천지가 보이는 듯했다. 잠시 후 천문봉에서 내려다본 천지가 그 위로 교차되어 보이는가 싶더니, 조중국계비에서 바라본 천지가 다시 그 위로 교차되었다. 그리고 팔괘묘 터 벼랑 끝에서 바라본 천지가 장엄하게 펼쳐졌다. 그것은 바로 하늘우물이었다.

하늘우물을 보며 나는 다함이 없는 덕德의 소재에 대해 명상했다. 우주만물을 윤택하게 하고 정도正道를 밝히는 다함이 없는 덕은 어디에서 오는 것일까? 그것은 집착으로부터의 자유에서 오는 것이다. 일체의 번뇌와 망상은 마음의 집착에서 오는 것. 역사상 그토록 많은 구도자들이 목숨을 버린 것은 형상에 대한 집착에서 벗어나 실재에 대한 직접적인 체험을 통해 대자유에 이르기 위함이었다.

석두 희천石頭希遷과 어느 화상의 문답이 떠올랐다.

> 화상 : 해탈이란 도대체 무엇입니까?
>
> 희천 : 누가 널 붙잡더냐?
>
> 화상 : 속인이 속박당하는 것은 당연한 이치 아니겠습니까?
>
> 희천 : 그런 이치를 아는 사람이 어찌 해탈은 모르는가?
>
> 화상 : 그러면 정토(淨土)란 무엇입니까?
>
> 희천 : 누가 널 더럽히더냐?
>
> 화상 : 그러면 열반(涅槃)이란 무엇입니까?
>
> 희천 : 누가 널 죽이려 하더냐?

해탈이니 속박이니, 정토니 염토染土니, 열반이니 생사니 하는 것은 모두 하나인 마음에서 비롯된다. 그래서 『금강삼매경론』에서는 "일체의 염정제법染淨諸法이 일심에 의거해 있는 까닭에 일심은 모든 법의 근본"*이라고 하고 있다. 이러한 진속원융무애관眞俗圓融無碍觀은 "일심의 근원으로 돌아가라(歸一心源)"는 실천의 원리가 제공됨으로써 일체의 이설異說과

---

* 元曉, 「金剛三昧經論」, 조명기 편, 『元曉大師全集』(서울: 보련각, 1978), 153쪽.

논쟁이 화쟁회통和諍會通할 수 있게 되는 것이다.

일심의 본체는 본래 적정寂靜하기 때문에 결정성지決定性地라 하고 있다. 또한 일심이 나타날 때에 8식八識이 모두 전전轉轉하므로 네 가지 지혜가 원만해진다고 한다. 즉, "'그 땅이 청정하기가 깨끗한 유리와 같다'고 한 것은 대원경지大圓鏡智의 뜻을 나타낸 것이다. '그 성性이 평등하기가 저 대지와 같다'고 한 것은 평등성지平等性智의 뜻을 나타낸 것이다. '깨닫고 묘하게 관찰함이 지혜의 햇빛과 같다'고 한 것은 묘관찰지妙觀察智의 뜻을 밝힌 것이다. '이익을 이루어 근본을 얻음이 대법우大法雨와 같다'고 한 것은 성소작지性所作智"의 뜻을 밝힌 것이다.*

그런데 이 마음이란 것이 있는 것도 없는 것도 아닌 묘한 것이어서 우주를 손바닥 위에 올려놓는가 하면, 천 길 불길 속에 떨어뜨리기도 한다. 그래서 마음을 바람과 같고 흐르는 물과 같다고 했던 것이다. 마치 세존께서 가르침을 설하시던 왕사성王舍城의 영축산인 양 대웅전의 아련한 불빛 사이로 세존의 향기로운 법어가 들려오는 듯했다.

가섭아, 마음은 바람과 같아서 휙 지나가 붙잡을 수가 없다.
마음은 흐르는 물과 같아서 잠시도 머물러 있지 아니한다.
마음은 등불의 불꽃과 같아서 많은 인연에 의해 존재한다.
마음은 번갯불과 같아서 났다가는 순간에 사라져버린다.
마음은 원숭이와 같아서 여섯 가지 욕망에 한없이 얽매인다.

* 위의 책, 187쪽.

마음은 그림 그리는 사람과 같아서 곧잘 여러 가지 행동을 만들어낸다.

마음은 원수의 집과 같아서 온갖 괴로움과 번뇌를 준다.

마음은 미친 코끼리와 같아서 흙과 모래를 짓밟듯이 일체의 좋은 갚음을 받을 행동을 파괴해 버린다.

마음은 파리와 같아서 부정한 것을 깨끗하다 생각하고 집착한다.

마음은 악한 도둑과 같아서 온갖 착한 행동을 약탈한다.

마음이 항상 빛을 탐내는 것은 마치 여름밤에 부나비가 불에 달려드는 것과 같다.

마음이 항상 소리에 집착하는 것은 마치 군인이 승리의 북소리를 즐기는 것과 같다.

마음이 항상 냄새를 탐내 집착하는 것은 마치 돼지가 더러운 데 누워 있기를 즐겨함과 같다.

마음이 항상 맛에 집착하는 것은 마치 어린아이나 여인이 맛있는 음식 먹기를 탐내는 것과 같다.

마음이 항상 접촉하기를 탐내는 것은 마치 파리가 기름에 달려드는 것과 같다.

가섭아, 마음의 진상을 파악하기 어려움이 위에 말한 바와 같으니라.

세존의 법어에 취해 나는 깊은 명상에 들어갔다.

얼마나 지났을까. 정신을 차리고 보니 몸에 한기가 느껴졌다. 나는 흔들 궁전에서 내려와 장작을 지피며 몸을 녹였다. 무애 스님의 모습이 마당에 잠시 보이더니 다시 방으로 사라졌다. 마치 오랫동안 암자에서 함께 기거한 사람들처럼 자기 일에 몰두할 뿐이었다. 나는 불꽃을 바라보며 많은 인연으로 존재하는 마음에 대해 명상했다.

살생하던 화살을 버리고 영혼의 화살을 얻은 일화가 있다.

어느 날 도일 마조(道一馬祖)가 암자 근처를 산책하던 중 사슴 한 마리가 쫓기듯 달아나는 것을 보았다. 곧이어 한 사냥꾼이 달려와서 마조에게 사슴을 못 보았느냐고 물었다. 그러자 마조가 되물었다.

"활을 잘 쏘는가?"

사냥꾼이 별일이라는 듯이 쳐다보며 그렇다고 대답하자, 이번에는 이렇게 물었다.

"화살 하나로 몇 마리나 잡는가?"

"화살 하나로 한 마리를 잡지 몇 마리를 잡겠소?"

사냥꾼이 퉁명스럽게 대답하자, 마조가 비아냥거리듯 말했다.

"활을 잘 못 쏘는군"

사냥꾼은 마조에게 활을 잘 쏘느냐고 물었다. 그러자 마조가 능청스런 표정으로 말했다.

"나야 아주 잘 쏘지."

대체 몇 마리나 잡느냐고 사냥꾼이 묻자, 마조는 담담하게 말했다.

"나야 화살 하나로 한 무리는 잡지."

그러자 사냥꾼은 반격의 기회를 잡은 듯 의기양양하게 말했다.

"살생을 금하는 스님이 활은 무슨 활이며, 그렇게 한 무리를 잡아서 대체 어쩌겠다는 거요?"

그때를 놓칠세라 마조가 일격을 가했다.

"자네는 짐승은 잘 잡으면서 왜 자기 자신은 못 잡는가?"

엉겁결에 사냥꾼이 되물었다.

"어떻게 하면 나를 잡을 수 있겠습니까?"

"지금 잡았지 않은가?"

마조가 빙그레 웃으며 대답하자 사냥꾼은 순간 멍해졌다.

"예?"

마조가 쏜 화살이 사냥꾼에게 명중한 것이다. 결국 사냥꾼은 활을 버리고 새로운 사냥을 위해 마조를 따라나섰다. 새로 얻은 영혼의 화살로 자기 자신을 잡기 위한 것이었다. 그가 바로 마조의 대표적인 제자 중 한 사람인 석공 혜장石鞏慧藏이다.

어느 해 겨울 한 학생이 내게 물었다.

"물질시대에서 의식시대로의 전환이란 무엇을 의미합니까?"

"방향전환입니다. 밖을 향해 쏘던 물질의 화살을 안을 향해 쏘는 의식 [영혼]의 화살로 바꾸는 것이지요."

이어 나는 이렇게 부연했다.

"우리 모두는 사냥꾼입니다. 평생을 돈이니, 권력이니 명예니, 인기니 하는 유령을 잡으려 안달할 것인가 불멸인 '참나'를 잡을 것인가, 그 선택은 우리의 몫이에요. 영혼의 화살, 그것은 자기 자신만 쏠 수 있습니다. 자신 외엔 그 누구도 자기 자신을 잡을 수가 없어요."

"어떻게 하면 나 자신을 잡을 수 있겠습니까?"

사냥꾼이 마조에게 한 것과 같은 물음이었다.

"불멸인 '참나'를 잡으려면 매일매일의 삶 속에서 일어나는 우리의 모든 행위가 단순한 수단이 아니라 삶 자체가 되어야 합니다. 마치 신에게 바치는 번제의식燔祭儀式과도 같이 정성을 다해야 된다는 뜻이지요. 일 자체에 정성을 기울이지 않고 단순히 무언가를 얻기 위한 수단으로 행위한다면 결코 '참나'에 이를 수가 없어요. 정성이 지극하지 않으면 정성이 없는 것과 같다고 할 수 있지요. 부귀영화를 얻기 위한 수단으로 행위하는 사람은 살아도 산 것이라고 할 수 없습니다. 결과에 집착하지 않는 행위의 길을 통해 '참나'에 이르게 됩니다."

얼마 후 나는 한 그루 나무가 있는 곳으로 올라가 아래를 내려다보았다.

"영광의 궁전은 어디로 갔소? 색즉시공色即是空이라…."

허공에 흔들 궁전은 사라지고 없었다. 물형계의 무상함을 새삼 느끼며 독백하듯 말했다.

"누에는 뽕잎을 먹고도 비단똥을 누지만, 인간은 매일 일류 요리집에서 산해진미로 포식을 한다고 해서 비단똥을 누는가. 부귀영화란 부운浮雲과 같은 것. 물형계는 단지 통과하는 과정일 뿐……."

연화목 아래에서의 명상

나는 신비스런 자태의 나무를 바라보며 말을 잃었다. 그런데 그 신비스러움은 얼른 보기에는 감추어져 있었다. 보는 사람만 볼 수 있는 그런 종류의 것이었다. 그것에 대해 무애 스님과 얘기를 나눈 적이 없었기에 어떻게 생각하는지 알 길이 없었다. 어쩌면 알 필요가 없었는지도 모른다. 이미 알고 있다면 말할 필요가 없을 것이요, 설령 모르고 있다고 해도 굳이 알릴 필요를 느끼지 않았을 것이기 때문이다.

이후 나는 그 나무를 '연화목'이라고 불렀다. 연화산은 새 시대를 여는 산이라는 의미로, 연화목은 새 시대를 여는 나무라는 의미로 새긴 것이었다. 그래서인지 연화산은 상서로운 기운이 감돌았고, 연화목 또한 은은한 기운이 넘쳐났다. 연화목의 나신裸身은 후천시대가 지천태괘地天泰卦일 것임을 온몸으로 보여주고 있었다.

지천태괘란 무엇인가?

우주의 1회전 기간을 둘로 나누어 우주력 전반 6개월을 선천先天, 후반 6개월을 후천後天으로 보기도 하는데, 우주의 1개월이 지구의 역으로 1만 8백 년이라고 하니 우주의 1년은 12만 9천6백 년이요 그 중 빙하기인 2만 9천6백 년을 빼면 선·후천이 각각 5만 년이 된다고 한다.* 이제 선천 5만 년이 사실상 끝나고 후천 5만 년의 새 시대가 도래했다고 보는 것이다. 그런데 후천시대는 천지비괘天地否卦인 음양상극의 선천시대와는 달

---

* 우주 1년의 이수(理數)를 처음으로 밝혀낸 송(宋)대의 대유학자 소강절(邵康節, 이름은 擁)의 『황극경세서(皇極經世書)』에 의하면, 천지의 시종(始終)은 일원(一元)의 기(氣)이며, 일원(宇宙曆 1年)은 12만 9천6백 년이요 일원에는 12회(會)가 있어 1회(一會: 宇宙曆 1개월)인 1만 8백 년마다 소개벽이 일어나고 우주의 봄과 가을에 우주가 생장·분열하고 수렴·통일되는 선·후천의 대개벽이 순환하게 된다고 한다. 선천과 후천의 구분은 생(生), 장(長), 염(斂), 장(藏) 4계절로 순환하는 우주의 1회전 기간을 우주력(宇宙曆) 전반 6개월(春夏)과 후반 6개월(秋冬)의 둘로 나누어 보는 데서 나온 것이다. 인류 문명의 생존 기간은 건운(乾運)의 선천 5만 년과 곤운(坤運)의 후천 5만 년을 합한 10만 년이며 나머지 2만 9천6백 년은 빙하기로 천지의 재충전을 위한 휴식기이다.

리 지천태괘인 음양지합의 시대인 것이다. 선천시대는 천지비괘(☷)이므로 하늘을 나타내는 ☰(乾)이 위에 있고 땅을 나타내는 ☷(坤)이 밑에 있어 약한 기반 위에 강한 것이 올라타고 있는 불안정한 괘의 형태이다. 따라서 민의民意가 제대로 반영되지 못하고 빈부의 격차가 심하며 여성이 제자리를 찾지 못하는 시대로 일관해 왔다.

반면, 후천시대는 지천태괘(☷)이므로 하늘을 나타내는 ☰(乾)이 밑에 있고 땅을 나타내는 ☷(坤)이 위에 있어 튼튼한 기반 위에 세워진 건축물과도 같이 안정되고 편안한 괘의 형태이다. 천지비괘와 반대로 하늘의 기氣가 상승하고 땅의 기가 하강하여 양자가 합쳐지므로 대립물의 통합이 이루어져 인간관계 또한 화합 일치해서 만사가 순조롭다.

'연화산에 연화목이라……'

새삼 대자연의 위력에 감탄하지 않을 수 없었다. 이렇듯 대자연은 새 시대의 도래를 온몸으로 보여주고 있지 않은가! 연화산과 연화목뿐이겠는가. 도처에 그런 징후는 산재한다. 성인 한 사람이 세상에 출현해도 그 징조가 있는 법인데, 하물며 몇만 년 만에 맞는 새 시대임에랴! 다만 인간이 그것을 읽지 못할 뿐이다. 사고와 행태가 반反생명적이 될 때 인간은 결코 우주자연과 교감할 수 없다는 사실을 나는 깊이 느끼고 있었다.

개미도 홍수가 날 것을 미리 알고 대피하고, 쥐도 지진이나 화재가 날 것을 감지하여 대피한다는 것은 널리 알려진 사실이다. 그러나 인간은 육체라는 껍질 속에 갇혀 감각이 무뎌져 우주자연과 공명하지 못하는 것이다.

어느 해인가 나는 산에 있는 바위 위로 시커먼 띠가 길게 펼쳐져 있는 것을 보았다. 가까이 다가가 보니 엄청난 개미떼가 대이동을 하고 있었다. 그리고 얼마 후 대홍수로 나라 전체가 막대한 피해를 입었다.

"한낱 미물도 그렇게 자연의 변화를 읽거늘, 어찌 인간이……."

인간 존재의 미미함을 새삼 느꼈다.

'나'와 '너', '이것'과 '저것'을 구분하는 마음, 오직 이 육체만이 자기라고 생각하고 집착하는 그 마음이야말로 천 길 불길 속으로 떨어지게 하는 화근이다. 그러나 그러한 마음은 너무도 강렬한 것이어서 죽음조차도 소멸시키지 못하니……. 그래서 삶이 존재하는 것이다.

삶은 깨달음을 통하여, 의식의 깨어 있음을 통하여 그러한 마음을 소멸시킴으로써 이 우주자연과 공명할 수 있는 것이다. 이 세상의 모든 논쟁은 큰 진리가 가려진 데서 생겨난다.

말이나 문자는 '진리의 달[月]'을 가리키는 손가락에 불과한데 '진리의 달' 자체라고 보는 데서 무수한 논쟁이 일게 되는 것이다. 참으로 말이 말을 낳고, 그 말이 또 말을 낳는 세상이다. 에고는 말이 쌓인 것이다. 말 없이 살면 에고는 떨어져 나간다. 에고, 즉 전체와 분리된 개체라는 착각이 사라지면 저절로 신성을 깨닫는다. 따로 신을 믿을 필요가 없는 것이다. 왜냐하면 신은 곧 전체의식이기 때문이다.

티벳의 한 현자는 10년 예정으로 묵언수행을 시작했는데, 10년째 되던 날 많은 사람들이 그의 말을 듣기 위해 구름처럼 몰려들었다. 그러나 그 현자는 끝내 한마디도 할 수 없었다고 한다. 뿐만 아니라 세상을 떠날 때까지 한마디도 하지 않았다고 한다. 말하자면 말이 사라져버린 것이다. 에고가 완전히 떨어져 나간 것이다.

3년 이상 말을 하지 않으면 정상적인 사회생활을 하기 어렵다고 한다. 나 또한 비슷한 경험이 있었다. 강의 때문에 말을 안 할 수는 없었지만 그 외의 시간, 특히 방학 때는 한마디도 하지 않을 때가 종종 있었다. 한 번 말을 안 하기 시작하니 점점 더 할 말이 없어졌다. 생각이 끊어지니 말이 사라진 것이다. 사람을 만나도 미리 준비하지 않으면 아무 말도 나오지 않았다. 내가 중국 등지의 일을 하기 위해 많은 사람들을 만나면서 차츰 회복되기는 했지만, 말을 하는 것은 여전히 힘든 일이었다. 하물며 10년 동안 한마디도 하지 않았다면 능히 그럴 수 있으리라 생각되었다.

연화산의 청량한 공기를 심호흡하며 나는 연화목 아래에서 다시 명상에 들어갔다. 얼마가 지났는지 스님의 염불과 목탁소리가 희미하게 들려오는가 싶더니 고요해졌다. 연화산에 다시 깊은 정적이 감돌았고, 그렇게 해서 그날 명상은 마무리되었다.

나는 서둘러 그곳을 떠나고자 했다. 새벽이 희미하게 밝아오는 듯했으나 안개가 짙게 깔려 어둑했다. 무애 스님은 산 아래까지 전송하고 돌아서다가 이렇게 말했다.

"누가 오신다고 해서 어제 새벽부터 낫으로 풀을 베고 트랙터로 길을 정비했지요."

예상치 않은 말에 나는 의아한 눈길로 스님을 쳐다보았다. 그러자 그는 이렇게 말했다.

"산에 살면 알게 되는 법이지요."

그제서야 나는 어제 트랙터가 길을 정비하던 것이며 길 양옆으로 긴 구간에 걸쳐 풀을 벤 흔적이 이어진 것이 이유가 있음을 알게 되었다.

제10장

봉황산마루에서의 용놀이

용정수는 영원히 마르지 않는 그대 영혼의 샘
사랑의 두레박으로 길어올려 목마른 영혼들을 적셔주세요. 그러면
어리석음의 어둠이 사라지고 지혜의 밝음이 그 모습을 드러내리니…….
— 본문 중에서

유엔세계평화센터 개소식을 한 지 5개월이 지난 어느 날 백련당이 내게 말했다.

"부석사浮石寺에 있는 선묘각善妙閣에 한번 다녀오시지요."

그리고는 아무런 설명도 없었다. 나도 더 이상 묻지 않았다. 선묘 설화에 대해서는 일찍이 들은 바가 있으니 가보면 알게 될 것이라고 생각했다. 또 한 번쯤은 가보고 싶은 곳이기도 했다.

이틀 후 부석사로 향했다. 새벽녘 서우瑞雨가 촉촉히 내리고 있었다.

'비가 와야 용이 승천을 하지.'

가는 빗줄기를 보며 혼자 중얼거렸다. 차는 영동고속도로를 타고 남원주에서 제천을 향하고 있었는데 한반도의 대동맥이랄 수 있는 중앙고

속도로가 공사 중이었다. 나는 베이징에 머물던 당시의 일이 떠올랐다.

내가 베이징대학교에 1년간 객원교수로 가 있을 때 두 가지 큰 사건이 있었다. 하나는 덩샤오핑(鄧小平)의 사망이고, 다른 하나는 홍콩 반환이었다. 덩샤오핑은 '마지막 황제' 또는 '작은 거인'으로 기억될 만큼 특이한 카리스마를 가진 인물이었다. 그가 사망하자 중국 텔레비전의 모든 채널이 일체의 드라마 방영을 중단하고 숙연한 분위기로 대장정 이래 그의 일대기를 방영했다. 한 주가 가고 보름이 다 되어도 모든 채널에서 같은 내용을 계속 방영했다. 처음에는 관심을 가지고 지켜보았으나 시간이 흐르자 짜증이 나기 시작했다. 그러다가 '도대체 언제까지?'라는 생각이 들면서 나중에는 궁금증까지 생겼다. 하기야 유엔세계평화센터 건립을 유엔측에 제의한 이후 중국측과 협상 끝에 3국 접경지역에서 2자 조인식이 이루어졌을 당시 그 장면이 연변 텔레비전에 방영되었는데, 똑같은 장면이 귀국한 후에도 두 차례 더 방영되었다고 한다. 하물며 덩샤오핑의 사망이야 오죽하겠는가.

언제까지 덩샤오핑에 대한 방송이 계속될지 궁금하여 나는 방송국에 전화를 했다. 그 당시 가장 인기 있는 드라마 중 하나였던 '춘풍불문로春風不問路'가 언제 다시 방영되느냐고 우회적으로 물었다. 그랬더니 방송관계자가 "한 열흘 후쯤"이라고 대답했다. 하지만 보름이 다 지나도 드라마가 방영될 기미는 보이지 않았다. 하여 방송국에 다시 전화를 했더니, "우리로서는 알 수가 없습니다"라고 말했다. 그래서 포기하고 있는데 어느 날 텔레비전을 켰더니 민생 관련 방송이 나오는 것이었다. 그리고 그로부터 며칠 후 '춘풍불문로'가 다시 방영되었다.

홍콩 반환은 1842년 영국과의 아편전쟁에서 청조가 참패하고 남경조약에 의해 홍콩섬이 영국에 할양된 지 무려 155년 만에 이루어진 것이었다. 1997년 6월 30일 밤 천안문광장에서 홍콩 반환 기념행사 전야제가 있었는데, 참가 시민만 10만 명이 넘었다. 또한 대형 매스게임과 민속무용이 펼쳐지면서 가히 '세기의 축제'라고 할 만했다. 광장 옆에 세워진 홍콩 반환 시계탑이 7월 1일 0시가 되는 순간 지축을 뒤흔드는 굉음과 함께 수천 발의 폭죽이 터졌다. 당시 베이징 대학교 기숙사에서는 잠자다가 놀라서 맨발로 뛰쳐나간 학생들도 있었다. 밤비를 맞으며 홍콩을 떠나는 영국 군대의 모습을 보면서 새삼 영원한 승자란 없다는 생각이 들었다. 사실 홍콩 반환 계획은 1978년 말 덩샤오핑이 집권한 후 구체적으로 추진되기 시작하여 1982년부터 2년 간 계속된 영국과의 반환 협상에서 1997년부터 50년 간 '일국양제一國兩制' 방식에 합의하게 되었고, 그 합의사항이 이행된 것이다.

당시 베이징 대학교의 한 교수는 이렇게 말했다.

"덩샤오핑의 위대한 점은 역시 권력을 사유화하지 않았다는 데서 찾을 수 있을 것입니다. 사후에도 거창한 무덤 대신 화장하여 뿌리게 했으니 말입니다."

나도 한마디 덧붙였다.

"그렇습니다. 권력을 사유화하지 않은 점은 역사적으로 성공한 정치가의 공통점이라고도 할 수 있습니다. 오늘날 정치란 용어가 온갖 부정적인 의미의 대명사가 되고 있는 것은 바로 권력의 사유화에서 비롯되었다고 할 수 있습니다. 외국 순방시에도 항상 인민복을 입고 당당했던 그의 모습, 그 카리스마의 원천은 일의 중심에 개인이 아닌 국가나 인민이 있었기 때문일 것입니다. 화장 유언 역시 그가 형상에 집착하지 않는 큰 인물이라는 것을 보여주는 것이지요."

인도의 갠지스 강이 아름다운 것은 삶과 죽음이 하나로 용해되어 흐르기 때문이다. 갠지스 강에서 목욕하고 그 물을 마시며 죽어서는 그 강물에 재로 뿌려지는 그들의 삶. 정녕 그들의 눈빛 그 어느 구석에서도 삶과 죽음은 둘이 아니다. 죽음은 삶과 마찬가지로 일상사일 뿐이다.

선묘의 미소

차는 단양을 지나 죽령고개에 이르렀다. 차에서 내려 잠시 휴식을 취한 뒤 풍기를 거쳐 부석사로 향했다. 촉촉히 내리던 비가 그치고 하늘에 서광이 비쳤다.

단 하루를 살더라도 깨어 있는 의식으로, 순리대로 살다가 때가 되면 가는 것. 그것은 나의 평시 지론이었다. 삶과 죽음은 동전의 양면과 같아서 그때가 언제든 평온한 마음으로 맞을 준비가 되어있었다.

'매일매일을 잠든 의식으로 습관적으로 맞이한다면 더 이상 존재해야 할 이유가 없지 않은가. 육肉은 옷과 같아서, 낡아 해체되면 또 다른 옷을 입게 되는 법. 그러니 옷보다 몸 자체, 즉 영혼의 문제에 더 관심을 가져야 하지 않겠는가.'

이런 생각을 하는 동안 차는 어느새 부석사 입구에 들어섰다. 주차장에 차를 세우고 입구 안내판을 지나 올라가는데, 길 곳곳에서 아낙네들이 산나물을 팔고 있었다. 개울을 건너 얼마간 올라가니 매표소가 나오고 '태백산 부석사太白山 浮石寺'라고 쓴 편액이 걸린 일주문이 보였다.

부석사.

의상義湘 대사가 이 절을 창건할 때 그를 사모했던 선묘善妙가 부석浮石으로 변해 소승 잡배들을 물리치고 의상을 수호한 데서 붙여진 이름이다. 봉황산鳳凰山 중턱에 위치한 부석사는 의상이 화엄세계의 중심에 세운 도량으로, 그가 세운 화엄십찰 가운데서도 으뜸가는 종찰로 알려져 있다. 백두산에서 시작한 산줄기가 태백산에서 방향을 바꾸어 다시 서남쪽으로 뻗은 줄기에 위치한 봉황산은 연화봉, 비로봉 등 뭇 산의 크고 작은 봉우리들이 읍하고 있는 형상으로, 풍수지리상 빼어난 길지吉地에 속한다고 한다.

일주문을 지나 경사진 산길을 오르니 길 옆에 당간지주가 비스듬히 서 있었는데, 사찰의 종파를 나타내는 깃발인 당幢을 걸던 구조물 가운데 하부구조만 남은 것이라고 했다. 당간지주를 지나니 창건 당시의 모습을 간직하고 있다는 여러 단壇의 석축이 이어지면서 화엄종찰의 위용을 돋보이게 했다. 천왕문天王門 중앙 칸으로 난 통로를 따라 계속 올라가니 대석단大石壇이 나오고, 대석단에 오르니 왼쪽으로 연화 대좌와 초석, 맷돌, 석조 등의 유물이 보였다. 대석단 위쪽의 낮은 축단 위에는 2층 누각인 범종각梵鐘閣이 서 있고, 그 아래로 난 통로를 따라 오르니 안양루安養樓와 지붕이 반쯤 가려진 무량수전無量壽殿이 시야에 들어왔다. 다시 안양루 밑을 지나 석축 위로 올라서니 무량수전 앞 중정이 나타나면서 당당하고 안정감 있게 지어진 무량수전이 시야에 펼쳐졌다.

부석사의 주불전인 무량수전은 무한한 생명과 지혜를 지녔다 하여 '무량수불'로도 불리는 아미타여래를 모신 데서 붙여진 이름이다. 무량수전 안으로 들어서니, 스무 명 남짓한 사람들이 간절한 표정으로 소원을 빌며 정신없이 절을 올리고 있었다. 대학입시를 앞두고 사찰에서 흔히 볼 수 있는 광경이었다. 분향한 후 삼배를 올리고 나서 내부를 살펴보니, 일반적으로 진입하는 정면쪽으로 불상을 모시는 우리나라 전통사찰과 달리 진입 방향과 불상을 모신 방향이 달랐다. 그곳엔 불상이 동향으로 배치되어 내부의 열주列柱를 통해 이를 바라볼 수 있어 장중한 분위기를 느끼게 했다. 무량수전 정면 중앙칸에는 '무량수전無量壽殿'이라고 쓴 편액이 걸려 있었는데 고려 공민왕의 글씨라고 했다.

무량수전을 나온 나는 선묘각善妙閣으로 향했다. 선묘각은 의상의 창건 설화와 관련된 인물인 선묘를 모신 전각으로 무량수전 북서쪽에 위치했는데, 최근세에 지어졌다고 했다. 아주 작은 규모에 기단도 없는 소박한 선묘각 문을 여니, 그 안에는 최근 조성된 것으로 보이는 우아한 자태의 선묘 탱화가 모셔져 있었다. 한 사람 이상은 들어갈 수 없을 정도로 내부 공간이 협소했다. 한적한 숲속 한켠에 위치한 선묘각에서 탱화를 바라보며 분향을 하노라니 선묘설화가 떠올랐다. 부석사 연기설화緣起說話로 알려진 이 설화는 『송고승전宋高僧傳』에 이렇게 전해온다.

의상이 현장(玄奘)의 신유식(新唯識)을 배우기 위해 두 차례의 시도 끝에 당으로 건너가 등주에 있는 한 신도 집에서 머물게 되었다. 그 신도의 딸 선묘는 37세의 준수하고도 유현(幽玄)한 덕을 지닌 의상을 보고 마음으로 지극히 사모하여 따랐으나 세속적인 사랑이 이루어질 수 없음을 알고 도심(道心)을 일으켜 세세생생 의상을 스승으로 삼아 귀명할 것을 맹세했다. 그리고 그가 당에 머문 10년 동안 단월(檀越)로서 공양을 계속하였다.

그러던 중 의상은 법을 전하는 일을 시작할 때가 왔음을 알고 귀국길에 오르고자 상선의 편이 있기를 기다리다가, 어느 날 드디어 출범하게 되었다. 선묘는 의상에게 드릴 법복과 일용품 등을 마련하여 함에 가득 채워 해안가로 가지고 나갔으나, 의상이 탄 배는 이미 항구를 멀리 떠나 있었다. 선묘는 지성으로 기도를 올린 뒤 간절한 마음을 담아 거센 파도 위로 물품이 든 함을 던져 의상이 탄 배에 이르게 하였고, 곧이어 자신도 바다에 몸을 던져 용으로 변신하여 험난한 뱃길을 지켜 안전하게 본국의 해안에 도착하게 하였다.

선묘는 의상이 귀국한 뒤에는 일심으로 그의 전법(傳法)을 도왔다. 의상이 부석사 터에 이르렀을 때 신령스런 기운을 느끼고 그곳이야말로 참된 법륜(法輪)을 돌릴만한 곳이라는 생각이 들었으나 이미 소승 잡배들이 자리를 차지하고 있었다. 이러한 의상의 마음을 읽은 선묘가 이들을 쫓아내고 의상을 수호하기 위해 대반석(大磐石)으로 변하여 공중으로 붕 뜨자 모두 어찌 할 바를 모르고 혼비백산하여 사방으로 흩어져 달아났다. 그리하여 의상은 이곳을 전법처로 삼아 평생 떠나지 않고 운집하는 대중들에게 『화엄경』을 강설하여 우리나라 화엄종의 초조(初祖)가 되었다.

전하는 바에 의하면, 이러한 선묘설화의 내용을 구현한 석룡石龍이 무량수전 본존本尊의 대좌臺座 밑에 머리를 두고 굽이를 틀어 그 꼬리 끝이 무량수전 앞뜰 석등 아래쯤에 놓여 있다고 한다. 이는 일제가 한반도를 강점한 시기에 개수공사를 하던 중 무량수전 앞뜰의 개굴에서 임진왜란 때 명나라 장수 이여송李如松이 잘랐다는 석룡의 요부腰部가 발굴됨으로써 밝혀진 사실이다. 당시 부석사측의 거듭된 종용에도 불구하고 일인日人 기술자의 완강한 거부로 보수가 이루어지지 못했다고 한다.

선묘 낭자와 의상 대사에 관한 이야기를 떠올리고 있노라니 요석 공주瑤石公主와 원효 대사에 관한 이야기가 떠올랐다. 원효와 의상은 함께 당나라 유학을 결행했을 만큼 지우지간이었다. 두 사람이 구도적 일념으로 입당入唐 도중 어떤 움막에 들어가 자다가 목이 말라 사발 같은 데 고인 물을 마시고 해갈하여 편히 쉬었는데, 이튿날 살펴보니 그 움막은 고총古塚의 감실龕室이요, 물그릇은 해골박이었다. 이를 본 원효는 갑자기 구토를 일으키다가 홀연 삼계유심三界唯心의 이치를 크게 깨달아 "마음이 일어나면 갖가지 법이 일어나고, 마음이 사라지면 갖가지 법이 사라진다心生則種種法生 心滅則種種法滅"고 하였다. 그리하여 마음 밖에 법이 없거늘 따로 구할 것이 없다 하여 유학을 포기하고 의상과 헤어져 환국했다.

태종 무열왕의 과寡공주 요석은 일찍이 원효와 사랑하는 사이였음에도 뜻을 이루지 못하고 다른 사람과 결혼하여 사흘 만에 남편을 전장에서 잃었다. 원효가 "누가 자루 빠진 도끼를 주겠는가 하늘을 떠받칠 기둥을 찍어 내리라誰許沒柯斧 我斫支天柱"고 외치며 다닌다는 말을 듣고 느껴지는 바가 있어 태종 무열왕은 그를 요석궁에 들도록 했다. 그러나 요석의 간곡한 만류에도 불구하고 원효는 사흘 후 떠나는데, 그때 잉태된 아이가 바로 설총이다. 이후 요석은 애를 태우며 사람을 풀어 그를 찾기도 하고, 지성으로 기도를 하면서 평생을 보내게 된다. 만년에 왕의 요청으로 궁중에서 베풀어진 『금강삼매경론』에 관한 원효의 강설을 듣고 요석은 비로소 깊은 깨우침을 얻어 그를 스승으로 삼아 귀명하게 된다.

선묘와 요석의 지순한 사랑 이야기는 불교사상계의 두 거봉과 관련되어 있다. 표면적으로 나타나는 사랑 이야기와는 별도로, 그 이면에 개인의 의지를 초월한, 전 우주를 지배하는 자연법인 카르마의 물결을 타고 흐르는 무수한 사상事象들을 나는 보았다. 그 이전의 무수한 생을 통하여 선묘와 의상, 요석과 원효 또한 다양한 관계를 형성하며 지금의 관계와 반대되는 입장에 있던 때도 있었을 것이다. 모든 것은 인연법에 따라 오고 가게 마련이다. 카르마의 물결을 타고 영적 진화를 향해 나아가고 있는 것이다. 사람들은 세상만사를 현재의 모습만 보고 평가하면서 부러워도 하고 경멸하기도 한다.

'지나가는 멧돼지는 네 과거의 몸이고, 부처는 과보로서 받을 네 미래의 몸'이라고 하신 말씀의 뜻을 새길 수 있다면 세상사에 일희일비하지 않고 관조하는 삶을 살 수 있지 않을까.'

탱화를 바라보며 독백하듯 말했다. 순간 선묘가 미소를 짓는 듯 했다.

알렉산더의 매듭

선묘각을 나와 무량수전 북쪽 산비탈을 오르니 중턱에 조사당祖師堂이 나타났다. 조사당 문고리가 열쇠로 걸려 있어 사람들은 문이 잠긴 것으로 알고 그냥 지나쳤다. 그런데 다가가 문고리를 잡아당기니 그대로 문이 열렸다. 내가 혼잣말처럼 말했다.

"새 세상도 이와 같은 것……. 남들이 보면 잠겨 있고 안 보여도 의지가 있으면 열리는 법. 신전에 있는 매듭을 풀면 세계의 왕이 될 것이라는 소문을 들은 알렉산더는 단칼에 그 매듭을 잘라 버리지 않았던가."

그것은 마치 계란을 깨서 세우는 것과 같은 발상의 전환이었다.

알렉산더가 그리스 · 페르시아 · 인도에 이르는 대제국을 건설할 수 있었던 것은 기존 사고의 연장이 아닌, 발상의 대전환이 있었기에 가능했다. 이로 인해 그리스 고유의 문화가 지중해, 시리아, 이집트, 페르시아 등지로 파급되면서 오리엔트 문화와 융합하여 세계적 성격을 띤 헬레니즘Hellenism 문화로 발전하지 않았던가.

나는 언젠가 '알렉산더의 매듭'에 관한 글을 읽으며 깊이 공감한 바가 있었다.

알렉산더 대왕이 페르시아 원정 중 프리기아의 수도 고르디움에 도착했을 때의 일이다. 그 도시에 있는 신전에는 마차 한 대가 마술과 같은 매듭으로 복잡하고 단단하게 묶여 있었다. 고르디우스는 원래 농부였으나 마차를 타고 광장에 들어오는 사람이 왕이 될 것이라는 신탁 때문에 왕이 되었는데, 신탁을 내린 신전에 마차를 묶어둔 데서 그 매듭은 '고르디우스의 매듭'이라 불렸다. 언젠가부터 "매듭을 푸는 자가 이 마차를 타고 세계를 정복하는 대왕이 되리니"라는 예언이 있어 많은 영웅호걸들이 시도했으나 한 사람도 성공하지 못했다. 그 소문을 들은 알렉산더는 단칼에 그 매듭을 쳐서 끊어 버렸다. 그리고 예언대로 그는 광대한 제국을 건설하고 지배자가 되었다. 조사당 안으로 들어가 분향하고 예를 갖춘 후 내부를 둘러보았다. 부석사 창건자인 의상 조사와 역대 조사들의 영정이 모셔져 있었다. 또 최근에 조성된 것으로 보이는 석고로 된 의상 조사상과 그 일대기를 그린 탱화가 안치되어 있었다. 탱화를 바라보며 나는 의상의 『화엄일승법계도華嚴一乘法界圖』에 대해 생각했다. 일체법은 본래 중도中道에 있다고 했던가. 그 난해하고 방대한 『화엄경』의 근본 정신을 그토록 평이하고 간결하게 요약한 이는 일찍이 없었다.

조사당에서 나와 다른 곳으로 발길을 옮기려는데 처마 아래 보호책 주위에 사람들이 몰려 있었다. 의상이 꽂은 지팡이가 나무로 자라났다는 선비화仙扉花라고 했다. 비나 이슬을 맞지 않고도 자라며 항상 크기가 일정하다던 바로 그 선비화였다. 전하는 바에 의하면, 광해군 때 경상감사 정조鄭造가 부석사에 와서 이 나무를 보고 "선인이 짚던 것이니 지팡이를 만들고 싶다"면서 잘라 갔는데, 나무에서 두 줄기가 다시 뻗어 나와 전처럼 자랐다고 한다. 또한 나무가 사시장철 푸르고 잎이 피거나 지는 일이 없어 스님들은 비선화수飛仙花樹라 부르기도 했다고 한다.

조사당 동쪽 가까이에는 취현암구지비醉玄菴舊址碑가 세워져 있어 취현암 옛터임을 말해주고 있었다. 그곳은 사명 대사의 수도처로도 유명한데, 주위 경관이 밝고 편안해 보였다. 시간은 어느새 오후 한 시를 넘고 있었다. 나는 휴식을 취할 곳을 찾기 위해 길을 재촉했다. 응진전應眞殿과 자인당慈忍堂, 그리고 응진전 뒤쪽에 호젓하게 위치한 단하각丹霞閣에 잠시 들러 분향한 후, 선묘가 변했다는 부석이 바라다보이는 널찍하고 편평한 곳에 자리를 잡았다.

간단하게 준비해 간 식사를 마친 후 얼마간 휴식을 취했다. 저물어가는 늦가을의 햇볕이 따사롭게 느껴졌다.

알렉산더(Alexandros the Great)가 인도 원정을 떠나기 전에 그리스의 철학자 디오게네스(Diogenes)와 나눈 이야기는 지금까지도 인구에 회자膾炙되고 있다. 인도 원정을 떠난다는 알렉산더의 말에 디오게네스는 "인도를 정복하고 세계를 다 정복하면 무엇을 얻게 됩니까?"라고 물었다. 이에 알렉산더는 세계를 다 정복하고 나면 편히 쉬면서 인생을 즐길 생각이라고 했다. 그때 강가 모래 위에 편히 누워 일광욕을 즐기던 디오게네스가 "저는 아무 것도 정복하지 않고서도 이렇게 편히 쉬고 있습니다"라고 답하자, 알렉산더는 "이제 여기서 되돌릴 수는 없소. 먼저 세계를 정복하지 않고서는 편히 쉴 수가 없소"라고 답했다는 것이다. 이 두 사람의 이야기를 들으면 대개의 사람들은 각자의 가치관과 인생관에 따라서 어느 한쪽을 지지하곤 한다. 그러면 두 사람의 대화를 변증법적으로 통합하면 어떻게 될까? 우선 편안함과 즐거움은 정복을 통해서 얻어질 수 있는 것이 아니라는 점에서 '정복하지 않고서도 편히 쉬고 있다'는 디오게네스의 말은 확실히 진리에 가깝다. 정복은 에고의 충족을 위한 것이며, 에고의 충족이 곧 편안함과 즐거움이 될 수는 없기 때문이다. 다음으로 사람은 누구나 타고난 기질에 따라 행동하게 되어 있으며 시행착오와 자기성찰의 과정을 통해 궁극적인 앎에 이르게 된다는 점에서 '먼저 세계를 정복하지 않고서는 편히 쉴 수가 없다고 한 알렉산더의 말 또한 진리에서 멀지 않다. 모든 관점을 통섭할 수 있을 때, 그리하여 선악善惡과 시비是非를 넘어설 수 있을 때, 바로 그때 진정한 앎이 일어난다. 참자아의 이중성은 선악과 시비를 경험하기 위한 것으로 이러한 이중의식의 진실은 바로 이 이중성의 초월에 있다.

디오게네스가 나무통에서 일광욕을 하고 있을 때 알렉산더 대왕이 '그대 소원이 무엇인가?' 하고 물었다. 디오게네스는 '당신이 가리고 있는 햇볕이 필요하니 좀 비켜주시오.' 하고 말했다. 그러자 알렉산더는 '내가 알렉산더 대왕이 아니었더라면 디오게네스가 되기를 바랐을 것이다' 라고 말했다. 디오게네스의 부자 친구가 "고개 숙이는 법을 조금만 알아도 호의호식할 수 있을 텐데"라고 하자 디오게네스는 "조의조식粗衣粗食하는 법을 조금만 알면 고개를 숙이지 않아도 될 텐데"라고 응수했다.

나는 알렉산더의 인물됨을 생각했다.

'알렉산더였으니 디오게네스를 알아볼 수 있었던 게야.'

그의 비범함은 역사상 손꼽을 만한 제국을 건설한 것 못지않게 인물됨됨이에서도 찾아볼 수 있다. 그가 군인으로서 당당한 기개를 지녔음은 다 아는 사실이고, 부하들이 믿고 따를 만한 그 무언가가 있었다. 페르시아의 왕 다리우스를 추격하다가 물을 찾지 못해 극심한 갈증에 시달리던 중 노새 등에 물을 싣고 가던 사람이 투구에 물을 부어 바쳤다. 그 물을 받아든 알렉산더는 '내가 이 물을 마시는 것을 군사들이 보면 그들은 더 목이 탈 것이다' 라고 하면서 그 물을 다시 물동이에 붓도록 했다. 그는 정복민의 사상에 대해서도 수용적이었다. 페르시아 정치 구조에서 배운 것을 그의 제국에 도입하기도 했다. 그는 정복지의 민생을 잘 보살폈으며, 특히 여자들을 전리품으로 취하는 것을 엄단했다. 다리우스의 막사를 점령하고 다리우스의 비妃와 두 공주를 취할 수 있었음에도 그는 그렇게 하지 않았다. 이러한 점들은 징기스칸도 마찬가지였다. 그만한 그릇이 되는 인물이었던 것이다. 한마디로 진정한 군인이었다.

'浮石부석'이라고 새겨진 반석이 시야에 들어왔다.

음은 양의 창조의 빛 이전의 원초의 심연이다. 그래서 '양음'이라고 하지 않고 '음양'이라고 한다. 본래 하나이나 둘로 현현했을 뿐이다. 음은 양의 맹아萌芽를, 양은 음의 맹아를 내포한 채 창조적인 상보성의 원리 속에서 영원한 교차현상이 나타나는 것이다. 우주에서의 두 위대한 힘의 완전한 균형과 조화를 나타낸 것이 바로 음양의 상징인 태극이다.

순간 선묘의 단아한 모습이 겹쳐지면서 선묘가 미소를 짓는 듯했다.

한 인간의 삶은 생의 종착역에 이르러서야 그 깊이가 드러나는 법이다. 알렉산더의 병세가 갈수록 악화되자 왕실은 깊은 시름에 빠진 채 '마지막 유언이 무엇일까' 하고 궁금해했다. 하지만 사경을 헤매면서도 그는 좀체 입을 열 기미를 보이지 않아 주위를 안타깝게 했다. 그러던 어느 날 힘겹게 입을 연 그는 이렇게 말했다.

"짐이 죽으면 묻을 때 손을 밖으로 내놓아 사람들이 볼 수 있게 하라."

유언을 기다리던 주변 사람들은 내심 놀라지 않을 수 없었다. 대제국을 건설한 왕의 유언으로는 적절하지 않다고 생각한 것이다. 그러자 알렉산더는 "짐은 사람들에게 천하를 차지했던 알렉산더도 결국 빈손으로 떠난다는 것을 보여주고자 함이오"라고 말했다. 33년의 짧은 생애를 마감하는 순간의 그 웅혼한 기상, 그것은 바로 그의 삶에서 묻어나왔다.

알렉산더 역시 오점 많은 인간이었다고 말할 수도 있다. 어떤 영웅이라도 육체를 가지고 있는 한 한계가 있을 수밖에 없다. 마치 아무리 아름다운 숲이라 할지라도 자세히 보면 벌레 먹고 병든 초목이 있듯이……

그렇다고 해서 숲의 아름다움을 손상시키는 것은 아니지 않는가.

원효와 그의 아들 설총에 관한 이야기가 생각났다.

원효 같은 성인도 아들인 설총에게는 원망의 대상이었다. 아버지 얼굴도 못 보고 자랐으니 그럴 만했을 것이다. 그러나 훗날 궁중에서 베풀어진 『금강삼매경론』에 관한 원효의 강설을 듣고 크게 깨우침을 얻은 설총은 어느 늦가을 원효가 있는 절로 찾아갔다. 설총이 기다리고 있는 마당으로 나온 원효는 말없이 대빗자루를 쥐어주고는 들어가 버렸다. 설총은 마당을 쓸라는 뜻으로 알고 마당에 있는 낙엽을 하나도 남기지 않고 정성을 다해 쓸어 한쪽에 모아 두었다. 얼마 후 원효가 나오더니 모아 둔 낙엽을 한줌 쥐어 마당에 뿌리면서 "가을 마당엔 낙엽이 몇 잎 떨어져 있는 것이 제격이니라"라고 말한 뒤 다시 안으로 들어갔다. 그 말을 들은 설총은 부복한 채 일어날 줄을 몰랐다. 삶의 심연, 그 깊이를 알 수 없는 심연 속으로 들어가 보지 않고서는 이러쿵저러쿵 인생을 논할 수 없다. 가을 마당엔 낙엽이 몇 잎 떨어져 있는 것이 제격이듯이, 삶의 마당에도 오점이 몇 점 있는 것은 자연스럽다. 낙엽을 한 줌 쥐어 마당에 뿌리는 원효의 손짓은 가히 선어仙語 아닌가!

각자에게 주어진 상황은 다 그만한 이유가 있는 것이니 인간의 짧은 머리로 섣불리 판단하고 심판하려 해서는 안 된다. 육적으로 보면 좋은 환경이니 나쁜 환경이니 하지만, 영적으로 보면 가장 적절한 환경이라고 할 수 있다. '알렉산더처럼 왕자로 태어나고 아리스토텔레스의 가르침을 받을 수 있다면……' 하고 가정하는 것도 부질없는 짓이다. 모든 사람에게는 각자의 영적 단계에 맞는 고유한 길이 있게 마련이다.

아무리 멋진 옷이라도 자기 몸에 맞지 않으면 소용없는 것처럼, 아무리 그럴듯해 보이는 환경이라도 자신의 영적 단계에 맞지 않으면 소용없다. 좋은 환경이니 나쁜 환경이니 하는 것은 단지 에고의 해석일 뿐이다.

나는 잠시 생각에 잠겼다.

'성자들의 삶에서 묻어나오는 삶의 향기, 그 은은하고도 진한 삶의 향기는 어디에서 오는 것일까? 그것은 그들의 영혼이 삶의 대지에 깊숙이 뿌리내리고 있기 때문 아닐까? 하여 인생의 폭풍우에도 시달리지 않고, 시간의 음모에도 고통 받지 않으며 언제까지나 푸르른 모습으로 사랑의 수호신이 된 것이다. 우리의 삶이 주는 크고 작은 무수한 시련들, 그 시련의 교육적 의미를 진지하게 학습하며 매일매일을 참 좋은 배움의 날로 맞는 그들의 깨어있는 의식이 뿜어내는 향기가 아닐까?'

토요일이라 그런지 오후가 되니 명소를 보러 오는 사람들의 발길이 잦아졌다. 열 명 남짓한 일행이 다가오더니, 그 중 한 사람이 부석을 가리키며 선묘와 의상에 관한 이야기를 큰 소리로 하기 시작했다. 시간도 꽤 지났고 해서 나는 자리에서 일어섰다. 하늘을 보았다. 이른 새벽녘 서우가 내려서인지 하늘은 더없이 푸르고 청명해 보였다.

전각들을 따라 내려오는 길은 사람들로 붐볐다. 전각들을 몇 군데 더 둘러보고 내려오는데, 스님들이 거처한다는 응향각凝香閣이 보였다. 댓돌 위에는 스님들의 정갈한 고무신이 가지런히 놓여 있었다. 언젠가 공산公山이 만월로 가득 차 신비롭기까지 했던 이른 새벽, 뼛속까지 스며드는 추위 속에서 탑돌이를 마친 스님이 댓돌 위에 벗어놓은 신발을 보며 나는 제행무상諸行無常을 느꼈다. 당시 나는 숲 언덕 위에 있는 사찰 맞은

편에 집이 있다 보니 매일 새벽 탑돌이 하는 스님의 구성진 염불소리와 목탁소리로 하루를 시작하곤 했다.

지나가던 일행이 선묘정善妙井과 식사룡정食沙龍井에 관한 얘기를 하고 있었다. 나는 길을 물어 그곳으로 갔다. 우물이라고 하기엔 아주 작은 규모였다. 고려시대 박효수朴孝修라는 사람이 이 물을 마시고 떠나기가 못내 아쉬워 읊었다는 시구를 떠올리며 나는 이렇게 대구對句를 읊었다.

용정수(龍井水)는 영원히 마르지 않는 그대 영혼의 샘
사랑의 두레박으로 길어올려 목마른 영혼들을 적셔주세요. 그러면
어리석음의 어둠이 사라지고 지혜의 밝음이 그 모습을 드러내리니…….

그러자 선묘정에 선묘의 얼굴이 비치며 선묘가 미소를 짓는 듯했다.

저녁노을 속에서의 용놀이

경내를 둘러본 뒤 봉황산을 내려오다가 잠시 길가에 앉았다. 그날 하루를 정리해 보고 휴식도 취할 겸 해서였다. 행인들의 모습이 마치 그림 속 인물들인 양 시야에 들어왔다가 곧 의미 없이 사라졌다.

초나라 남쪽에 명령冥靈이라는 나무가 있었는데 천 년에 한 번씩 나이테가 생겼다고 한다. 어디 그뿐인가. 옛날 대춘大椿이라는 나무는 1만 6천 년에 한 번씩 나이테가 생겼다고 한다. 사람이 산다고 하는 것이 어찌 보면 참 속절없는 것 아닌가. 짧은 한 철을 살다 가면서 일념으로 정진해도

모자랄 판인데 무얼 그리 움켜쥐겠다고 발버둥 치는지……. 비워야지. 매일매일 비워야지. 오늘 여기에 온 것도 뭔가 비우기 위함이 아닌가.

의상은 '행행본처行行本處 지지발처至至發處'라고 했다. 간다 간다 하지만 그곳이 바로 본래 그 자리요, 왔다 왔다 하지만 그곳이 바로 떠난 그 자리이니, 오고 감이 따로 없는 것. 그렇게 순간과 영원의 피안에서 선묘의 지순한 사랑은 법法의 가마솥을 끓이는 화력이 되어 뭇 생명의 영혼을 적시는 법우法雨가 되어 내리게 했다. 사랑은 헌신의 다른 이름. 그 어떤 의미에서도 소유 개념을 수반할 수는 없는 것. 선묘와 의상의 사랑이 오늘에도 다함이 없이 타오를 수 있는 것은 그 연료에 불순물이 섞여 있지 않았기 때문 아니겠는가.

그것은 집착이나 기만과 같은 불순물이 없는 고순도의 연료를 말함이었다. 나는 그렇게 그날을 정리하고 있었다.

"이 우주를 돌아가게 하는 음양의 이치를 제대로 알면 세상이 이렇게 잘못 가고 있지는 않을 것을……."

흔히 음양의 이치라고 하면 단순히 남녀 간의 육적인 관계를 전부처럼 생각하는 사람이 많은 것을 두고 한 말이었다. 천지만물의 생성과 발전이 음양의 조화적 원리로 설명되거늘, 사람들의 생각이 표피적으로 흐르니 삶 또한 표피적으로 흐를 수밖에……. 요즈음 유행하는 판소리가 '죽을 판'이라던가. 사랑과 믿음과 의리는 간 곳이 없고 돈이니 권력이니 명예니 인기니 하는 것이 판을 치는 세상이니 살 판이 아닌 것은 분명했다.

중국의 한 왕이 병이 들어 온 나라의 명의들을 다 불러들였으나 날이 갈수록 병세가 악화되었다. 그러던 중 인육人肉이 그 병을 낮게 할 수 있다는 말이 나라 안에 돌았다. 어느 날 그 소문을 들은 한 사람이 자기 아들을 삶아서 왕에게 바쳤다. 그러자 왕은 "자기 자식을 삶아서 바치는 자가 무슨 짓을 못하랴! 필요하다면 짐을 삶을 수도 있음이야"라고 말하며 그 자리에서 목을 베었다고 한다. 사랑이니 인륜이니 믿음이니 하는 것은 한낱 허울일 뿐, 각자의 근기대로 움직이는 법이다.

지금 세상은 어떤가?

'우상 숭배, 우상 숭배' 하는데 무엇이 우상인가. 한마디로 물신物神이다. '하나'님이든 알라신이든 단지 표방하는 휘장에 불과할 뿐, 물신이 우상이 되고 있다. 스스로의 영적 이미지로서가 아닌, 육적 이미지로서 그려낸 바로 그 물신이다. 그러다 보니 자신의 생각과 일치하면 선이요 그렇지 않으면 근절시켜야 할 악으로 간주하게 된 것이다. 이 세상이 분열과 혼란의 도가니에 빠지게 된 것은 정신精神이 아닌 물신을 떠받든 데서 비롯된다. 의식은 확장될수록 걸림이 없어져 자유로워지나, 물질은 확장될수록 걸림이 커져 구속을 가져오니 부자가 천국에 가는 것이 낙타가 바늘구멍을 통과하는 것보다 힘들다고 한 것이다. 인류가 이러한 우상 숭배를 그만두지 않는 한 분열은 계속될 수밖에 없을 것이다.

언젠가 한 학생이 내게 질문했다.

"저는 꼭 결혼을 해야 한다고 생각지 않는데, 대개는 남들이 하니까 그냥 결혼을 하는 것 같습니다. 대체 결혼의 의미가 무엇입니까?"

사랑과 믿음에 기반을 둔 인격과 인격의 결합으로 나타나야 할 결혼이 사람과 재물, 사람과 지위, 돈과 권력, 이해관계의 결합으로 나타나고 있음을 내가 개탄하자 나온 질문이었다. 대부분 결혼의 깊은 의미를 알지 못한 채 관습적으로 결혼한다는 것은 실로 실소를 자아내게 한다.

"결혼이란 종족 보존 이상의 의미가 있지요. 한 가문의 대를 잇고, 부족이나 민족의 혈통을 보존하고, 나아가 인류의 종을 보존하는 것 이상의 의미가 있어요. 그것은 '나'와 '너'가 '우리'라는 이름으로 하나가 되는 것, 말하자면 영적 확장을 의미합니다. 그 내면적 원리가 바로 사랑입니다. 결혼의 본래적 의미는 영적 동반자와의 결합으로 영적 진화의 장을 마련하는 것이라는 점에서 신성한 의식이고 축복해야 할 일이지요.

동시에 그것은 계속해서 다른 영혼에게 진화의 장을 제공합니다. 영혼은 육체를 통하지 않고는 스스로 진화할 수 없으니까요. 새로운 생명의 탄생은 영혼에게 육체라는 옷을 제공함으로써 진화의 장으로 진입할 수 있게 한다는 점에서 존귀합니다. 여러분이 부모로부터 육체라는 옷을 받았듯이 여러분 또한 부모가 되어 다른 영혼에게 육체라는 옷을 제공하는 것입니다. 이렇듯 종족 보존의 의미는 단순히 보존을 위한 보존이 아니라 진화를 위한 보존이라고 할 수 있습니다."

"말씀을 듣고 보니 결혼의 심오한 의미를 조금이나마 알 것 같습니다. 그렇다면 결혼하지 않은 사람들의 삶은 어떠합니까?"

"'영적 확장을 도모할 수 없는 것인가' 하고 묻는 것이지요? 그렇지 않습니다. 원래 생명의 속성은 다양성입니다. 이 세상에는 개인적·종교적 이유 등으로 독신인 사람들이 많은데, 그렇다고 그들이 세상이라는 무대 밖에 있는 것은 아니지 않은가요. 결혼이 자아실현의 한 방법이듯, 이들도 각자의 영역에서 다양한 방식으로 사랑을 실천하며 자아실현에 힘쓰고 있습니다. 결혼을 하는 것보다 하지 않는 것이 자신에게나 주변에 더 활력을 주고 의미가 있다면 하지 않는 것도 바람직한 선택이 될 수 있겠지요. 무수한 전생轉生 과정을 통하여 어떤 생에서는 혼자일 필요도 있으니까요. 이 세상은 단순히 논리로 설명될 수 있는 것이 아니에요. 이 세상에 존재하는 모든 것은 극대로부터 극미에 이르기까지 나름대로의 존재 이유가 있습니다."

나는 봉황산마루에 걸터앉아 늦가을 오후를 즐겼다. 마음속 해묵은 찌꺼기를 다 털어내며 하늘을 보았다. 순간 하늘에 기이한 장면이 나타났다. 뚫어지게 응시하다가 내가 혼잣말처럼 말했다.

"저기 저것이 무엇이지?"

"용龍이구나."

그것은 누가 보아도 영락없는 용이었다. 회백색 구름이 정교한 용의 형태를 만든 것이다. 특히 용머리 부분이 강조되어 보였다.

"저기가 바로 용머리구나!"

나는 용머리의 정교한 형태에 감탄했다.

'용이나 봉황은 음양 어느 쪽의 성질이든지 체현體現할 수 있다. 용이나 봉황의 신비성은 한마디로 음양의 일체성에서 오는 것이다.'

내가 이렇게 생각하는 순간, 용머리에서 굉장한 광채가 뿜어져 나오기 시작했다.

"아, 용머리가 빛을 내뿜고 있구나!"

너무도 생생한 장면에 나는 넋을 잃고 바라보았다. 그것도 잠시, 용은 벌어진 입으로 동그란 것을 뿜어냈다. 영락없는 여의주如意珠였다.

"용이 여의주를 뿜어냈다! 여의주를……."

나도 모르게 소리쳤다. 용의 입에서 나온 여의주는 다름 아닌 태양이었다. 태양이 용머리부분에 들어가 빛을 내다가 입으로 나온 것이었다.

그러나 그 순간에는 태양이라는 생각을 전혀 하지 못할 정도로 용머리며 입이며 여의주가 너무도 생생하게 느껴졌다. 여의주가 태양이었다는 사실을 안 것은 용의 입에서 여의주가 뿜어져 나온 지 얼마 지나서였다. 그렇게 신묘한 장면은 처음이었다. 한가로운 토요일 오후는 그렇게 봉황산마루에서의 용놀이로 마감되었다.

그로부터 며칠 후 새벽 비몽사몽간에 경이로운 한 장면을 보았다. 시커먼 구름을 배경으로 하늘에 오색찬란한 무지개가 걸려 있었는데 그 무지개는 영원히 사라지지 않을 것처럼 너무도 또렷하고 영롱한 천연색이었다. 장면이 바뀌면서 엄청나게 큰 새 한마리가 하늘을 꽉 채우고 있었고 캄캄한 어둠 속에서 수많은 군중들이 경외하는 마음으로 하늘을 올려다보았다. 순간 그 새가 지상으로 내려오더니 여인의 모습으로 변했다. 잠시 후 그 여인은 머리와 꼬리가 없이 몸통만 있는 생명체로 화했다.

이전에 연화산에 갔을 때 잠시 그곳에 들렀던 백련당이 한 말이 떠올랐다. 그곳에서 처음 그를 만났는데 그것은 참으로 우연한 조우였다.

"……몸통만 보이고 머리와 꼬리는 보이지 않지……모두 예정되어 있네. 반드시 이루어지네."

나는 독백하듯 말했다.

"몸통만 보이고 머리와 꼬리는 보이지 않지. 은두장미隱頭藏尾라."

『격암유록格菴遺錄』「말운론末運論」편에 보면, '자고예언비장지문自古豫言 秘藏之文 은두장미불각서隱頭藏尾不覺書'라는 말이 나온다. 이는 "예로부터 전해오는 이 예언은 비밀스럽게 감추어진 문장으로 머리는 숨어 버리고 꼬리는 감춘 듯이 기록되어 사람들이 깨닫기 어려운 글"이라는 뜻이다. 말하자면 파자破字, 은유, 비유 등으로 기록된 천기인봉天機印封의 이치를 설명하고 있는 것이다.

역사상 손꼽을 만한 유력한 예언서들이 무수한 논란을 야기시켰음에도 불구하고 사전에 파기되지 않고 온존할 수 있었던 것은 바로 이 천기인봉의 이치 때문일 것이다. 만약 이들 예언서가 지적 탐구를 통해 사전에 해독될 수 있는 것이었다면 누군가에 의해 이미 파기되었을 것이다. 예언서는 어떤 의미에서도 지적 탐구의 대상이 될 수 없다. 대규모 연구 단지를 조성해 수천 명의 학자가 연구한다고 해서 해독될 수 있는 내용이 아닌 것이다.

진리는 오직 마음에서 마음으로만 전달할 수 있으며, 문자란 달을 가리키는 손가락에 불과하다. 따라서 예언서에 대한 해독은 이성의 영역인 좌뇌에 의해서가 아니라 직관의 영역인 우뇌의 작용에 기인하는 것이다. 그것은 곧 우주 순수의식이 우뇌로 연결되어 있음을 의미한다. "자성구자自性求子 강재이뇌降在爾腦"*, 즉 "자성(自性, 참본성)에서 (하나님) 씨를 구하라. 이미 네 머릿골에 내려와 있느니라"가 바로 그것이다.

우주의 실체는 의식이며, 우주 순수의식은 바로 이 우주가 만든 통신선을 통해 우뇌로 연결된다. 그것의 요체는 마음을 비우는 데 있다. 에고가 사라짐으로써 저절로 작동하게 되는 것이다. 따라서 어떤 의도나 목

---

* 우리 민족의 3대 경전 중 하나인 『삼일신고(三一神誥)』에서는 자성(自性)에 대한 직관적 지각을 통해 하늘, 즉 '하나'님(순수의식, 우주의식)과 만날 수 있음을 말해준다.

적을 가지고 사심으로 예언서를 해독하려 한다면 진실은 결코 그 모습을 드러내지 않을 것이다.

예언서의 진수眞髓는 유현幽玄하고 또 유현하여 오직 깨인 자가 아니고서는 감히 진리의 경계에 접근할 수 없다. 그래서 『격암유록』「가사요歌辭謠」편에서는 "예언유서 세부지만시자탄豫言有書 世不知晚時自歎", 즉 예언서에 나타나 있는 것처럼 실제로 일어나고 있다는 사실을 세상 사람들이 뒤늦게 알고 스스로 한탄하며 후회하게 되리라고 했다.

얼마 후 나는 백련당을 찾아갔다. 백련당이 물었다.

"잘 보셨는가?"

"확인했습니다."

여여가 대답했다.

"그랬는가?"

백련당이 반가운 표정을 지으며 동조하듯 말했다.

그러나 나는 선묘각에 다녀온 뒤 비몽사몽간에 본 장면을 끝내 백련당에게 이야기하지 못했다.

그로부터 일 년이 지난 어느 날 나는 다시 백련당을 찾았다.

무슨 이야기 끝에 내가 본 장면에 대해 몇 마디를 이야기했다. 그러자 백련당은 이렇게 말하는 것이었다.

"천기누설일세. 다른 곳에 가서는 그런 이야기 하지 마시게."

빙그레 웃으며 나는 마음속으로 이렇게 답했다.

'아직 점안點眼을 하지 않았으니 천기누설은 아닙니다.'

제11장

매경한고발청향

'우파니샤드'라는 위대한 무기를 활로 삼고
명상으로 예리하게 간 화살을 그 위에 걸어
브라흐마를 향한 일념으로 잡아당기어
표적인 바로 그 불멸을 꿰뚫어라.
— *The Upanishads*

유엔세계평화센터 건립계획서 한글판과 영문판이 나오면서 건립을
위한 작업은 더욱 박차를 가하게 되었다. 2000년 11월에는 유엔 한국 주
재 대표의 주선으로 내한한 모리스 스트롱(Maurice Strong) 유엔 사무차장에
게 평화센터 건립에 관해 공개 브리핑했다. 그 후 홈페이지 재구축 및 다
양한 프리젠테이션이 이루어졌고, 세계 현자회의 및 지구촌 차원의 한울
림 북 축제 등을 기획했다. 일의 효율적 진행을 위해 중국측과 협의하여
경신평원경구를 유엔세계평화센터 1차 조성 지역으로 선정했다. 그리하
여 중국측에서 두 차례에 걸쳐 지적도를 만들고, 한국측에서 기본설계도
와 본부 세부 설계도 및 조감도를 완성했다. 이 과정에서 의견 조율을 위

해 수 차례 회의가 중국 현지에서 있었으며, 다소의 수정 과정을 거쳐 최종 중국식으로 변용되었다. 아울러 지질탐사도 이루어졌다. 일이 원활하게 진행될 수 있게 된 데에는 훈춘 시장과 당 서기의 배려가 컸다. 경신진 경내에는 국가 1급 중·조中朝무역 권하통상구, 국가 1급 방천명승풍경구, 야생연꽃늪공원, 사구砂丘공원, 장고봉사건 유적지 등이 있으며, 평화센터를 표시하는 표지판도 서 있다.

새로 이사한 사무실은 앞이 탁 트인 데다가 정남향이어서 밝고 기운도 좋았다. 그날도 궁돌이는 사무실 베란다로 날아들었다. 궁돌이는 생김새나 걷는 모습이 다른 비둘기들과 달랐다. 윤기 흐르는 밝은 회색 깃털에 꽁지 부분에는 흰색 깃털이 양쪽으로 나 있고, 가슴 양쪽 측면으로는 흰색 문양이 박혀 있어 누가 보아도 군계일학群鷄一鶴이라는 느낌이 들었다. 균형 잡힌 우람한 체구로 끄덕끄덕 걷는 폼은 영락없는 두목의 전형이었다. 가끔씩 모이를 먹는 중에 다른 비둘기가 끼어들면 당장 쫓아낼 정도로 힘도 세었다. 나는 여느 때처럼 구구가鳩鳩歌를 불렀다.

불러보세 불러보세 구구가를 불러보세
추분도수(秋分度數) 돌아왔네 구구가를 불러보세
천장지비도라지(天藏地秘道羅地)를 무슨 수(數)로 찾을건가
구구(鳩鳩)는 구구(九九)요 구구(九九)는 팔일(八一)이니
후천선경(後天仙境) 돌아왔네 구구가를 불러보세

구구가를 부르고 있노라니 지나간 시간이 주마등처럼 스쳤다. 순백의

정열로 타오르던 슬프도록 아름다운 애리조나의 겨울 석양—그 석양 속으로 말을 타고 어린 왕자가 되어 사라지던 아이들. 초대 대주교 성 아우구스티누스의 숨결이 깃든 캔터베리의 세계적인 대성당. 숲속 초원의 봄과 삼바 춤의 여름향연. 짙은 안개 속 밀레의 만종과 눈밭에 박힌 빨간 이층 버스. 파리의 노트르담(Notre Dame) 대성당 종탑의 경사진 난간의 괴수怪獸와 백두산 천지의 괴수. 다리를 인질로 돈을 요구하던 모스크바 붉은 광장의 어린 집시들. 초상화를 그리고도 끝내 돈을 받지 않던 알버트 거리 어느 화가의 예술혼. 에누리 신경전이 벌어진 불가리아 벼룩시장의 낯익은 풍속도. "태산이 높다 하되 하늘 아래 뫼이로다"의 산둥성山東省 태산泰山 정상에 들어선 현대판 아방궁. 무덤지기에서 나라지기로 탈바꿈한 시안西安의 진시황秦始皇 병마총兵馬塚······.

영국 히스로 공항을 떠나 뉴욕 케네디 공항으로 향하던 도중 기체 결함으로 인한 굉음에 눈과 귀를 막고 차라리 살아 있음에 고통하던 사람들. 격추된 KAL 007기를 탑승할 뻔했던 일. 뉴욕에서 출발해 서울 도착한 시간을 앞두고 뇌성벽력과 함께 천지사방이 캄캄해지면서 비행기가 곤두박질치자 공포에 질려 마지막 기도를 올리던 사람들. 인천을 떠나 중국 웨이하이威海를 향해 황해를 횡단하던 도중 심한 풍랑으로 배가 뒤집힐 뻔했던 일. 폭우로 백두산 가는 길이 끊어져 돌아가느라 두 시간가량 늦게 오르니 그동안 집채만한 바위가 굴러떨어져 일행이 즉사했던 일. 이 모든 것들이 삶에 대한 집착을 끊기 위함이었을까?

어느 날 영국에서 날아든 '치피Chippy'가 죽었다는 비보悲報. 그것은 내가 한때 머물렀던 집의 할머니가 보낸 것으로 치피의 사진이 함께 들어 있었다. 그 할머니는 혼자서 치피라는 개를 데리고 살았는데, 치피는 매일 밤 방귀 때문에 야단을 맞았다. 그런 치피가 죽었으니 오죽 마음이 서운했으랴! 그런데 얼마 지나지 않아 할머니로부터 소식이 끊어졌다. 치피의 사망 소식은 할머니가 전해 주었지만 할머니 소식은 전해 줄 사람이 없었다.

무수한 영상이 빠져나간 뒤 폐부를 찌르는 한 영상이 나타났다.

면벽 수행을 하던 달마達磨 대사를 9년 만에 뒤돌아보게 한 신광神光. 그가 바로 자신의 팔 한쪽을 잘라내고 달마의 가르침을 얻은 중국 선종의 제2조 혜가慧可이다. 자신의 목숨을 깨달음과 맞바꿀 정도로 뜨거운 영혼을 지녔던 사람. 그 순수한 열정을 온몸으로 느끼며 나는 종일토록 산길을 걷고 또 걸었다.

불꽃 같은 생을 살다간 사람들.

그 순수한 열정은 영혼의 영약靈藥을 달이는 화력이었다. 소아小我에서 대아大我로 비상하게 하는 그런 화력이었다. 고순도高純度의 뜨거움이었기에 시공을 초월하여 오늘날까지 뭇 영혼의 지진계를 뒤흔들고 있는 것이다. 정녕 순수한 뜨거움은 영혼의 존재성을 확인시켜 주는 바로미터와도 같은 것이다.

내게 세상은 그리 오래 머물 만한 곳도, 매력을 느낄 만한 곳도 못 되었다. 이유가 있으니 존재할 뿐이었다. 삶이 주는 영적 교훈을 묵묵히 배우며 그렇게……. 나는 매일 아침 태어나고 매일 저녁 죽었다. 어떤 날은 종일토록 명상하는 수행자로서의 삶을, 또 어떤 날은 종일토록 잡무에 시달리는 속인으로서의 삶을, 또 어떤 날은 별로 하는 일도 없이 황혼을 맞는 쉬어가는 삶을 살기도 했다. 멀리 전생을 논할 것도 없이 금생에서만 이미 무수한 생을 산 것이다.

나는 자문했다. 그렇게 무수한 생을 통해 얼마나 더 깊은 깨달음에 이르렀는가라고. 그리고 매일매일 주어지는 새로운 생을 얼마나 깨어 있는 의식으로 맞이하였는가라고. 깨달음이란 한마디로 에고의 소멸, 말하자면 집착의 끊어짐이다. 마치 해와 달이 대지를 떠나 허공에 떠 있지만, 그렇다고 허공에 집착하지 않는 것처럼…….

도道에 대한 집착마저도 방기되어야 할 것이었다. 비우고 또 비우는 연단의 과정을 통해 '나'와 '너'가 '우리'라는 용광로 속에 용해되어 우주를 '한생명'으로 보는 전체의식에 이르는 것이 궁극적인 존재이유이다. 매일매일을 잠들어 있는 의식으로 맞이한다면 변화될 것은 아무 것도 없다. 따라서 존재 이유 또한 상실되는 것이다.

수없이 되뇌고 또 되뇌었다. '어떻게 살 것인가?'

글을 쓰고 싶었다. 죽은 글이 아닌 살아 퍼득이는 글, 영혼을 적시는 단비가 되고 영혼의 영약을 달이는 화력이 되는 글, 일체의 틀을 해체하고 이 우주를 관통하는 하늘 소리를 담아내고 싶었다.

내가 전에 책을 냈을 때 한 독자가 연구실로 전화를 해 왔다. 작가라고 자신을 소개한 그는 한 시간이 넘도록 책에 대한 소감을 이야기했다.

"다음 책을 내겠다는 약속을 하지 않으면 전화를 끊지 않겠습니다."

나는 얼떨결에 "노력하겠습니다" 하고 답했다.

한 여성 독자는 전화로 이렇게 말했다.

"교수님과 같은 공기를 호흡하고 있다는 사실만으로도 가슴 벅참니다!"

구구가를 부르며 인고忍苦의 세월이 흘렀다.

어느 도인이 내게 한 말이 떠올랐다.

"……마음먹은 대로 된다는 뜻이지. 꽃이 한 송이 피려고 해도 천지기운, 햇볕, 습도 등이 맞아야 하거늘……. 때를 기다려야지. 마음먹은 대로 된다는 것 이상이 있겠는가. 최상급이지."

나아갈 때가 있으면 머무를 때가 있고, 또 기다릴 때가 있다. 동서고금을 막론하고 새 역사를 개창한 인물들에게 기다림은 열매를 맺게 해주는 천지기운, 햇볕, 습도와도 같은 것이었다. 정녕 매화가지는 찬서리를 맞고 난 후에야 비로소 맑은 향기를 발한다(梅莖寒苦發淸香)고 하지 않았던가.

내가 나 되기 위해서는

내 학문적 삶에서 첫 번째 큰 전환점이 우리 상고사 및 사상과의 만남이었다면, 두 번째 큰 전환점은 동학東學과의 만남이었다. 새로 이사한 사무실에서 몇 개월이 지난 어느 날, 우연히 동학 경전의 세 페이지 복사본이 내 손에 들어왔다. 해월(海月 崔時亨)의 '삼경三敬'에 관한 내용이었다. 경천敬天 · 경인敬人 · 경물敬物의 '삼경' 사상은 만유의 조화적 질서를 이루는 바탕이 되는 것으로 마음을 밝히는 길을 제시한다. 마음을 밝힌다는 것은 생명의 전일성과 자기근원성을 깨닫게 된다는 것으로 이는 곧 만물의 근원적 평등성과 유기적 통합성을 자각적으로 실천하게 되는 것이다.

‘경천’, 즉 하늘을 공경함이란 허공을 향하여 상제를 공경하는 것이 아니라 우주만물에 대한 차별 없는 사랑과 공경의 원천인 바로 그 하나인 마음(一心)을 공경하는 것이다. 경천은 곧 진리인 실체에 대한 인식이며 동시에 그것의 실천이다. 바로 이 실체에 대한 깨달음을 통하여 영적 진화가 이루어진다. 그것은 곧 순수의식으로의 길이며 우주만물에 대한 차별 없는 사랑을 통하여 이루어진다. 그것의 비밀은 일심에 있다. 그런 까닭에 "내 마음을 공경함이 곧 경천의 도를 바르게 아는 길이니, 내 마음을 공경하지 않는 것이 곧 천지를 공경하지 않는 것이라(吾心不敬 卽天地不敬)"고 한 것이다. 이는 곧 우주의 실체가 의식임을 말하여 주는 것이다. 우상숭배란 바로 이 경천의 도를 바르게 알지 못하는 데서 오는 것이다.

이러한 ‘경천’의 원리는 ‘경인(敬人)’의 행위가 수반되지 않으면 발현될 수 없다. 그런 까닭에 하늘을 공경하되 사람을 공경함이 없으면 행위의 실효를 거둘 수 없으므로 "사람을 버리고 하늘을 공경한다는 것은 물을 버리고 해갈(解渴)을 구하는 자와 같다"고 한 것이다. 경천과 경인의 불가분성은 사람(人物)이 곧 하늘이라는 사실에서 기인한다. 인내천(人乃天)이요 천인합일이다. 하늘이 사람을 떠나 따로이 있는 것이 아니므로 경천은 경인의 행위가 없이는 그 효과가 나타날 수 없다. 이웃을 네 몸과 같이 사랑할 수 있을 때 경천의 효과 또한 극대화될 수 있다. 그런 까닭에 "경천만 있고 경인이 없으면 이는 농사의 이치는 알되 실지로 종자를 땅에 뿌리지 않는 행위와 같으니, 도 닦는 자 사람을 섬기되 하늘과 같이 한 후에야 처음으로 바르게 도를 실행하는 자니라"라고 한 것이다. "도가(道家)에 사람이 오거든 사람이 왔다 이르지 말고 한울님('하늘'님, '하나'님)이 강림

하셨다 이르라"고 한 것도 같은 뜻의 다른 표현이다.

그러나 경인은 '경물'이 없이는 도덕의 극치에 이르지 못한다. 사물을 공경함에까지 이르러야 비로소 천지기화天地氣化의 덕에 합일될 수 있다. 설령 사회적 신분이나 재물, 명예 등에 구애받음이 없이 사람을 하늘과 같이 공경한다 할지라도 경인은 경물이 없이는 도덕의 극치에 이르지 못한다. 말하자면 도덕적으로 불완전한 것이다. 실로 이 우주는 분리 자체가 근원적으로 불가능한 기氣의 대양이며, 하늘과 사람과 우주만물은 그 어느 것도 분리되어 있지 않다. 한마디로 거대한 전체다. 따라서 "우주만물이 하늘을 모시지 않음이 없으니 사람을 대하고 물건을 접함에 있어 하늘 대하듯 하라"고 한 것이다. 이러한 전체성을 깨달으면 우주만물의 유기성과 상호 관통을 직시하게 됨으로써 만유가 근원적으로 평등하고 유기적으로 통합되어 있음을 체득하게 된다.

이러한 해월의 '삼경' 사상은 평소 나의 지론과 상통했기 때문에 크게 공감되는 바가 있었다. 세 페이지의 짧은 글이지만 그 속에는 자아실현의 정수가 내포되어 있었다. '내가 나 되는' 참본성으로의 길이 거기에 있었다. '삼경' 사상과의 만남이 계기가 되어 나는 곧바로 「우주진화적 측면에서 본 해월의 '삼경' 사상」이라는 논문을 발표했다. 그후 『동경대전東經大全』, 『용담유사龍潭遺詞』 등을 읽으면서 「수운水雲과 원효의 존재론적 통일사상」, 「수운의 후천개벽과 에코토피아(Ecotopia)」 등의 논문을 발표했다. 실로 동학사상은 내게 영혼의 단비와도 같았다.

하늘과 사람이 하나이고, 사람과 사람이 하나이며, 사람과 우주만물이 하나이니, 일체 우주만물의 근본은 모두 하나로 통해 있는 것이다. 말하자면 신성과 인성과 물성이 한데 어우러져 상호 관통하고 있는 것이다. 수운은 내재적 본성인 신성의 자각적 주체가 된다는 것이 "내가 나 된 것일 뿐 다른 것이 아니다"*라고 하며 존재의 자기근원성을 명징하게 보여준다. 수운은 궁극적 실재인 지기(至氣, 混元一氣)와 지기의 화현인 우주만물과의 관계를 실체와 그림자의 관계와 같은 불이不二의 관계로 상호 회통시키고 있다. 자본자근自本自根 · 자생자화自生自化하는 '하나'인 참자아 [참본성, 一心, 混元一氣(하늘기운), 우주의 창조적 에너지, 하늘(님), 근원의식, 전체의식, 보편의식]를 깨닫게 되면 이 우주가 '한생명'임을 자연히 알게 되는 것이다.

우주만물은 생명의 본체인 참자아의 자기복제로서의 작용으로 나타난 까닭에 모두가 동등한 내재적 가치를 지닌다. 하늘과 사람과 만물을 하나같이 공경해야 하는 것은 이 때문이다. 만유를 사랑하는 것이 곧 만유 속에 내재해 있는 생명의 본체인 참본성에 경배하는 것이다. 이러한 보편적 사랑의 삶을 실천하게 되면 그 어떤 죄악에도 물들지 않고 마침내 일체의 이원성에서 벗어나 불멸인 참자아와 하나가 된다.

우주만물을 공경한다고 해서 샤머니즘이나 토테미즘에서 보듯 단지 에고의 욕망을 충족시키기 위한 기복신앙의 대상으로 삼는다면 그것은 본질에서 빗나간 것이다. 이는 만물을 공경하는 것이 아니라 사심을 충족시키기 위한 수단으로 삼는 것에 지나지 않는다. 오늘날의 종교도 이러한 기복신앙의 차원을 벗어나지 못하고 있다. 아무리 근사한 문명의 덮개라 해도 인간의 영적 무지(spiritual ignorance), 거짓, 위선을 덮어버릴 수

---

* 『東經大全』「後八節」: "我爲我而非他."

는 없는 것이다. 만유 속에 편재해 있는 '하나'인 참자아는 공경하지 않으면서 웅장하게 지은 교회나 모스크, 회당 등에서 하나님 또는 알라신 이름을 부른다고 해서 하늘이 응답할 것인가! 생명의 본체인 절대유일의 참자아[유일신]에 각기 다른 이름을 붙여서 신을 아예 독점하려고 하고 있으니, 그러한 신이라면 짚신이나 나막신 수준의 물신 숭배에 지나지 않는다. 신은 곧 참자아[大我]이므로 우주만물을 떠난 그 어디에 따로이 존재하는 것이 아니다.

우주만물은 지기至氣인 하늘기운의 화현인 까닭에 만유가 하늘을 모시지 않음이 없으므로 '시천(侍天: 하늘을 모심)' 또는 존칭하여 '시천주(侍天主: 천주를 모심)'라고 한 것이다. '시(侍: 모심)'의 세 가지 뜻 중에서 내유신령(內有神靈: 안으로 신령[神性]이 있음)이란 본래의 진여한 마음, 즉 일심을 일컬음이요, 외유기화(外有氣化: 밖으로 氣化가 있음)란 만물이 생성될 때 음양의 원리와 기운의 조화작용으로 체를 이룬 것을 일컬음이다. 여기서 '신령'과 '기화'는 애초에 둘로 된 이치가 아니라 하나의 이치를 양 방향에서 관찰한 것이다. 각지불이(各知不移: 각기 알아서 옮기지 않음)는 '시천주' 도덕의 실천적 측면과 연결된다. 여기서 '옮기지 않음'은 천심에서 벗어나지 않는 것이다. 세 가지 뜻을 종합하면, '시천주'란 내재적 본성인 신성[靈性]과 혼원일기로 이루어진 생명의 유기성 및 상호 관통을 깨달아 우주적 본성에 부합되는 순천의 삶을 지향하는 것이다.

'시천주' 도덕은 자각적 실천이 수반될 때 그 진면목이 드러난다. 그 요체는 수심정기守心正氣이다. 즉, 본래의 진여한 마음을 지키고 기운을 바르게 하는 것이 '옮기지 않음'의 요체다. 진여한 마음이란 분별지分別智가 나타나기 전의 근본지根本智, 즉 우주적 본성을 이름이다. 기운을 바르게 하는 것이란 혼원일기로 이루어진 생명의 유기성과 상호 관통을 깨달아 공존의 삶을 실천하는 것이다. 따라서 수심정기란 우주적 본성의 자리를 지키는 것인 동시에 우주 '한생명'에 대한 자각적 실천의 나타남이다.

각 개인의 자각적 실천과 관련하여, 수운의 '시천주' 사상은 해월의 '양천주養天主' 사상과 연결될 때 그 의미가 보다 분명해진다. 해월이 '시천'을 '양천'으로 풀이한 것은, 씨앗으로 존재하는 하늘을 양養해야 한다는 의미이다. 만인이 하늘을 모시는 영적 주체로서의 자각이 이루어져야 하는 것은 이 때문이다. '양'하지 않으면 하늘본성이 발현되지 않으니 그렇게 말한 것이다. 군자와 소인의 차이는 모두 하늘이 내재해 있는 것은 같으나 군자는 하늘을 '양'하여 그 본성이 발현된 경우라면, 소인은 '양'하지 않아 아직 발현되지 않은 경우이다. '양천'은 의식의 확장을 말하는 것으로 영적 진화와 관계된다.

수운은 수심정기를 성경誠敬 두 자로 설명하였다. 이는 도성입덕道成立德이 형식적·외면적 수양을 통해서가 아니라 내면화된 '성경이자'의 자각적 실천에 있음을 간파한 것으로, 지벌地閥이나 문필이 군자나 도덕의 기준이 될 수 없음을 분명히 한 것이다. 이렇듯 수심정기는 당시 양반 지배층의 이데올로기로서 형식화하고 외면화한 주자학과는 달리, 각 개인의 내면적 수양에 기초한 자각적 실천 수행으로서 만인이 동귀일체同歸一體하여 지상천국을 건설하는 요체가 되고 있다.

어느 날 한 학생이 내게 물었다.

"무극대도無極大道의 이상세계란 어떤 것입니까?"

"부처가 무엇이냐는 제자의 물음에 운문雲門 선사는 한마디로 '말라 비틀어진 똥막대기'라고 했습니다. 현실 속에서 열과 성을 다하지 못하는 사람이 관념 속의 부처에 매달리는 것을 경계하라는 의미입니다. 부처가 사용한 말은 단지 침묵을 전하기 위한 방편이었고, 그의 형상은 단지 무형상의 세계를 나타내 보이기 위한 방편에 불과합니다. 이러한 진의를 읽지 못하고 그의 형상에 집착하는 것은 곧 말라 비틀어진 똥막대기에 매달리는 것이나 다름없습니다. 백일기도 열심히 하고, 주일예배 열심히 보고, 헌금 많이 한다고 해서 현실 속에서 불성실한 사람의 의식이 고양될 수 있을까요?"

나는 계속했다.

"어디 부처뿐이겠습니까. 그리스도든 알라신이든, 그 실체를 보지 못하고 형상에 집착하면 말라 비틀어진 똥막대기에 매달리는 것이나 다름없습니다. 지금 이 세상은 말라 비틀어진 똥막대기를 신주神主 모시듯 하며 똥물은 칼로 수술을 자행하는 광란의 사이비 굿판입니다. 이제 이 사이비 굿판이 무르익을 대로 무르익었으니 머지않아 끝이 나겠지요."

잠시 침묵이 흐르고 나는 찬찬히 말을 이었다.

"무극대도의 세계란 '나'를 잊거나 잃지 않음으로써, '나'와 '너', '이것'과 '저것'의 경계가 사라지고 존재계와 하나가 됨으로써 닿을 수 있는 순수의식의 영역입니다. 선천시대가 인지 발달로 이루어진 음양상극의 시대라면, 후천시대는 인지를 초월한 음양지합의 시대이지요. 광명이세, 이화세계, 불국정토, 후천선경, 지상천국—그 무엇이라고 명명하든 모두 밝고 투명한 깨어있는 의식으로서만 진입할 수 있는 영역입니다."

사람은 누구나 천지기운을 받고 태어난다. 사람만이 아니라 우주만물이 다 그러하다. 우주의 실체는 의식이므로 천지의 실체는 곧 천지기운이다. 우주만물은 천지기운의 자기복제로서의 작용으로 나타난 것이니 천지가 우주만물의 부모임은 의심할 여지가 없다. 천지기운은 우주만물을 생성하고 사라지는 것이 아니라 만유 속에 만유의 참자아[참본성]로서 내재해 있다. 천지기운이 우주만물의 부모이며 우주만물의 부모가 곧 천지기운이다. '하나'님 아버지라는 호칭은 '하나'인 천지기운에서 우주만물이 나온 것이니 우주만물의 근원이라는 의미에서 그렇게 부른 것으로 '천지부모'와 그 뜻이 같은 것이다.

천지부모가 일체인 것은 "천지가 곧 부모요 부모가 곧 천지"인 까닭이다. 만유는 천지기운의 자기복제로서의 작용으로 생겨나 천지의 젖[곡식, 양식]을 먹고 자라나므로 천지가 만물의 모체가 되는 것이니 천지는 곧 부모이다. 우주만물은 천지기운의 역동적인 나타남으로 무수한 것 같지만 기실은 하나의 기(一氣)밖에 없는 것이니 우주만물이 곧 '하나'인 천지기운이다. '이천식천 이천화천以天食天-以天化天', 즉 하늘로써 하늘을 먹고 하늘로써 하늘로 화한다고 한 것은 우주만물이 모두 한 기운 한 마음으로 꿰뚫어졌기 때문이다. 불은 하나지만 땔감의 종류에 따라 다른 모습으로 보이는 것처럼, 기운은 하나지만 각기 다른 개체 속에 들어가 있기 때문에 무수히 많은 것처럼 보이는 것이다. 말하자면 우주만물의 개체성은 생명의 본체인 하늘(기운)이 다양한 모습으로 현현한 것이다.

부모의 포태가 곧 천지의 포태임에도 사람들이 단지 부모 포태의 이치만 알고 천지 포태의 이치와 기운은 알지 못하는 것은 천인합일의 이치를 체득하지 못했기 때문이다. 하늘과 우주만물이 하나인 것은 우주만물의 생성·변화가 다 하늘(기운)의 조화의 자취인 까닭이다. 또한 없는 곳이 없이 실재하는 하늘기운은 우주만물을 통하여 그 조화를 나타내므로 하늘기운과 우주만물은 분리될 수 없다. 이렇듯 "하늘은 사람에 의지하고 사람은 먹는데 의지하나니, 만사를 안다는 것은 곧 밥 한 그릇을 먹는 이치를 아는데 있는 것이다."* 『쁘라스나 우파니샤드Prasna Upanishad』에서는 말한다. 오행의 으뜸가는 기운인 "음식으로부터 정액이 만들어지고 이 정액으로부터 존재가 태어났다."**

해월은 「천지이기天地理氣」에서 천지 포태의 이치와 기운을 알지 못하는 것을 양수陽水와 음수陰水의 관계를 들어 비유적으로 설명하고 있다. "사람이 음수(氣海) 속에서 사는 것은 물고기가 양수 속에서 사는 것과 같다. 사람은 음수를 보지 못하고 물고기는 양수를 보지 못한다"고 한 것이 그것이다. 이처럼 우주만물의 생장이 모두 천지의 녹祿에 의한 것이거늘, 천지 포태의 이치와 기운을 알지 못하고서 어찌 부모 포태의 이치를 알았다고 하리오! 천지포태의 이치와 기운을 알지 못하면 우주 생명의 뿌리와 단절되게 된다. 충분한 지하수원(源)에 뿌리를 내리지 못한 나무는 지상의 사소한 상황에도 영향을 받듯이, 우주 생명의 뿌리와 단절된 삶은 물형계의 사소한 조건 변화에도 영향을 받게 되는 것이다. 그리하여 물형계의 허상에 좌우되는 삶을 살 수밖에 없으므로 영성을 개화시킬 수

---

* 『海月神師法說』「天地父母」: "天依人 人依食 萬事知 食一碗."
** Prasna Upanishad in The Upanishads, p.68: "Food is in truth the Lord of Creation. From food seed is produced and from this beings are born."

없다. 반면, 생명의 뿌리와 연결된 삶은 충분한 영양분을 공급받으므로 뿌리 없는 꽃꽂이 식물과는 삶의 질이 다를 수밖에 없다.

우주만물은 신神이 기氣로, 다시 정精으로 에너지가 체體화 한 것이다. 「천지이기」에서는 말한다. "해는 양(陽, 陽氣)의 정精이고 달은 음(陰, 陰氣)의 '정'이며, 태양은 불(火氣)의 '정'이고 태음은 물(水氣)의 '정'이다." 양기와 음기의 '정'인 해(日)와 달(月)은 각각 주야晝夜의 도수에, 그리고 그믐과 보름의 도수에 조응한다. 우주만물이 무위이화無爲而化의 덕과 그 기운에 의해, 다시 말해서 하늘이치와 하늘기운에 의해 화생하고 움직이는 조화작용이 있게 되는 것이니 이치와 기운은 하나이다. 한마디로 기운이 곧 이치(氣則理)요 이치가 곧 기운(理則氣)이다.

오늘날 지구의 생태위기와 총체적인 인간 실존의 위기는 한 이치 기운의 조화작용을 알지 못하므로 해서 천지가 곧 부모요 부모가 곧 천지임을 알지 못하는 데서 오는 것이다. 이 세상 그 어떤 것도 천지기운과 분리되어 존재할 수 있는 것은 없으며 모두가 하나인 생명의 그물망으로 엮어져 있다는 사실을 놓친 데서 오는 것이다. 생명에 대한 파괴 행위를 일삼게 된 것도 우주만물의 연결성을 알지 못하므로 해서 생명에 대한 경외감이 사라진 데서 기인하는 것이다. 천지부모를 섬기는 것은 곧 생명의 뿌리를 찾는 것이요 우주적 본성으로 돌아가는 것이다. 대우주와 소우주, 전체와 부분, 객관과 주관이 모두 한 데 어우러져 있음을 알게 되는 것은 진정한 앎의 원이 완성됨으로써 생명의 전일성을 깨닫게 될 때이다. 바로 그때 공존의 논리에 입각한 자연친화적인 공동체로의 전환이 일어난다.

'인드라망'의 마법

"이것이 있으므로 저것이 있고, 저것이 있으므로 이것이 있다"고 하는 연기緣起의 진리는 상호 연관과 상호 의존의 세계 구조를 명징하게 드러낸 것으로 『화엄경華嚴經』에서는 이를 인드라망indra網*으로 비유한다. 제석천궁帝釋天宮에는 그물코마다 보석이 달려 있는 무한히 큰 그물이 있는데, 서로의 빛을 받아 서로 비추는 관계로 하나만 봐도 나머지 전체 보석의 영상이 보이게 된다는 것이다. '이것'이 곧 다른 '모든 것'임을 뜻한다는 것이다. 이 세상의 그 어떤 것도 전체와 분리된 개체만으로 존재할 수 없다는 것은, 부분은 단지 전체 조직과의 맥락 속에서만 파악될 수 있다고 하는 시스템적 사고(systems thinking)와 상통하는 것이다. 밤하늘에 흩어져 있는 무수한 별들 사이에 인력이 작용하고 있는 것처럼, 우주만물은 끝없이 상호 연결되어 있으며 서로가 서로를 비추는 상즉상입相卽相入의 구조로 연기하고 있음을 보여주는 것이다.

이 우주는 거시 은하계로부터 미시 원자세계에 이르기까지 자기 유사성[자기 반복성]의 패턴, 이른바 프랙털(fractal) 구조로 이루어져 있다. 프랙털이란 부분이 전체와 닮은 구조로 나타나는 자기 유사성을 지닌 기하학 구조를 일컫는 것이다. 겉으로는 무질서하게 보이지만 부분의 구조가 전체를 머금고 있으며 무수한 반복적 패턴이 나타나고 있다는 것이다. 흔히 인간을 소우주라고 하는 것도 대우주와는 닮은꼴이기 때문이다. 우주

---

* '인드라'는 제석천왕을 가리키는 범어(梵語)이니, 인드라망은 곧 제석천왕의 보배 그물을 뜻하는 것이다.

만물이 서로 비슷한 구조와 움직임을 반복하는 '자기 반복성'과 '대칭성', 그리고 시간의 흐름에 따라 변화하는 역동성을 띠게 되는 것은 우주만물이 '하나'인 참본성의 자기복제로서의 작용으로 생겨나 각기 그 근본으로 되돌아가는 까닭이다.

구슬이 실에 꿰어 있듯이 우주만물은 '하나'인 참본성으로 연결되어 있다. 우주만물은 '하나'인 이치 기운에서 나와 다시 그 '하나'에로 복귀하므로 '하나'의 견지에서 보면 늘어난 것도 줄어든 것도 없다. 만물만상은 무상한지라 한결같을 수 없고 오직 '하나'만이 한결같아서 이러한 대립과 운동을 통일시킨다. 따라서 개체의 존재성은 우주적 에너지의 흐름 속에서만 파악될 수 있으며 그런 점에서 존재성은 곧 관계성(relativity)이다.

사람을 '인人'이라고 하지 않고 '인간人間'이라고 하는 것은 인간이 단순한 개인적 존재이기에 앞서 관계적 존재임을 나타낸 것이다. 마치 눈송이가 바다와 재결합하기 위해서는 그 구조와 개별성을 포기해야 하듯, 우리가 참본성과의 고리를 되찾기 위해서는 '나'라는 에고가 사라져야 하는 것이다. 과실이 무르익어야 땅에 떨어지듯 에고 또한 무르익어야 떨어져 나갈 수 있고, 에고를 무르익게 하는 유일한 방법은 맹렬한 삶의 불길 속으로 들어가는 것이다. 묵자墨子가 "자신을 물[거울]에 비춰보지 말고 사람에 비춰보라(不鏡於水 鏡於人)"고 한 것도 사람과의 관계를 거울로 삼아야 한다는 의미에서이다.

인간의 운명과 비극은 한마디로 소통성의 부재의 산물이며 이는 오로지 자기 거울을 통해서만 타자를 인식하는 왜곡된 집착에 기인한다. 소통성의 부재는 자아의 외연적 확대를 가로막아 의식의 확장을 도모할 수 없게 함으로써 생명의 본체인 참본성을 직시할 수 없게 한다. 하나인 참본성과 참본성의 자기복제로서의 우주만물은 본체와 작용, 즉 물체와 그림자의 관계이며 이러한 관계성에 대한 통찰이 없이는 존재계는 한갓 무수하게 분리된 '존재의 섬'일 뿐이다.

본체와 작용의 관계는 곧 의식계와 물질계의 관계로서 양 세계는 상호소통하며 상호 관통한다. 창세기(28:10-12)에는 인간의식의 여러 차원을 야곱이 꿈에서 본 사다리로 상징적으로 나타내 보이고 있다.

> 야곱이 브엘세바에서 떠나 하란으로 향하여 가더니 한 곳에 이르르는 해가 진지라. 거기서 유숙하려고 그곳의 한 돌을 취하여 베개하고 거기 누워 자더니, 꿈에 본즉 사닥다리가 땅위에 섰는데 그 꼭대기가 하늘에 닿았고 또 본즉 하나님의 사자가 그 위에서 오르락내리락하고……

의식의 사다리를 타고 깊이 들어가 그 근원에 이르게 되면 물질세계와 정신세계는 하나라는 사실을 알게 된다. 야곱과 마찬가지로 우리들 각자의 깊은 의식이 바로 하늘로 통하는 문이다. 의식의 근원에 이르면 이분법적 사유체계를 초월한 하나의 진리가 그 모습을 드러낸다. 그것이 바로 일심一心이다. 하나인 마음 이외에 다른 실재가 있는 것이 아니다.

야곱이 꿈에서 본 사다리를 오르내리는 하나님의 사자 또한 영적 차원에서 물적 차원으로, 물적 차원에서 영적 차원으로의 의식세계의 자유로운 내왕을 보여준다. 의식의 사다리를 타고 내려오는 하나님의 사자는 근원적인 일자一者의 위치에서 다양성의 세계로 내려오는 것을, 반면에 올라가는 사자는 다양성의 세계에서 다시 근원적인 일자의 위치로 회귀하는 것을 상징적으로 보여주고 있는 것이다.

말하자면 일즉다一即多요 다즉일多即一이다. 이러한 전일성과 다양성을 회통하는 생명의 순환에 대한 인식은 곧 시작도 끝도 없는 영원한 '하나'에 이르는 길이다. 언어는 단지 의사소통을 위한 하나의 도구에 불과하다. 언어가 그려 놓은 부정한 심상을 지우지 않고서는 결코 그 이면에 있는 궁극적 실재에 이를 수 없다. 이 궁극적 실재는 분별하고 추상하고 분류하는 지성에 의존하고 있지 않은 까닭에, 드러낼 수 있는 지식의 대상이 될 수 없다. 우리들 각자의 내부의식으로 깊이 들어가 일체의 현상을 근원적인 전일성의 현시로 볼 수 있을 때, 부정한 심상은 완전히 지워지게 되고 평등무이한 궁극적 실재에 이를 수 있다. 부정한 의식의 철폐를 통한 진지眞知의 회복, 바로 여기에 제2의 르네상스가 있고 제2의 종교개혁이 있다.

우리 인류가 지난 2,000여 년 동안 합리적 지식이 엄청나게 늘어났음에도 불구하고 별로 더 현명해지지는 못했다는 사실은 무엇을 입증하는가? 그것은 절대적 지식이 결코 언어로써 전달될 수 없다는 것이다. 언설로써 언어가 끊어진 실재세계를 보여주고자 하는데 실재세계는 보지 않고 언어에만 집착하는 것은, 마치 달을 가리키는데 달은 보지 않고 손가락만 보는 것과 같은 이치다. 이는 편착이 낳은 분별지로 인해 진리가 가려진 까닭이다. 일체의 미망은 모두 여기에서 비롯되며 그로 인해 상호 각쟁을 일삼게 되는 것이다.

흔히 정신적인 것은 형이상학적인 차원으로, 물질적인 것은 형이하학적인 차원으로 분류하고, 전자를 단지 추상적이고 관념적이며 실천성과는 거리가 먼 것으로 본다. 허나 역설적이게도 실천성 그 자체가 고도로 형이상학적인 것이다. 설령 우리가 알고 있다고 할지라도 행이 수반되지 못한다면 그것은 참으로 아는 것이 아니다. 그런 점에서 실천성은 정신의 완성과 불가분의 관계에 있다.

어떤 학생이 내게 물었다.

"일반적으로 현대국가를 복지국가라고 하면서도 정작 복지국가의 개념을 달성한 국가는 찾아보기 어렵습니다. 과연 복지국가의 실현은 가능한 것일까요?"

일찍이 공자는 "백성은 가난함을 근심하지 않고, 고르지 못함을 슬퍼한다"고 했다. 천민에게도 인仁을 베풀었던 공자의 실천적 선善의 단면을 보여주는 말이다. 오늘날 빈곤의 개념을 보면—지역적 편차성은 있으나—절대적 빈곤의 개념에서 상대적 빈곤의 개념으로 바뀌어 가고 있다. 복지라는 개념 또한 단순한 물질적 개념이 아닌 정신적 개념과 통합을 이루는 것이어야 한다는 점에서 진정한 복지국가의 실현은 현대정치의 궁극적인 목표가 되고 있다.

나는 그 학생에게 다시 물었다.

"복지국가의 실현이 단순히 어떤 제도적 장치에 의해서 가능하다고 보는가?"

그리고 나서 나는 그 학생에게 현대 복지국가의 정치철학적 기초를 제공한 토머스 힐 그린(T. H. Green)에 대해서 이야기해 주었다.

그린은 19세기 후반 영국 옥스퍼드 이상주의 학파를 대표하는 인물이다. 그가 45세로 요절하기까지 마지막 4년간 강의한 도덕철학은 그의 사후에 버나드 보상케(B. Bosanquet)가 강의 초고를 토대로 해서 편집하여 출판했는데, 이것이 『정치적 의무의 제원리에 관한 강의 *Lectures on the Principles of Political Obligation*』이다.

이 책은 영국의 전통적 이론인 경험론—프랜시스 베이컨(Francis Bacon)에서 시작하여 존 로크(John Locke)를 거쳐 데이비드 흄(David Hume)에 이르러 완성되었다——을 이상주의적 견지에서 비판한 것이었는데, 당시는 전통적 자유주의에 대한 수정의 필요성이 절감되고 있던 터인지라 학계에서는 물론 일반 국민들 사이에서도 널리 읽히게 되었고, 그의 이상주의 정치철학은 이른바 신자유주의로 일컬어지게 되었다.

근대 자본주의 및 자유주의의 발달 과정은, 중세 장원경제가 해체되고 근대 민족국가가 형성되는 과정에서 중상주의 정책으로 인한 제3신분의 부상이 경제 구조 및 정치권력 구조의 변동을 초래한 것과 맥을 같이한다. 18세기 말 산업혁명을 기점으로 자본주의의 내재적 모순이 드러나기 시작하고, 19세기 중엽에 이르러서는 마르크스(K. Marx)와 엥겔스(F. Engels)의 『공산당선언 *Das Kommunistische Manifest*』에서 보이듯이 더욱 노골화된 형태로 표출되게 된다.

19세기 후반에 접어들면서 사회구조적 모순이 극심해지자, 그린은 공리주의 철학을 비판하고 계약의 자유나 자유방임주의의 효용성을 부정하게 된다. 그에게 공리주의자들의 자유는 단순히 법적 제약의 결여를 의미하는 소극적 자유인 까닭에 사실상 자유 침해가 될 수도 있는 것이었다. 계약의 자유가 자유라는 이름하에 노동자의 예속을 공식화함으로써 오히려 노동자의 기아를 의미할 수도 있는 것처럼.

그린에 이르러 소극적 자유(negative freedom)의 개념은 적극적 자유(positive freedom)의 개념으로 대치된다. 그것은 단순히 자유방임을 통해서가 아니라, 개인적 권리를 바탕으로 국가사회 생활에 전적으로 참여함으로써 얻을 수 있는 것이다. 따라서 경제적 자유주의는 포기되는 반면, 국가는 개인이 적극적 자유를 실현할 수 있도록 그 활동 범위를 확대시키고 필요하다면 적극적 관여도 할 수 있다는 것이다. 이러한 적극국가론의 개념이 바로 현대 복지국가의 정치철학적 기초를 제공한 개념이다.

사회 및 정치생활의 의미와 가치는 무엇이며 개인이 법에 복종하게 되는 근거는 무엇인가? 그린에게 사회적·정치적 제도들의 의미와 가치는 이들 제도들이 어느 정도로 그리고 어떠한 방식으로 도덕적 삶의 가능성에 기여하느냐에 있었다. 그에 의하면 정치적 의무의 근거는 인간의 사회적 본질에 있으며, 공공선이 그 구성원들 자신의 이상적인 선으로 인식되는 사회에서가 아니면 그 누구도 진정한 의미에서의 권리를 향유할 수 없는 것으로 보았다.

그는 국가를 인간의 도덕적 자아의 투사영이라고 하고, 공공선에 대한 명백한 인식이 이루어질 때 비로소 공동체 및 그 구성원들의 도덕적 목적이 달성될 수 있는 것으로 보았다. 그것의 실천을 위하여 그는 교육의 중요성을 강조했다. 이러한 그의 도덕철학은 강한 실천성을 내포하고 있음으로 해서 실천의 형이상학이라고도 할 수 있을 것이다.

참으로 공공선에 대한 확고한 인식이 선행되지 않고서는 진정한 복지국가의 실현은 불가능하다. 복지국가가 단순한 물질적 개념일 수 없다는 것은 오늘날 후기 산업사회에서의 양적 팽창과 질적 발전의 부조화에서도 잘 드러난다. 복지국가는 정신과 물질, 부분과 전체, 주관과 객관이 하나의 통일체를 이룬 국가이다.

부분과 전체의 관계는 플라톤의 국가유기체설에서도 나타난다. 그의 국가유기체설에 의하면, 부분(개인)의 의미와 가치는 전체(공동체)의 복지를 유지하기 위해서 수행하는 기능에서 비롯된다. 마치 우리 신체 내 서로 다른 기관 사이의 전반적 조화를 통해서 신체의 건강이 유지되고, 신체의 건강이 유지됨으로써 각 기관의 의미와 가치가 발휘되는 것처럼.

플라톤의 『국가론 Politeia』에 보면, 국가 내에는 세 기본계급이 있는데, 그 첫째가 국가의 물질적 수요에 응하는 생산자계급—즉 피지배계급이고, 둘째가 국가의 방위를 담당하는 보조자계급—즉 방위계급이며, 셋째가 정치적 지배를 담당하는 수호자계급—즉 통치계급이다. 또한 이들 세 기본계급은 각기 고유한 덕성을 지니고 있으니 절제, 용기, 지혜가 그것이다. 마지막으로 이상국가에는 이들 세 기본계급을 전체적으로 지배하고 세 덕성을 상호 조절함으로써 자연적 조화를 유지하는 제4의 요소가 있으니, 그것이 바로 국가의 기본적 덕성이라고 할 수 있는 '정의'이다.

국가는 하나의 유기체이며, 개인은 각자의 위치에서 고유한 기능을 다하는 한 선하다는 것이다. 플라톤이 이른바 철인왕(philosopher-king)에 의한 정치를 옹호한 것도 바로 국가의 이념인 선의 실현과 관련이 있다. 그러나 노예제가 공인되고 있던 당시 사회구조 하에서, 그의 관념적 정의는 노예에게까지 자유를 주지는 못했다. 진정한 복지의 개념은 노예제적 기반 위에서는 성립될 수 없는 것이었다.

선진국의 제도를 도입한다고 해서 민주주의가 이루어질 수 있는 것은 아니듯이, 단순히 어떤 제도적 장치에 의해서 복지국가가 실현되기를 기대하기는 어려운 일이다. 제도란 어떻게 운용하느냐에 따라 천태만상을 보이기 마련이다. 몸에 맞지 않는 옷과 같이 유명무실한 경우가 있는가 하면, 부정을 은폐하는 공식적인 장치가 되기도 한다. 인간성의 근본적 개선이 없이는 제도의 원활한 운용을 기대할 수 없다. 그렇다고 해서 제도적 장치의 효용성을 부인하는 것은 아니다. 다만 제도의 운용 주체가 인간임을 환기시키는 것일 뿐이다.

오늘날 국가가 그 본래적 기능을 다하지 못함에도 불구하고 근원적인 치유책은 외면한 채 임시방편적인 제도적 땜질에만 몰두함으로써, 복지국가의 실현이라고 하는 정치적 과제는 21세기 정신문명시대의 것으로 넘어가게 되었다. 어떻게 그 '하나'에 이를 수 있을 것인가! 그 하나에 이르기 위해서 우리 인류는 부단히 생멸을 거듭하고 있는 것이다.

구화산 육신보전에서의 명상

그 해 여름 나는 중국 안후이성(安徽省)에 있는 구화산九華山으로 갔다. 지장보살의 도량으로 알려진 구화산은 신라 왕자 김교각金喬覺이 75년간 수행한 끝에 등신불이 되었다는 곳이다. 그의 생전과 사후가 불경에 기록된 지장보살地藏菩薩과 흡사해서 김교각은 지장보살의 현신(속칭 金地藏)으로 일컬어지게 되었다.

김교각 스님과의 인연은 1990년대 초 내가 중국 선양沈陽에 갔을 때

『지장보살 김교각 법사』라는 책을 펴낸 저자로부터 직접 그 책을 받은 것이 계기가 되었다. 당시에는 한 번 읽고서 깊은 감명을 받긴 했지만 직접 구화산에 가 볼 생각은 하지 못했다. 그런데 그로부터 10년이 훨씬 지난 어느 날 불현듯 그곳에 가보고 싶은 생각이 들었다.

남경공항에 내려 구화산에서 마중 나온 승용차를 타고 4시간 이상을 달려 저녁 일곱 시경 김교각 스님이 계시는 '육신보전肉身寶殿'에 도착했다. 주지 스님을 만나서 매일 아침 예불에 참가하고 '육신보전'에서 기도해도 좋다는 허락을 받았다.

김교각 스님은 그곳에서 '지장왕보살'로 불리고 있었다. 지장왕보살은 서기 719년에 중국으로 가서 구화산의 석굴에서 간고한 생활을 하며 도를 닦았다. 『지장보살행원기地藏菩薩行願記』에는 다음과 같은 일화가 전해온다.

> 김지장의 본 이름은 교각이다.……어느 날 그가 암석 위에 앉아서 기도를 드리고 있는데 독사 한 마리가 기어 나와서 그의 발을 물었다. 그러나 그는 미동도 하지 않고 계속 기도를 드렸다. 그때 한 여인이 나타나 절을 올리고 약 처방을 바치며 저쪽 돌 밑에서 샘물이 솟아오르고 있다고 가르쳐주었다. 그 샘물은 지금까지도 솟아오르고 있는데 사람들은 용녀천(龍女泉)이라고 부른다.
>
> 청양현(靑陽縣)의 신사 제갈절(諸葛節)은 김교각이 혼자 석굴에서 헌 가마를 걸어놓고 백토(白土)에 쌀을 약간 섞어 끼니를 이어가며 도를 닦는 것을 보고 깊이 감동되어 땅을 사서 절을 짓고 그곳에 김교각을 모셨다. 바로

이 절이 화성사(化城寺)이다. 이 소식이 신라국에까지 전해지자 항해하여 김교각을 찾아오는 사람들이 점점 많아졌다. 그때로부터 어진 관리와 부유한 시골신사들이 김교각에게 예배를 드리고 희사를 하는 자가 점점 많아졌다. 보살은 낮에는 남대(南臺)에 앉아서 향을 피우고 사부경(四部經)을 읽었다. 그는 정원(貞元) 10년, 99세에 시적하였다. 그의 시체를 함에다 넣어 모셔두었다가 3년 만에 함뚜껑을 열어보니 그의 안색이 산사람 같았고 손발이 부드러웠으며 뼈마디에서는 금쇠 흔드는 소리가 났다. 보살의 뼈마디가 서로 이어져 있고 온몸에서 금쇠 흔드는 소리가 난 것으로 보아 그는 진짜 보살상이었다.

보살을 위하여 탑을 세웠는데 탑 터에서 불빛이 번뜩번뜩하므로 그곳을 신광령(神光岭)이라고 부른다. 육신보탑은 지금까지 보존되어 있다.

당조 때로부터 지금까지 수많은 사람들이 수천 리 밖에서 보살을 찾아와 예배를 드린다. 보살의 영혼이 살아있어 향불이 천하에서 지금까지 지펴지고 있다. 이 향불은 그 어떤 힘으로도 꺼버릴 수 없을 것이다.

서기 794년 어느 날 지장왕보살은 갑자기 제자들을 불러다놓고 작별인사를 하였다. 『전당문全唐文』 등의 기록에 의하면, 그가 원적圓寂에 들 때 산이 울리고 돌이 굴러 내려왔으며 종소리 또한 구슬프게 울리고 뭇새들이 슬프게 우짖었다고 한다.

지장왕보살은 문화대혁명 직전에 파기를 막기 위해 7층탑 지하 석관에 봉인되었다고 했다. '육신보전'은 '肉육' 자 대신에 사전에는 없는 획이 빗쳐진 '月월' 자를 쓰고 있었는데, 이는 수행을 하는 스님들이 '肉육'

자 밑으로 매일 드나드는 것이 바람직하지 않은 것으로 보고 왕이 내린 글자라고 했다. '육신보전'은 북쪽으로 문이 나 있었는데 이는 지장왕보살이 고향인 신라를 바라볼 수 있게 하기 위한 배려라고 했다.

'육신보전' 앞마당에는 대형 향로가 세 개 놓여 있었고 마당 끝에는 많은 사람들이 촛불을 꽂을 수 있도록 대형 촛불꽂이가 놓여 있었다. 북 대문 계단은 99개로 이는 지장왕보살이 99세에 열반에 드신 것을 나타낸 것이라고 했다. 구화산 봉우리도 99개이다. 남대문 계단은 원래는 84개 였는데 지금은 81개이다.

이에 관한 재미있는 일화가 있다. 어느 날 왕이 이곳을 방문하여 "저 계단이 모두 몇 개인가"라고 물었다. 방언을 하는 사람이 4를 잘못 발음 하여 죽을 '사死' 자로 발음했다. 그러자 왕이 불길하다 하여 81계단으로 하면 '구구'이니 최고수인 9와 최저수인 1이 모두 들어가 대길大吉하다 하여 3개 계단을 없애고 지금은 81(구구)계단이 되었다는 것이다. 천부경 81자, 도덕경 81장, 구구단 또한 '구구'가 아닌가.

'육신보전'과 통로로 통하는 신광령빈관에 들었다. 이 빈관은 수행자 및 참배객들을 위한 숙소로 아침저녁으로 '나무지장왕보살'을 부르는 수행자들의 찬불가가 청아하게 울려 퍼졌다. 새벽 3시—수행자들을 깨 우기 위해 주장자로 탁탁 치는 큰 소리가 들려왔다. 아침 예불시각은 새 벽 3시 반. 탑돌이를 시작으로 약 1시간 30분가량 계속되었다.

탑돌이를 하며 나는 생각했다. 지혜의 길[止行, 坐禪]과 행위의 길[觀行, 行 禪], 이 둘은 깨달은 자의 눈으로 본다면 결국 하나이며 그 목표는 같은 것 이라고. 하지만 보통 사람들에게는 행위를 포기하는 길보다는 행위의 길이 더 낫다고 『바가바드 기타 _The Bhagavad Gita_』에서 크리슈나는 말한다.

아르주나여, 행위의 길을 따르지 않고 완전한 포기가 일어나기는 매우 어렵다.

지혜로운 자는 순수하고도 헌신적인 행위의 길을 통해 곧 브라흐마(Brahma)에 이르게 될 것이다.

행위의 길에 대한 크리슈나의 영적인 가르침은 지금 이 순간에도 행위의 길을 가고 있는 우리 모두에게 던지는 심오한 메시지이다. 신성한 행위의 길을 따르는 사람은 이기적인 욕구 충족을 위해서가 아니라 영혼의 정화를 위해서, 마치 신에게 바치는 번제의식과도 같이 정성을 다하여 자신의 의무를 수행한다.

다음날 종일토록 '육신보전'에서 기도했다. 얼마나 많은 참배객이 다녀가는지 하루 종일 번잡스러웠다. 확성기를 대고 설명하는 가이드의 소리가 희미하게 들릴 정도로 기도에 몰입했다. 그 다음날부터는 빈관에서 기도했다. 그날 밤부터 천둥번개가 치며 억수같이 비가 내렸다.

다음날 아침 예불시간에 잠시 멎었다가는 다시 비가 내렸다. 종일토록 천부경天符經을 독경하고 그러한 독경은 그날 밤에도 계속되었다. 창밖에는 천둥번개가 치고 내 귀에는 우레와 같은 소리가 들렸다. 저절로 텅 비면서 바깥 세계와 완전히 차단되는 느낌이었다. 순수 현존(pure presence)이 그 모습을 드러내는 순간이었다.

『참전계경參佺戒經』제27사 뇌허(雷虛: 誠 3體 23用)에는 이렇게 나와 있다.

뇌허란 정성이 지극하면 마치 정성의 기운을 귀에 매단 것과 같아서 정성
이 일어날 때에는 우레와 같은 큰 소리가 나므로 저절로 텅 비게 되어 바깥
소리는 일체 들리지 않게 되는 것이다

순간 번쩍하는 섬광이 비쳤다. 갑자기 내 입이 기계 모터가 돌아가듯
매우 빠른 속도로 천부경을 외기 시작했다. 천부경이라는 생각만 들 뿐
너무도 속도가 빨라 무슨 말인지 알 수도 없었다. 내 입은 이미 내 통제
권 밖에 있었다. 한참을 그렇게 하다가 순간 고요해지며 멈추었다. '모
두 이루어지리라'는 계시와 함께. 다음 날 천부경의 구조와 원리에 관한
생각이 떠올라 요점을 정리했다.

구화산을 떠나는 마지막 날 새벽 3시. '육신보전' 옆에서 새벽 예불시
간을 기다리며 달을 바라보았다. 1,250여 년 전 지장왕보살님께서도 저
달을 바라보셨으리라 생각하니 그 눈길이 아직도 거기에 머무르고 계시
는 것 같아 자꾸만 바라보았다.

대형 향로 세 곳에는 벌써부터 참배객들이 대형 향을 수십 통씩 넣고
지피어 새벽하늘에 불길이 치솟고 있었다. 그 불길을 바라보고 있노라니
마치 내 마음속 번뇌의 불길인 양 느껴졌다. 저토록 활활 타오르게 하는
화력은 무엇일까? 집착이리라. 집착이 저토록 내 마음속 번뇌의 불길을
타오르게 하는 것이리라. 남김없이 타 버려라. 다시는 불씨가 살아날 수
없을 때까지. 그리하여 번뇌가 재 되어 허공에 흩어져버릴 때까지.

아침에 진신불眞身佛이 모셔져 있는 백세궁에 올랐다. 지장왕보살에 관
한 이야기를 듣고 구화산으로 찾아든 명대明代 고승 해옥(海玉, 1497~1623)은

126세에 원적圓寂에 들어 3년이 지나도 육신이 부패하지 않아 '응신보살應身菩薩'이라고 불려졌다. 응신보살은 금으로 입혀져 봉안되어 있었으나 갈비뼈며 골격이 다 드러나 보였다. 이 우주가 하나인 하늘기운에서 나온 것이라면, 이 육신마저도 스스로 분해하여 타인의 짐이 되지 않고 본자리로 돌아갈 수는 없는 것일까. 저 티벳의 고승들처럼 육신의 한 조각도 남기지 않은 채 우주 속으로 사라질 수는 없는 것일까. 그날 오후 공항 근처에 있는 빈관에 들어 일박하고 다음날 아침 귀국했다.

제12장

생명과 평화의 문명을 여는 신곡

비존재와 존재를 거침없이 넘나드는 그대는
죽음마저도 삼켜버리는 그대는
그대는 정녕 순수 현존이다.

천변만화가 그대의 놀이이며
만물만상이 그대의 모습이다
그대는 영원히 타오르는 의식의 불꽃이다.

만유 속에서 그 자신을 보고
그 자신 속에서 만유를 보는 그대는
그대는 무(無)의 향기다.
— 본문 중에서

내 학문적 삶에서 첫 번째 큰 전환점인 우리 상고사 및 사상과의 만남, 두 번째 큰 전환점인 동학과의 만남에 이어 세 번째 큰 전환점인 천부경과의 만남이 2005년에 이루어졌다. 사실 천부경에 대한 관심은 오래 전부터 있었으나 단 한 번도 애써 풀려고 하지는 않았다. 만약 그것이 문자로 풀 수 있는 것이었다면 조선시대만 해도 기라성 같은 한학자들이 숱하게 있었는데 왜 풀지 못했겠는가라고 생각했기 때문이다. 하여 만년晚年에, 어쩌면 아주 만년에 조용한 곳에 들어가 정리할 수 있기를 염원하고 있었다.

그런데 2005년에 들어 동학의 정치철학적 원형과 리더십에 관한 논문을 쓰기 시작하면서 천부경 81자를 궁구하지 않을 수 없게 되었다. 동학의 정치철학적 원형이 바로 천부경이라고 생각했기 때문이다. 천부경은 일부터 십까지 숫자로 81자가 모두 연결되어 있는 관계로 무엇보다도 그 구조를 파악하지 않으면 심원한 의미를 알 수 없게 되어 있다. 하여 그 구조를 파악하기 위해 종일토록 집중해서 81자를 들여다보았다. 이틀째 되는 날에는 81자를 머릿속에 떠올리며 명상에 들어갔다. 태초의 빅뱅이 이루어진 시점에서부터 우주만물이 형성되는 과정을 머릿속으로 상상도를 그렸다.

사흘 째 되는 날에도 아침 일찍부터 명상은 계속되었다. 얼마나 지났을까. 천부경 81자를 다시 들여다보는 순간, 그 구조가 명징하게 드러났다. 천부경 81자의 구조가 생명의 본체-작용-본체와 작용의 합일이라는 셋으로 확연히 나뉘어 보인 것이다. 그리고 그 위로 천天·지地·인人 삼신일체三神一體, 법신法身·화신化身·보신報身의 삼신불三身佛, 성부聖父·성자聖子·성신聖神의 삼위일체三位一體, 동학 '시侍'의 세 가지 뜻인 내유신령內有神靈·외유기화外有氣化·각지불이各知不移가 교차해서 보였다. 순간 내 머리가 뻥 뚫리는 느낌이었다. 다양한 경전을 관통하는 핵심 키워드는 바로 '생명'이었던 것이다.

생명학 3부작이 완결되다

생명의 3화음적 구조와 이치가 드러나면서 나는 일주일 만에 핵심적인 내용을 간략하게 정리할 수 있었다.

하지만 당시 나는 동학에 관한 책 출판을 앞두고 있었기 때문에 본격적으로 집필을 시작한 것은 가을학기가 시작되면서였다. 강의와 더불어 추진 중인 유엔세계평화센터 일 등으로 내 인생에서 가장 다사다난했던 시기에 집필을 하게 되었으니, 만년에 조용한 곳에 들어가 정리하리라던 내 예상은 완전히 빗나간 셈이다. 다행히 지난 십 수 년 간 우리 상고사를 공부해 왔고 다양한 경전들을 비롯한 관련 서적들도 이전에 읽은 적이 있어 빠르게 진행할 수 있었다. 집필 기간 내내 나는 천부경으로 숨쉬고, 천부경으로 생각하고 말하고 움직였다. 아침에 책상에 앉았는가 하면 밤이 되어 있었고, 밤에 책상에 앉았는가 하면 아침이 되어 있었다. 이치를 문자화하자니 때론 깊은 명상에 들어가야 했고, 반무의식 상태에서 내면의 소리를 받아 적기도 했다. 수개월 간의 집필 기간은 시장바닥에서의 명상 그 자체였다.

이 우주를 우리의 의식이 지어낸 이미지 구조물로 보는 홀로그램 hologram 우주론이나, 일체가 오직 마음이 지어낸 것이라는 '일체유심조一切唯心造' 사상에서도 드러나듯이, 우주의 실체는 의식이므로 생명은 일심一心, 즉 근원의식·전체의식·보편의식이다. 말하자면 생명은 전일적인 의식계[본체계]인 본체의 측면과 다양한 물질계[현상계]인 작용의 측면, 그리고 양 세계를 관통하는 일심의 경계인 본체와 작용의 합일의 세 측면을 가지고 있는 것이다. 이는 또한 일심[自性]의 세 측면이기도 하다. 이와 같이 천부경은 전일성과 다양성을 회통하는 생명의 본질을 일즉삼一卽三·삼즉일三卽一의 이치로 명징하게 나타내 보인 것이다. 하여 나는 천부경을 '생명경生命經'이라고 부르고, 그 구조를 '생명의 3화음적 구조(the triad structure of life)'라고 명명했다. 천부경이 81자인지라 '구구경九九經'이라고도 불렀다.

천·지·인 삼신일체, 불교의 삼신불, 기독교의 삼위일체, 동학의 내유신령·외유기화·각지불이는 모두 생명의 3화음적 구조를 다양하게 명명한 것으로 천인합일天人合一의 이치를 밝힌 것이다. 천인합일이란 바로 생명의 본체인 '하늘(天)'과 하늘(기운)의 자기복제로서의 작용으로 나타난 우주만물이 하나임을 나타낸 것이다. 여기서 '인人'은 사람과 우주만물을 나타내는 대명사로서의 '인'으로서 '인물人物'의 의미를 함축한 것이다. 따라서 천인합일의 이치를 알지 못하고서는 생명의 전일성과 자기근원성을 알 길이 없는 것이다. 천부경의 삼신일체는 그 체가 일신[유일신]이며 작용으로만 삼신(천·지·인 三神)이다.

이렇게 볼 때 유일신은 특정 종교의 신을 지칭하는 고유명사가 아니라, 진리인 생명의 본체를 지칭하는 대명사이다. 우주의 본질인 생명은 분리 자체가 근원적으로 불가능한 절대유일의 하나인 까닭이다. 이 우주가 분리할 수 없는 거대한 파동의 대양이며 생명 또한 파동이라는 사실을 알게 되면, 유일신은 우주만물에 편재해 있는 보편자임을 자연히 알수 있게 된다. 이렇게 볼 때 유일신 논쟁은 단순히 종교적 차원의 문제가 아니라 진리의 중추를 틀어쥐는 문제라는 점에서 학문적 차원과도 깊이 관련된다. 오늘의 생명위기는 진리인 생명에 대한 진지眞知의 빈곤에서 비롯된 것이다. 삶과 종교, 종교와 종교, 학문과 종교의 화해를 통해 생명과 평화의 문명이 개창될 수 있기 위해서는 유일신 논쟁이 명쾌하게 종결되지 않으면 안 된다. 천부경의 삼신사상은 유일신 논쟁을 침묵시킬 만한 난공불락의 논리 구조와 '천지본음天地本音'*을 담고 있다. 실로 천부경은 전 세계 경전의 종주宗主요 사상의 원류이며 생명과학의 원전이라 할 만한 진경眞經이다.

수천 년 동안 국가 통치 엘리트 집단의 정치대전이자 만백성의 삶의 교본으로서 전 세계에 찬란한 문화·문명을 꽃피우게 했던 천부경은, 현재 지구촌의 종교 세계와 학문 세계를 아우르는 진리 전반의 문제와 정치 세계의 문명 충돌 문제의 중핵을 이루는 유일신 논쟁, 창조론·진화론 논쟁, 유물론·유심론 논쟁, 신·인간 이원론, 종교의 타락상과 물신숭배 사조, 인간소외 현상 등에 대해 그 어떤 종교적 교의나 철학적 사변이나 언어적 미망에 빠지지 않고 단 81자로 명쾌하게 그 해답을 제시하고 있다는 점에서 그 심대한 가치는 아무리 강조해도 지나치지 않을 것이다. 그럼에도 지금까지 학계의 반향을 불러일으키지 못했던 것은 보편

---

* 우주의 실체인 의식은 곧 파동이며 소리도 일종의 파동이다. 그런 까닭에 우주의 근본 질료인 '하나'를 소리로 나타내기도 한다. 박제상(朴堤上)의 『부도지(符都誌: 『澄心錄』 15誌 가운데 제1誌)』 제2장에서는 '태초에 소리가 있었다'고 하였으며, 『우파니샤드 The Upanishads』에서는 우주만물과 유일신 브라흐마를 불가분의 하나, 즉 불멸의 음성 '옴(OM)'으로 나타내었고, 「요한복음」(1:1)에서는 '태초에 말씀(하늘소리)이 계시니라…'고 하였으며, 『장자(莊子)』에서는 '천악(天樂)' 즉 우주자연의 오묘한 조화로서의 하늘음악을 노래했다. 하늘음악은 바로 조화자의 말씀 그 자체다. 이는 모두 초형상·초시공의 소리의 오묘한 경계를 나타낸 것으로 '천지본음'이란 이를 두고 하는 말이다.

적 지식체계에서 수용할 수 있는 학술적 접근을 통한 선행 연구가 없어 연구자들의 접근을 어렵게 한 것이 그 이유 중의 하나일 것이다. 내가 천부경을 집필하게 된 것도 학계에 몸담고 있는 사람으로서 학술적 접근을 통한 연구의 필요성을 절감했기 때문이다.

천부사상을 관통하는 신교神敎적 사유의 특성은 한마디로 대통합이다. 천부사상의 가르침은 생명의 본체인 유일신[천·지·인 三神]과 그 작용인 우주만물이 하나라는 일즉삼·삼즉일의 원리에 기초해 있다. 이러한 가르침은 천신교天神敎, 신교神敎, 수두교蘇塗敎, 대천교(代天敎, 부여), 경천교(敬天敎, 고구려), 진종교(眞倧敎, 발해), 숭천교(崇天敎·玄妙之道·風流, 신라), 왕검교(王儉敎, 고려), 배천교(拜天敎, 遼·金), 주신교(主神敎, 만주) 등으로 불리며 여러 갈래로 퍼져 나갔다. 천부경은 상고시대 아시아의 대제국 환국桓國이 세계의 정치적·종교적 중심지로서, 사해의 공도公都로서, 세계 문화의 산실産室 역할을 하게 했던 '천부보전天符寶典'이었다. 박제상의 『부도지符都誌』에 따르면, 파미르 고원의 마고성麻姑城에서 시작된 우리 민족은 마고麻姑, 궁희穹姬, 황궁黃穹, 유인有因, 환인, 환웅, 단군에 이르는 과정에서 전 세계로 퍼져 나가 우리의 천부 문화를 세계 도처에 뿌리내리게 한 것으로 나온다.

생육신生六臣의 한 사람인 매월당梅月堂 김시습金時習의 『징심록추기澄心錄追記』는 우리 역사상 왕권과 결부되는 것으로 간주되는 금척金尺에 천부경이 새겨져 있음을 확연하게 보여준다는 점에서, 천부경은 단순한 종교 경전이 아니라 정치적 권위의 상징인 동시에 나라를 경영하는 정치대전이었음을 알 수 있다. 오늘날까지도 세계 각지의 신화, 전설, 종교, 철학, 정치제도, 역易사상과 상수학象數學, 역법曆法, 천문, 지리, 기하학, 물리학,

언어학, 수학, 음악, 건축, 거석(巨石), 세석기, 빗살무늬 토기 등 거의 모든 분야에서 천부 문화의 잔영을 찾아 볼 수 있다는 점에서 인류의 문화·문명사를 제대로 이해하려면 기원전 9,000년 이상 전부터 찬란한 문화·문명을 꽃피웠던 우리 상고사와 그 중심축으로서 기능하였던 천부경—그리고 삼일신고, 참전계경—을 아는 것이 필수적이다. 우리의 천부사상이 동·서양의 문화·문명을 발흥시킨 모체였다는 사실이 점차 밝혀지고 있는 것은, 하늘(天)과 성(性)과 신(神)이 하나로 용해된 천부사상에서 전세계 종교와 사상 및 문화가 수많은 갈래로 나누어져 제각기 발전하여 꽃피우고 열매를 맺었다가 이제는 다시 하나의 뿌리로 돌아가 통합되어야 할 시점에 이르렀기 때문일 것이다.

2006년에 들어 나는 1년 간 중국 연변대학교에 초빙교수(客座敎授)로 가게 되었다. 그곳에서 원고의 미진한 부분을 완성하여 2006년 5월에 『천부경·삼일신고·참전계경』이 출판되었다. 책이 출판된 후 나는 문득 2004년에 중국 스님이 내게 한 말이 떠올랐다.

"경전을 쓰십시오."

당시만 해도 나는 그 말이 전혀 현실성이 없다고 생각했다. 내 자신이 경전을 쓰려고 생각한 적이 없을 뿐만 아니라 그럴 계획도 없었기 때문이다. 2005년에 들어 나는 동학의 정치철학적 원형을 밝히기 위해 천부경을 궁구하게 되었고 그것이 계기가 되어 결국 천부경 책까지 내게 된 것이다. 사람의 일이란 참 알 수 없다는 생각이 들었다.

『천부경』이 출간되자마자 나는 곧 생태정치학 집필에 들어갔다. 천부경 책을 2/3가량 썼을 때 이미 다음 책의 구상이 떠올랐기 때문이다. 특강을 하거나 다른 일이 있는 경우를 제외하고는 하루에 열일곱 시간 정도의 워드 작업을 했다. 귀국하여 2007년 3월에 『생태정치학: 근대의 초극을 위한 생태정치학적 대응』이 출간되었다. 이 책은 다음 몇 가지 점에서 기존 연구와 차별화된다. 첫째, 서구 중심주의를 극복할 수 있는 대안적인 생태정치학의 기본 틀을 제시하고 있다는 점, 둘째, 방법론에 있어 생태학·정치학·동서고금의 철학과 사상·역사학·사회심리학·경제철학·현대 물리학·우주과학·종교학 등과의 학제적 접근을 시도하고 있다는 점, 셋째, 대안적인 이론체계 구축과 관련하여 실험물리학과 동양적 지혜의 상호 피드백 과정의 필요성에 착안하고 있다는 점, 넷째, 생명에 관한 정확한 인식을 위하여 과학과 종교의 접합을 시도하고 있다는 점 등이 그것이다.

그것이 끝이 아니었다. 『생태정치학』이 출간되자마자 나는 곧 생명에 관한 책 집필에 들어갔다. 생태정치학 책을 2/3가량 썼을 때 이미 다음 책의 구상이 떠올랐기 때문이다. 생명에 관한 책 집필이 끝났을 때 나는 비로소 생명학 3부작이 완결된 것을 깨달았다. 2008년 6월에 『생명에 관한 81개조 테제: 생명정치의 구현을 위한 진지眞知로의 접근』이 출간되었다. 이 책의 특징은 다음 몇 가지로 요약될 수 있다. 첫째, 물리物理와 성리性理, 미시세계와 거시세계를 통섭하는 보편적 지식체계의 구축을 시도하고 있다는 점, 둘째, '생명의 3화음적 구조'에 입각하여 전일적 패러다임에 기초한 생명학과 생명정치의 기본 틀을 제시하고 있다는 점, 셋째, 인간사회의 제 현상을 홀로무브먼트holomovement의 관점에서 재해석하고 있다는 점, 넷째, 현대 물리학적 사유와 동양적 사유의 통섭의 필요성에 착안하고 있다는 점, 다섯째, 학제적 접근을 통해 경계선 없는 통합 학문의 단면을 보여주고 있다는 점 등이 그것이다.

처음부터 3부작을 계획한 것은 아니지만 결과적으로 3부작이 된 것이다. 수천 년 동안 국가 통치 엘리트 집단의 정치대전이자 만백성의 삶의 교본이었던 생명경으로서의『천부경·삼일신고·참전계경』, 서구적 근대의 태생적 한계를 극복할 수 있는 대안적인 생태정치학의 기본 틀을 완성한『생태정치학』, 인문·사회과학과 자연과학을 통섭하는 보편적 지식체계의 구축과 더불어 생명학과 생명정치의 기본 틀을 제시한『생명에 관한 81개조 테제』, 이 3부작은 인간 존재의 '세 중심축'―종교와 과학과 인문, 즉 신과 세계와 영혼의 세 영역(天地人 三才)―의 연관성 상실을 초래한 근대 서구의 정치적 자유주의를 치유할 수 있는 묘약을 함유하고 있다. 정녕 생명과 평화의 문명을 여는 이 시대의 신곡神曲을 쓰고자 했다고나 할까. 이렇게 하여 새 시대의 개창을 위한 사상적 토대가 기본적으로 완성되었다. 유엔세계평화센터의 사상적 토대가 정립된 것이다.

생명학 3부작은 나올 때마다 주요 일간지에서 기사화 되었다. "진리는 하나…종교도 학문도 벽 없애야"라는 표제 하에 "통합 학문시대 주창하는 성신여대 최민자 교수, 동서고금 관통한 사상서 펴내"라는 부제의 인터뷰 기사가 실렸고, "정치·생태 등 인류의 위기, 생명에 무지한 탓"이라는 표제 하에 "물리·정치·종교학 종횡무진 이론적 정립"이라는 부제의 인터뷰 기사가 실렸으며, 또한 "생명 몰이해가 정치·종교 충돌 불러"라는 표제 하에 "생명에 관한 통합이론 주창"이라는 부제로 인터뷰 기사가 실렸다. 실물이 바뀌면 그림자가 바뀌듯, 의식이 바뀌면 의식의 투사체인 이 세상은 자연히 바뀌개 되는 것이다. 지금 인류는 모든 장벽을 뛰어넘어 손잡는 의식혁명이 필요한 것이다. 그러기 위해서는 생명에 대한 명료한 인식이 선행되어야 한다.

일반 독자들의 반응도 뜨거웠다. 『천부경·삼일신고·참전계경』이 나온 후 학자들은 물론, 종교인들도 크게 공감한다는 메시지를 보내왔다. 스스로를 기독교인이라고 소개한 한 사람은 어떻게 기독교 교리에 그렇게 정통할 수 있느냐고 메일로 물어오기도 했다. 『생태정치학』에 대해서는 서구적 근대를 초극하는 생명의 세기를 제시했다고 평가하는 사람이 있었는가 하면, 환경운동가인 한 사람은 자신의 생애에 두 번 이상 줄을 치며 읽은 책은 『생태정치학』과 『천부경·삼일신고·참전계경』뿐이라고 말하기도 했다. 『생명에 관한 81개조 테제』가 나온 후에는 내가 생각해도 과분할 정도의 찬사를 받았다. 독일에서 20년 이상 양자 형이상학을 연구한 한 학자는 자신이 아는 한에 있어 "지구상에서 가장 탁월한 저술"이라는 내용의 메일을 보내오기도 했다.

매 순간을 인생의 마지막 순간이라는 생각으로 나는 집필에 임했고 유엔세계평화센터 일에 임했다. 내가 연변대학교에 머무는 동안 몇 차례 특강을 했는데, 특히 교수들을 대상으로 한 "현대 물리학의 사회과학적 적용"이라는 주제의 강의는 몇몇 분들이 크게 공감하여 오래도록 기억에 남았다. 그들은 내가 쓴 천부경에 대해 많은 관심을 보였다. 정치학과 교수들과 당 서기 등의 따뜻한 배려로 나는 그곳에서 오래도록 추억할 만한 시간을 보낼 수 있었다. 저녁이면 소나무 숲길을 산책하며 나뭇가지에 걸린 달을 감상하곤 했던 기억이 지금도 불쑥 떠오르곤 한다.

잃어버린 낙원의 진실

우리 한민족의 기원, 분화, 이동 경로, 문화와 철학, 사상의 원형을 담고 있는 박제상의 『부도지』 제7장에서는 잃어버린 참본성을 회복하는 것을 '복본復本'이라고 하고 있다. 또한 제12장에는 "……천부天符에 비추어서 수신하고 미혹함을 풀고 참본성을 회복할 것解惑復本을 맹세하며 부도符都 건설을 약속하니……" *라고 나와 있다. 참본성의 회복은 곧 이화세계, 홍익인간으로의 복귀인 동시에, 지유地乳를 마시며 사는 인간이 만든 최초의 낙원국가이자 고대 한민족의 발상지인 파미르 고원 마고성으로의 복귀를 나타낸 것이다. 이처럼 우리의 '복본' 사상은 잃어버린 참본성性의 회복과 더불어 잃어버린 성마고성의 회복이라는 의미를 함축하고 있는데 이는 우리의 전통적 사유가 의식과 제도, 정신과 물질의 통합성을 기반으로 하고 있음을 말하여 준다.

에덴동산 이야기 또한 참본성의 상실이 곧 낙원의 상실로 이어진다는 점에서 마고성 이야기와 유사하다. 마고성 이야기는 '지소씨支巢氏'가 포도를 따 먹은 '오미(五味: 단맛, 짠맛, 신맛, 쓴맛, 매운맛)의 변變' 이후 잃어버린 참본성의 회복과 더불어 잃어버린 마고성의 회복에 대한 맹세를 담고 있다. 에덴동산 이야기는 아담과 이브가 '선악과善惡果'를 따 먹은 것이 원죄原罪가 되어 낙원에서 추방되게 되었다는 이야기다. 에덴동산에 등장하는 유혹하는 뱀은 인간의 얕은 지식을 상징한다. 인간이 얕은 지식에

---

* 『符都誌』第12章: "…照證天符修身 盟解惑復本之誓 定符都建設之約…."

몸을 맡기게 되면 망쳐지지 않는 것이 없다. 오늘날 유일신의 이름으로 선악의 구도 속에서 대립하는 기독교와 이슬람교 간의 유혈충돌은 에덴동산의 원죄를 재현한 21세기형 원죄라고 해야 하지 않을까?

원죄란 바로 절대유일의 '하나'(님)을 거스른 데서 비롯된 것이니, 다시 말해서 '하나'인 참본성을 거스르는 분리의식에서 모든 죄악이 비롯된 것이니, '선악과'를 따 먹은 것이 원죄라고 한 것은 매우 적절한 비유이다. 성경 속의 선악과善惡果는 인간의 분별지分別智·부분지部分智를 나타낸다. 선악과를 따 먹는 순간부터, 말하자면 선과 악이라는 '분별지'가 작용하는 순간부터 '나'와 '너', '이것'과 '저것'이 구분되고 대립하게 되어 죄악에 빠져들게 되었기 때문이다. 분별지가 작용하면서 인간은 낙원根本智에서 멀어지게 되고 드디어는 번뇌의 대해大海에 들게 되었다. 그리하여 다생多生에 걸쳐 카르마(karma 業)를 쌓게 된 것이다.

그러면 왜 절대유일의 '하나진리'를 거스르며 선과 악이라는 상대적 '분별지'에 사로잡히게 되는가. 그것은 한마디로 생명의 전일성을 파악하지 못하는 영적 무지(spiritual ignorance) 때문이다. 전체와 분리된 개체란 실재하지 않으며 어떤 것이라도 고립시키면 진화에 역행하게 된다는 사실을 놓치는 데서 오는 것이다. 영적 무지로 인한 '분별지'는 특정 종교의 신만이 유일신이라는 식의 개체화되고 물질화된 물신을 숭배하기에 이르렀으니, '하나'님이 그토록 경계하는 우상숭배가 아니고 무엇이랴! 이러한 우상숭배의 만연으로 진리는 커다란 수난에 처하게 되었다.

인간의 비극은 낙원이 우리 안에 있다는 사실을 깨닫지 못한 채 낙원에서 더욱 멀어지면서 낙원을 찾고 있다는 데 있다. 마치 소를 타고 소를 찾아 헤매는 것처럼, 우리의 본신인 신을 찾아 천지사방을 헤매고 있는 것이다. 사람이 깨우친다는 것은 우주자연의 모습을 닮아간다는 것이다. 인간이 우주자연의 모습을 닮아 순수성과 단순성, 성실성과 일관성을 견지할 수 있다면 삶과 죽음을 하나의 연결된 고리로 보게 되고 따라서 생사로부터 해방되게 된다. 춘하추동의 사시가 순환하는 것과 같이 우주자연과 하나가 되어 삶의 흐름에 몸을 맡기게 되면 불길할 것도 해로울 것도 하나 없는 그야말로 매일매일이 참 좋은 날이 되는 것이다.

화산 폭발이나 대지진, 태풍이나 해일로 인해 수많은 인명이 희생되었다 할지라도 거기에는 선도 악도 없다. 단지 자연 현상일 뿐이다. 전체와 분리된 '나'라는 생각이 자리 잡는 순간 선과 악이 생겨나고, 행과 불행이 그림자처럼 따른다. 그러나 삶은 선도 악도, 행도 불행도 아니다. 그것은 다만 에고의 해석일 뿐이다. 우주 속의 그 어떤 것도 분리될 수 있는 것이 아닌데 에고라는 잣대로 분리하는 데서 오는 것이다. 생명은 '살아있는 시스템', 즉 네트워크이며 시스템적·전일적 사고를 통해서만 접근할 수 있는 영역이다. 생명은 시작도 끝도 없으며 없는 곳이 없이 실재하는 불생불멸의 우주섭리 그 자체로서 선과 악의 저 너머에 있다.

에고ego는 '분별지'의 다른 이름이다. 탄생과 죽음, 천국과 지옥, 선과 악, 행복과 불행의 이원화된 의식은 모두 '분별지'의 산물이다. 에고로서의 존재는 의식의 불을 밝히면 사라지는 어둠에 지나지 않는다. 이러한 사실을 알지 못하면 탐착과 분노의 에너지에 이끌려 식食·성性 등의 생리적 욕구와 안전에 대한 욕구, 사회적 인정에 대한 욕구를 끝없이 분출하며 황금과 권력, 명예와 인기에 강한 집착을 보이게 된다. 그렇게 되면 자유와 행복이란 것이 세속적 성공의 산물이 아니라 의식의 진화의 산물이라는 사실을 알지 못한다. 존재로서의 삶 자체가 의식의 자기교육을 위한 학습과정이며, 의식을 탐구하는 수단으로서 감각기능이 주어지고 학습효과를 극대화하기 위한 학습기자재로서 상대계인 물질계가 존재한다는 사실을 알지 못하는 것이다.

그러나 근본지根本智로 돌아가 참본성과 하나가 되면 일체의 이원성에서 벗어나게 되므로 그 어떤 비탄이나 갈망, 두려움이나 분노에 사로잡히는 일도 없다. 진정한 앎이 결여되면 올바른 행行이 나올 수 없다는 점에서 무지(無知, 無明)는 악의 뿌리이다. 영적 건강의 척도는 '분별지'로부터의 해방에 있다. '나'가 사라지면 '너'도 사라지고 '이것'이 사라지면 '저것'도 사라져 허허공공虛虛空空하게 되니, 생명의 전일성이 그 모습을 드러내게 된다.

얼음을 버리고 물을 얻을 필요가 없듯이, 생사를 버리고 열반에 들 필요가 없는 것이다. 그것은 티끌 속에서 티끌 없는 곳으로 가는 경지다. 선과 악은 그 뿌리가 다른 것이 아니다. 악惡은 선善의 결여이며 선을 강화시키기 위한 한 요소일 수도 있다. 물질 차원의 에고에 갇혀서는 선과 악의 저 너머에 있는 생명의 본체를 깨닫지 못한다. 순수하고도 헌신적인 행위의 길을 통해 죽음조차도 삼켜버리는 생명의 본체를 깨달음으로써 우리는 신과 하나가 되고 삶과 죽음의 저 너머에 이르게 된다.

내게도 천상의 낙원에 대한 기억이 있다. 유엔세계평화센터 서울사무소를 설치한 지 일 년이 다 되어가던 어느 날 새벽, 나는 비몽사몽간에 한 장면을 보았다. 따사로운 햇볕이 비치는 한없이 맑고 평화로운 숲속의 어느 성지에서 한 여선인女仙人이 온화한 얼굴로 내게 초록빛 물기를 머금은 커다란 나뭇잎 세 개를 주며 심으라고 했다. 그리고 "하늘 사람이니 이 신발을 신으라"고 하며 신발 한 켤레와 정신 수련에 도움이 될 것이라며 자두 비슷한 작은 열매 한 개를 주었다. 지금도 그 장면을 떠올리면 한없는 평화로움과 충만감에 젖어들어 천상의 낙원이라는 생각이 들곤 한다. 어쩌면 그 여선인이 우리 역사상 최초의 나라를 세운 마고麻姑 선인이고, 숲속의 그 성지가 지상의 낙원국가 마고성麻姑城이었는지도 모른다.

의식이 잠들어 있으면 아무것도 변화하지 않는다. 이 세상에는 깨인 자와 아직 깨이지 않은 자가 있을 뿐, 성인과 악인, 좋은 것과 나쁜 것이 있는 것이 아니다. 존재계는 분리될 수 없는 '하나'요, 흐름이며, 순환이다. 권력·부·명예·인기 등 이 세상 모든 것은 에고의 자기 이미지의 확대 재생산 및 자기 확장을 위한 학습기제로서 작용한다. 학문이나 종교 또한 마찬가지다. 자기 이미지의 확대 재생산과 자기 확장은 결국에는 에고가 무르익어 떨어져 나가게 하는 동인動因이라는 점에서, 환언하면 무지無知로부터의 해방을 추동하는 조건이 된다는 점에서, 물질계인 지구학교에서의 학습 과정은 순수의식으로의 복귀라는 측면에서 그 의미가 실로 심대하다. 이러한 학습 과정을 통해서 상대적 '분별지'는 스스로의 본체가 없음이 드러나므로 본래의 '근본지'로 되돌아가 생명의 전일성을 체득하게 된다. 그리하여 우주의 창조적 에너지인 유일신의 자기복제가 곧 우리 자신이며 우주만물 그 자체임을 자연히 알게 되는 것이다.

육체의 병을 치료하기 위해서는 병의 원인이 밝혀져야 하듯, 영적 치유를 위해서는 어둠의 본질이 드러나지 않으면 안 된다. 8고八苦, 즉 생로

병사生老病死의 4고四苦와 더불어 애별이고(愛別離苦: 사랑하는 이와 헤어져야 하는 괴로움), 원증회고(怨憎會苦: 미워하는 이와 만나야 하는 괴로움), 구부득고(求不得苦: 구하고자 하나 얻지 못하는 괴로움), 오취온고(五取蘊苦: 이러한 괴로움의 근본인 五蘊에 집착하는 데서 오는 괴로움)의 4고四苦는 오직 이 육체가 자기라는 왜곡된 집착, 즉 갈애渴愛에서 오는 것이다. 이러한 갈애는 채워질 수 없는 욕망인 까닭에 번뇌와 괴로움과 두려움의 원인이 된다. 그러나 하나인 마음의 바다에서 일렁이는 파도와도 같이 생주이멸(生住異滅, 成住壞空)의 네 과정의 변화가 그 스스로의 본체가 있는 것이 아님을 깨닫게 되면 일체가 환화幻化의 작용임을 알게 되어 미망에서 벗어날 수 있게 된다.

우주만물은 존재의 강물이 되어 흐른다. 미워하고 분노하고 슬퍼하고 두려워하는 마음은 밖으로부터 오는 것이 아니다. 분리할 수 없는 존재계를 에고의 잣대로 분리하니, 실은 분리하는 그 마음을 미워하고, 그것에 대해 분노하고, 슬퍼하고, 두려워하는 것이다. 왜 두려워하는가? 우주로부터 버림받을 것이 자명하다는 것을 잠재의식은 알고 있기 때문이다. 이러한 분리의식 속에선 그 어떤 행복감이나 영적 충만감도 싹틀 수가 없다. 왜냐하면 '나'는 물방울인 동시에 존재의 강물이기 때문이다.

순수의식 상태는 일체의 인과법칙에서 벗어나 있는 까닭에 더 이상은 주관과 객관의 놀이가 일어나지 않는다. 자각적 인식이 결여된 무의식의 차원과는 달리, 내재적 본성인 신성의 자각적 주체로서 행위하게 되는 것이다. 그 행위는 전체적이어서 카르마의 그물에 걸리는 일도 없다. 괴로움과 즐거움, 성공과 실패, 삶과 죽음 등 일체의 차별상이 그 속에 용해되는 순수 현존(pure presence)이다. 이 세상 그 어떤 것도 포괄하지 않음이

없고 포괄되지 않음도 없다. 잃어버린 낙원의 진실─그것은 내면의 하늘
에 빛나는 진리의 달 바로 그것이었다. 생명학 3부작을 끝낸 그날 새벽,
나는 이렇게 읊었다.

비존재[靈性]와 존재[物性]를 거침없이 넘나드는 그대는
죽음마저도 삼켜버리는 그대는
그대는 정녕 순수 현존이다.

천변만화(千變萬化)가 그대의 놀이이며
만물만상이 그대의 모습이다
그대는 영원히 타오르는 의식의 불꽃이다.

만유 속에서 그 자신을 보고
그 자신 속에서 만유를 보는 그대는
그대는 무(無)의 향기다.

소통하는 삶, 소통하는 세상

인간의 운명과 비극은 한마디로 소통성 부재의 산물이다. 이는 오로
지 자기 거울을 통해서만 타자를 인식하는 왜곡된 집착에 기인한다. 그
리하여 인간과 인간, 인간과 자연이 소통하지 못하고, 삶과 학문, 삶과 종

교, 종교와 종교, 학문과 종교가 소통하지 못하는 것이다. 이러한 소통성의 부재는 자아의 외연적 확대를 가로막아 의식의 확장을 도모할 수 없게 함으로써 생명의 본체인 '하나'인 참본성을 직시할 수 없게 한다. 이로 인해 전체성과 개체성, 전일성과 다양성의 소통성이 뿌리내리지 못함으로써 생명에 대한 심대한 통제 행위가 자행되게 된 것이다.

생명에 대한 전일적 시각으로의 패러다임 전환은 생명 가치를 활성화하고 바람직한 생명문화가 뿌리내릴 수 있게 하는 선결 과제다. 제레미 리프킨(Jeremy Rifkin)의 『접속의 시대 The Age of Access: The New Culture of Hypercapitalism, Where All of Life is a Paid-For Experience』는 그 부제가 말하여 주듯, 소유지향적이 아니라 체험지향적인 초자본주의(hypercapitalism)의 새로운 문화상을 제시한다. 말하자면 단순한 물질적 소유보다는 다양한 경험적 가치를 중시하는 완전한 문화적 자본주의로의 대변신을 '접속(access)'이라는 키워드로 정의하고 있는 것이다. 삶 자체를 분절적인 소유 개념이 아닌 관계적인 접속 개념으로 인식하는 것은 접속을 통한 다양한 문화적 경험이 의식의 확장을 가져오는 단초가 되는 것이라는 점에서 개인주의와 소유의 개념에 입각한 서구중심주의(Eurocentrism)를 극복할 수 있게 하는 사상적 토대가 되는 것이기도 하다.

소통성의 핵심은 '하나'인 참본성, 즉 생명의 영성靈性을 깨닫는 것이다. 그러나 본체[본체계, 의식계]와 작용[현상계, 물질계]의 합일이라는 생명의 순환 고리를 인식하지 못한 채 끊임없이 생멸하는 겉모습에만 집착해서는 생명의 영성을 깨달을 수가 없다. 다시 말해서 의식계와 물질계의 상호 관통을 직시하지 못하고서는 개체가 곧 전체요, 전체가 곧 개체임을 알

길이 없는 것이다. 개체와 전체가 하나가 될 때, 개체는 진정 개체일 수 있고 전체 또한 진정 전체일 수 있다.

생명학 3부작이 끝났을 때 어떤 학생이 내게 말했다.

"의식계와 물질계의 관계에 대해 좀 더 쉽게 설명해주십시오."

"시공 개념을 초월하여 일체가 '에너지'로서 접혀 있는(enfolded), 하여 고도의 유기적 통일성을 띠는 전일성의 차원이 의식계['보이지 않는 우주']라면, 시공 개념 속에서 만유가 다양한 형태로서 펼쳐진, 하여 고도로 분화된 다양성의 차원이 물질계['보이는 우주']입니다. 이는 곧 허공에 떠 있는 하나인 달과 천강千江에 비친 무수한 달그림자와의 관계와도 같습니다. 생명의 낮의 주기가 다하면 육체의 소멸과 더불어 생명의 밤의 주기가 이어지는 것입니다. 본체계[의식계]에서 나와 활동을 하다가 다시 그 본체계인 에너지세계로 돌아가는 것입니다. 그러다가 생명의 밤의 주기가 다하면 다시 다양한 물질계로 나오게 되는 것입니다.

소통하는 삶, 소통하는 세상이 되려면 의식계와 물질계의 순환 고리를 인식할 수 있어야 합니다. 이러한 순환 고리, 즉 실체와 그림자와의 관계를 깨닫게 되면 의식과 존재, 정신과 물질이 하나임을 자연히 알게 되므로 물질 만능주의에서 벗어나 소통하는 삶을 실천하게 되는 것입니다."

그 학생이 내게 다시 물었다.

"천국과 지옥이란 대체 무엇입니까?"

"천국과 지옥은 시공時空 개념이 아니라 인간의 의식 상태를 일컫는 것입니다. 이 마음 하나가 천국이요 지옥이라는 말이 바로 그것입니다. 천국은 개체성과 전체성이 하나가 된, 소통하는 의식의 영역입니다. 8식八

識의 모든 물결이 다시 기동하지 않는 일심의 원천, 거기가 바로 천국입니다. 지옥은 걸림으로 가득 찬 구속의 영역입니다. 진여한 마음의 본바탕이 가려지고 무명無明의 바람이 일어 여러 형태의 생멸을 짓게 되는 마음, 즉 생멸심生滅心이 지옥입니다. 지옥이 물질 차원에 갇힌 에고(ego 個我)의 영역이라면, 천국은 생명의 전일성이 드러난 순수의식[참본성]의 영역입니다. 천국의 문은 누구에게나 항상 공평하게 열려 있지만, 문제는 영적靈的 시력이 좋지 않은 사람은 그 문을 찾을 수 없다는 데 있습니다. 물질에 대한 욕망이 크면 클수록 영적 시력은 더욱 약해져서 결국 물질의 노예가 되어 사는 것이 천국이라고 착각하기까지에 이르는 것이지요."

"그렇다면 천국과 지옥을 생전의 죄과罪過에 따라 사후에 가는 곳이라고 말하는 것은 왜 그렇습니까?"

"그것은 시공 개념에 친숙한 우리 인간이 보다 생생하게 느낄 수 있게 하기 위한 교훈적 의미가 큽니다. 살아 있어도 마음이 분노와 증오의 불길로 타오르고 있으면, 괴로움과 고통의 나락에 빠져 있으면, 거기가 바로 지옥입니다. 반면 마음이 용서와 사랑으로 충만해 있으면, '나'와 '너'의 경계가 사라지고 존재계와 하나가 되면, 거기가 바로 천국입니다. 사는 동안 마음을 부정한 심상으로 가득 채운 사람은 살아서도 지옥을 경험하고 또한 육체를 벗어버린다고 해서 의식의 작용이 멎는 것은 아니므로 사후에도 의식체[靈體]로서 지옥을 경험하게 되는 것이니, 생전의 죄과에 따라 천국과 지옥에 간다는 말이 틀린 것은 아닙니다. 그러나 정확하게 말하면 천국과 지옥은 인간의 의식 상태를 말하는 것이므로 삶과 죽음을 관통하는 개념입니다. 실로 육체를 지닌 삶만이 삶의 전부는 아니라는 점에서 죽음은 곧 새로운 삶의 시작을 의미합니다. 말하자면 영체[意識體]로서의 새로운 탄생을 의미하는 것이지요.

삶의 세계의 고통스런 환경이 인간의 부정적인 의식의 산물이듯, 죽음의 세계의 지옥과 같은 고통스런 환경 또한 심판자가 따로이 조성한 것이 아니라 육체를 벗고 영체로 태어난 자들의 부정적인 의식이 유유상종하여 만들어낸 것입니다. 마찬가지로 삶의 세계의 행복한 환경이 인간의 긍정적인 의식의 산물이듯, 죽음의 세계의 천국과 같은 지복至福의 환경 또한 육체를 벗고 영체로 태어난 자들의 참본성의 빛이 투사된 것입니다. 말하자면 천국과 지옥은 의식의 자기투사(self-projection)이며, 그런 점에서 그 설계자는 스스로의 의식입니다. 자업자득의 인과법칙이 작용한 것이지요. 상과 벌을 내리는 주체가 없으므로 그것을 받는 객체도 없습니다. 심판자와 피심판자의 구분은 부정한 의식이 만들어낸 주체-객체 이분법의 덫에 걸린 것입니다.

인간이 사후에 영계에 들어가면 의식의 주파수대가 같은 세계로 스스로 이동하게 됩니다. 영체가 되어서도 유유상종하게 되는 것이지요. 순천順天의 삶을 산 긍정적인 의식이 집결된 곳이 천국이고, 역천逆天의 삶을 산 부정적인 의식이 집결된 곳이 지옥입니다. 각 세계의 환경은 같은 주파수대에 있는 집단의식의 투사체로서 나타난 것입니다. 천국이 평화롭고 아름다운 것은 그곳에 집결된 의식이 사랑의 빛을 발하기 때문입니다. 지옥이 고통스럽고 공포로 가득 찬 것은 그곳에 집결된 의식이 탐착과 노여움과 어리석음의 어두움을 투사하고 있기 때문입니다. 우주의 본질이 생명이고 그 원리가 사랑이니, 사랑의 빛이 최고도로 발현되기 위해선 생명에 대한 명료한 인식이 선행되지 않으면 안 됩니다. 내가 생명학 3부작을 집필하게 된 것도 바로 이러한 문제의식에서입니다."

우주의 실체가 육체와 같은 물질적 껍질이 아니라 의식이라는 사실을 직시한다면, 그리고 에너지는 한 형태에서 다른 형태로 변화할 수는 있지만 어떠한 물리적 변화에서도 모든 물체가 지닌 에너지의 총량은 불변이라는 에너지보존의 법칙, 즉 열역학 제1법칙을 이해한다면, 인간이 죽음과 더불어 영원히 사라지게 된다는 비과학적인 생각은 하지 않을 것이다. 이 우주에서 사라지는 것은 아무 것도 없다. 이 우주는 오직 우주섭리에 따라 스스로 생성되고 스스로 변화하여 스스로 돌아가는 '참여하는 우주(participatory universe)'인 것이다.

오늘날 탈근대 논의에서 인간 이성의 절대성과 중심성이 거부되는 것은 이성이 참본성으로부터 멀어져 '도구적 이성(instrumental reason)'으로 전락했기 때문이다. 그것은 영성이 배제된 객관적 이성 중심주의이며 개성과 다양성이 배려되지 않은 전체성의 관점을 띠는 것이다. 하여 서구의 근대세계 전반에 대한 근본적이고도 종합적인 성찰로서의 다원적이고 탈중심적인 해체주의가 나타나 절대자로 군림한 왜곡된 이성을 해체시키려 한 것이다.

소통성의 본질은 주관과 객관의 조화이다. 우리가 흔히 사용하는 '이심전심以心傳心'이라는 말은 주관과 객관의 완전한 조화를 함축한 것이다. 이는 노장老莊의 정치관에서도 잘 드러난다. 이상적인 정치란 비록 그 공덕이 천하를 뒤덮고 교화가 만물에 미쳐 있을지라도 백성들은 전혀 그것을 느끼지조차 못하는 정치라고 했다. 말하자면 피치자의 자율성이 고도로 존중되는 까닭에 저절로 그렇게 된 것으로 생각하게 된다는 것이다. 이는 치자와 피치자 간에 완전한 소통이 이루어져 주관과 객관이 하나의 전체의식 속에 통합될 때에만 가능하다.

루소(J. J. Rousseau)의 이상국가 개념도 이와 유사하다. 그에 의하면 이상국가의 현저한 특징은 유기성으로서 그 속에는 개인과 국가, 권력과 자유가 완전히 조화를 이루고 있다. 그런 까닭에 개인은 자신을 전체와 결합하면서도 이전과 마찬가지로 변함없이 자유로운 것이다. 이러한 유기성을 낳는 개념이 바로 일반의지(volonté générale)인데, 그 속에는 주관과 객관이 하나로 융합되어 있다.

주관과 객관은 '참삶' 속에서 하나가 된다. '참삶'이란 끊임없이 비우고 끝끝내 지키는, 천심이 발현된 삶이다. 공자는 50세가 되어 하늘의 명을 알 수 있었다고 했다. 이는 세상만사가 인간이 주재할 수 있는 영역과 주재할 수 없는 영역으로 나누어지며, 주재할 수 없는 객관적 제한의 영역을 인정하게 되었다는 뜻이다. 바로 여기에 주관과 객관, 자유의지와 필연의 조화가 깃들게 된다. 그리하여 세상만사를 관조하는 경지에서 편별심을 가지지 않게 되니, 귀가 순해지고(耳順) 종국에는 마음이 하고자 하는 대로 따라도 법도를 넘지 않게 되는 것이다.

인류의 역사를 의식의 진화를 통한 자아의 확장과정이라고 본다면, '닫힌 자아(closed self)'에서 '열린 자아(open self)'로의 전환은 고립된 '존재의 섬'에서 벗어나 관계성·소통성을 지향하는 것이다. '닫힌 자아'는 스스로의 폐쇄성으로 인한 분리감이 소외감·불안으로 이어져 소유욕에 사로잡히게 된다. 그러나 우주가 우주를 소유할 수 없듯이, 자기는 자기를 소유할 수 없다. 우주만물을 자기와 한 몸으로 느끼게 되면 이 세상 그 어느 것도 소유할 수 있는 것이 아님을 깨닫게 된다. 소유라는 개념 속에 내재된 분절성은 우주의 원초적 생명력을 단절시켜 삶의 생기를 잃게 한다. 소유라는 것 자체가 하나의 착각이며, 이러한 착각이 모든 불행의 단초가 된다.

스스로를 긍정적인 삶의 주체로 인식하는 '열린 자아' 야말로 '열린사회' 의 초석이다. '닫힌사회' 에서는 소유 그 자체가 목적이 되어 제어장치 없는 고속열차와도 같이 소유를 향해 질주한다. '열린사회' 에서는 소유가치보다는 사용가치를 중시하므로 소유의 필요성을 느끼지 않는다. 소유하지 않아도 충만감을 느낀다. 말하자면 무소유의 소유이다. '닫힌사회' 에서는 자연을 정복의 대상으로 삼는 까닭에 자연과 인간의 소통이 이루어질 수 없다. '열린사회' 에서는 인간을 자연의 일부로 보는 까닭에 자연친화적인 삶을 영위한다. 자연을 정복하고 파괴하는 것은 자해행위다. '닫힌사회' 에서는 에고의 만족이 가치의 척도이지만, '열린사회' 에서는 우주자연과의 합일이 그 척도다. '닫힌사회' 는 재물 · 권력 · 명예(부귀영화)를 지향하지만, '열린사회' 는 의식의 진화(영적 진화)를 지향한다.

이 우주는 의식의 진화에 가장 적절한 상황을 창출할 뿐이며 거기에는 어떠한 선도 악도 없다. 다만 인간 차원에서 이해하지 못할 뿐이다. 우주섭리는 인간의 두뇌로는 모두 이해할 수 없는 초지식 · 초두뇌 차원이다. 이러한 사실을 자각하게 되면 괴로움과 즐거움을 하나로 보며 연기자인 동시에 관객으로 머물 수 있게 된다. 우리가 기억할 것은 새 시대 정신이 의식의 진화이며, 그것은 소통하는 삶을 통하여 이루어진다는 사실이다.

우주의 질서에 순복順服하여 소통하는 삶을 추구하는 소통하는 세상이 다가오고 있는 것이다.

어느 시대고 역사의 주역은 있기 마련이다. 우리 한민족을 중심으로 태동한 상고시대의 선천문명이 황하문명과 인더스 문명을 거쳐, 그리스, 로마로 넘어가 1,000년의 전성시대를 이루다가, 게르만족의 침입으로 그리스적·로마적 사회는 해체를 맞는다. 서기 962년 오토 대제(Otto I)에 의한 신성로마제국의 성립과 더불어 유럽이 하나의 거대한 단일사회로 통일되면서, 기독교가 봉건국가의 지배적 이데올로기가 되고 모든 지식은 신학의 노예로 전락하게 되는데 12-13세기에 이르러 그 절정에 달한다.

이러한 중세 봉건사회의 구조적 모순이 극에 달하면서 유럽 근대사의 기점이라고 할 수 있는 르네상스와 종교개혁이 일어나고, 중세적 장원경제체제가 해체되면서 근대민족국가가 형성된다. 그 과정에서 중상주의적 식민정책에 의한 배타적인 민족국가의 각축전이 벌어졌으니, 포르투갈과 스페인의 무적함대가 잠시 지구해상을 누비다가 그 패권이 영국으로 넘어간 뒤로 한동안 영국은 해가 지지 않는 나라로 군림하게 된다. 양차 세계대전을 기점으로 냉전체제가 형성되면서 패권의 일부는 소련으로 넘어가는 듯했으나 대부분은 미국으로 넘어가고, 다시 미국에서 일본을 거쳐 한반도로 넘어오기 시작했다.

우리는 누구이며, 우리의 역사적 소명은 무엇인가.

무심한 시간의 강물 위로 바람이 일고, 나도 그 강물이 되어 흘렀다. 몇 달씩 썩은 시체 냄새 나는 계동鷄銅을 운명처럼 들이키며 들쥐떼와 더불어 동굴에서 지새우던 그 무수한 밤들……. 그 후 우리 상고사 및 사상과의 만남, 장보고의 역사적 재조명을 위한 장보고기념탑 건립, 지구의 중심 이동에 대비하기 위한 유엔세계평화센터 건립 추진, 동학과의 만남, 천부경과의 만남, 그리고 생명학 3부작 완성.

이제는 모두 시간의 강물이 되어 바다로 바다로 흘러갔다.

겨울이 가고, 봄이 가고, 여름이 가고, 또 가을이 왔다. 우주의 가을이 온 것이다.

『삶의 지문』은 우주 가을로의 초입初入에서 만유에 편재해 있는 참본성의 소리[하늘소리]를 옮겨놓은 것이다. 인류 의식이 깨어나기를 학수고대하는 마음으로.

에필로그

새로운 문명의 도래에 즈음하여

인간의 모든 지식 중에서
가장 유용하고도 진보되지 않은 것은
인간에 관한 지식이다.
—루소, 『인간불평등기원론』 서문

이 세상은 '존재의 섬'들로 이루어져 있는 듯이 보인다. 나와 너, 이것
과 저것으로 분리된 채 삶의 바다에 떠 있는 무수한 존재의 섬—그러나
조금만 내려가면 고립된 섬이 아니라 육지와 연결되어 있음을 금방 알아
차리게 된다. 수면 아래에서는 바다와 육지가 둘이 아니듯, 생명의 본체
에서 보면 분리된 것은 아무 것도 없으며 거대한 파동의 대양에서 생生 ·
주住 · 이異 · 멸滅을 거듭하고 있을 뿐이다. 모두 '하나'인 하늘기운[一氣]
으로 연결되어 있는 것이다.

이제 인류 사회는 종교 간 벽도, 학문 간 벽도 없어지고 오직 생명과
평화에 대한 자각으로 소통돼야 한다. 양자물리학에서 물질의 근원을 탐
구하다가 밝힌 것이, 물질의 궁극적 본질이 비물질과 다르지 않다는 것

이다. 파동과 입자의 이중성이 바로 그것이다. 정신과 물질, 유심과 유물, 신과 인간 등의 이분법은 실재성이 없으며 진리는 '하나'이다. 우리가 분리의식에서 벗어나 일심의 원천으로 돌아가면 생명의 본체와 작용이 하나임을, 이 우주가 '한생명'임을 자연히 알게 되는 것이다.

인류의 생명권에 대한 자각 없이는 평화란 한갓 헛된 신념을 추동하는 이념에 지나지 않는다. 새로운 계몽의 필요성을 논하고자 한다면 유신론이냐 무신론이냐, 유심론이냐 유물론이냐 식의 이분법에 매달릴 것이 아니라 우주만물을 떠나 따로 신이 존재하는 것이 아니라는 사실을 깨닫는 것이 초점이 되어야 한다. 만유의 중심에 내려와 있는 신성이 바로 신의 실체이자 우리의 참본성임을 직시함으로써 천·지·인 삼재의 융화에 기초한 생명과 평화의 문명을 여는 것이 문명의 대전환기를 살고 있는 우리의 시대적 과제다.

이러한 내 강의 취지에 크게 공감한 한 학생이 내게 말했다.

"학문이 실제 삶과 분리되어 단순히 이론적 논의에만 그친다면, 그것이야말로 탁상공론이라는 생각이 듭니다. 삶에 적용되지 못하는 학문, 단지 이론을 위한 이론이 무슨 의미가 있을까요? 교수님 수업을 들으면 제 삶 자체가 변화하는 것을 느낍니다."

현재 지구 환경의 급격한 변화에 따른 총체적인 인간 실존의 위기는 인류 문명의 대전환을 예고하고 있다. 전 지구적 차원에서 진행되고 있는 역사상 유례 없는 변화의 가속화는 크게 두 가지 측면에서 살펴볼 수 있다. 그 하나는 21세기에 들어 자연재해의 발생 빈도가 급증하고 그 규모가 대형화하고 있다는 점이다. 다른 하나는 '정보화 혁명', 특히 인터넷으로 대표되는 정보기술의 혁명적 효과로 산업사회에서 지식사회로, 아날로그 시대에서 디지털 시대로의 전환이 촉발돼 전 지구적 삶의 조건이 근본적으로 변환되고 있다는 사실이다.

이러한 두 가지 큰 변수가 향후 인류의 문명을 어떤 방향으로 진화시켜 나갈 것인가는 신인류의 탄생에 대한 예단과 더불어 인류의 최대 관심사가 아닐 수 없다. 과연 인류의 문명은 프랑스 고생물학자 피에르 샤르뎅이 말하는 이른바 '오메가 포인트(Omega Point: 인류의 영적 탄생)'를 향하여 나아가고 있는 것일까?

시장조사 기관인 IDC는 '전 세계 디지털 정보 성장 전망 보고서'에서 2006년 한 해 디지털 데이터의 생성량이 그 이전 30만년 동안 축적되어 온 정보량의 10배가 넘는다는 충격적인 사실을 발표했다. 이렇게 볼 때 우리는 적어도 외형적으로는 '글로벌 마인드'로 링크되는 시대에 살고 있다. 오늘의 전 지구적 위기의 본질은 우리 인류가 그토록 방대한 지식을 보유하고서도 그것을 현 세대와 미래 세대 모두에게 유익하게 활용할 수 있을 만큼 의식이 깨어있지 못하다는 데 있다. 그렇다고 생명과 평화의 신문명을 열게 될 신인류의 탄생에 대한 전망이 어두운 것만은 아니다. 인류 역사상 그 어떤 시기보다도 책이나 웹, 온라인 포럼, 인터넷 방송 등 다채로운 정보기술을 통해 지혜의 정수에 접근할 수 있는 기회가 많아졌기 때문이다.

인류의 영적 탄생의 가능성과 관련하여, 급격하게 진행되고 있는 지구의 변화에 주목할 필요가 있다. 현재 과학계에서는 지구 자기장의 급속

한 약화로 인해 지구 자극(N, S극)의 역전 가능성이 매우 높은 것으로 보고 있다. 지자극의 역전 시 지축의 변화도 함께 일어날 것이라는 예측도 나오고 있다. 이 두 가지 변화가 동시에 일어날 경우 대규모 지진과 해일, 화산 폭발 등으로 지구상의 모든 생명체는 치명적인 손상을 입게 될 것이다. 생태계에 치명적인 태양의 자기磁氣 폭풍을 막아 주고 있는 지구의 자기장이 사라지면 지구상의 모든 생명체는 치명적인 손상을 입게 될 뿐만 아니라 날씨 기후 등에 있어서도 엄청난 변화가 일어날 것으로 예측되고 있다. 더욱이 2012년경 태양풍의 세기가 사상 최고조에 이를 것이란 관측이 사실로 드러날 경우 그 피해는 상상을 초월하는 수준이 될 것이다. 그렇다고 부정적인 면만 있는 것은 아니다. 영성靈性과학자인 그렉 브레이든은 자기장의 감소가 의식 각성에 영향을 끼쳐 인류의 집단의식이 깨어나게 될 것이라고 본다. 지구 자기장이 영점에 달할 때 새로운 차원으로 의식이 변환되는 것을 '제로 포인트 의식'이라 하여 인류가 새로운 영성시대로 진입하게 될 것임을 예고한 것이다.

2007년 12월 NASA는 최신 위성 자료 분석에 기초해 북극 빙하가 2012년 여름까지 모두 녹아내릴 것으로 전망했고, AP통신에서도 같은 내용을 보도했다. 지구는 지금 온난화, 사막화, 폭설과 폭염, 태풍과 산사태, 지진과 화산 폭발, 대규모 화재, 가뭄과 홍수, 조류 변화, 해수면 상승 등의 다양한 방식으로 경고음을 내고 있다.

이러한 대변환의 시기에 우리 인류가 분리의식에서 벗어나 사랑이라는 고차원적인 주파수대에 머무를 수 있다면, 생명과 평화의 새로운 문명은 확연히 그 모습을 드러낼 것이다. 월드컵 한국팀을 응원하기 위해

광화문 등 전국 주요 지점에 운집한 수백만 인파가 언젠가는 인류의 의식 혁명을 위해 다시 모여들 날을 기대해 본다. 인류의 번영과 세계평화를 위하여 의식혁명의 횃불을 드는 것이야말로 홍익인간의 이념을 이어받은 우리의 시대적 사명이 아니겠는가?

삶의 지문

등 록 1994.7.1 제1-1071
인 쇄 2008년 10월 10일
발 행 2008년 10월 20일

지은이 최민자
펴낸이 박길수
편집인 소경희
디자인 이주향
마케팅 김미애
펴낸곳 도서출판 모시는사람들
        110-775/서울시 종로구 경운동 수운회관 1207호
전화 735-7173, 737-7173 / 팩스 730-7173

출 력 삼영그래픽스(02-2277-1694)
인 쇄 (주)상지피엔비(031-955-3636)
배 본 문화유통북스(031-937-6100)
홈페이지 http://www.donghakbook.com

값은 뒤표지에 있습니다.
ISBN 89-90699-62-6